U0872814

酒店管理研究

酒店
人力资源管理

HOTEL HUMAN RESOURCE MANAGEMENT

吕勤◎主编

北京·旅游教育出版社

总　序

谷慧敏

中国经济自改革开放以来便保持持续高速发展，1979 至 2012 年间的国内生产总值年均增长率达 9.8%。服务业随国民经济增长大势而迅速成长，其中旅游业更是取得了举世瞩目的发展成绩。据国家旅游局数据显示，2014 年我国入境旅游接待人次达 2636.08 万，国际旅游收入实现 569.13 亿美元，同比增长了 10.16%。国内旅游和出境旅游亦如火如荼，分别实现旅游人次 36 亿和 1.09 亿，消费总额超过 3 万亿美元。

在社会经济等多种因素叠加背景下，中国酒店业作为最早对外开放与国际接轨的产业，保持着高速的增长。2014 年全国星级酒店总数达 13 226 家，营业收入实现 580.48 亿元，其中餐饮和客房收入比重各占 42.91% 和 44.25%。同时，产业结构也从单一向多元化转变。各种类型的住宿业态在近十多年时间里得到快速发展，经济型酒店、主题精品酒店、服务式公寓以及民宿客栈品牌风起云涌，饭店业产业创新日新月异。

庞大的产业规模和多样化的产业结构，国际酒店品牌和本土酒店品牌的相互竞争融合，其他产业资金不断涌入等现象都是当前中国酒店业处于良好发展态势的印证。然而，机遇总是与挑战并存。一方面，庞大的旅游规模为酒店业的发展提供了坚实的客源保障；另一方面，社会文化、技术、政策等外部环境发生了巨大变化。丽思卡尔顿、四季、希尔顿等外来品牌的涌入和酒店数量的日益增多带来的市场竞争加剧、新一代酒店消费群体需求特征的变化、OTA 对酒店利润的争夺、经济下行压力的加大、党政机关对公务消费的严格控制等问题使得中国酒店业的发展遭遇了诸多困难。在此种背景下，加快加强对酒店管理人才的培养，加多加深对酒店发展历史、现状及未来的研究，寻求当前酒店发展面临的问题的解决之道，以理论为实践提供指导和借鉴，无疑具有十分重要的现实意义。

北京第二外国语学院于 1964 年创立。改革开放后，随着国家对旅游业人才需求的增长，我校将旅游管理作为特色学科，依托优势外语和文化等学科，形成了在国内外具有广泛影响力的旅游教育和研究优势。酒店管理作为旅游学科的重要分支，一直是我校学科和专业发展的重点，30 多年来，培养出了一大批具有国际视野及本土意识和能力的高端酒店及衍生产业人才。2012 年，我校的饭店管理硕士研究生专业获得教育部批准，成为我国目前唯一授予饭店管理硕士学位的院校。2013 年 7 月，为适应酒店及健康服务相关产业对高端人才的需求，学校成立了酒店管理学院，包括酒店与餐饮管理系和健康产业管理系。在教育及科研方面，学院拥有强大的实力：北京第二外国语学院首旅集团校外人才培养基地、中国旅游研究院饭店产业研究基地、中国饭店产业研究中心、旅游企业管理研究基地、健康产业研究基地等研究平台纷纷在我校安家落户；学院教师不仅在《旅游管理》（Tourism Management）、《康奈尔饭店业管理季刊》（Cornell Hospitality Quarterly）、《饭店管理国际学报》（International Journal of Hospitality Management)等国际著名学术刊物以及《管理世界》《南开管理评论》《中国软科学》等国内权威管理学刊物发表多篇学术论文，还承担了 20 多项国家级和省部级科研课题以及国家旅游局、北京市旅游委员会、中国旅游饭店业协会、国内著名旅游与酒店集团等近百项研究课题。学院的教育质量获得了世界旅游组织教育质量认证(UNWTO Tedqual)的最高年限认证。

在学院的教学科研及各项工作中，研究生队伍作为一支重要生力军和后备军发挥了极大作用。学院研究生广泛参与了首旅、锦江、港中旅、华天、王宝和、七天、如家、布丁、亚朵、维也纳等酒店企业，以及众荟慧评、收客易、穷游网、在路上、面包旅行等旅游创新创业企业的调研活动；同时，他们也参与了国家旅游局、北京市旅委以及中国旅游饭店业协会的各种研究课题的部分工作。在学术研究领域，研究生同学也十分活跃，中国旅游发展北京对话、中国酒店教育教学论坛、亚太观光餐旅研究生论坛、中国—西班牙旅游与接待业国际会议以及“旅游和中国梦”东西方对话等国内外学术会议上皆有他们年轻朝气的身影。此外，我院研究生还积极参与国家级、北京市级的各种社会实践活动以及国内外各种学术学科竞赛，并获得诸如 PATA 社会企业家挑战赛冠军、首尔会展青年挑战赛银奖等诸多荣誉。学院定期举办的学术沙龙也使得学生们有充足的机会与来自政府、协会、企业以及学术机构的嘉宾们进行学术交流。在良好的学习及科研环境中，我院研究生开拓了视野、积累了经验、锻炼了能力，在理论与实践的结合中提升了综合素质，因而在激烈的就业市场中赢得了大批企业的青睐。

在现代技术日新月异以及瞬息万变的环境下培养具有高水平研究能力的高素质人才对促进行业进步十分关键。在此背景下，我们决定将我院历年优秀研究生毕业论文按照饭店人力资源管理、饭店组织行为、饭店营销、饭店战略管理、饭店创新创业及新业态等研究主题汇编成册。此举措既表达了将我院研究生教育经验及成果介绍给各同业，以期彼此借鉴、学习，乘国民经济快速发展之东风共襄酒店业发展之盛举的愿望，同时亦作为酒店管理学院成立之迟来的献礼。酒店管理学院作为一个学院可谓十分年轻，发展历史不长，但其身为饭店管理系时积累的大量教学、研究资源，与业界建立的良好合作关系，及其培养的遍布全国的旅游酒店业人才，都为其未来的发展打下了坚实的基础。唯愿其如大鹏一般，待到“同风起”之日，便可“扶摇直上九万里”。

目 录

导 言①

吕 勤

◆ 引 言

众所周知,饭店业是典型的劳动密集型产业,无论是住宿部的前台接待、客房整理、行李搬运,还是餐饮部的美食、饮料供应,每个环节上服务提供的实现皆以大量人力劳动为基础。鉴于此,该行业的服务质量、顾客满意、顾客忠诚及组织绩效等变量无疑会受到"人"的因素的极大影响。事实上,人力资本(包括员工知识、技能、经验、态度等)往往是一个组织的独有资源,是其独特竞争优势形成的必备要素。现有文献中的许多理论,如,资源观理论(Wernerfelt,1984;Barney,1991)、组织社会资本理论(Nahapiet & Ghoshal,1998;Leana & Van Buren,1999)、智力资本理论(Edwinsson & Malone,1997)以及竞争力理论(Prahalad & Hamel,1990),都对人力资源在组织发展中的重要作用予以了肯定。这些理论虽然分属不同的学科领域,但是都承认组织的独有资源及其无可替代或难以模仿的特殊能力是组织持续竞争优势和差异化的重要来源。

考虑到人力资源的重要性,我们很容易就能理解学者们为什么对人力资源管理研究青睐有加。至于人力资源管理文献所涉主题之宽广,则是由人力资源管理本身的特性所决定的。Mathis 和 Jackson(2000)指出,人力资源管理涉及的是"为组织设计一个能够确保有效使用人才以完成组织目标的正式系统"。这个系统里包含了许多功能型人力资源管理实践:人力资源规划、工作分析、工作设计、招募和选拔、员工培训、薪酬福利管理、绩效评估、员工激励、组织文化、组织社会责任……根据所涉人力资源管理实践数量的多少,饭店业的人力资源管理研究可分为两大类:一类致力于研究单体人力资源管理实践及其带来的相关结果,另一类则致力于探索各类组合人力资源管理实践的现状及其影响(Salih 等,2010)。由于二者内容有时不可避免地会出现交叉、重叠,我们在学习、了解整个人力资源架构时,更宜于使用的方法仍是按照研究主题所涉的人力资源管理实践来进行分门别类。

首先探讨的是招募和选拔。无论何时,人力资源总监心头萦绕不去的心事中总有一桩是关于如何找到契合组织发展目标的有能力的员工。而饭店业极高的员工流失率则使得该行业的招募与选拔较其他行业显得更为迫切——因而也更为宽松随意。正如 Mark 和 Louis(1992)所言,"招募和选拔关乎的不只是以'人'来填补职位空缺,事实上饭店业经常因不断

① 本书由 2015 年北京市财政专项"其他项目—促进人才培养综合改革项目—中国酒店企业成长与变革研究平台(391002/019)"资助。

变化的劳动力队伍结构而轻易雇用任何可能的‘人’,而这又几乎保证了其员工流失率将会维持在一个较高的水平”。从极高的员工流失率到招聘的宽松随意,再从招聘的宽松随意到极高的员工流失率,这似乎已经构成了恶性循环。然而,这种情况也并非无法改变,而改变的切入口正在于招募与选拔环节。首先,在招聘环节,企业可使用员工推荐和招募老年人、残疾人的策略。事实上,我国有许多制造业工厂一线操作员工的招聘就是通过员工推荐来实现的,而实践证明,通过这种渠道招聘到的员工不仅能够快速适应工作环境,而且还表现出较高的人与岗位的匹配度。Halcrow(1988)认为,推荐人对工作内容、工作要求及被推荐人往往都非常了解,他们在推荐前会首先考虑被推荐人与工作岗位的匹配度,因而最终效果较好。企业可利用员工推荐减少用于广告及宣讲等招聘方面的花费,实现成本节约。随着员工推荐法的优点日益为人所知,愈来愈多的接待业企业也开始尝试使用此种方法实施招募并取得了极大的成功,典型案例可见于“海底捞”。在老年人和残疾人中开展招募亦是一种不错的选择。饭店业固然有不少工作需要员工具备良好的身体素质和较为持久的耐力,但老年人和残疾人可以胜任的后台性工作也同样不乏,而老年人广阔的阅历、丰富的经验和稳定的生活状态以及残疾人对工作的高专注和对企业的高忠诚,使得他们在某种程度上甚至能够比一般青年员工更好地满足企业人力资源的要求。此外,我国人口结构的发展趋势和企业履行社会责任的意愿也能够很好地支撑起雇用老年人和残疾人这一策略。在招募过后的选拔环节中,企业可选策略较多,常见方法如文件筐测试、无领导小组讨论、角色扮演、认知能力测试等。然而,尽管理论和其他行业的实践皆表明选拔测试方法的确能够在招聘中发挥巨大作用,许多饭店业企业却依然在员工选拔时表现得过于主观随意,而忽略了客观科学的选拔方法的使用(Hoque,1999;Ineson & Kempa,1997)。此外,过分注重年轻靓丽(毛峰,2008;张建宏,2009)、考核判断内容缺乏标准性、评价方式单一、过分强调经验而忽视内在素质(滕爱凤,2013)等问题也使得饭店业企业的招聘选拔广受诟病。

饭店业的新员工在正式上岗前一般都需接受一段时间的培训,这种培训一方面能够促进服务的标准化、规范化,提升服务质量,另一方面还能开发员工个人潜能,促进其自身发展(谭春霞,2008;陈伟,2011;曾健蓓,2012)。健全高效的培训系统有时甚至能成为人力资源部门招聘时吸引人才的重要卖点。然而,现实中许多饭店业企业的培训却流于形式而未达到预期效果,究其缘由,主要可归结如下:(1)培训观念有失偏颇。许多企业在培训时忽视了培训内容的设计和培训目标导向,培训结束后也不重视对培训结果的考核(王宇晗,2008;陈伟,2011;赵健,2013)。(2)培训方式死板,缺乏灵活性。多数企业使用的培训方法都千篇一律而不考虑员工的特征,按部就班的培训过程也无法调动员工积极性(王宇晗,2008;陈伟,2011;赵健,2013)。(3)培训缺乏保障。虽然企业会对所有新员工进行培训,但由于各种原因,培训往往会出现师资良莠不齐、可用资金和时间不足等问题(胡静,2013;赵健,2013)。古人云:兵来将挡,水来土掩。每一个问题总有其相应的解决方式,而旅游接待业中的培训问题自然也不例外。针对上述问题,学者们给出了相应的对策,如:制定健全的培训计划和恰当的培训目标,根据培训目标设计合理、有效的培训内容(张琳,2010;罗燕,2008);开展灵活、形式多样的培训课程,根据员工特征分层次地对其进行针对性的培训(刘喜华,2008;张琳,2010;罗燕,2008;方敏,2007);选择优秀的培训师并建立固定的培训团队,培训师需注重与员工的互动并提高员工的自我动力(张琳,2010;罗燕,2008)。此外,为保证培训质量,提升培训效果,学者们还建议企业在培训结束后进行培训绩效评估并使其与薪酬挂钩,同时建立起培训档案,保存每一位员工的培训表现记录(郎慧国,2007;张琳,2010)。

绩效管理亦是人力资源管理中举足轻重的一环,其相关研究颇多。根据文献主体内容,现有研究大体可分为两类——探寻、检验绩效的前因变量、结果变量的实证研究和分析绩效评估法的理论研究。在前一类研究中,学者们发现绩效的前因变量主要有员工的人格特质(包括外倾性、尽责性、宜人性、稳定性、开放性;自我效能;灵活性、创新性、努力;服务导向等)(Stewart 等,1996;Hurley,1998;Brown 等,2002;Liao & Chuang,2004;Papadopoulou-Bayliss 等,2001;Hartline & Ferrell,1996;Karatepe 等,2006)、情绪智力(Sy 等,2006)、组织承诺(王玉梅等,2008;蔡卫民,何小梅,2010)、员工参与(邹莎,2014)、情绪劳动(蔡卫民,何小梅,2010)、情感隐性知识(华婷,2010)、内部营销(Arnett 等,2002;O'Reilly & Pfeffer,2000;Pfeffer,1998)、组织支持(陈方英,于伟,2011)以及组织文化和氛围(Denison,1996;Ferris 等,1998; Zerbe 等,1998),而绩效管理的结果变量则包括服务质量(Davies 等,2001;Zerbe 等,1998)、工作满意度(Partlow,1996;Haynes & Fryer,2000)、员工流失(Cheng & Brown,1998;Davies 等,2001;Cho 等,2006;Partlow,1996)、组织承诺(Davies 等,2001)、生产率(Davies 等,2001;Partlow,1996)等。在后一类研究中,学者们的主要工作是分析和探讨各种绩效考核方式的利弊及其可应用性。例如,图尺度考核法就是一种易于开发、使用且能够给出量化数据的方法,其应用十分普遍,但是它的准确度不高,容易受到使用者主观判断的影响,而且还只能给出考评结果而无法提供解决问题的方法。除图尺度考核法外,常见的绩效考核法还包括交替排序法、配对比较法、强制分布法、关键事件法、行为锚定等级考核法、目标管理法、叙述法、360 度考核法以及平衡计分卡。企业在进行绩效考核时必须要本着公平、严格、公开的原则,员工对企业绩效考核公平的感知会影响其工作态度(骆静,2007)、工作满意度(杜旌等,2005)、组织承诺(李小红,2009)及其组织公民行为(王晓梅,2006)。

员工激励是人力资源管理中颇受研究者关注的一块,围绕这一问题学者们发展出了诸多理论,其中人们耳熟能详者如马斯洛的需要层次理论、赫茨伯格的双因素理论、斯金纳的强化理论、弗洛姆的期望理论、亚当斯的公平理论以及麦克利兰的成就需要理论等。旅游接待业企业的员工激励措施多奉行的是强化理论中以刺激改变人们行为的策略,其中典型正强化举措如评选“最美导游”、“服务之星”、“最佳员工”等荣誉名号或是给予奖金、奖品,而典型负强化举措则如克扣工资或公开检讨。考虑到惩罚可能会损害员工尊严或降低员工士气,企业在一般情况下不宜使用负强化策略,即使不得已而为之,也必须要本着对事不对人的原则,注意惩罚的主要目的在于使员工认识并纠正错误,而非对其进行羞辱。与此相反,正强化是对员工工作的肯定,具有提升被嘉奖人荣誉感及其他员工士气的作用,是可以经常使用的方法,但是要注意奖励形式的多样性和针对性,也就是说,企业给予员工的奖励必须是员工渴望的,否则该奖励便不具备激励效应。值得一提的是,员工激励一般都是通过对薪酬福利进行调整而施行的,针对薪酬者如奖励现金或扣罚工资,针对福利者如奖励旅游、酒店住宿或高级餐厅美食体验、派出学习等。

人力资源管理是一个十分庞大的范畴,除以上论述的招募与选拔、培训、绩效管理、员工激励之外,薪酬管理、企业文化、企业社会责任、员工流失、非正式员工管理、女性管理者职业发展等问题也都包含其中。针对薪酬管理,饭店业中的相关研究多集中于探究影响员工薪酬满意度的因素及其改进措施,如郭海昕(2007)提出酒店员工薪酬满意度的影响因素主要包括薪酬制度的激励性、薪酬管理的依据性、薪酬的个人公平性、薪酬的内部公平性、公共福利和薪酬的信息沟通性六个方面，而相应的满意度提升法则包括制定有激励性的薪酬制度、加强薪酬管理的依据性、保证薪酬的个人和内部公平、重视员工的福利愿望以及增加员工参与薪酬管理和设计的机会。企业文化方面，饭店业中的相关研究较为集中，其聚焦点主要为：中西方酒店文化差异、企业文化在酒店管理中的作用、如何建设酒店企业文化、酒店企业文化的基本内涵和构成要素以及酒店文化形象（张卉等，2011）。至于企业社会责任和员工流失，其相关研究亦颇多。对于前者，人们普遍认为企业应当积极履行其承担社会责任的义务，且这种责任不能只针对“命运共同体”中的业主与员工，顾客、社区、当地政府等“利益共同体”成员的利益也同样必须被尊重（谷慧敏等，2011）。然而，现阶段饭店企业在承担社会责任方面的表现并不理想，究其缘由，以下条陈或可解释一二：利益驱动使企业对承担社会责任不明确、企业社会责任与经济效益正相关关系的隐形化、管理者伦理道德丧失、社会转型经济转轨的负面影响、一些饭店业企业处于原始积累期、利益相关者对饭店企业的影响力有限等（陈雪琼，2006；汪勤，2008），总结起来也就是社会、企业及个人三方面的原因。针对上述问题，我们可从三个层面上加以应对——宏观层面上加强社会鼓励和政府主导，中观层面上弘扬行业引导和媒体监督以及在微观层面上提升企业的自觉自律（如在企业内部开展伦理教育、建立一整套企业伦理道德体系等）（陈雪琼，2006；汪勤，2008）。员工流失是饭店业中的热门话题，一般认为员工流失会浪费企业用于员工培训和发展上的成本，影响企业业务的顺利开展，并拉低整体员工队伍的士气和企业的总体服务质量。然而，从另一个角度看，员工流失也为促进低素质员工的替换以及企业补充新鲜血液提供了契机。因此，员工流失好坏之断不宜过早，每家企业皆有其适于自身的流失率区间，当员工流失率保持在该区间内时，企业获得的利大于弊，相反，当员工流失率不及或超出该区间取值范围时，企业遭受的弊大于收获的利。就现有情况看，饭店业企业普遍存在员工流失率过高的问题，而其中非正式员工和女性管理者这两类群体又分别有着各自的特点。员工流失原因何在？不同职位员工流失影响因素有何异同？非正式员工如何管理？女性管理者职业发展路径如何规划？这一系列的人力资源问题都有待学者们的进一步研究和解答。

◆ 入选文章

本论文集由六篇论文组成，其中第一篇是杨会娟同学（指导教师谷慧敏）于2005年所做的关于饭店企业应用平衡计分卡实施绩效管理的研究。作者指出，人力资源已经成为酒店在激烈的市场竞争中获得竞争优势的关键因素，而绩效管理作为人力资源管理的一个重要环节，也越来越为世界酒店企业所重视。然而，现实情况中我国饭店企业绩效管理的实施却存在很多的问题，许多企业甚至陷入了“为评估而评估”的尴尬境地。究其缘由，绩效管理与企业战略联系的断裂可谓关键，而平衡计分卡作为一种能将绩效管理与企业战略紧密结合的战略性绩效管理工具正好能够弥补这一缺陷。就内容而言，论文主要是围绕平衡计分卡在酒店绩效管理中的积极作用及其应用前提、应用程序和注意事项而展开，可贵的是，作者在文中以如家酒店集团为案例展示了酒店如何构建和应用战略性思维的平衡计分卡综合绩效管理体系，从而为其他饭店企业提供了参考和模仿的范本。

第二篇论文是郑转玲同学（指导教师谷慧敏）完成于2005年的关于饭店女性管理者的研究。众所周知，饭店业是一个以女性工作者为主体的行业，但在很长一段时间内女性很少有机会进入饭店的中、高管理层，这一现象直至上世纪 80 年代末才开始有所转变。随着知识经济的到来和管理方式的革新，女性在管理领域的才能日益凸显，女性管理者的数量也不断增加。针对这一新兴管理群体，作者分别从管理者的发展心理与素质、家庭环境、企业环境、饭店行业特点以及社会文化、性别观念这五个角度探讨了她们的职业发展影响因素。研究指出，个体的主体意识、积极的自我意识、克服弱势心理的能力、成就动机以及企业选拔管理者的公平性和客观性都会对饭店业女性管理者的职业发展产生积极影响，而家人对女性家庭角色的期望、传统文化对男女性别角色的观念则会阻碍女性管理者的职业发展。在当前饭店业女性管理者人数和比例皆不断上升的背景下，该论文的现实意义不言而喻。

第三篇文章的作者是王淑芳同学（指导教师谷慧敏），研究的内容是饭店非正式员工的管理，完成于 2007 年。随着国外著名饭店集团的进驻、民营饭店企业的发展壮大以及国有饭店企业改制的推进，饭店业竞争日趋白热化。为增强企业竞争力，获得满意的经营利润，不少饭店都通过雇用大量的非正式员工来确保总成本上的竞争优势。在此背景下，研究如何在成本控制的同时通过有效管理调动非正式员工的积极性和主动性无疑具有重要的现实意义。论文深入分析了组织行为学、心理学、管理学及社会学等学科的相关理论，将理论研究与实证研究相结合，在综述前人研究文献的基础上，提出了饭店非正式员工管理的 SEDR 模型。此外作者还采用问卷法、访谈法和案例分析等研究方法进行了实证研究，客观地呈现了饭店非正式员工的工作现状，总结了饭店非正式员工管理的五大问题并有针对性地提出了管理对策。总体而言，该论文选题对饭店业的发展有一定的理论意义和实用价值。

第四篇论文是牟晓婷同学（指导教师谷慧敏）于 2010 年所做的关于饭店企业社会责任的研究。作者以利益相关者视角为切入点，分析了饭店企业利益相关者内涵以及基于饭店利益相关者的企业社会责任的主要内容。她指出，不同业态的饭店企业在蛰伏利益相关者和边缘利益相关者上的边界相对模糊，因而其分类不宜采用传统的三类划分法，而应仅分为核心利益相关者和非核心利益相关者两类，前者包括饭店的管理人员、员工及股东，而后者包括顾客、分销商、供应商、政府、债权人以及社区和特殊团体。在论文的主体部分，作者采用扎根理论方法对 36 位饭店企业中高层管理者的深度访谈资料进行了开放性编码、主轴编码和选择性编码，由下而上地构建出饭店企业基于利益相关者差异性的不同层次社会责任体现的理论模型，并据此提出了饭店企业社会责任提升的管理对策。整篇文章观点明确，结构合理，研究方法科学，论证过程严谨，文笔流畅，占有文献资料充分，得出的结论与提出的建议对我国饭店企业社会责任提升有一定的指导意义，尤其是作者采用扎根理论对旅游企业管理中的前沿问题进行研究，在理论和方法上都有较大的创新。此外，随着我国大众旅游的发展以及饭店市场国际化程度和市场竞争的加剧，饭店企业如何有效履行社会责任进而实现可持续发展愈加成为值得整个行业思考的议题，从这个意义上说，本篇论文选题具有很强的理论价值和现实意义。

第五篇收录的论文是胡景娜同学（指导教师谷慧敏）2010 年完成的《金融危机背景下饭店员工流失问题对策研究》。2008 年开始的国际金融危机给我国的旅游业和酒店业发展造成了十分严重的负面影响，而大量员工流失给饭店企业带来的服务质量下降、客源丧失等系列问题更使其雪上加霜。在此背景下，作者以北京京伦饭店为案例，分析、探讨了饭店员工流失的原因，并据此提出了相应对策。文章指出，不同层次和不同岗位的员工在饭店运行中扮演着不同的角色，其流失影响因素也会因职位角色的不同而存在差异，如，高层管理人员离职的主要影响因素为高管团队的融合度、高管任命形式、饭店的薪酬与激励机制以及饭店以业绩衡量高管成就与价值的考核机制，而基层员工流失的主要影响因素为员工自身技能与综合素质、个人年龄与发展、工作内容以及福利待遇。作者对饭店中层管理人员、基层管理人员以及 80 后员工的特征和流失影响因素也各有论述，她认为，无论员工在企业中处于何一层级，其离职影响因素总可归结于宏观社会因素、饭店集团层面因素、饭店行业自身因素以及个人因素这几类。值得一提的是，文中针对员工流失的个人因素所做的“掌控”分析十分精彩——各个不同职级指代“手指”，个人流失影响因素指代“手指”的“关节”，各职级共有的流失因素指代“掌纹”，“明确饭店内影响各职级流失的不同因素，把握共同因素，解决‘关键因素’，同时对于不同的影响因素采取不同的对策，这样一个‘手掌’握起来才成为‘拳头’，才具备拼搏与竞争的能量”。

最后一篇文章的作者为蔡洁艳同学（指导教师吕勤），探讨的是酒店员工情绪智力对工作绩效的影响。作者指出，以往人们在研究工作绩效的影响因素时往往考虑的是员工的人格特征、智力等传统因素，但现实生活和管理实践却表明，员工的情绪智力也是影响工作绩效的重要变量，“具有相同学历背景和相同技能的员工，其绩效却有很大的差异”。通过阅读相关文献并结合访谈结果，作者对情绪智力和工作绩效分别进行了界定和维度划分，并在此基础上分析了酒店员工情绪智力对绩效的影响机理和途径，提出了文章的模型构思和研究假设。其研究发现：高星级酒店员工的情绪智力水平和工作绩效皆较高；员工性别和年龄对情绪智力和工作绩效没有显著影响；学历、职位和所在部门对情绪智力和工作绩效部分维度具有不规律性显著影响；工龄对情绪智力和工作绩效的大部分维度都有显著的正向影响；除情绪运用能力外，情绪智力各维度都对工作绩效整体水平及其两个分维度具有显著正向影响。据此研究结果，作者指出饭店企业在招聘选拔时有必要将情绪智力作为考量指标，确保员工情绪智力水平能够满足岗位要求。此外，在培训中加入一些针对情绪智力的训练也能够提升员工智力水平，进而提高其工作绩效。

综合而言，以上六篇论文虽主题各异，却皆可统归于人力资源管理研究大类，其立论和研究结果都对当前旅游接待业企业的发展具有一定的参考价值。然而，受作者人生经历和教育水平之限，论文在理论分析和研究方法运用上皆存有一些不足之处，有待进一步拓展、提高。在此，我们谨持一颗谦卑好学之心，恳祈读者批评指正。

参考文献

[1] Arnett D B, Laverie D A, and McLane C. Using job satisfaction and pride as internal marketing tools[J]. Cornell Hotel and Restaurant Administration Quarterly, 2002, 43 (2): 87 – 96.

[2] Barney J. Firm resources and sustained competitive advantage [J]. Journal of Management, 1991, 17 (1): 99 – 120.

[3] Brown T J, Mowen J C, Donavan D T, and Licata J W. The customer orientation of service workers: personality trait effects on self and supervisor performance ratings [J]. Journal of Marketing Research, 2002, 39 (1): 110 – 119.

[4] Cheng A, Brown A. HRM strategies and labor turnover in the hotel industry: a comparative study of Australia and Singapore [J]. International Journal of Human Resource Management, 1998, 9 (1): 136 – 154.

[5] Cho S, Woods R H, Jang S C, and Erdem M. Measuring the impact of human resource management practices on hospitality firms' performances [J]. International Journal of Hospitality Management, 2006, 25 (2): 262 – 277.

[6] Davies D, Taylor R, and Savery L. The role of appraisal, remuneration and training in improving staff relations in the western australian accommodation industry: a comparative study [J]. Journal of European Industrial Training, 2001, 25 (7): 366 -373.

[7] Denison D R. What is the difference between organizational culture and organizational climate? a native's point of view on a decade of paradigm wars [J]. Academy of Management Review, 1996, 21 (3): 619 -654.

[8] Edwinsson L, and Malone M S. Intellectual Capital: Realizing Your Company's True Value by Finding Its Hidden Brainpower [M]. New York: Collins, 1997.

[9] Ferris G R, Arthur M M, Berkson H M, Kaplan D M, Harrell-Cook G, Frink D D. Toward a social context theory of the human resource management organization effectiveness relationship[J]. Human Resource Management Review, 1998, 8 (3): 235 -264.

[10] Halcrow A. Employees are your best recruiters [J]. Personnel Journal, 1988(11): 42 -49.

[11] Hartline M D, and Ferrell O C. The management of customer—contact service employees: an empirical investigation [J]. Journal of Marketing, 1996, 60 (4): 52 -70.

[12] Haynes P, and Fryer G. Human resources, service quality and performance: a case study [J]. International Journal of Contemporary Hospitality Management, 2000, 12 (4): 240 -248.

[13] Hoque K. New approaches to HRM in the UK hotel industry [J]. Human Resource Management Journal, 1999b, 9 (2): 64 -76.

[14] Hurley R F. Customer service behavior in retail setting: a study of the effect of service provider personality [J]. Journal of the Academy of Marketing Science, 1998, 26 (2): 115 -127.

[15] Ineson E M, and Kempa R F. Selecting students: is there an education-industry mismatch? [J]. International Journal of Contemporary Hospitality Management, 1997, 9 (3): 128 -141.

[16] Karatepe O M, Uludag O, Menevis I, Hadzimehmedagic L, and Baddar L. The effects of selected individual characteristics on frontline employee performance and job satisfaction [J]. Tourism Management, 2006, 27 (4): 547 -560.

[17] Leana C, and Van Buren H. Organizational social capital and employment practices [J]. Academy of Management Review, 1999, 24 (3): 538 -555.

[18] Liao H, and Chuang A. A multilevel investigation of factors influencing employee service performance and customer outcomes [J]. Academy of Management Journal, 2004, 47 (1): 41 -58.

[19] Mark A B, and Louis R F. Reducing turnover in the hospitality industry: an overview of recruitment, selection and Retention[J]. International Journal of Hospitality Management, 1992, 11 (1): 47 -63.

[20] Mathis R L, and Jackson J H. Human Resource Management [M]. Cincinnati, OH: Southwestern College Publishing, 2000.

[21] Nahapiet J, and Ghoshal S. Social capital, intellectual capital and the organizational advantage[J]. Academy of Management Review, 1998, 23 (2): 242 -266.

[22] O'Reilly C A, and Pfeffer J. Hidden Value: How Great Companies Achieve Extraordinary Results with Ordinary People [M]. Boston: Harvard Business School Press, 2000.

[23] Papadopoulou-Bayliss A, Ineson E M, and Wilkie D. Control and role conflict in food service providers[J]. International Journal of Hospitality Management, 2001, 20 (2): 187 -199.

[24] Partlow C G. Human resources practices of TQM hotels [J]. Cornell Hotel and Restaurant Administration Quarterly, 1996, 37 (5): 67 -77.

[25] Pfeffer J. The Human Equation: Building Profits by Putting People First [M]. Boston: Harvard Business School Press, 1998.

[26] Prahalad C K, and Hamel G. The core competence of the corporation [J]. Harvard Business Review,

1990(3): 79 -91.

[27] Salih K, Zeynep K, Ibrah I, and Lutfi B. A review of human resources management issues in the tourism and hospitality industry [J]. Cornell Hospitality Quarterly, 2010, 51 (2): 171 -214.

[28] Stewart G L, Carson K P, and Cardy R L. The joint effects of conscientiousness and self-leadership training on employee self-directed behavior in a service setting [J]. Personnel Psychology, 1996, 49 (1): 143 -164.

[29] Sy T, Tram S, and O'Hara L A. Relation of employee and manager emotional intelligence to job satisfaction and performance [J]. Journal of Vocational Behavior, 2006, 68 (3): 461 -473.

[30] Wernerfelt B. A resource-based view of the firm [J]. Strategic Management Journal, 1984, 5 (2): 171 -180.

[31] Zerbe W J, Dobni D, and Harel G H. Promoting employee service behaviour: the role of perceptions of human resource management practices and service culture [J]. Canadian Journal of Administrative Sciences, 1998, 15 (2): 165 -179.

[32] 蔡卫民,何小梅.酒店基层员工工作倦怠、组织承诺、工作绩效相互作用机制研究[J].旅游论坛,2010,3(5):557 -561.

[33] 陈方英,于伟.上司支持对饭店企业一线员工工作家庭冲突及工作绩效影响研究[J].旅游论坛,2011,4(6):85 -90.

[34] 陈伟.酒店员工培训的重要性及其对策分析[J].经营管理者,2011:212 -213.

[35] 陈雪琼.影响饭店承担社会责任的因素与消除途径[J].饭店现代化,2006:50 -53.

[36] 杜旌,廖建桥,王福寿.绩效考评中的公正感与满意度研究综述[J].科技进步与对策,2005(7):191 -192.

[37] 方敏.关于高星级酒店员工有效培训的思考[J].生产力研究,2007(22):143 -145.

[38] 郭海昕.改制酒店员工薪酬满意度影响因素的实证研究[J].经济师,2007(5):232 -233.

[39] 谷慧敏,李彬,牟晓婷.中国饭店企业社会责任实现机制研究[J].旅游学刊,2011,26(4):56 -65.

[40] 胡静.酒店员工培训存在的问题与对策浅析[J].旅游纵览,2013(5):79,81.

[41] 华婷.饭店一线员工情感隐性知识对工作绩效的影响研究[D].辽宁:东北财经大学,2010.

[42] 郎慧国.酒店员工培训的质量控制及其培训方式的探索[J].中州大学学报,2007,24(1):34 -36.

[43] 李小红.科研人员绩效评估公平感对组织承诺的影响研究[D].上海:复旦大学,2009.

[44] 刘喜华.浅议酒店员工培训存在的问题及对策[J].企业家天地(理论版),2008:53,54.

[45] 骆静.知识员工绩效评估公平感及其对工作态度的影响研究[D].湖北:华中科技大学,2007.

[46] 罗燕.提高酒店员工培训效果的对策研究[J].商场现代化,2008:286 -287.

[47] 毛峰.饭店招聘应注意的几个问题[J].饭店现代化,2008(06):37 -39.

[48] 谭春霞.酒店员工培训中存在的问题及对策分析[J].产业与科技论坛,2008,7(12):218 -219.

[49] 滕爱凤.基于素质模型的饭店员工招聘实证研究[D].辽宁:渤海大学,2013.

[50] 汪勤.中国旅游饭店的社会责任探讨——内容、现状及提升对策[D].湖北:华中师范大学,2008.

[51] 王晓梅.绩效管理过程公平性对组织公民行为影响的研究[D].浙江:浙江大学,2006.

[52] 王宇晗.酒店员工培训工作的完善与创新[J].老区建设,2008(22):14 -15.

[53] 王玉梅,丛庆,阎洪.内部营销对一线服务员工任务绩效影响的实证研究[J].南开管理评论,2008,11(6):28 -36.

[54] 曾健蓓.酒店员工培训的几点思考[J].东方企业文化,2012(3):200.

[55] 张卉,朱金英,宋蓓.酒店企业文化研究综述[J].东方企业文化,2011(6):74.

[56] 张建宏.饭店人才招聘有讲究[N].中国旅游报, 2009 -11 -11(007).

[57] 张琳.试论酒店员工培训的误区与对策——以持续性培训为视角[J].商业文化(学术版),2010(1):30.

[58] 赵健.酒店员工培训中存在的问题及对策[J].统计与管理,2013(2):89 -90.

[59] 邹莎.酒店员工参与管理对工作绩效的影响研究[D].湖南:湖南师范大学,2014.

平衡计分卡在我国酒店企业绩效管理中的应用研究

杨会娟

摘　要：随着经济的全球化和信息技术的发展，世界各国酒店企业都面临着越来越激烈的市场竞争，人力资源已经成为酒店获得竞争优势的关键因素。而绩效管理作为人力资源管理的一个重要的环节，也越来越为世界酒店企业所重视。

但是我国酒店企业绩效管理的实施却存在很多的问题。本文通过文献研究法、问卷调查法、田野调查法以及案例分析法的研究方法，通过调查得出我国酒店企业绩效管理中存在的绩效管理和绩效评估各方面的问题。论文在对平衡计分卡的财务、顾客、内部业务流程和学习与成长四个因素进行深入分析之后，阐述了平衡计分卡对我国酒店企业塑造战略性思维、切实实施酒店战略、全面科学测评酒店绩效的深刻启示意义。

在具体的篇章结构方面，有关研究的背景、相关文献的综述等共同构成了本文的第一章；第二章主要对酒店绩效管理的理论进行了介绍；第三章在分析我国酒店企业绩效管理现状的基础上，指出了平衡计分卡对我国酒店企业的意义；第四章对我国酒店企业应用平衡计分卡的前提条件、程序和需要注意的问题给予说明；最后通过对如家酒店应用平衡计分卡的举例，提出一个可供我国酒店企业参考的平衡计分卡绩效管理体系框架。

关键词：平衡计分卡；绩效管理；绩效评估

A Study on the Implement of Balanced Scorecard in Chinese Hotel Performance Management

Yang Huijuan

Abstract: Facing the globalization and the information technology development, hotels will find that the competition will be more and more serious. Human resource management is the key factor of hotel management. And performance management, as an important aspect of human resource management, will be paid more and more attention in hotels all over the world.

But there are some problems in Chinese hotel's performance management. This essay investigates the problems and suggests that we should use the balanced scorecard in hotel's

---

作者简介：杨会娟，女，北京第二外国语学院旅游管理学院2002级研究生，主要研究方向为旅游企业管理。

performance management. And after a profound analysis on the meaning of balanced scorecard's four factors (financial, customer, the internal business process, the learning and growth), profound enlightenment, such as forming strategic operation thoughts, implementing hotel's strategies practically, evaluating operation performance comprehensively and scientifically, are explicated.

This paper consists of five chapters. The first chapter is an introduction of the background of this research, literature review and so on. The second chapter gives an outline of hotel's performance management theories. After analyzing Chinese hotel's problems in performance management, chapter three introduces the significance of the balanced scorecard in Chinese hotels. The fourth chapter explores the thoughts and methods about the implement of the balanced scorecard in Chinese hotels, such as application conditions, the processes and factors they should pay attention to. The last part is an example of the use of the balanced scorecard.

Key words: The balanced scorecard; Performance management; Performance evaluation

1 导论

1.1 研究背景

随着经济的全球化和信息化时代的到来,世界各国酒店企业都面临着越来越激烈的国内和国际市场竞争,人力资源已经成为企业获得竞争优势的关键因素。随着人们对人力资源理论和实践研究的重视,绩效管理逐渐成为一个被广泛认可的人力资源管理过程。

虽然理论界倡导完整、连贯、全面、综合的正式绩效管理,但是在我国酒店企业绩效管理的实践中,却存在各种各样的问题,严重地妨碍和削弱了绩效管理应起的作用。由于我国酒店企业经营管理者的管理理念不同——在酒店人力资源管理中容易出现"近视" 行为,即只侧重于员工的短期发展,而不能形成可以持续的长远发展战略,因此可能造成酒店企业人力资源管理中的人员架构不合理、管理梯队衔接不紧密、企业凝聚力薄弱等被动局面。

通过文献查考,发现在我国酒店绩效管理实践中,存在以下问题:

(1)酒店管理者在设定具体的个体指标时,没有将其放在整个组织的目标之中,而是从实际的任务出发,通过成熟的职位分析技术对职务的任务要求和行为要求做出非常详细的描述,然后根据这些描述对绩效进行考核,并根据考核结果进行人事决策①。

(2)这种以工作任务为核心内容的绩效管理,会导致部门和员工关注本位绩效,从而使个体绩效与部门绩效脱节,部门绩效与组织绩效脱节,继而产生短期绩效同长期发展战略之间的脱节。

(3)常常用绩效评估代替绩效管理,有时加上工资与评估挂钩的薪酬制度,而忽视了绩效管理的其他环节②。

---

① 严进. 周边绩效[J]. 外国经济与管理,1999(5):30-33.

② 赵日晶. 绩效管理失败的原因分析[OL]. http://www.smba-china.com/list.asp? ids491.

绩效评估只是完整的绩效管理过程中的一个环节。它与绩效管理的主要区别,如表1.1所示。

表1.1 绩效管理与绩效评估的区别

	绩效管理	绩效评估
过程	一个完整且不断循环的管理过程	管理过程中的局部环节和手段
侧重点	侧重于信息沟通与绩效提高	侧重判断和评估
时期	伴随管理活动的全过程	只出现在特定的时期
方式	事先的沟通与承诺	事后的评价

资料来源:Lawson P. Performance management: an overview[M]//Walters M. The Performance Management Handbook. London: Institute of personnel and development, 1995.

如果简单地用绩效评估代替绩效管理,就忽略了绩效沟通和酒店企业的全面完整的绩效管理,从而无法解决酒店企业中职责不清、绩效低下、管理混乱的局面,将导致酒店忽视员工发展,酒店员工追求短期利益,最终不利于酒店企业的长期可持续发展。

总之,我国酒店的绩效管理陷入了"为评估而评估"的境地,而未能发挥其应有的作用。

究其绩效管理在实践中成功不多的原因,本人认为,关键在于我国酒店忽视了绩效管理与战略之间的联系,没有将绩效管理和组织战略有机结合起来。由于缺乏战略管理思维,他们进行的是经验性的管理而不是基于市场环境和酒店企业战略的理性的管理。表现在绩效上为:员工行为和团队行动与组织战略目标发生偏离,出现个体、部门和整体的绩效都很好,但是企业的战略未能实现的情况。

因此,我国酒店要在竞争中生存和发展,必须要具备战略的思维以及要进行科学高效的人力资源管理。而人力资源管理本身是一个高投入、高回报、高风险和长期性的系统管理工程。哈佛大学詹姆斯教授也提出,如果没有合适的机制,一个人的能力发挥不足20% ~30%,如果有合理的机制,组织能力可发挥到80% ~90%。因此,酒店需要一个合理的机制来管理酒店人力资源,通过一个合理的机制配置去评估、激励酒店员工,使酒店员工最大限度地创造价值。也就是说,必须要存在一种以战略为中心的绩效管理体系来对酒店的绩效进行管理。因而,在我国酒店企业运营中寻找一种能综合酒店企业的战略管理以及酒店的绩效管理的管理系统,也即酒店企业的战略绩效管理的管理系统,已经成为我国酒店企业经营管理理论与实践研究的热点。

20世纪90年代在美国兴起,并在全球范围内迅速得到推广应用的具备战略思维的企业经营绩效管理方法——平衡记分法,是一个把企业远景目标、战略转化为具体策略行动,并予以量化指标测评、反馈,将绩效管理与企业战略紧密结合的战略性绩效管理体系。平衡计分卡在希尔顿等众多世界一流酒店企业成功应用的经验表明,它是酒店企业在急剧变革的信息化时代用来科学管理酒店企业绩效,应对竞争危机的战略绩效管理工具。我国酒店企业要想在变化多端的市场环境和激烈的竞争中取胜,则借鉴国际酒店的管理经验,在我国酒店中构建战略性思维的平衡计分卡综合绩效管理体系,是我国酒店扩张和发展的战略选择。

1.2 研究现状及研究意义

1.2.1 研究现状

1.2.1.1 酒店绩效管理的发展方向

(1)绩效管理的发展轨迹

20 世纪初,杜邦公司和通用汽车公司开发的投资回报模型(ROI)被用于多部门公司的整合管理。

20 世纪 90 年代后,随着公司财务体系的不断扩大,绩效管理开始把与股东价值相关的财务测量方法包括进来,从此产生了基于价值和经济附加值(EVA)的管理模式。

20 世纪 80 年代和 90 年代,产生了全面质量管理理论(TQM),强调对企业生产过程中的各个环节加以控制和管理。

20 世纪 90 年代出现平衡计分卡。公司除了采取财务措施和质量措施以外,开始关注一些影响公司生存和发展的非财务因素,并试图通过改进这些非财务因素来改善公司的业绩和财务状况。

(2)国内外酒店绩效管理相关研究

①国内酒店绩效管理相关研究有:

彭正龙、戚齐、李风(1999)认为,酒店经营业绩评价系统应包括经济效益状况和经济管理状况两种。其中,经济效益状况包括偿债能力、运营能力和盈利能力三方面;经济管理状况包括安全管理、设施管理和员工管理三方面。

刘纯、贾智勇、刘坤(2003)认为,酒店绩效管理体系的构成应该包括制订绩效计划;动态、持续的绩效沟通;绩效评价;绩效诊断和辅导几个步骤,并重点对酒店中绩效沟通和反馈的技术进行研究。

容莉(2003)认为,酒店企业在提升酒店绩效时面临市场拓展乏术、人才流失频繁、流程管理失策、利润空间收紧这四大难点,认为酒店企业应推行以平衡计分卡为指针的酒店企业绩效管理。

②国外酒店绩效管理相关研究有:

Paul A. Philips (1996)在《英国酒店业中战略计划和企业绩效的关系——一个探索性的研究成果》一文中设计了 11 个变量的多维模式,对英国的 8 家酒店公司的 63 家酒店进行研究,检验出酒店的战略计划和酒店绩效是具有相关性的。

Philips (1999)认为,对酒店绩效进行评估时,由于传统的会计导向的评估方法的不完善,应该融合财务、市场战略等各方面。

Gregory A. Denton 和 Bruce White (1999)在《使用平衡计分卡进行酒店管理以 WLS 为例》一文中,创造性地把平衡计分卡和五色等级图结合起来,以增强目标的相关性。通过这种颜色代码和平衡计分卡结合的得分系统,得出每个资产的综合得分,并可得出绩效排行。

从绩效管理近百年的发展可以看出,企业绩效管理的发展经历了一个历史演进的过程,在这一过程中,绩效管理从最初侧重于结果管理逐渐过渡到侧重于行为过程的管理,并最终将两者有机结合起来,与公司的长期发展战略融为一体。对酒店绩效管理的研究也没有离开一般企业绩效管理的发展轨迹。其发展的方向也是从传统的财务评估到对酒店绩效进行综合评估,从简单的绩效评估到提出在酒店绩效管理过程中注意沟通和战略。

因此,以战略为中心的综合的绩效管理是酒店绩效管理的必然趋势,而平衡计分卡即是这样一个战略绩效管理系统。它是绩效管理理论发展的产物,其在酒店业中的应用研究也应成为酒店绩效管理研究的方向和重点。

1.2.1.2 平衡计分卡相关研究

平衡计分卡(The Balanced Scorecard,简称 BSC),国内学者根据对其含义的不同理解,分别译为"平衡积分卡"、"平衡寸分卡"或"综合计分卡"等。平衡计分卡是由哈佛商学院教授 Robot S Kaplan 和咨询公司总裁 David P Norton,在总结多家绩效测评处于领先地位公司经验的基础上,于 1992 年发明并推广的一种绩效管理工具。

(1)平衡计分卡理论的产生和发展相关研究

Robot S Kaplan 与 David P Norton (1992)指出,平衡计分卡从顾客、内部业务、创新学习和财务四个角度来观察企业。将企业的远景和战略与企业的业绩评价系统联系起来,把企业的远景和战略转变为具体的目标和测评指标,以实现战略和绩效的有机结合,使高层管理者能快速全面地考察企业的绩效评价系统。认为平衡计分卡能迫使管理者把所有的重要的绩效评价指标放在一起考虑,使公司增强竞争力的不同举措同时出现在同一份管理报告中,从而有助于企业整体目标的实现以及不同部门目标的协调。

Robot S Kaplan 与 David P Norton (1996)将平衡计分卡由一个绩效评估工具转变为战略实施工具。文章通过引入四个新的管理程序,把长期战略目标与短期行动联系起来,满足战略管理的需要。这四个新程序分别是:第一个程序说明愿景,它有助于经理们就公司战略达成共识。第二个程序体现沟通与联系,它使经理能把他们的战略在组织中上下沟通,并使之与各部门和个人的目标联系起来。第三个程序体现业务规划,它使公司能把公司的经营计划和财务计划组成一个整体。第四个程序是反馈与学习,它能为公司提供进行战略学习的能力,内容包括收集反馈信息,检验据以拟定战略的各种假设,以及进行必要的调整。

Robot S Kaplan 与 David P Norton (2000)认为,通过平衡计分卡可以将企业的战略绘成图。这张战略图由四个部分组成,这四个部分就是平衡计分卡的四个角度:财务、顾客、内部流程以及学习与成长。这四个角度由一条因果关系链串了起来。其中,财务角度是结果,而学习和成长则是最基本的驱动因素。对于营利性公司来说,设计战略图往往开始于财务角度:公司必须确定增加股东价值要采取什么战略。平衡计分卡战略图就是这样一种工具,它可以让员工清楚地看到他们的工作与组织的总体目标有何联系,并能使他们在工作中协调合作,朝着公司既定目标前进。

在 Robot S Kaplan 与 David P Norton 提出平衡计分卡后,国内外许多学者与管理专家对平衡计分卡进行了研究,提出了许多新的观点。

美国的斯特恩.斯图尔特咨询公司(1998)将他们设计的经济增加值(EVA)指标与平衡计分卡相融合,创立了一种新型的"EVA 综合记分卡"。通过对 EVA 指标的分解和敏感性分析,可以找出对 EVA 影响较大的指标(即关键的价值驱动因素),形成一条贯穿企业各个方面及层次的因果链,构成一种新型的"平衡计分卡"。

William Fonvielle Lawrence P. Carr (2000)在《记分卡凝聚企业组织》一文中指出,与企业战略相衔接的平衡计分卡体系,使企业各业务单位、各部门和员工个人之间形成了一种联合之势,从而迸发出多方面的威力。将企业的绩效指标和战略目标相结合是实现目标关键性的一步,而联合是一个必要条件。战略性的联合过程必须从组织的最高层开始自上而下实行,必须将业务单位、职能部门、团队甚至个人的前进方向相统一。在平衡计分卡体系高效完善之前,经理人就应该围绕平衡计分卡紧密联合在一起。最终,员工也必须围绕该体系紧密联合在一起,从而使得该体系成为企业工作方式的一部分。

Earl Hadden 在《整合流程与目标的利器 BSC》一文中指出,使用平衡计分卡可确保日常运作与企业目标保持战略性一致。就业务流程改进而言,目前存在两种思想:一种认为直接投资,一开始就建好流程;另一种认为,先迅速建立流程,然后对流程不断进行监控和调整,边实践边投资。两种方法都各有缺陷,而应用平衡计分卡将这两种思想合二为一。平衡计分卡是一种结构化的方法,可用来确保日常业务运作与企业管理高层所确定的经营战略保持一致。它通过解决财务、顾客、业务流程(产品)和内部学习的目标,帮助管理层对所有具有战略重要性的领域做全方位的思考。

闫梅(2002)认为,平衡计分卡、作业成本法(ABC 法)和经济附加值法(EVA 法)都是 20 世纪同时诞生的三种业绩评价方法。并通过对平衡计分卡与作业成本法、平衡计分卡与经济附加值法以及通过对三者的有机结合的实用性进行分析,探讨了不同方法的特点,建立了三者结合的业绩评价体系。

(2)平衡计分卡应用的相关研究

余景选、陈忠宝(2001)认为建立平衡计分卡的主要步骤应包括:一是建立平衡计分卡的内容框架和业绩衡量指标,二是确定业绩衡量指标的权重。认为应运用调查法建立平衡计分卡的内容框架,而平衡计分卡各项业绩衡量指标的权重可以通过 Thomas L. Saaty 的权系数层次分析模型来解决。

马介强(2004)认为平衡计分卡是企业集团战略管理的利器。在说明中国集团公司管理控制体系中常见的问题之后,指出平衡计分卡有利于整合组织以聚焦战略,集团记分卡可描述公司远景与战略,使平衡计分卡指标从公司落实到部门、个人,并与浮动薪酬、能力管理挂钩,将战略变成每个人的日常工作。指出可以通过平衡计分卡来解决绩效管理体系和集团战略脱节的问题。

1.2.2 研究意义

从绩效管理和酒店绩效管理理论的发展轨迹和方向上来看,以战略为中心的综合的绩效管理是酒店绩效管理的必然趋势,而平衡计分卡即是这样一个战略绩效管理系统,它是绩效管理理论发展的产物。因此其在酒店业中的应用研究也应成为酒店绩效管理理论研究的方向和重点。然而目前的研究多限于对平衡计分卡在酒店绩效管理中的简单的介绍和引进,对于平衡计分卡在酒店绩效管理中运用的前提条件和指标设置等方面的研究仍然十分有限。因此,对平衡计分卡在我国酒店企业的应用研究是具有一定理论意义的。

从我国酒店绩效管理的实践上来看,我国酒店企业的绩效管理是脱离企业战略的,而脱离企业战略的绩效管理系统会妨碍企业实现长远的战略目标,所以企业应当将绩效管理的地位上升到企业的战略层面,站在战略的高度,使用一种全面的观点来代替任何片面的、短期的衡量尺度。而平衡计分卡绩效管理系统就是一种以战略为中心的综合性的绩效管理系统。研究平衡计分卡在我国酒店企业中绩效管理的运用也是具有一定实际意义的。

1.3 研究思路与研究方法

1.3.1 研究思路

本论文从回顾国内外酒店企业绩效管理的理论和实践开始,分析了我国酒店企业现行绩效管理体系的理论缺陷与实践困惑;接着,在对我国酒店企业绩效管理现状分析的基础上,介绍了平衡计分卡的基本原理、核心思想和四个组成要素,阐述了平衡计分卡对我国酒店企业的战略性启示及借鉴意义;然后,研究了平衡计分卡在我国酒店应用的前提条件、应用步骤和在我国酒店实施中应注意的问题;最后对如家酒店应用平衡计分卡进行分析,提出一个框架性的平衡计分卡体系。

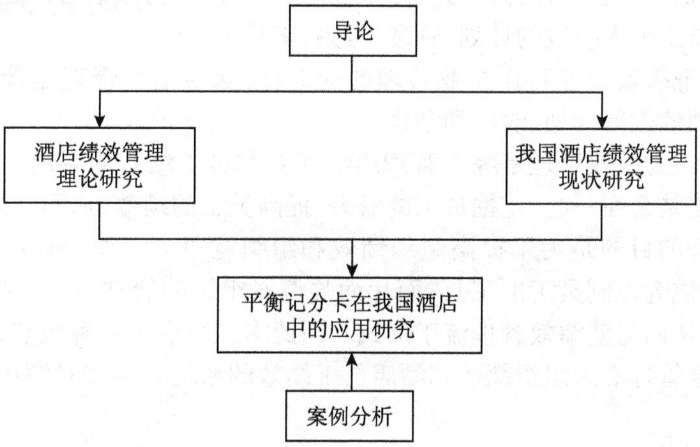

图 1.1 论文的研究思路

资料来源:作者绘制

1.3.2 研究方法

本论文采取文献研究法、问卷调查法、田野调查法和案例分析法的研究方法。在研究中选取一个案例,对案例进行深入的调查,并对案例进行剖析,按照理论—实践—再理论的思维模式,把理论与实践紧密地结合起来。

1.4 研究创新与不足

本文的创新之处在于:第一,通过对我国酒店绩效管理现状的调查,了解我国酒店企业绩效管理上的问题;第二,给出了我国酒店企业应用平衡计分卡的框架。

本文的研究不足之处在于:我国酒店绩效管理现状的调查问卷的设计项目不够丰富,调查的酒店数也较少而且比较集中(都在北京),这可能对我国酒店绩效管理的现状的研究结果有一定的影响。而且在对如家酒店的调研中,因为涉及酒店的战略和内部管理等对酒店来说比较机密的内容,因此,资料搜集不太全面,研究不够深入。

2 酒店绩效管理理论

2.1 酒店绩效管理的内涵与意义

2.1.1 酒店绩效管理的内涵

2.1.1.1 酒店绩效管理定义的界定

理解酒店绩效管理定义的关键在于对"绩效管理"定义的界定。关于绩效管理的定义，主要有三种不同的观点：

第一种观点：把绩效管理作为人力资源管理的一部分，认为绩效管理是管理员工绩效的系统。主要是对员工个人绩效的计划、管理、考察、奖励和发展。

第二种观点：把绩效管理看作企业管理的一部分，认为绩效管理是管理组织绩效的系统。主要对组织绩效进行计划、改进和考察。

第三种观点：认为绩效管理是综合管理组织绩效和员工绩效的系统。通过将员工的个人目的与企业战略结合在一起，挖掘员工的潜力，提高员工的绩效，从而提高组织绩效。

采用绩效管理的目的是为了提高组织绩效和组织竞争力。如果片面强调对员工的管理，绩效管理就会成为控制员工的工具；而片面强调对组织的管理，员工对企业的绩效管理就容易认识不足，从而易使绩效管理流于形式。因此本文采取第三种观点，认为酒店绩效管理是酒店企业综合管理酒店组织绩效和酒店员工绩效的系统。本文对酒店绩效管理的认定如下：

（1）酒店绩效管理作为一个传统的管理系统，应该是一个与酒店的战略和目标相联系，有助于实现酒店组织总体战略和目标的完整的系统。通过酒店绩效管理系统，酒店企业能够从事先所规划的、正确的方式自然地实现酒店企业所预设的目标。

（2）酒店绩效管理作为人力资源管理的一部分，应该是有助于实现员工目的、提高员工绩效从而最终提高组织绩效的系统。通过酒店绩效管理系统，酒店能意识到改善员工绩效的重点和员工的培训需求并合理制定人事决策和培训发展规划。

2.1.1.2 酒店绩效管理的内容

酒店绩效管理与战略管理相配合，具有项目再评估、资源再配置和人事管理等功能。在这个基础上，酒店绩效管理主要包括（见图2.1）：

（1）制定目标和绩效计划

制定目标和绩效计划是酒店绩效管理流程的第一个环节。在制定目标和绩效计划时，需要对酒店的战略目标进行分解。先要把目标分解到部门，再分到一个团队，最后具体到个人。在此阶段酒店管理者和被管理者之间也需要在对被管理者的绩效期望上达成共识，使被管理者对目标做出承诺。

酒店企业制定目标和绩效计划的主要目的是把酒店的整体战略与部门和员工个人的工作目标相联系，以确定部门与员工个人具体的标准和行为，为绩效评估提供依据，同时获得员工对目标的承诺。

（2）绩效实施与管理

制订了绩效计划之后，酒店员工就开始按照计划开展工作。绩效实施与管理过程是组织执行任务的过程。酒店组织在这个过程中,应该对员工的绩效进行监督和指导。对员工的绩效进行反馈,帮助他们排除工作中遇到的障碍,进行指导和及时调整目标是这一阶段的主要任务。这一过程中组织的作用是帮助员工尽可能好地完成目标。

(3)绩效评估

酒店组织应依据预先制订好的计划,定期对组织和员工的绩效进行评估。绩效评估的依据就是在绩效管理第一阶段绩效考评者和被考评者双方达成一致意见的绩效计划。这一阶段的任务是酒店怎样尽可能客观真实地对组织和员工的绩效进行评价。

(4)绩效反馈

在绩效评估后,酒店组织根据绩效评估的结果做出相应的决定。绩效反馈表现在酒店组织上为,酒店组织根据评估结果,发现实现组织绩效的盲点和弱点,制订组织绩效改进计划并重新分配资源来调整组织绩效实施重点,以确保组织绩效目标的实现。表现在酒店员工上为,根据评估结果为员工确定薪酬制度和制订员工发展计划,为员工的发展培训提供依据,如哪些员工需要培训,需要何种培训,有多少员工需要这种培训等。

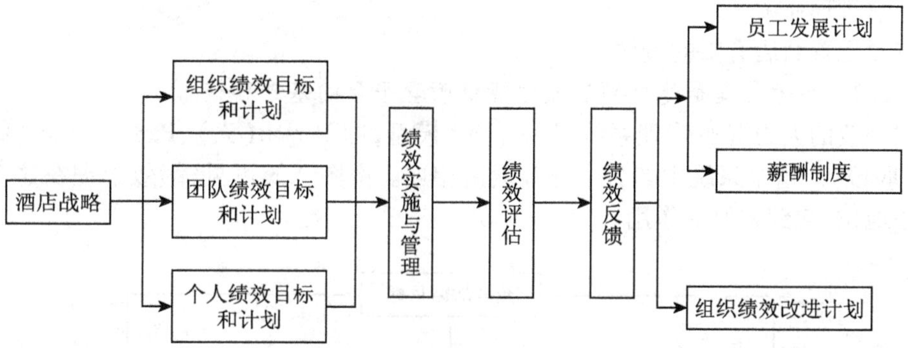

图 2.1　酒店绩效管理内容

资料来源:作者绘制

2.1.2　绩效管理在酒店运营中的意义

根据本文认定的酒店绩效管理的定义,酒店绩效管理既是一个管理系统,又是人力资源管理的一部分。它在酒店企业的运营管理和人力资源管理中起着极其重要的作用。

2.1.2.1　绩效管理在酒店的运营中处于战略地位,是管理系统的神经中枢

酒店企业的战略管理活动包括五个基本步骤:第一步是确定经营重点并提出酒店未来在该领域的战略任务;第二步,将战略任务转化为具体的战略目标;第三步,设计实现战略目标的具体战略;第四步,有效地实施所选定的战略;第五步,评价业绩,研究现状,并采取调整行动。

酒店战略管理循环如图 2.2 所示。

从战略管理循环图可以看出,绩效管理在酒店的运营中处于战略地位。一个设计良好的酒店绩效管理系统能对酒店战略的实施起到适时诊断、引导和控制的作用。它可以使高层管理者:

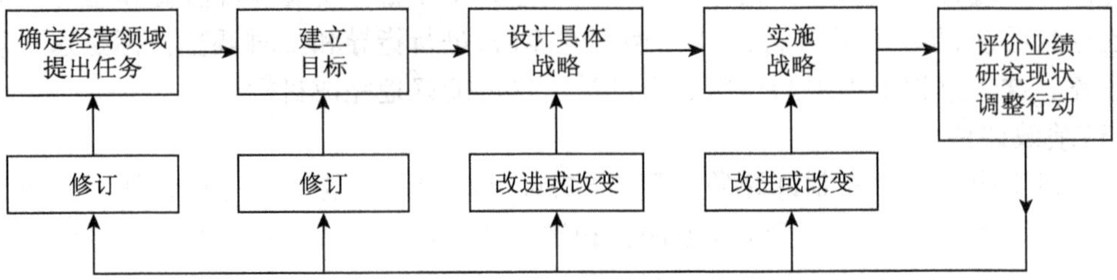

图 2.2 战略管理循环

资料来源:Thompson A A, Strickland A J. Strategic Management: Concepts and Cases (7ed)[M]. IRWIN, 1993

- 监控酒店战略目标的实现过程
- 判断现有经营活动的获利性
- 发现重大问题
- 评估管理业绩
- 有效配置酒店有限的资源

2.1.2.2 绩效管理是建立酒店人力资源管理平台的基础和核心

现代企业的人力资源管理系统是一个3P模型,即Person(人)、Performance(绩效)和Position(职位)。这个系统中的各个环节紧密相连。由图2.3可见,绩效管理在这个系统中占据核心地位,起到重要的作用。

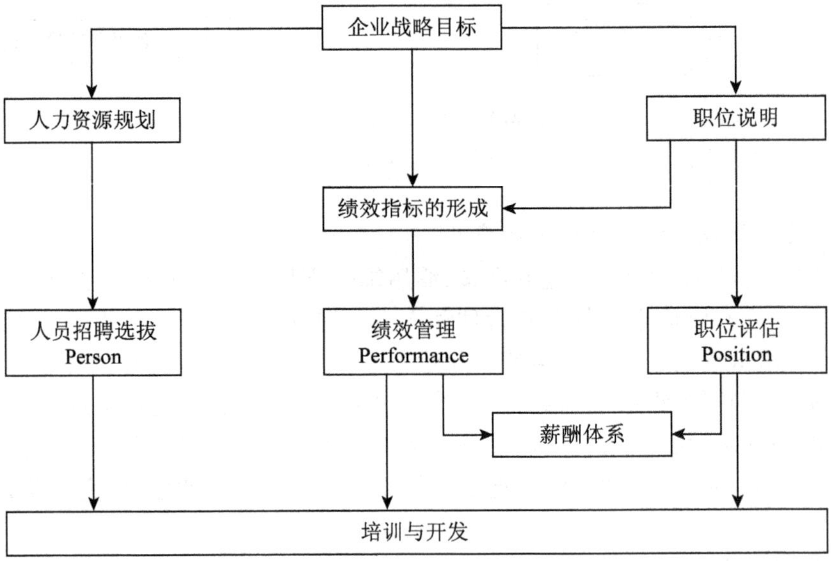

图 2.3 人力资源管理系统图:3P 模型

资料来源:思捷达咨询公司网站中钟勤华《职位分析培训》

酒店要想获得相对竞争对手的优势,就必须创造出比其竞争对手质量更好的产品或服务,提供竞争对手所不能提供的创新性的产品或服务,以更低的成本提供与竞争者相同的产品或服务。越来越多的研究表明,人力资源管理的水平对竞争优势的产生有较强的影响。一项研究考察了35个行业中的968个企业的人力资源管理水平与生产力水平,主要考察的是企业的员工激励计划、绩效管理系统和员工参与决策等方面。该研究的结果表明,人力资源管理水平与企业的生产力水平之间有着强烈的正相关关系,对企业人力资源管理水平的评估高出1个百分点,生产力水平就高出5个百分点①。

绩效管理体系在酒店人力资源管理上的作用主要表现在,绩效管理体系决定了人力资源管理的以下几个方面(如图2.4所示):

- 制订人力资源开发计划
- 进行人力资源规划
- 拟定薪酬制度
- 制订员工培训和发展计划
- 招聘与选拔决策
- 领导力发展

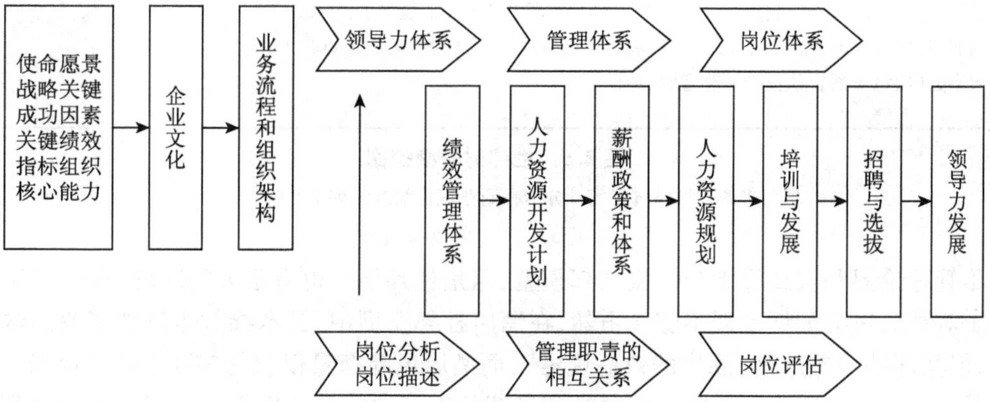

图2.4 绩效管理在人力资源中的应用

资料来源:中华英才网薪酬体系设计培训资料

2.2 酒店绩效管理理论发展概述

绩效管理理论的发展主要经历了三个发展阶段,酒店绩效管理体系的发展也没有离开这三个发展阶段。这三个阶段分别是:传统的财务绩效管理阶段,单一的绩效管理阶段以及战略绩效管理阶段。

2.2.1 传统的财务绩效管理阶段

在传统绩效管理阶段,酒店企业主要是通过单纯的财务尺度衡量业绩。在每个阶段都出现了一些绩效管理的工具,在国内外酒店企业财务绩效测评理论发展过程中,也出现了很多的财务测评模型。本论文主要对杜邦模型和经济附加值法这两种财务测评模型进行简要的介绍和简评。

---

① 武欣.绩效管理实务手册[M].北京:机械工业出版社,2001:27-28.

2.2.1.1 杜邦模型(Dupont Model)

在理论界中,企业经营绩效测评中最著名的是杜邦模型,杜邦模型的核心是通过分解企业的普通股收益率来分析影响企业盈利水平的各种因素。

酒店企业在使用杜邦模型这种财务测评模型时,衡量酒店总体盈利程度的指标包括普通股收益率和资产收益率(Return On Assets)两个重要指标,这两个指标通过普通股乘数(Equity Multiplier, EM)联系,即 ROE = ROA × EM 再分解 ROA 可得三因素和四因素杜邦模型。通过模型分析可得到影响酒店业绩(ROE)的因素,从而找到改善财务绩效的努力方向,如加强资金营运和财务费用管理等。

酒店绩效:普通股收益率(ROE) = 资产收益率(ROA) × 普通股乘数(EM)
资产收益率(ROA) = 资产利用率(AU) × 酒店利润率(PM)
ROE = AU × PM × EM
= (纯利润 ÷ 税前利润) × (税前利润 ÷ 总收入) × 资产利用率 × 股本乘数
= 税赋支出管理效率 × 资金运用和费用控制管理效率 × 资产管理效率 × 风险因素
其中:资产利用率(AU) = (利息收入 ÷ 总资产) + (非利息收入 ÷ 总资产)
酒店利润率(PM) = 纯利润 ÷ 总收入 = (纯利润 ÷ 税前利润) × (税前利润 ÷ 总收入)
普通股乘数(EM) = 酒店总资产 ÷ 普通股面值

图 2.5 杜邦财务模型图

资料来源:尹春平《平衡计分卡在商业银行绩效测评中的应用研究》

尽管理论界和实践界十分推崇杜邦模型,但是杜邦模型也有很大的缺陷,具体表现为:

①对酒店风险测评重视不够。虽然,在酒店杜邦模型中,股本乘数也反映了酒店的风险状况,但其评估的重点是“酒店的效益优劣”,而酒店风险衡量仅仅是辅助性的测评指标。

②普通股收益率无法有效地衡量酒店经营的安全性等其他要求。杜邦模型将盈利性放在极高的位置,但是没有对酒店设备和酒店人员服务质量等对酒店运营同样重要的几个方面加以考虑。

2.2.1.2 经济附加价值法(EVA)

经济附加价值法是针对传统财务报表在测评业绩上的两个缺点而产生的,在酒店企业中表现为:

①当只是用酒店净收入或净盈利为计量酒店绩效的指标时,就不会考虑酒店为获取利润所投入的资金,那么酒店的焦点就集中在增加收入上,这样酒店可能会投入过多的资产,却未必能获得足够的资本回报。

②为解决第一个问题,酒店分析人员可以利用股东回报率,也即将净收入除以投入的资金。根据股东回报率,酒店可以通过增加净收入或减少投入资金的手段,来提高股东回报率。股东回报率高的酒店,可能会拒绝投资一些回报率比资金成本高但比现在平均回报率低的项目。但是,减少投入资金又有可能导致酒店的投资不足。

经济附加价值法(EVA)通过采用净收益减去资金成本(已计入风险调整数),修正上述两个缺点。以下是经济附加价值的计算公式:

净销售收入 - 成本及经营费用 = 息税前利润(EBIT)

息税前利润(EBIT)-营业税=息前税后净收益(NOPAT)

税后净收益(NOPAT)-资金费用=经济附加价值

因此,酒店可用以下方法改善股东价值指标:降低经营成本;回收低回报率的投资,只投资回报大于资金成本的项目;调节资本结构,降低资金成本。

同样,经济附加价值法也有一定的缺陷。具体表现在:

①EVA 是一个绝对值,不便于不同规模酒店之间绩效比较。

②实践中,酒店经理人员仍可通过推迟费用的确认、提前收入的实现、降低一些必要的支出来包装绩效,因而与其他财务指标一样可能会使酒店有短期行为,不利于酒店的长期发展。

③EVA 很难测评酒店研究与开发、培训等部门的绩效①。

2.2.2 单一的绩效管理阶段

在20世纪80年代和90年代,由于许多企业认识到仅仅使用财务数字进行管理的局限性,所以他们把质量控制作为宣传口号和组织原则。许多公司竞相追逐国家质量奖,如美国的马尔科姆·鲍德里奇国家品质奖、日本的戴明奖以及欧洲的 EFQM 奖。一些公司还纷纷效仿摩托罗拉公司、通用电气公司而采取66计划。

国内外酒店企业也认识到产品和服务质量的重要性,在酒店管理理论和实践上都很重视全面质量管理理论和66理论在酒店中的运用,于是在产品和服务质量上加大了投资和监管的力度。在酒店的重视下,酒店产品和服务质量确实得到了提高,但是随着酒店产品和服务质量的提高,酒店设施和人力资源的投资必然会降低酒店的现金流,而且,酒店产品和服务成本跟着提高必然会使酒店产品的价格也自然而然要提高。因此,这些酒店企业必然会发现仅靠质量和仅靠财务指标一样都不能全面管理企业的绩效,一些产品和服务质量极高的酒店很快就发现他们在财务上陷入了困境。

除了财务措施和质量措施以外,一些酒店强调以顾客为中心,构建以市场为核心的组织,并且建立了客户关系管理体系;有些酒店选择了发展核心竞争力,进行企业流程再造;还有一些酒店重点强调战略性人力资源管理。

财务、质量、顾客、核心能力、流程、人力资源以及制度这几个方面中的每一个方面都很重要,并且都可以在酒店的价值创造过程中发生重要的作用,但是每一个方面仅仅代表了管理活动及过程中的一个构成部分。管理过程必须产生持续而优异的业绩,仅仅强调管理过程中的某一个方面其实是鼓励次优化,从而妨碍酒店企业整体目标的优化。

2.2.3 战略绩效管理阶段

在20世纪90年代,企业所面临的内外部环境发生了巨变,工业时代的企业竞争模式已经无法套用于信息化时代,在此情况下,企业急迫需要一套崭新的衡量绩效的方法,并进行企业改造,以免在未来的竞争潮流下成为被淘汰的企业。在此环境下,企业的绩效管理逐渐由单一的绩效管理走向战略性绩效管理阶段。其标志是1992年美国哈佛商学院教授罗伯特·S·卡普兰发表了题为"平衡计分卡——良好业绩评价体系"的论文。在其发布后十年的时间里,平衡计分卡对企业管理界产生了极大的影响。

---

① Shaw J D, Gupta N, and E'Delery J. Pay dispersion and workforce performance: moderating effects of incentives and interdependence[J]. Strategic Management Journal, 2002(23):491-512.

该方法不但完全改变了企业绩效管理思想,还推动企业自觉去建立实现战略的目标体系,在产品、流程、顾客和市场开发等关键领域使企业获得突破性进展。平衡计分卡主要从顾客角度、内部过程角度、财务角度、创新和学习角度来管理企业的绩效。下面对平衡计分卡作简要的介绍:

2.2.3.1 平衡计分卡的基本原理框架

平衡计分卡的基本原理是:以企业的战略和远景目标为核心,把企业的长远目标化为企业的行动策略,即寻求企业成功的关键因素,并进一步转化为可以度量的财务、顾客、内部过程、学习与成长四个纬度的绩效管理体系。在这个体系中,财务纬度是对过去绩效的测评,顾客、内部过程、学习与成长指标是对驱动企业未来绩效因素的评价。一个核心和四个纬度构成了平衡计分卡的基本框架。

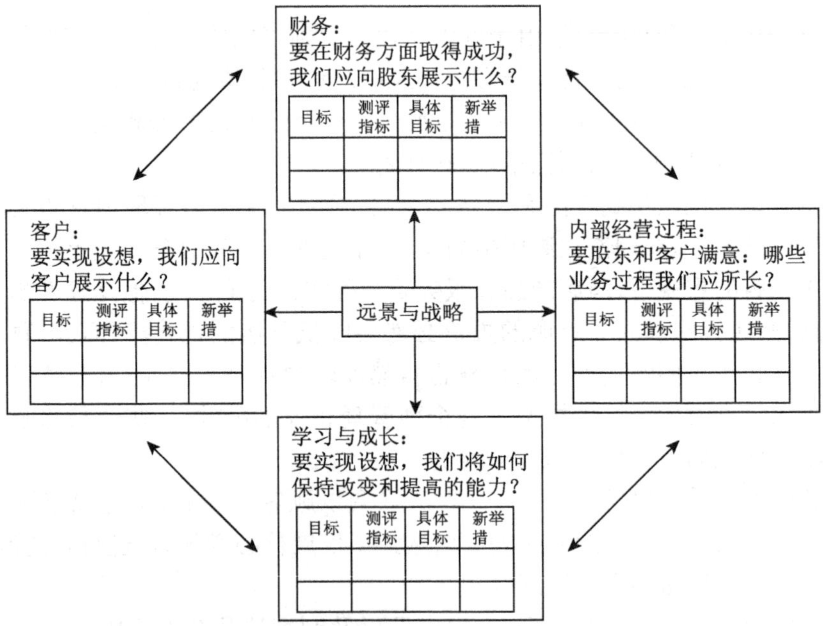

图 2.6 平衡计分卡绩效管理体系

资料来源:Kaplan R S & Norton D P, The Balanced Scorecard: translating strategy into action MA, Boston: Harvard Business School Press, 1996

由图 2.6 可知,平衡记分卡既是一个战略规划工具,又是一种战略部署工具,它以企业的战略为基础,将企业的远景、使命和发展战略与企业的业绩测评系统联系起来,把企业的使命和战略转变为具体的行动策略、经营目标和评测指标,实现战略和绩效管理的有机结合。

其核心思想是:企业必须不断创新与学习,持续改善企业内部运作过程,获得最大化的顾客满意,才能持续获得不凡的财务收益。

2.2.3.2 平衡计分卡绩效管理系统的基本内容

财务、顾客、内部流程、学习与成长四要素构建了平衡计分卡的基本框架,它们在企业绩效管理中都具有较为丰富的含义。企业的财务收益是和创新学习、内部流程、外部顾客三方面高度内在关联的，这可以用形象化的语言和图像来描述：企业整体战略绩效相当于一棵大树，只有“根深”（创新学习能力强）、“枝壮”（内部流程有效率）、“叶茂”（顾客满意度高），最后才能收获“果实”（财务收益好）①，四个因素是相互关联的。

（1）财务方面

平衡计分卡设置财务方面的目标就是为了解决“我们怎样满足股东？”这一类问题，以从企业股东的角度来审视企业的发展、获利及风险的战略。

财务目标一般涉及获利能力，其评估指标包括利润额、资产利用率、资本报酬率等指标，也包括经济附加值等新的标准、销售额的提高和现金流的情况。

财务方面是其他三个方面的出发点和归宿，它概括了企业过去行动的直接经济结果。企业财务绩效状况也显示了企业的战略实施在短期内是否是成功的。因此，财务指标作为企业的终极目标是所有其他三方面非财务指标的聚焦，每一个非财务指标的选择必须融合进一种达到提升财务业绩的因果关系中去。

（2）顾客方面

平衡计分卡设置顾客方面的目标是解决“顾客如何看待我们？”这一类问题，是从顾客的角度来看一个企业的创造价值方面及企业的差异化战略。

平衡计分卡的顾客要素就是确认经营单位所竞争的顾客和市场目标，针对经营单位的这些目标进行测评。对顾客要素的测评包括：市场份额、顾客留存、顾客满意度、顾客补充、利益顾客和顾客价值等。

（3）内部过程方面

平衡计分卡设置内部过程方面的目标是解决“我们必须擅长什么？”这一类问题。

平衡计分卡通过报告企业内部效率，使企业去关注促使企业整体绩效更好的过程、决策和行动，特别是对顾客满意度有重要影响的企业过程，如新产品创新开发速度、风险控制、成本、服务效率等。

（4）学习和成长方面

平衡计分卡设置学习与成长方面的目标是解决“我们能否持续提升并创造价值？”这一类问题，从而将注意力引向企业未来成功的基础。

企业的学习与成长有三个主要的来源：人才、信息系统和工作流程。企业要想获得长足的发展，就必须在雇员培训、信息系统的加强和工作流程的顺利实施方面进行投资。平衡计分卡的学习与成长方面可用员工的新服务收入所占比例、提高指数、员工满意程度、雇员建议数、培训和技能等指标来衡量。

总的来说，平衡计分卡的这四个重要的方面把目标和战略转变为具体的目标和评估方法，它们并不是相互独立的，而是一条因果链。这四个方面的高度内在因果关系如图2.7所示：企业员工的素质决定产品或服务质量、销售渠道等，产品或服务质量决定顾客满意度和忠诚度，顾客满意度和忠诚度及产品或服务质量等又决定了企业的财务状况和市场份额。

---

① 李宝元.战略性激励：现代企业人力资源管理精要[M].北京：经济科学出版社，2002.

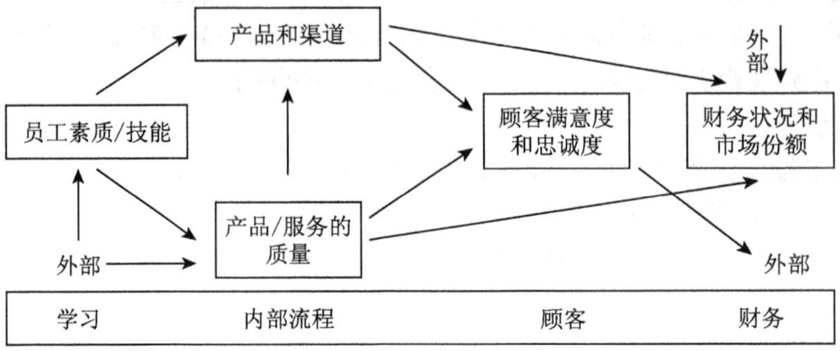

图 2.7 平衡计分卡四要素因果关系图

资料来源:Kaplan R S and Norton D P. Using the balanced scorecard as a strategic management system[J]. Harvard Business Review, 1996(1)

2.2.3.3 平衡计分卡的运作机制

平衡计分卡实际上是一个绩效管理体系,是一种可以把战略翻译成可度量的指标,并为整个机构所了解的绩效管理方法。作为企业实施战略管理的工具,其运作机制可描述为一个将战略目标自上而下、逐步细化分解成关键绩效执行指标,又逐级报告反馈信息、修正行动策略、调整战略目标的“塔型”流程结构,其运作机制如图 2.8 所示。

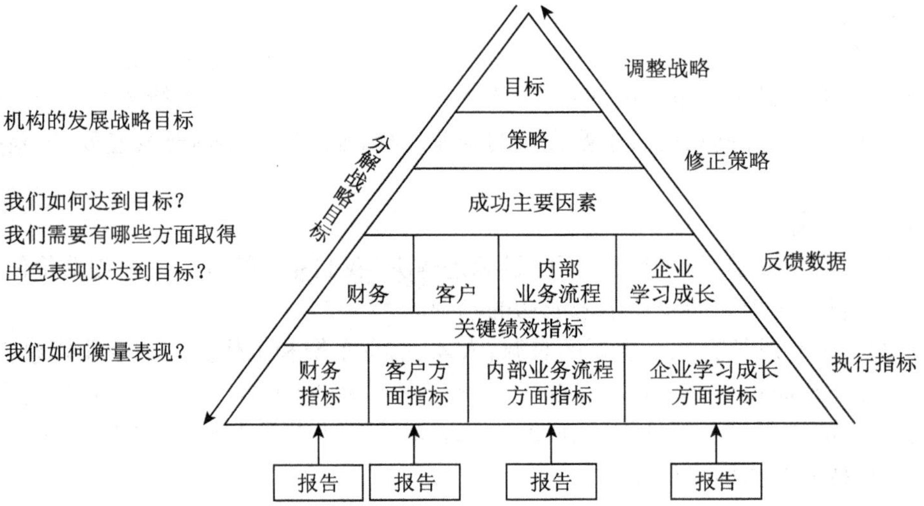

图 2.8 平衡计分卡运行机制

资料来源:尹春平. 平衡计分卡在商业银行绩效测评中的应用研究

2.2.3.4 平衡计分卡绩效管理系统的本质特征

作为一个适应信息社会需要的新型绩效管理系统,平衡计分卡与传统的绩效管理系统相比,其本质特征主要体现在以下四个方面[①]:

---

① 资料来源于吴翊竑硕士论文《平衡计分卡绩效管理系统的构建与应用研究》。

(1)以战略为核心

在一定程度上讲,平衡计分卡既是一个绩效管理系统,又是一个战略管理系统。从平衡计分卡的绩效管理体系图(图2.6)可以看出,平衡计分卡把战略放在了企业绩效管理过程的核心地位,通过相应绩效指标的设计与分解和绩效考核与激励,将企业战略在企业各个层面进行层层落实。

(2)过程管理与目标管理并重

平衡计分卡绩效管理系统的另一本质特征是既注重对经营目标完成程度的管理,又注重对经营目标实现过程的管理。

传统的以财务指标为主的绩效管理系统主要侧重于对短期目标完成程度的管理,而忽略了对目标实现过程的管理。这种绩效管理系统往往会给企业员工这样一种导向,即无论采取什么方式,只要能够完成管理者下达的目标任务就可以了。这种导向将造成企业员工有可能采取非"正确"的方式来完成它的短期目标,妨碍企业整体战略的贯彻、落实与调整,从而最终伤害企业整体、长远的利益。

然而,也不应该忽略对目标完成程度的管理而只关注于目标完成过程的管理。因为,正确完成目标的过程,不一定就会完成企业所设定的目标。国外就有学者通过研究发现,有为数不少的企业过程指标很理想,但是目标完成程度却不尽如人意。造成这种状况主要有两个原因:一是用于管理的过程指标并不能完整、全面地描述企业经营活动;二是各过程指标之间存在着复杂的联系,都很理想的过程指标并不一定能够产生很理想的结果。

基于此,一个良好的绩效管理系统应该将过程管理与目标管理并重。平衡计分卡绩效管理系统一方面通过财务方面的指标对企业目标完成程度进行管理;另一方面又以目标实现过程中的因果关系链为基础,分别设置客户、内部过程和学习与成长三方面非财务指标对企业目标完成过程进行管理,进而达到过程管理与目标管理并重的效果。

(3)财务指标与非财务指标并存

财务指标不可避免地带有滞后性、片面性和短期性的缺陷,这使得单纯依靠财务指标的传统绩效管理系统已不能够适应信息社会的要求。财务与非财务指标的并存有助于企业一方面通过财务视角保持对企业短期业绩的关注;另一方面可以通过非财务视角明确揭示企业如何实现其长期的战略发展目标,并且在对非财务信息的分析过程中,企业也可以借此找出影响财务表现的根源。

平衡计分卡绩效管理系统在吸收原有绩效管理系统的优点的基础上又增加了客户、内部经营过程及学习与成长等非财务指标来补充财务指标的不足。而且由于这些财务与非财务的考核指标都来源于企业的战略目标,是对它们自上而下进行分解的结果,因此它们之间可以共同作为公司未来财务绩效的驱动器。

(4)短期目标与长期目标平衡

对于一些企业来说,它们不善于在分析企业内外环境的基础上制定出有利于自身发展的战略目标,只是习惯将目光投入到短期的经营目标上。但是对另外一些企业来说,它们一般能够制定出正确的战略目标,清楚应该以何种方式管理企业,但是它们却不知如何将企业战略正确地转化为具体的行动,将长期战略目标分解为短期目标。由于平衡计分卡绩效管理系统使用非财务指标和因果关系链,因此它能够帮助企业寻找导致其成功的关键成功因素(CSF)和相应的关键绩效指标(KPI),在此基础上确定企业可付诸行动的长期战略目标,使其不脱离实际,具有可行性,然后再通过因果关系链将长期目标层层分解为短期目标,使其不偏离长期目标。因此可以说,平衡计分卡绩效管理系统克服了单一财务指标的短期性和片面性,达到了兼顾短期和长期目标,保持了两者之间平衡的目的。

3 我国酒店绩效管理现状及需求

3.1 我国酒店绩效管理现状

我国酒店绩效管理的现状如何呢?我曾对我国酒店绩效管理的现状做过一次调研。此次调研的方法、问卷设计情况以及调研的主要结果如下:

3.1.1 研究方法

调研主要采用问卷调查的方法,以酒店经理为调查对象,了解我国酒店绩效管理体系的基本情况。问卷调查阶段为2004年9月至2004年12月。样本来源于北京市的酒店。问卷分两批发放,第一批发放问卷50份,收回有效问卷26份,第二批发放问卷30份,收回有效问卷20份。共发放问卷80份,收回有效问卷46份。

3.1.2 问卷说明

此次调研的主要目的是为了了解我国酒店绩效管理的现状。问卷的设计借鉴了对外经济贸易大学于1999年底组织的一次有关绩效评估调查的调查问卷模式和内容。在其基础上增加了绩效管理和绩效工具的调研,并把部分开放式问题通过内容的分解,变成封闭式问题,以增强问卷的有效度。

本论文将开放式问题与封闭式问题相结合,涉及的内容主要包括:绩效管理的特点、绩效评估的特点、绩效评估的有效性、绩效管理的有效性以及绩效工具的采用情况。

3.1.3 调查结果与分析

3.1.3.1 调查结果

(1)我国酒店主要绩效评估模式

绩效评估是绩效管理中的关键环节。酒店的绩效评估模式特点能反映出酒店绩效管理的特点。通过对调查问卷中开放式问题答案的分析以及我国酒店绩效管理相关文献的查考,可以总结出我国酒店的主要的绩效评估模式。总的来说我国酒店绩效评估大体有以下几种模式:

第一种:以酒店星级评定标准来评估酒店绩效。酒店根据《星级酒店评价体系》标准中的星级酒店标准评价、管理活动评价、经济效益评价、公众形象评价四个方面来评估酒店绩效。以量化指标为主,配合一定的定性指标。这种以酒店星级评定标准来评价酒店绩效的模式,主要评价的是酒店的硬件设备水平。

第二种:从经济效益方面管理酒店绩效。这类酒店的绩效评估标准是"部门营业收入",他们将各营业部门,如客房部、餐饮部,确定为收入中心,每年初或上年末终了将营业额与预算营业额比较,并将比较结果作为奖罚依据。

第三种:经济效益指标和酒店经营管理状况及发展潜力相结合的综合绩效评估方法。该模式从经济效益状况和经济管理状况两个方面综合评估酒店绩效。采取这种绩效管理方法的酒店对经济效益状况采取的是量化的指标,定量来分析酒店的偿债能力、运营能力和盈利能力,而在经济管理状况方面则以定性指标为主。综合绩效管理法的绩效管理示意图如图3.1所示。

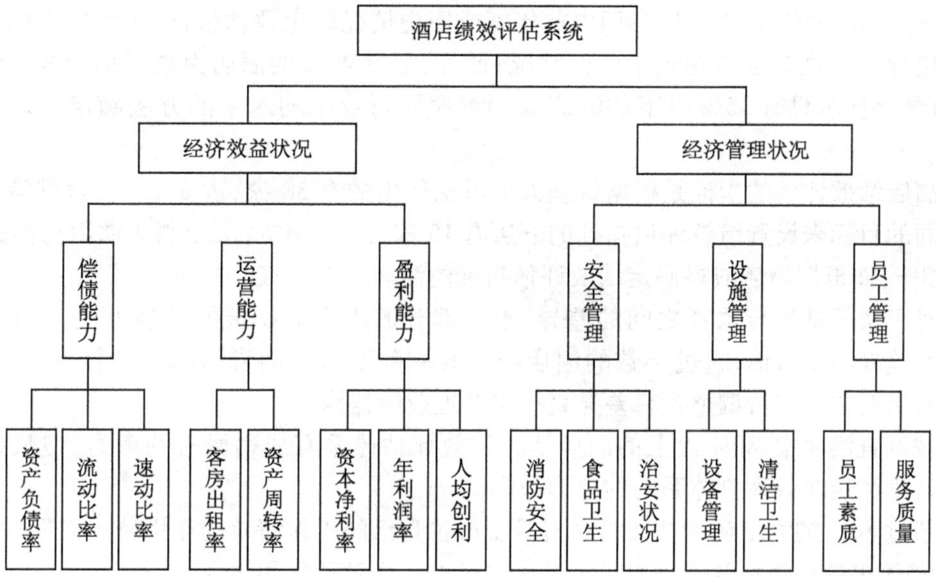

图 3.1　综合绩效评价体系

资料来源：彭正龙，戚齐，李风．旅游酒店经营业绩评价系统研究[J]．上海大学学报，1999(2)

(2)我国酒店绩效管理实施和执行情况的结果

● 有绩效管理的酒店有 46 家，占所调查酒店总数的 100%。

● 在这 46 家酒店中，有 27 家酒店即 59% 的被调查酒店对整个酒店系统实施绩效评估，24 家即 52% 的被调查酒店以部门和小组为评估单位，32 家酒店即 70% 对个人实施绩效评估。

● 超过 95% 的酒店绩效管理是按年进行管理的。

● 绩效管理伴随着管理活动全过程的酒店有 11 家，占 24%；绩效管理出现在管理的特定时期的酒店有 35 家，占 76%。

● 虽然有部分酒店采取“自下而上”、“共同讨论”或“共同参与”的方式建立绩效管理，但“自上而下”的方式仍占据不可替代的位置，有 43 家酒店即超过 93% 的被调查酒店采用此种方式。

● 对绩效管理的主要目的认定结果如下：

表 3.1　绩效管理目的认定结果

目的	酒店数	所占比值
用于奖罚员工	39	84.8%
用于薪酬调整	29	63.0%
指导员工发展	19	41.3%
了解培训需求	14	30.4%
管理组织绩效	12	26.1%
其他	6	13.0%

资料来源：作者根据调研数据整理

• 超过60%的被调查酒店参照以前年度或历史情况确定评估依据;40%以上的被调查酒店设定评估依据时会考虑当期经营状况;此外,超过20%的酒店由被评估者参与制定标准;调查结果显示只有15%以下的酒店采用参照同行业平均水平的方法确定绩效评估的依据。

• 酒店绩效评估的指标是根据管理人员讨论得出的有38家,占82.6%;根据酒店绩效管理期间的目标来设置绩效评估指标的酒店有15家,占32.6%;采用酒店惯用指标的有36家,占78%;而根据酒店战略确定绩效评估指标的酒店仅有6家,占13%。

• 对于实际结果与预算之间的差异,绝大部分酒店采取积极的处理方法,只有5%例外——对差异不予考虑;超过半数的酒店将差异剔除不可控因素后与业绩挂钩,分别有近30%的酒店对差异进行调整或将差异直接与经理业绩挂钩。

• 被调查酒店中,80%以上的酒店认为绩效评估体系有或稍微有约束力,但只有10%略多的认为酒店绩效评价体系的约束力很强。

• 超过80%的酒店认为绩效管理对员工改善自己的工作绩效的作用较小或根本没有作用;只有5%多的认为绩效管理对员工改善自己的工作绩效作用很大。

3.1.3.2 调研结果分析

(1)我国酒店绩效管理系统的有效性受到质疑

虽然我国酒店设置绩效管理系统的目的在于管理组织绩效、用于确定薪酬制度、制订员工发展计划等,但是调查结果却显示我国酒店绩效管理对改善员工绩效的作用不大,并且绩效评估也因为缺乏沟通和反馈而缺乏约束力。

(2)我国酒店绩效管理体系的问题

此次调查结果也显示了我国酒店绩效管理体系自身存在的很多问题,分别表现在绩效管理体系和绩效评估两个方面。主要表现为:

①绩效管理方面

• 重评估,轻管理

我国酒店绩效管理重评估轻管理的特点从两点调查结果可以发现:从酒店建立绩效管理体系的方式上看,大多数的酒店采取的是"自上而下"的方式,仅有少数酒店采取"共同讨论"或"共同参与"的方式,说明我国酒店进行绩效管理时对酒店员工事先的沟通和承诺重视不足。再从绩效管理的过程中看,绩效管理应该是一个完整且不断循环的管理过程,但是大多数的酒店倾向于绩效管理作为管理过程中的局部环节和手段。由此可见,我国酒店主要进行的是绩效评估而不是绩效管理。

• 重结果,轻过程

以合理的绩效管理系统进行绩效管理时,首要关注的是监控酒店组织绩效和员工绩效的实施情况,在实施绩效出现问题时,合理配置企业资源,调整实施情况,以最终实现企业的战略目标。但是我国设置酒店绩效管理首要是为了奖罚员工,而较少的酒店是为了管理组织绩效来设置酒店的绩效管理。并且对于实际结果与预算产生的差异,大多数的酒店主要是与经理业绩挂钩,而少量的酒店对差异进行调整。

• 重短期目标,轻长期战略目标

酒店绩效评估指标的设置主要还是通过管理人员讨论酒店绩效管理期间的目标得出,

而较少酒店是根据酒店的战略来确定评估指标的。因此，绩效评估对酒店长期战略目标的实现所起作用就会很小。

②绩效评估方面

总的来看，我国大多数酒店的绩效管理只是绩效评估，绩效管理应起的作用在我国酒店中也不能很好地体现。但是根据调查结果可以发现，即便是绩效评估，在我国酒店中也存在着一些不足。具体表现为：

• 绩效评估中指标的设置上

绝大多数酒店已经意识到财务指标同非财务指标的同等的重要性，在指标设置上越来越重视这两类指标的平衡，但仍存在过分强调利润指标，对非财务指标不够重视，指标数据不易获得，指标定量化不足等常见问题。

• 绩效评估标准上

评估标准是实际指标数据与之进行对比的参照数据，最重要的评估标准是战略目标，此外行业平均水平也是常用的评价标准。我国酒店常见的评估标准存在的问题是，过分依赖历史数据，受主观因素制约。而且虽然行业平均水平在理论上有相当的科学性和重要性，但我国酒店却很少采用此标准。可能由于目前国内这类数据不易获得，或即使发布了有限数据，其准确性也存在疑问。

• 绩效评估范围上

总体而言，对业务部门的绩效评估较为正规，但对职能部门和个人的绩效评估则有较大的随意性和表面化现象。虽然大多数酒店对酒店员工个人实施绩效评估，但是所评估的内容多是出勤率、工作态度等方面。由于没有明确的标准，考核重点不突出，因此也不能真正反映员工的绩效。

3.2 平衡计分卡：我国酒店绩效管理的需求

3.2.1 我国酒店绩效管理的需求

根据调查显示的我国酒店现行绩效管理的不足可以发现，我国酒店企业绩效管理产生诸多不足的根本原因在于以下两点：

3.2.1.1 我国酒店绩效管理缺乏战略思维

我国酒店企业在进行绩效管理时，缺乏战略思维，没有考虑到酒店的长期战略。这种战略思维在酒店绩效管理中主要体现在绩效目标的设定上，如果缺乏战略思维，在绩效目标的设定上就会受到目标设定者主观因素的制约，从而造成酒店在进行绩效管理时会出现重视对酒店员工的奖罚，但却不顾酒店的组织绩效的现象；或为了实现酒店的短期目的而包装酒店绩效，甚至牺牲酒店长期绩效等情况。而且，如果缺乏战略思维，即使员工绩效有所改善，酒店的长期战略目标也未必能实现。

3.2.1.2 我国酒店缺少能合理设定组织绩效目标的绩效管理系统

酒店组织绩效目标的设定是酒店绩效管理的十分关键的一步。如果组织绩效目标设定不合理，会导致绩效评估和绩效管理出现各种问题。而从我国酒店绩效评估的模式中也可以看出，我国酒店目前绩效评估指标的选取、绩效评估范围、绩效评估标准等，均是管理者主观决定的，是与酒店长期战略目标没有关系的。因此我国酒店需要一种能合理设定绩效目标的绩效管理系统，通过这种绩效管理系统合理设定酒店绩效目标，从而在绩效评估、绩效反馈上能更有针对性地解决酒店绩效管理中存在的问题。而如何设定绩效目标使之与酒店的长期战略息息相关,也已成为我国酒店绩效管理的一个很重要的内容。

鉴于此,我国酒店要想改善绩效管理,就需要有一个具备战略思维的、能合理设定酒店绩效目标的绩效管理工具,以在我国酒店企业构建战略绩效管理系统。

3.2.2 主要的绩效管理方法

在绩效管理中,常用的能设定绩效目标的绩效管理方法主要有目标管理法(Management By Objectives, MBO)、关键绩效指标法(Key Performance Indicator, KPI)和平衡计分卡法(Balance Scorecard, BSC)这三种方法。下文主要对这三种方法从绩效目标设定的角度进行简要的介绍。

3.2.2.1 目标管理法

目标管理是由美国管理大师 Peter Drucke(彼得·德鲁克)于 1954 年在《管理的实践》(The practice of management)一书中首先提出的一种管理思想体系。根据 Peter Drucke 的观点,管理必须遵循这样一个原则:每一项工作都必须为达到目标而展开①。目标管理是一种程序或过程,它使组织中的上下级一起协商,根据组织的使命确定一定时期内组织的总目标,由此决定上下级的责任和分目标,并把这些目标作为组织经营、考评和奖励的标准②。

其主要特点是通过管理者与员工的上下协商来形成员工工作目标,并通过目标来进行考评。目标管理法的优缺点如下:

目标管理法的优点:目标管理法通过管理者与员工的上下协商形成员工工作目标,并通过目标来进行绩效评估,能使作为评估者的管理者与员工的对立得到一定程度的缓和。

目标管理法的缺点:

①注重结果。目标管理以结果评价员工绩效,会导致员工注重结果,可能出现为达到目标不择手段的现象。

②目标缺乏系统性。目标管理由管理者和员工共同提出目标,目标的设置上可能会出现目标繁杂的现象,而繁杂的目标会造成员工的无所适从。

③忽略长期战略目标。由于目标管理过于注重结果,因而容易缺少通过流程的改进和再造来实现长期目标的意识。

3.2.2.2 关键绩效指标法

关键绩效指标法是我国酒店实施绩效管理的一种常用的工具。关键绩效指标法首先对企业环境及战略进行研究,找出影响企业发展的关键要素和指标;在确定企业未来发展战略之后,对每个关键业务及相关绩效标准进行分析;最后根据该职位的任职资格要求对与其相应的绩效标准进行分解,以确定对应于该职位的关键绩效指标。

关键绩效指标法的主要特点是:由企业高层对企业未来成功的关键达成共识,并对关键业务所占比重进行分析,结合组织目标和岗位应负责任,分析归纳组织的关键绩效指标和职位的关键绩效指标,据此对组织目标和职位目标的实现程度进行科学有效的测评。

关键绩效指标法的优点:操作简单。

关键绩效指标法的缺点:没能提供一套完整的对操作具有指导意义的指标框架体系,因

---

① 王璞.人力资源管理咨询实务[M].北京:机械工业出版社,2003:201.

② 武欣.绩效管理实务手册[M].北京:机械工业出版社,2001:35.

此，各指标之间可能会缺乏系统的联系，导致员工的无所适从，找不出综合实现这些目标的工作方法和方向，从而造成目标难以实现。

3.2.2.3 平衡计分卡法

平衡计分卡方法通过财务、顾客、内部过程、学习与成长四个指标之间相互驱动的因果关系，展现组织的战略轨迹，实现绩效考核、绩效改进以及战略目标。

实施平衡计分卡的过程为：首先确定酒店发展的战略方向，并就经营目标在各层次员工之间进行沟通，组织上下达成一致；其次，在明确战略的基础上找到关键成功因素，把战略翻译成具体的行动策略，再把策略转变成可实现、可度量的关键绩效指标；最后，通过关键指标的部署、执行、反馈和持续改进使得战略得到执行、反馈、修正和调整。

平衡计分卡的优点：便于操作、评估指标与战略系统的联系；评估指标具有系统性。

3.2.3 平衡计分卡对我国酒店绩效管理的意义

通过对上述三种主要绩效管理方法的分析可以知道，目标管理法和关键绩效指标在进行绩效目标设定时都有一定的缺陷，在如何让员工了解并利用其中内在的多重相互关系，发挥员工推动组织战略实施的整体优势，使战略的导向牵引作用贯彻于员工的绩效考核和行为改进方面取得突破上，与平衡计分卡相比，绩效考核的落实层面没有得到战略意义的深化①。平衡计分卡对我国酒店绩效管理具有以下两个意义：

3.2.3.1 有助于我国酒店塑造“战略观”

平衡计分卡的战略性思维体现在它的远景目标战略化、战略目标具体化、战略实施团队化等方面。它将战略置于管理的核心，把酒店企业的战略转化为可以理解、衡量的表述方法，通过考核企业四个方面的主要指标来衡量企业的战略实施情况。

从平衡计分卡的运作机制可知，平衡计分卡的实施过程即是酒店自身优劣势分析和战略发展的部署、实施、及时调整的过程。平衡计分卡可为我国酒店进行准确的战略定位、有效地将战略转化为各层组织的绩效指标和明确行动，使酒店内部一致地将战略付诸实施，从而能帮助我国酒店企业塑造“战略观”的经营思维。

3.2.3.2 我国酒店可借鉴平衡计分卡建立全面科学的绩效评估体系

从我国酒店绩效管理现状中可以发现，我国酒店的绩效评估主要还是偏重于财务方面和企业设备管理等方面，而不是具有一定关联的绩效指标体系。我国酒店可借鉴平衡计分卡来建立全面科学的绩效测评体系。

平衡计分卡的绩效指标不仅包括财务指标，也包括具有因果关系的非财务指标。因此它能够帮助我国酒店绩效管理实施人员明确酒店在财务、客户、内部管理，以及学习与发展四个方面的内在联系。例如：酒店的战略目标是增加利润，那么在财务方面的指标应当是增加销售额，降低成本；前者的驱动因素可能是提高现有客户的满意度，增加其购买量，并开发新的客户（客户方面）；后者的驱动因素可能是改善内部管理，尤其是在降低成本相关上，如生产效率提升等方面（内部过程方面），以及新产品的研发（学习与发展方面）；而客户满意度的驱动因素则是酒店在客户最关心的产品和服务质量等方面的表现（内部过程方面）。

平衡计分卡相互联系的、平衡的绩效指标体系，对当前处于激烈竞争态势的我国酒店建立全面科学的绩效评估体系，具有很强的理论和现实指导意义。理论上，平衡计分卡可指导

---

① 辛浩力. IT 企业绩效管理三误区[J]. 计算机世界，2001(2)：16－17.

我国酒店扬弃现行具有理论缺陷的绩效评估系统，以建立科学的绩效评估体系。实践中，通过对关键指标数据的监测，可为我国酒店的管理者提供改进当前及长远绩效的具体思路和途径。

总之，平衡计分卡对解决我国酒店目前绩效管理存在的问题来讲，应该是行之有效的。关键问题在于在我国酒店企业中如何有针对性地去实施。实施得好，效果就好，酒店的绩效管理就有效；实施得不好，绩效管理就成了一种摆设。

4 平衡计分卡在我国酒店企业绩效管理中的应用

平衡计分卡对完善我国酒店绩效管理是有着十分重要的意义的。我国酒店也应该去思考如何应用平衡计分卡来建立我国酒店战略绩效管理体系。本章对平衡计分卡在我国酒店企业战略绩效管理应用中的前提条件、流程和要注意的问题进行了说明。

4.1 我国酒店企业应用平衡计分卡的前提条件

自从平衡计分卡在国外一些企业中得到成功的运用，我国一些企业也相继尝试运用平衡计分卡的绩效管理体系，但是，平衡计分卡在我国一些酒店企业实际的运用当中没有起到应有的效果。究其原因，主要在于许多酒店企业对平衡计分卡缺乏深入的了解，不考虑企业自身的实际情况而盲目地引进平衡计分卡绩效管理系统，那效果可能适得其反。平衡计分卡在酒店的应用有其内在的前提条件：

首先，对于以目标和战略为导向的酒店，目标是酒店在未来要实现的结果，而战略是酒店前进征途的指南针，它使酒店能沿着正确的方向前进而不至于迷失航向。平衡计分卡就是一种战略性的绩效管理系统，其主要功能就是将酒店的战略置于管理的中心，即以战略作为企业的导向。再通过领导层将酒店正确的战略目标融入组织，使战略转化为每个员工的日常工作，使战略成为一种持续的过程。如果酒店开始没有确立特定有效的战略，通过使用平衡计分卡，可以帮助企业重新认识和制定企业的战略，从而让平衡计分卡得到更有效的实施。如果酒店已经确立明确的战略，那么在运用平衡计分卡时，也要求酒店的长期战略目标能够在阶段性目标内尽可能地细化，在内部各部门甚至员工中层层分解，并同时能够与内部部门目标、员工个人的目标达成一致。因此，只有在以目标和战略为导向的酒店，平衡计分卡才有实施的基础和意义。

其次，对于面临并感觉到有强大竞争压力的酒店，市场竞争能够促使酒店不断改善、提高自我。我国酒店目前所面临的强大竞争压力是酒店谋求发展的内在动力，这正是平衡计分卡引入的内在动因。但平衡计分卡的实施还必须以竞争被酒店所感知为前提条件，如果竞争压力较大而企业并未感知，竞争也不会是酒店谋求发展的内在动力。

再次，酒店能有高素质的管理人员来重视并参与平衡计分卡的实施。从平衡计分卡的本质上讲，需要酒店管理者的目光能从短期的盈利转向未来的增长潜力，并将酒店的活动与战略的实现联系起来，而且平衡计分卡要求酒店管理者掌握有关平衡计分卡的背景资料、描述酒店远景和战略的内部文件，参与讨论设计平衡计分卡，并在酒店内部得到沟通并达成共识，以使平衡计分卡中的测评指标都是关键的指标。这是平衡计分卡能顺利实施的一个重要的条件。因此，酒店管理者必须具备一定的组织能力和沟通能力。而且只有各层管理者主动积极地参与进去，才不至于使平衡计分卡的实施流于口号和形式。

最后,酒店要有健全的相关配套制度。实施平衡计分卡要求我国酒店组织内部与实施平衡计分卡相配套的其他各项基础管理制度是健全和完善的。这些相配套的制度包括酒店的财务核算体系、信息建设、质量管理及业务流程管理等。如果我国酒店的财务核算体系、内部信息平台建设、岗位权责划分、业务流程管理以及人力资源开发等相关环节薄弱,那势必会造成所提供的酒店管理信息过于粗糙或根本不真实准确,而平衡计分卡也就没有了实施的信息基础。

只有在满足这些前提条件下,我国酒店实施平衡计分卡才有成功的可能。

4.2 我国酒店企业应用平衡计分卡的程序

酒店应根据自己所处环境及自身拥有的资源进行战略定位,确定战略目标,并在酒店的各个层面进行沟通和教育,宣传企业的远景及战略目标,达成上下共识。同时从各个层面抽调管理人员和技术人员组成平衡计分卡绩效管理团队。团队的主要职责是建立评价体系,确定评价标准,收集数据和处理数据,考核绩效,进行监督实施和接纳反馈意见,并对指标进行修正等。

通常情况下,我国酒店企业可以通过以下几个步骤来构建酒店的平衡计分卡绩效管理系统。

4.2.1 应用平衡计分卡的准备

应用平衡计分卡之前的准备措施包括以下几步:

第一步:选择设计和管理绩效人员

选择设计和管理人员是平衡计分卡实施的第一步,也是事关平衡计分卡能否有效实施的关键性一步。酒店企业应合理选择设计平衡计分卡体系和管理酒店绩效的人员,要求他们:清楚酒店长期战略,熟悉酒店的各个部门,了解平衡计分卡的框架、理论和方法,并具备一定的管理权力。

一般来说,平衡计分卡的设计人员应当主要由酒店的高级管理者来担任,而且,为了避免平衡计分卡的设计人员同样也是平衡计分卡的被管理者而导致平衡计分卡流于形式的现象,设计平衡计分卡绩效管理系统时最好有酒店的股东参加,以保证酒店长期战略的实现和平衡计分卡绩效管理系统的有效性。

第二步:宣传平衡计分卡

考虑到平衡计分卡作为一套战略型的绩效管理系统,它并不只是酒店管理层或哪个部门的事情,而是涉及酒店的各个层面,因此,应通过宣传使相关人员真正了解平衡计分卡,支持平衡计分卡战略绩效管理系统的建立,这对平衡计分卡战略绩效管理系统的成功实施是至关重要的。

平衡计分卡的宣传重点在于:对于酒店的各级管理者,重点宣传平衡计分卡的重要性,以避免酒店管理者在设定目标时把重点放在短期财务目标上,而对战略中心置之不理,最终导致平衡计分卡实施失败。在员工中宣传平衡计分卡主要是为了取得员工的理解和支持。宣传平衡计分卡实施的主要目的是为了实现组织目标和员工发展规划,以避免员工因为误解平衡计分卡而导致工作热情不高、积极性不足。

第三步:阐明酒店远景和战略

这一程序主要包括两个步骤:第一步是阐明酒店远景和战略目标,使管理者对酒店的任务和战略达成共识;第二步是酒店的战略目标和测评方法的上下沟通与联系,使酒店的战略在酒店的整个管理团队中得到理解与沟通,并与各部门及个人的具体目标联系起来。其目的在于使酒店组织中各层次的员工都了解酒店的长期战略,并使部门和个人目标之间保持一致。

4.2.2 平衡计分卡绩效指标体系的设计

在酒店内部贯彻酒店战略之后,应该把酒店的战略和远景目标转化为一套完整的目标和测评指标并得到所有高级管理人员的认可,把战略表述为推动长期成功的行动策略语言。平衡计分卡绩效指标的设计就是为了这一目的。平衡计分卡绩效指标体系的设计分为两步:第一步是确定组织目标,第二步为找出关键绩效指标。

4.2.2.1 确定组织目标

在酒店各员工都了解酒店的长期战略以后,通过平衡计分卡可以进一步制定和明确组织目标。平衡计分卡确定目标的过程是如何把企业的发展目标和策略层层分解,最后落实到财务、顾客、内部过程和学习与成长四个层面的过程(见图4.1)。

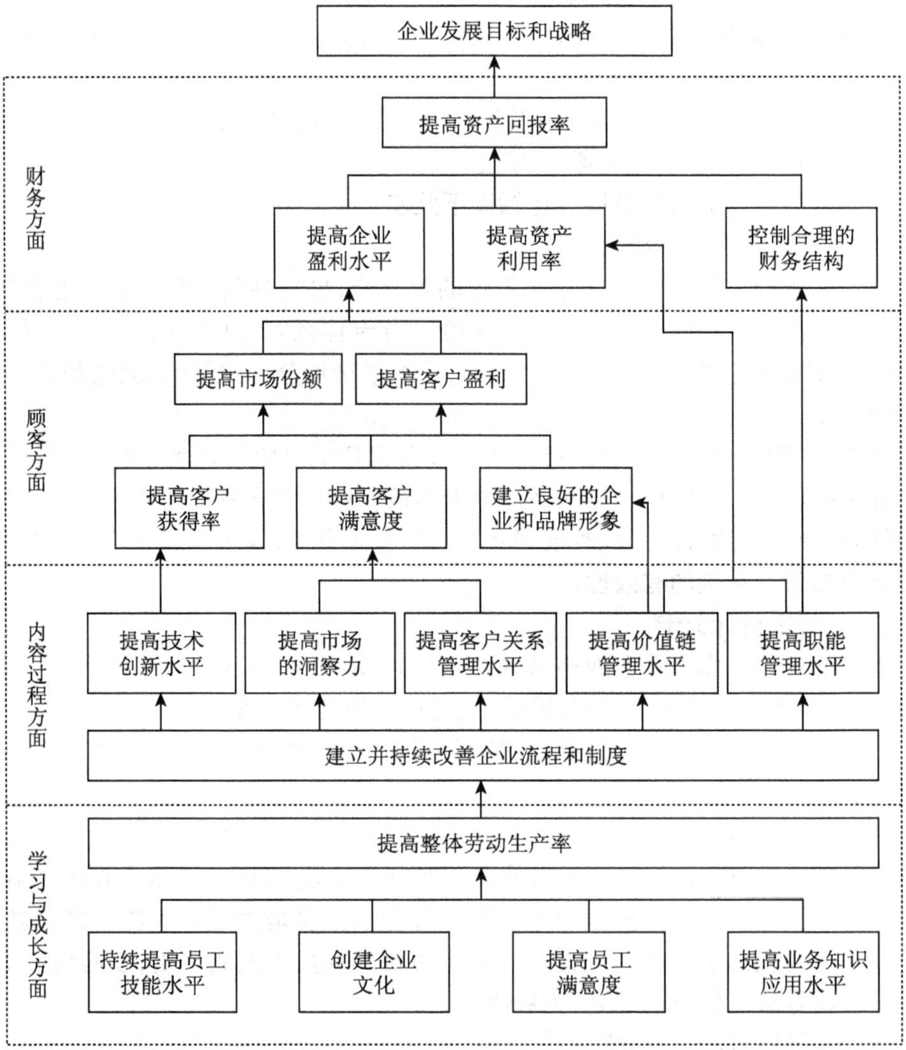

图4.1 通过平衡计分卡制定和明确组织目标

资料来源:根据平衡计分卡相关硕士论文资料整理而成

4.2.2.2 找出关键绩效指标

在确定组织目标以后,要确定组织的关键成功因素和关键绩效指标。

在这里假设某酒店分解战略目标的结果为,酒店组织的财务绩效目标为提高资产利用率,顾客方面绩效目标为提高顾客满意度,内部运营的绩效目标为提高技术创新水平,学习和成长的绩效目标为持续提高员工技能水平。那么平衡计分卡关键绩效指标的设置就是找出能解释这些指标的关键因素,再把这些关键因素用某些关键绩效指标表达出来。具体分析如下:

财务方面:提高资产利用率从财务上来讲关键就是要提高总资产周转率,而对酒店来说,提高总资产周转率的关键就是加速应收账款周转率和固定资产周转率。对应收账款周转率进行分解,可以找出关键绩效指标包括:应收账款周转率、坏账比率、过期应收账款比率;对固定资产周转率进行分解,可以找出关键绩效指标为:固定资产利用率。

顾客方面:提高顾客满意度的关键在于顾客满意度指标。而要想改善这一指标,酒店应该在提供顾客所需要的产品或服务、提供高质量的产品或服务、制定合理的市场价格、提高顾客满意度调研水平等方面做文章。针对这些关键点,可以找出对应的关键绩效指标为:客户对产品的评分、产品接受率、产品价格发生变化的周期和幅度等。

内部过程方面:提高技术创新水平就是要提高技术创新综合指数。而要想改善该指标就应该:提高产品或服务的创新、提高创新的有效性以及缩短产品或服务开发周期。相应的关键绩效指标则应为:产品开发成功率、新产品开发周期、新产品或服务计划销售收入达成率和新产品或服务开发周期等。

学习与成长方面:持续提高员工技能水平的关键指标为员工技能提升率。而员工技能提升率的提高在于员工参加适当的培训、培训的有效性、培训费用等。对应的关键绩效指标为:员工培训参加率、每个员工每年的平均培训时间、培训满意度、培训费用占销售额的比例等。

具体关键绩效指标设置过程如图 4.2 所示。

以上是使用平衡计分卡通过酒店战略设定组织目标找到关键绩效指标的过程。然而,不同的酒店由于战略目标的不同,其关键绩效指标的设定也会有所不同。下表列出了酒店中常用的平衡计分卡四个层面的指标,以给我国酒店在使用平衡计分卡时一些参考。

表 4.1 酒店平衡计分卡常用指标

财务指标	盈利指标	净资产收益率、总资产回报率、资本保值增值率、销售利润率、成本费用利润率
	资产运营	总资产周转率、流动资产周转率、应收账款周转率、不良资产比值
	偿债能力	资产负债率、流动比值、速动比值、现金流动负债比值
	增长能力	销售增长率、资本累积率、总资产增长率、固定资产更新率
顾客指标	市场份额	总营业收入市场份额、新增营业收入市场份额
	顾客结构	目标顾客数量、目标顾客收入比值、新顾客增长率
	顾客评价	全部顾客满意度、目标顾客满意度、旧顾客保持率、顾客流失率
	市场形象	顾客忠诚度、品牌知名度

续表

学习与成长	人力资源	员工满意度（薪酬、培训）、员工获提升比率、员工流动率、酒店年培训时数
	信息系统	软硬件设备的投入成本、软硬件系统更新周期、信息传递和反馈所需时间
	创新意识	提出新建议的员工比率、员工建议采纳率
	创新效果	新产品的顾客数量比率
内部过程	运作效率	新产品设计能力、新产品开发周期

资料来源：作者整理

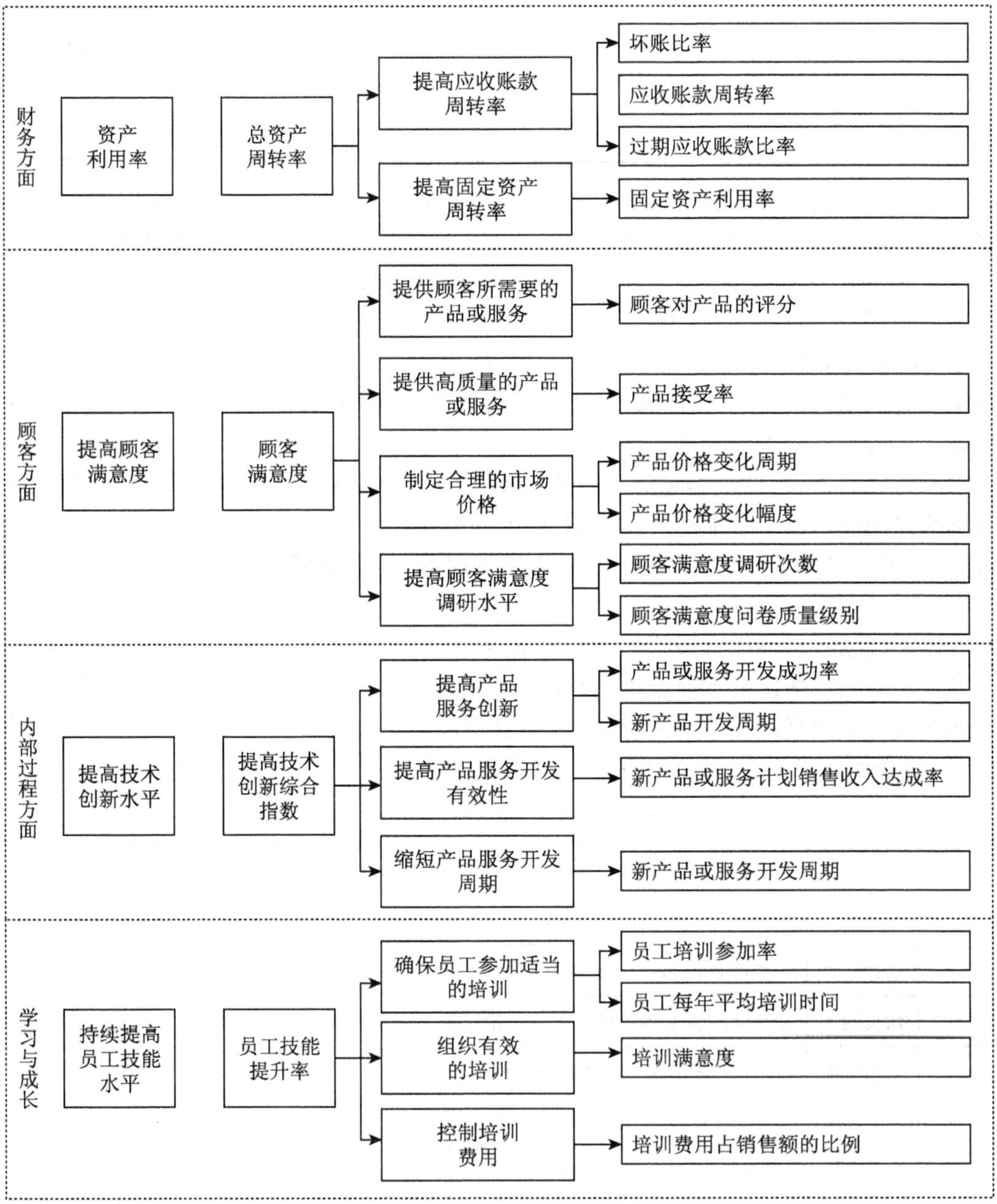

图 4.2 关键绩效指标的选定

资料来源：根据平衡计分卡相关硕士论文资料整理而成

需要注意的是，这些绩效指标都是比较初级的指标，在我国酒店使用时，需要对这些指标加以细化。比如说，资产收益率的提高要提高平均房价、单位客房收入等指标。各酒店也可以根据酒店战略，创造出可以综合反映酒店绩效的关键绩效指标。

4.2.3 实施和评估平衡计分卡绩效管理系统

实施并评估平衡计分卡主要包括以下工作①：

①通过关键绩效指标制订企业的运营计划，通过计划为关键绩效指标配置资源；②定期对酒店的关键绩效指标进行评估，并报告结果；③将评估结果与目标值进行比较，分析差异原因，并注意将酒店的奖励制度与考核指标相结合，以保证酒店绩效管理系统的顺利实施。

而且，平衡计分卡实施的过程也是对平衡计分卡进行不断修正和完善的过程。在使用平衡计分卡时，也要定期对平衡计分卡系统的有效性进行评估，并进行调整，使之更有利于酒店的发展。

4.3 平衡计分卡在我国酒店企业应用中需要注意的问题

平衡计分卡系统可以为酒店的战略绩效管理奠定一个坚实的基础。但是实践证明，只有将平衡计分卡的原理与企业的具体情况相结合才能发挥其功效。我国酒店企业在应用平衡计分卡时应该注意以下问题：

4.3.1 恰当地创建和量化指标

酒店中有一些非财务指标是不容易收集的，它需要我国酒店企业在不断探索中总结。而且有些指标虽然重要，但是却很难量化，如员工受激励程度方面的指标，需要收集大量信息，并且要经过充分的加工后才能具有实用价值，这就对企业信息传递和反馈系统提出了很高的要求。而我国酒店信息的精细度和质量要求相对偏低，这会很大程度上影响到平衡计分卡的成功运用。因为信息的精细度和质量的要求度不够，会影响企业实施平衡计分卡的效果，如导致所设计与推行的指标过于粗糙，或不真实准确，无法有效衡量酒店的绩效。

4.3.2 切勿照抄照搬其他酒店的模式和经验

实践证明，只有将平衡计分卡的原理与酒店的具体情况相结合才能发挥其功效。不能简单地模仿其他酒店开发完成的平衡计分卡，因为不同的酒店有不同的背景和战略任务，所以各自的目标及其衡量指标皆不同。即使相同的目标也可能采取不同的指标来衡量；另外不同酒店的指标之间的相关性也不同；相同的指标也会导致作用不同。总之，每个酒店都应开发具有自身特色的平衡计分卡，如果盲目地模仿和抄袭别的酒店，不但无法发挥平衡计分卡的长处，反而影响对酒店绩效的正确管理。

4.3.3 正确对待平衡计分卡实施投入成本与获得效益之间的关系

平衡计分卡的四个层面彼此是关联的，要提高财务层面首先要改善其他三个方面，要改善就要有投入，所以实施平衡计分卡首先出现的是成本而不是效益。平衡计分卡要求酒店从四个方面考虑战略目标的实施，并为每个方面制定详细而明确的目标和指标。它需要酒店全体员工参与，使每个部门、每个人都有自己的平衡计分卡，因此企业实施平衡计分卡的成本也会很大。但是效益的产生往往要滞后很长时间，即投入与产出、成本与效益之间有一个时间差，因而往往会出现客户满意度提高了、员工满意度提高了、效率也提高了，可财务指

---

① 资料来源于吴翊竑硕士论文《平衡计分卡绩效管理系统的构建与应用研究》。

标却下降的情况。关键的问题是在实施平衡计分卡的时候一定要清楚,非财务指标的改善所投入的大量投资,在可以预见的时间内,可以从财务指标中收回,不要因为实施了几个月没有效果就没有信心,应该将眼光放得长远些。

4.3.4 平衡计分卡的执行要与奖励制度结合

酒店中每个员工的职责虽然不同,但是用平衡计分卡会使员工清楚企业的战略方向,有助于群策群力,也可以使每个人的工作更具有方向性,从而提高每个人的工作能力和效率。为此,应在重点业务部门及个人层次上实施平衡计分卡,将各个层次的注意力集中在各自的工作绩效上。这就需要平衡计分卡的实施结果与奖励制度挂钩,注意对员工的奖励与惩罚。

5 对如家酒店应用平衡计分卡的举例

前文对平衡计分卡在我国酒店中应用的前提条件、程序及要注意的问题等内容进行了论述,本章以如家酒店为例,对我国酒店构建基于平衡计分卡绩效管理体系的思路进行分析。

5.1 如家酒店背景

如家酒店[①]是在2002年6月由中国资产最大的酒店集团——首都旅游国际酒店集团、中国最大的酒店分销商——携程旅行服务公司共同投资组建的一个新兴连锁型经济酒店品牌。

自成立以来,如家以其“适度生活,自然自在”的生活理念发展自己的产品和服务,一直处于高速发展的状态,至今已发展到40多家。目前如家在全国的年利润已高达1亿元。2003年2月如家酒店公司被中国旅游酒店业协会评为2002年“中国酒店业集团20强”之一,在2004年如家酒店的两周年庆典中,如家宣布将在两年内加速在经济型酒店市场的圈地,使店面增加至100家,并力争两年内成为首家海外上市的酒店品牌。且为了与锦江之星、宜必思等经济型酒店同行竞争,首旅准备将旗下的两个经济型酒店品牌——欣燕都和如家整合经营。此外,首旅现在还拥有的另一个经济型酒店品牌“建国客栈”的实体店已经转给如家经营。

面对如家如此稳健的发展态势,我们不得不把关切的目光投注在如家的整个成长进程中。

5.1.1 发展远景和战略目标

如家的发展远景是成为中国最著名的住宿业品牌。

如家酒店的战略目标是通过向全国扩张,在经济型连锁旅店市场争夺国内“龙头”位置,力争成为在海外上市的第一家中国连锁经济酒店。

根据如家的发展远景和战略目标,在如家酒店两周年庆时,其首席执行官季琦形象地概括如家未来的发展战略——中心开花、从东往西、点面结合。中心,分别是以上海、北京、广州和深圳为首的华东、华北和华南经济区,即中国目前经济能量最强的几个区域;从东往西就是从沿海地区往西部地区挺进;点面结合,即沿海全面铺开,西部是个点。

---

① 资料来源:根据如家酒店连锁网站相关资料整理。

5.1.2 市场分析

从对经济型酒店的需求来看,中国经济型酒店市场存在巨大的发展空间。具体表现在:

其一,中国是世界人口大国,发展中国家,是经济型酒店最大的客源国和消费国。国内中小企业人员出差、营销采购、事业、机关、团体单位公出、个人办事,80%以上的人将入住经济型酒店;其二,中国将从旅游大国发展为世界旅游强国,为酒店业提供不断增长的国内、国际客源。目前,国内旅游团队90%以上入住经济型酒店。

据美国酒店业协会统计表明,营业收入排在全美零售业第三位的经济型酒店达5.39万家,占酒店市场份额的70%。但是在中国的情况则恰恰相反,经济型酒店的比例还不足10%,也就是说国内的连锁型经济型酒店供给严重不足。

因此,目前在我们国家,经济型酒店的市场需求十分巨大而供给却远远不够。这种供不应求的现状导致这些经济型酒店的平均客房出租率常年保持在90%以上,甚至超过100%。正如如家酒店现任首席执行官梁日新所说,在上海,旅客如果想入住"如家快捷"或者"锦江之星",有时需要提前一两个月预订。

5.1.3 竞争对手分析

由于我国经济型酒店巨大的市场,除了如家酒店以外,国内外许多连锁经济型酒店也在全国范围内开店布点。如家酒店面临着十分严峻的竞争。

目前如家酒店主要的国内外竞争对手有:

国内的竞争对手主要是经济型连锁旅馆锦江之星。锦江之星是1996年5月由锦江国际集团的锦江旅馆投资管理有限公司成立,专营投资开发和经营管理的经济型连锁酒店。1997年,第一家锦江之星开张,截至2004年,签约、筹建、开业的锦江之星经济型酒店在华东、华中、北方等六个区域有49家,锦江国际集团也将投资十几亿元在今后的几年中用于经济型连锁酒店的发展,把锦江之星酒店增至200家22000间客房,并最终在全国范围内开店达到1000家,并筹划以东南亚地区为突破口布局全球。

国外著名酒店集团也抢滩中国,国外竞争对手主要有:

法国雅高集团的"宜必思"品牌:法国雅高集团是全球最大的国际酒店管理集团。雅高认为,对于酒店市场来说,高端和低端是最重要的。于是,雅高集团采取"大小通吃"的战略,在坚守"高星"的同时,追求"无星"。雅高十分看好中国经济型酒店市场。他们把亚洲总部设在上海,把中国作为最重要的市场。已经进入中国的品牌有索菲特、美居、宜必思等。在中国开设的第一家经济型酒店——天津宜必思酒店已开业。第二家成都宜必思正在兴建中。目前在中国还有8家酒店正处于筹备开业过程中。5年内,雅高计划在成都、青岛、上海等地开出50家"宜必思"经济型酒店。10年内,在中国版图上将拥有至少200家"宜必思"。

快捷假日:洲际酒店集团与9家业主签署酒店管理合同,其中,有两家"快捷假日"酒店、三家假日酒店、一家洲际酒店。另外三家为皇冠酒店。标志着洲际集团的另一经济型品牌——"快捷假日"酒店首次进驻中国市场。

速8:1993年,速8酒店被排名财富100强之一、世界最大的酒店品牌特许人——圣达特公司收购,这无形中扩大了速8的资金实力与品牌优势。2003年,速8酒店更被第24期经济家杂志排在年度500强特许经营者的榜首。速8在中国没有脱离中国的文化和习惯,而且其市场定位也十分明确。正如速8酒店品牌的所有者圣达特公司的酒店集团总裁兼首席执行官Steven A. Rudnitsky所说,"许多知名的酒店公司都把重点放在发展豪华型酒店上，而我们主要针对那些自驾车的旅游者，包括商业和休闲的旅游散客等中档消费群体。”为此，速8酒店始终致力于为每一位客人提供干净的房间、友好和标准一致的服务。“速8”的经营特点是采用特许加盟的模式，计划四到五年内在中国发展55家“速8”酒店。并且“速8”已与美国马瑞卡酒店管理公司达成意向性协议，授权马瑞卡在四川地区进行“速8”的独家特许加盟。这也意味着，本土经济型酒店品牌在西部市场上也有了强势对手。

5.1.4 如家酒店的优势与劣势分析

从上面对如家竞争对手的描述可知，如家面临的竞争是十分激烈的。因此，在经济型酒店激烈的竞争中，如家酒店必须要清楚其优势和劣势，并应通过分析，找准酒店的战略。只有明确酒店的战略，才能在竞争中正确定位并取胜。

5.1.4.1 如家酒店的优势

如家酒店的优势表现在，首先，管理成本上具备一定的优势。其原因在于，对于国外酒店，它们很难快速适应中国酒店的飞速发展及大幅增长的公司管理的需求，因此必然会导致其昂贵的管理成本。

另外，如家酒店在品牌和网络上也具有一定的优势。如家酒店的前首席执行官季琦认为，与国外经济酒店相比，中国酒店不是输在管理上，而是输在品牌和网络上。因此，在创业之初，如家酒店就把公司的重点放在酒店的品牌和网络上。为此，如家建立了统一的品牌形象和中央预定系统。且为保证品牌的统一性，如家以统一的建筑设计、统一的三星级宾馆服务和统一的硬件设施，使如家连锁酒店使用功能齐全、到位而又不失豪华感。如家酒店正是依靠这种统一的品牌形象和中央预定系统在激烈的市场竞争中站稳了脚跟，并积极寻求着更大的发展。

5.1.4.2 如家酒店的劣势

相对于国外一些经济型酒店而言，如家具有产品质量和成本控制上的劣势。国外的经济型酒店一般来说比较成熟，它们在多年的酒店经营中积累了很多的经验，而如家酒店则相对较差。因为酒店的产品和服务主要以细节取胜。对经济型酒店来说，细节取胜的表现在于能最大程度上考虑到目标顾客的需求，在降低成本上有更好的举措等。做到了这些细节，经济型酒店才能赢得顾客，才能有更好的绩效。有经验的酒店对酒店细节的关注肯定会高于缺少经验的酒店。由于如家酒店相比国外竞争者缺乏一定的经验，因此，如家酒店的产品和服务的质量以及成本控制能力相比国外品牌有所欠缺。

还有如家酒店品牌形象发展上的劣势。由于如家酒店近几年加速发展，也会带来一些问题。如家在2004年7月拥有特许经营店9家，加盟店6家。而加盟店与直营店的硬件设施存在着很大的差异。如家品牌质量的不一致也必然会损害如家的品牌形象。

由此可见，相比国外经济型酒店，如家的竞争优势也并不明显，相反还存在一些软肋。但同时，我们也该看到，由于目前外资的进入还属于试探阶段，如家酒店还有很大的机会。它只有在产品成本和品牌收益上取得进步，才能站稳经济型酒店这块市场。

5.2 如家酒店平衡计分卡绩效管理体系设计

5.2.1 确定战略目标

根据上文我们知道，如家酒店的长期远景是要成为中国最著名的住宿业品牌。同时根据上文对如家酒店现状的介绍，可以知道如家酒店要想达到其战略目标，需要注意以下几点：

（1）关注酒店成本控制。盈利（包括短期盈利和长期盈利）是企业的本质，也是一个酒店的最终战略目标。作为经济型酒店，如家酒店的房价在168至268元之间波动，而且从如家开业至今，如家酒店的客房出租率一直保持在90%以上。由于如家酒店提供的主要的服务，或者说，对酒店有主要利润贡献的业务是住宿，那么当客房出租率保持不变，并且定价不变时（如家酒店认为其定价是十分合理的），酒店的总收益要想得到增长是十分困难的。因此，作为经济型酒店，其要想获得较高的净利润，就必须在成本控制上有一定的优势。而如家酒店相比宜必思等国外知名经济型酒店而言，在成本控制上也有一定的差距。

（2）在品牌认知和品牌收益上超过竞争对手。目前进入中国的国内外经济型酒店的品牌有很多，包括锦江之星、速8、宜必思等。如家酒店在关注那些经济型酒店品牌时，主要把法国雅高集团的宜必思品牌作为竞争对手。

如家酒店的目标主要包括：

①18%的收益年均综合增长；

②降低成本率；

③赶超宜必思品牌的平均水平。具体为：

——超过品牌顾客满意度

——超过品牌平均收益和单位客房收入（RevPAR）水平

很显然，如家酒店的战略目标既包括财务目标也包括非财务目标。仅通过财务指标来评估企业绩效与酒店的长期发展观以及如家的目标是不合适的。因此如家需要一个监控管理系统来平衡这些目标。而平衡计分卡这个更具有战略意义的绩效管理系统则是如家酒店的一个较好的选择。

5.2.2 平衡计分卡的设置

平衡计分卡的设置应该以酒店的战略为中心。而根据上面如家酒店的短期战略目标，同时也因为平衡计分卡的投入使用需要酒店中所有人员对战略目标和战术有统一的认识，因而如家酒店可以在高级经理之间通过讨论来设计平衡计分卡系统。

5.2.2.1 平衡计分卡的设置目标

根据上文所给出的如家酒店的战略目标，所设置的平衡计分卡要具有以下的特征：

①能评估财务绩效；

②能评估有利于酒店长期增长的品牌等非财务绩效；

③能传达酒店的利润率目标和非财务目标；

④能很容易理解和接受。

5.2.2.2 平衡计分卡的内容

平衡计分卡的一个特点及目标是能传达企业的战略，对平衡计分卡的四个方面，如家酒店可以关注几个关键指标。在挑选关键指标时要遵循的原则是，关键指标要精简并且具有代表性。如家酒店可采用尽可能单一的关键指标而不是综合的测量指标，因为精简的关键指标可以使酒店对绩效的关注比较集中。

根据平衡计分卡的结构，其内容的财务方面、顾客方面、学习与成长方面以及内部过程方面都能囊括酒店运营中的比较重要的方面，而且平衡计分卡设置的目标也为这四个方面所包括。因此如家酒店也可以遵循这种结构。

(1)财务方面

根据如家酒店的战略目标,其平衡计分卡的设计要突出如家酒店进行财务方面评估的三个方面。

第一类指标是根据如家酒店的"收益的增长"的战略目标而作。对于如家酒店而言,由于如家酒店的主要收入来源于客房,因此,通过对客房收益各因素指标的逐级分解可以知道,对如家酒店经营绩效进行评估主要考虑的指标应该包括:平均房价(ARR)、客房出租率(OCC)和单位客房收入(RevPAR)指标。

第二类指标是根据如家酒店的赶超竞争对手的战略目标得出的。也就是说,该指标是为了评估如家酒店"超过品牌平均收益"目标和"超过竞争对手的 RevPAR 水平"这两个战略目的的实现与否。因此,关键绩效指标就应该是相对于竞争对手的 RevPAR 的增长率。因为,如果选择了这个指标,如果如家酒店的平均收益增长超过了竞争对手的平均收益增长,那么如家酒店也就同时达到了两个目标:超过品牌平均收益和超过竞争对手 RevPAR 水平。

第三类财务方面的测量表现在对成本的控制上,酒店的成本和费用包括通信费、工资支出等。我们知道,在酒店的成本中,有些成本是管理者无法控制的,比如,电话费、电话设施费等,再比如员工的小时工资一般而言管理者也是无法控制的。而有些成本则是管理者可以控制的,如办公费用、广告费用、管理费用、维护费用等。而如家酒店在对成本控制进行评估时,就应该更加关注酒店中管理者可控成本的变化。

具体操作时,酒店可以要求财务人员提供一个收入支出表。其中要把成本和费用划分为不可控制成本项目和可以控制费用项目。通过本酒店的纵向比较和与竞争对手或行业平均水平的横向比较,来评估酒店的成本控制水平。

下表是美国 White Lodging Services 对成本的划分。由于如家酒店提供的产品和服务的一致,此划分也应该可以作为如家酒店的成本控制评估表中的划分依据。

表 5.1 酒店可控成本表

不可控成本	可控费用
产品成本	洗衣费用
通信费	
通信设施费	顾客供给品
其他产品成本	清洁费用
人员工资(每小时)	邮费
前台	办公用品费用
洗衣	坏账
维护	广告费
销售	现金溢余(或短缺)
管理	维护费用
雇员关系	其他
其他	

资料来源:White Lodging Services 绩效管理资料

通过对表格的分析，如家酒店的管理者就能清楚看出本酒店成本控制水平，并能最后根据具体的项目追踪到责任人，成为后期奖罚的基础。

(2)顾客方面

顾客方面的指标对如家酒店的品牌战略目标和收益战略目标有很重要的意义。顾客方面的关键指标主要有：顾客满意度、顾客保持率、新顾客获得率以及市场份额这几个方面。

在酒店行业，上述几个关键指标中，最重要的当属顾客满意度这个指标，其次是市场份额指标。一般可以把顾客保持率的评估忽略掉。

而之所以把顾客满意度作为最重要的指标，原因在于：其一，顾客满意度指标对酒店来说是相当重要的。许多酒店都发现顾客满意度与酒店的投资回报是正相关的。其二，顾客满意度与顾客保持率、新顾客获得率和市场份额密切相关，且构成了因果关系。也就是说顾客满意度越大，顾客保持率就会越高，新顾客获得率也会越大，最后，市场份额也会越大。

因此，根据如家酒店在选择关键指标的精简性原则，对顾客方面的评估可以以顾客满意度指标为主，以市场份额指标和新顾客获得率指标为辅。

(3)内部过程方面

内部过程方面对如家酒店实现其目标也是至关重要的。酒店的许多内部活动，包括培训甚至酒店的管理者和所有者参与社会活动等，都会影响酒店的战略目标的实现。有的还会影响酒店的长期绩效。

如家酒店认为其内部过程中比较重要的方面包括：

①酒店产品的设计；

②员工参与培训的情况；

③提供服务(入住登记、退房等)；

④销售和营销目标的实现进度；

⑤酒店的会计和内部控制过程。

因为上面五个方面被认为是如家酒店中比较重要的方面，如家酒店内部过程指标也应该被用来评估这些方面。考虑到指标的精简，同时也考虑到如家酒店对酒店产品和服务质量的重视，可以给出下面几个关键指标：新产品创新率、服务错误率以及完成特定任务的时间，其中包括入住登记和付款时间等。

其中，选择“新产品创新率”这个指标的原因在于如家酒店实现其战略目标的需求。前面笔者说过如家酒店提供的产品和服务在一些细节上相对国外酒店连锁有一定的差距。这一点除了因为如家酒店相对国外成熟的经济型酒店而言缺乏一些经验以外，很重要的一点就是如家酒店的员工在提供产品和服务时缺乏创新。因此，如家酒店在对绩效进行评估时也应该对酒店人员的创新进行评估。

选择服务错误率这个指标是因为如家酒店对酒店服务质量的重视。提供正确合适的服务是对酒店服务质量的基本要求。

而选择完成特定任务的时间这个指标的原因在于，在一些对酒店顾客满意度的调查中发现，完成特定任务所花的时间的长短对顾客满意度有较大的影响。这种影响尤其表现在入住登记所花时间长短上。

(4)学习与成长方面

为了如家酒店的长期可持续发展，学习与成长指标主要从员工角度、信息技术的角度来评估酒店的业绩。主要的指标有:员工流失率、内部提升度、员工授权度以及信息技术的使用等。

对如家酒店,关键指标可以为:员工流失率和信息技术的使用。

从员工角度来看,员工流失率是一个比较重要的指标。因为对于酒店而言,通常员工流失率是相当高的,而高的流失率意味着酒店经常替换员工,因此也意味着将花费时间和精力对新员工进行培训。这当然会导致酒店成本的上升,所以对员工流失率进行评估是有必要的,因为它与酒店的战略目标息息相关。不仅如此,无经验的员工提供的服务可能会导致顾客满意度的降低,从而会影响酒店的绩效水平。而且员工流失率与内部提升度、员工授权度之间也有相关性。如果员工没有较好的个人发展前景,对员工没有授权,员工流失率自然会上升。反之,则会下降。信息技术对如家酒店来说也是很重要的,网络优势是如家的优势之一。

通过对平衡计分卡财务方面、顾客方面、内部过程方面和学习与成长方面四个方面绩效指标的设置,如家酒店可以监控、评估酒店的绩效,并针对其结果进行反馈,以改善酒店绩效,实现酒店战略目标。

6 研究结论

本文从回顾国内外酒店企业绩效管理理论和实践开始,分析了我国酒店现有绩效管理模式的理论缺陷和实践困惑;接着,在介绍了平衡计分卡的基本原理、核心思想,并对其四个组成要素进行了深入分析的基础上,阐述了平衡计分卡对我国酒店的战略性启示和借鉴意义;然后,文章着重研究了平衡计分卡在中国酒店应用的前提条件、实施步骤和要注意的问题;最后对如家酒店应用平衡计分卡进行了分析。本文主要观点如下:①通过对我国酒店绩效管理现状的调研,发现我国酒店绩效管理与战略脱节,呈现重评估轻管理的现状;②在分析我国酒店绩效管理出现的问题的基础上,通过对几种主要绩效管理方法的比较,得出我国酒店引入平衡计分卡进行绩效管理,对酒店战略观的形成,科学的绩效目标体系形成的重大的理论与实践指导意义;③通过对酒店目标的关键因素分析,寻找酒店的关键绩效指标,给出了我国酒店平衡计分卡绩效目标体系的框架;④通过对如家酒店应用平衡计分卡的举例,给我国酒店应用平衡计分卡的绩效管理系统提供一种思路和方法。

使用平衡计分卡方法是对我国酒店绩效管理改革的一个构想。由于绩效管理涉及的范围广、内容多,本文虽有一定的研究,但是由于时间和水平有限,以及缺乏对饭店实践的了解,还有一些问题需要进一步研究。这些问题包括:

①平衡计分卡在对员工绩效目标设定方面的研究。绩效管理是管理组织绩效和员工绩效的。论文主要侧重于平衡计分卡在饭店组织绩效目标设定上的研究,而对于更为复杂的员工绩效目标设定仍需要研究。②平衡计分卡具体实施的研究。再好的绩效管理系统,如果不落实到实施,就起不到应有的作用。本文重点对平衡计分卡的设置进行了研究,对其实施方面仍需要研究。

总之,论文在如何借鉴平衡计分卡应用于我国酒店方面做了一些初步的探讨,论述了平衡计分卡在我国酒店应用的一些基础的问题,对平衡计分卡对组织绩效目标的设定给出了一个初步的框架。对于平衡计分卡对员工绩效目标的设定方面的应用,还有待于今后在实践中针对具体的酒店做进一步实践性、操作性的探索。

附录 《酒店绩效管理现状调查》问卷

一、基本情况

所在酒店：___________所在部门：___________职务酒店的资产规模大约是：___________人员规模大约是：___________

二、绩效管理现状（尽可能回答您所知道的，可多选）

1. 贵酒店有无绩效管理（　　）。

A. 有　　B. 无

2. 贵酒店绩效管理是以（　　）为单位建立的。

A. 整个酒店　　B. 部门　　C. 小组　　D. 个人

3. 贵酒店绩效管理是按（　　）进行管理的。

A. 月　　B. 季　　C. 半年　　D. 一年

E. 一年以上

4. 贵酒店的绩效管理（　　）。

A. 伴随管理活动的全过程　　B. 出现在管理的特定的时期

5. 贵酒店绩效管理的建立方式是如何制定的（　　）。

A. 自上而下　　B. 自下而上　　C. 共同讨论　　D. 共同参与

E. 其他（请列出）

6. 绩效管理的主要目的有（　　）。

A. 管理组织绩效　　B. 用于奖罚员工　　C. 用于薪酬调整　　D. 了解培训需求

E. 指导员工发展　　F 其他（请列出）

7. 建立绩效评估体系是以什么为依据的（　　）。

A. 当期完成　　B. 参照以前年度或历史情况确定

C. 参照同行业平均水平　　D. 按照上级指示要求

E. 由被评估者参与制定的标准　　F. 其他（请注明）

8. 酒店绩效评估的指标是如何设置的（　　）。

A. 酒店绩效期间的目标　　B. 根据酒店的战略

C. 管理人员讨论得出　　D. 酒店惯用指标

E. 其他（请列出）

9. 对实际结果与预算产生的差异，酒店的态度是（　　）。

A. 对差异进行调整　　B. 不予考虑

C. 将差异直接与经理业绩挂钩　　D. 剔除不可控因素后与业绩挂钩

E. 其他（请列出）

10. 酒店建立绩效评估体系后的效果如何？（　　）。

A. 有约束力　　B. 稍有约束力　　C. 约束力很强　　D. 根本没有约束力

11. 绩效管理对员工改善自己的工作绩效的作用（　　）。

A. 很大　　B. 较大　　C. 较小　　D. 根本没有作用

12. 贵酒店有无绩效管理工具（　　）。

A. 有　　B. 无

13. 酒店绩效评估指标主要有哪些？

14. 如果有绩效管理工具,那么贵酒店采取的绩效管理系统的工具是什么?

15. 您认为贵酒店采取的绩效管理方法有哪些不足,如何改进?

参考文献

[1]Caplice C and Sheffi Y. A review and evaluation of logistics metrics. The International Journal of Logistics Management, 1994,5(2):11-28.

[2]Cavinato J. A total cost-value model for supply chain competitiveness. Journal of Business Logistics, 1992,13(2):285-301.

[3]Denton G A and White B. Balanced-scorecard approach to managing hotel operations: the case of white lodging services. Cornell Hotel and Restaurant Administration Quarterly, 2000(2).

[4] Norreklit H. The balance on balanced scorecard—a critical analysis of some of its assumptions. Management Accounting Research, 2000(11): 78-84.

[5]Wolman M B. Seeing the forest and the trees: ABC and BSC at Fihneforest U. K. Harvard Business Publishing, 2001(3).

[6]Kaplan R S. Analog devices: the half-life metric. Harvard Business Case,1990.

[7]Kaplan R S and Norton D P. The balanced scorecard—measures that derive performance. Harvard Business Review, 1992(1).

[8]Kaplan R S and Norton D P. Using the balanced scorecard as a strategic management system. Harvard Business Review, 1996(1).

[9]Kaplan R S and Norton D P. The Balanced Scorecard. Boston: Harvard Business School Press, 1996.

[10]Kaplan R S and Norton D P. Having trouble with your strategy? Then map it. Harvard Business Review, 2000:78-167.

[11]Kaplan R S and Norton D P. Transforming the balanced scorecard from performance measurement to strategic management. Accounting Horizons, 2001,15(1).

[12]Kaplan R S and Norton D P. The strategy focused organization. Harvard Business School Press, 2001.

[13]Simons R. Performance measurement and control systems far implementing strategy. Prentice-hall, Inc.,2000.

[14]【美】安妮.布鲁斯.员工激励.北京:中国标准出版社,2000.

[15]白蔚秋.改进业绩评价系统、正确评价企业的经营业绩.中央财经大学学报,2001(02).

[16]【美】毕意文(Irv Beiman),(美)孙永玲(Yong-Ling Sun).平衡计分卡中国战略实践.北京:机械工业出版社,2003.

[17]【美】彼得·F·德鲁克. 企业业绩测评. 李焰,江娅,译. 北京:中国人民大学出版社,1999.

[18]陈芳.绩效管理.深圳:海天出版社,2002.

[19]戴均陶.现代管理评价技术.北京:机械工业出版社,1994.

[20]杜胜利.企业经营业绩评价.北京:经济科学出版社,1999.

[21]【美】德斯勒.人力资源管理.北京:人民大学出版社,1999.

[22]【美】厄科勒斯.业绩度量通言.哈佛商业评论,1999.

[23]【英】理查德·威廉姆斯.业绩管理.赵正斌,胡蓉,译.大连:东北财经大学出版社,1999.

[24]【美】罗伯特·S·卡普兰,安东尼·A·阿特金森.高级管理会计.吕长江,主译.大连:东北财经大学出版社,2000.

[25]【美】罗伯特·S·卡普兰,戴维·P·诺顿.平衡计分卡——一种革命性的评价和管理系统.王丙

飞,温新年,尹宏义,译.北京:新华出版社,1998.

[26]李明辉.企业业绩评价方法的演进与启示.广西会计,2002(4).

[27]李旭茂.国有资本运行效率分析.济南:山东人民出版社,2000.

[28]李新建.企业雇员薪酬福利.北京:经济管理出版社,1999.

[29]【美】迈克尔·波特.竞争优势.夏忠华,译.北京:中国财政经济出版社,1988.

[30]容莉.平衡计分卡:酒店企业绩效管理的战略性工具.中国旅游酒店,2003.

[31]唐邵玲.战略管理业绩评价体系的创新:平衡计分法.企业经营与管理,2002(6):41-46.

[32]王方华,吕巍.企业战略管理.上海:复旦大学出版社,1997.

[33]王忠明,白津夫.大企业定位国际竞争力.北京:中国财政经济出版社,2002.

[34]吴国存,等.企业人力资本投资.北京:经济管理出版社,1999.

[35]吴金梅.平衡计分卡:企业战略管理的方法.经济管理,2000(8):29-31.

[36]项保华.战略管理.北京:华夏出版社,2001.

[37]谢晋英.企业雇员流失原因、后果与控制.北京:经济管理出版社,1999.

[38]叶志锋.平衡计分卡及对我国企业业绩评价的启示.工业技术经济,2000(19):92-93.

[39]志刚.EVA平衡计分卡:实现平衡计分卡的真正"平衡".经济师,2002(5).

[40]绪缨.管理会计.沈阳:辽宁人民出版社,2001.

[41]张涛,文新三.企业业绩评价研究.北京:经济科学出版社,2002.

[42]张悦,王艳.关于国有企业经营业绩评价指标的探讨.财务与会计,2000(12).

（指导教师 谷慧敏）

中国饭店业女性管理者职业发展影响因素研究

郑转玲

摘　要：知识经济的到来和管理方法的革新，使女性在管理领域的优势和作用不断得到认可，女性正在成长为管理领域的新生力量。饭店业是一个以女性工作者为主体的行业，女性管理者也在不断增加。本论文针对饭店业女性管理者的职业发展影响因素展开研究。

本文采取先提出假设，然后统计检验的研究方法，从管理者的发展心理与素质、家庭环境、企业环境、饭店行业特点和社会文化和性别观念五个角度探讨，分析各个因素与饭店业女性管理者的职位、所在饭店的星级和获得第一份管理职位的速度三个职业发展水平衡量指标的关系和影响程度。研究分为三步：第一步是进行文献研究和提出假设；第二步是设计问卷和问卷调查；第三步是统计分析和得出结论。

研究认为，饭店业女性管理者的主体意识、积极的自我意识对其职业发展有积极的影响；克服弱势心理的能力、成就动机与其职业发展正相关；饭店企业的管理特点、企业选拔管理者的公平性和客观性与女性管理者的职业发展正相关；家人对女性家庭角色的期望、传统的文化和男女性别角色观念与女性管理者的职业发展负相关。调查显示，女性管理者拥有逃避成功的动机的比例极少，而且是否有逃避成功动机对职业发展没有显著的差异；女性的管理特点与饭店业女性的职业发展并没有预期的正相关关系，饭店业女性的职业发展更受其他因素的影响。

关键词：中国饭店业；女性管理者；职业发展；影响因素

The Influencing Factors on the Business Development of Women Managers in Chinese Hotel Industry

Zheng Zhuanling

Abstract: In the approaching wave of intellectual economy and innovation of management approaches, women managers have gained increasingly higher recognition and played greater role in the society, and they have become a new strength in the field of management. Hotel industry is a field where women stuff has occupied a large proportion. However, there haven't been a large

作者简介：郑转玲，女，北京第二外国语学院旅游管理学院2002级研究生，主要研究方向为旅游企业管理。

number of women leaders on the managerial level for a long time. Women stuff had attracted people is attention as late as in the 80is in the last century in the developed countries, while in China only in the 90is women have occupied great proportion in the leadership. This dissertation is aimed at the factors influencing women managers in the hotel management.

This dissertation concludes and tests its research result after its presumption. It is developed from five perspectives: managers' psychological character, family environment, enterprise environment, features of hotel industry and social view on gender and value. The presumption is put forward after a large amount of research on the related documents, through questionnaire and statistics analysis on the data collected to research on the relations between each factor and the women managers'development. The research is on three steps: the documents research and presumption, questionnaire, statistics analysis and conclusion.

This dissertation holds the view that the active self-consciousness of the women administrators in the hotel industry plays an active role in their business development. The ability to overcome the women's psychological backwardness to achieve their business motivation is in direct proportion to their business development; the features of hotel management, the fairness and objectiveness of managers selection are in direct proportion to the business development of women administrators; the family expectation for women's family role, the traditional views towards women and social value are in inverse proportion to the business development of women managers. In the field of hotel management in China women leaders have little motivation to escape from the business success, furthermore, the so-called escaping motivation has no obvious influence on their business development; the features of women managers in the hotel management has no direction proportion to the women business development as expected, on the other hand, the other factors count in the women manager's business development. In general, the researched factors relate to each other and contribute to the women is business development. The view of equality between men and women in China which is increasingly becoming the social main stream, the women's psychological motivation to pursue independence and confidence, and the approaching of intellectual economy as well as the innovation of management concepts and approaches will lay a better foundation and supply chances for the women managers'business development.

Key Words: Chinese hotel industry; Woman manager; The business development; The influencing factors

1 绪论

1.1 研究背景

二战后相对和平稳定的全球环境成为饭店业的发展沃土,使得饭店业取得了长足的发展。在欧美地区,饭店业不仅为该地 GDP 的增长发挥作用,更重要的在于提供了丰富的就业机会。饭店业在职人员中以女性为主体,但是在相当长的一段时间内女性很少有机会能进入饭店的中高管理层,直到上世纪80年代末期,这一状况发生转变,女性管理者数量在不断增加。美国人力资源开发理论专家罗伯特·伍兹和道格拉斯·维兰,在美国饭店和汽车旅馆协会和美国饭店基金会的支持下,通过有代表性的抽样调查,收集了美国饭店中5574名经理(其中474名总经理)的资料。根据职务列出美国饭店中女经理所占的比例。女性比例达到50%以上的职务有宴会部经理、人事部经理、销售部经理、订房部经理、管家部经理、前台经理。居首位的是宴会部经理,女性比例竟然高达81.7%。这说明女性已经逐渐成为饭店业某些部门经理的主体,而且,在总监和总经理一级的比例也明显增加。见表1.1。

表1.1 美国饭店女性管理者

职务	女性比例%	职务	女性比例%
宴会部经理	81.70	驻店经理	27.10
人事部经理	73.90	执行管家	24.80
销售部经理	69.10	餐饮部经理	16.60
订房部经理	68.10	总经理	15.40
管家部经理	61.40	保安部经理	15.00
前台经理	53.40	助理厨师长	10.30
销售主管	47.50	工程师	8.00
财务总监	37.60	厨师长	6.00

资料来源:陈雪琼.女性性别优势对饭店管理模式的影响[J].饭店现代化,2003:34.

饭店业是中国最早开放的行业,经过二十多年的发展,到2001年为止,我国星级饭店的资产存量已经达到7358家,就业人数1 052 054(资料来源于2002年中国旅游统计年鉴)。早在1990年,我国旅馆和饭店从业人员中,女性的比例就已经达到85.19%。以地区为例,陈雪琼(2003)对福建省福州、厦门、泉州、漳州四地的10家饭店的调查显示,饭店的从业人员多为女性,女性占受调查人数的70%,其中处于一线岗位的更高达83%。不难看出我国饭店业在解决就业特别是女性就业中发挥了很大的作用,而且饭店业中的女性管理者也在逐步增加。

1.2 研究目的

从以上数据看出,无论全球的还是中国的饭店业都为女性就业发挥了巨大的作用,但是在这样一个以女性员工为主体的行业里,女性管理者在相当长的时间里为数极少,到上世纪末和本世纪初饭店业女性管理者的发展速度才明显提高。本文欲在中外研究的基础上,立足于中国的国情,重点回答中国饭店业女性管理者职业发展影响因素这一问题,以期:

(1)从理论上使对饭店业女性管理者的研究在内容和方法上有所创新。

(2)从实践上为女性在饭店业的职业发展做出指导,为饭店企业设计关于女性的管理制度提供借鉴。

(3)从社会效应来看,希望能唤起人们对女性管理者特别是饭店业的女性管理者的关注与理解。

1.3 研究内容

本论文的总体结构如图 1.1 所示。内容主要分为四部分:第一部分是绪论,主要说明本论文的研究背景、目的、方法、创新、局限性和对未来研究的建议;第二部分是关于饭店业女性管理者职业发展影响因素的理论研究,分为相关研究综述和理论构建两步,主要从性别角色和态度、女性发展心理、女性管理者发展理论和饭店业女性管理者发展特点四个方面展开,本部分为研究假设的提出和数理统计分析做理论的铺垫;第三部分是提出假设并进行实证检验,本章采用了相关分析、回归分析和独立样本 T 检验等方法分析各个影响因素与女性管理者职业发展水平指标之间的关系;第四部分是在文献研究和实证研究的基础上,得出研究结论,并对饭店业女性管理者的职业发展提出自己的建议。

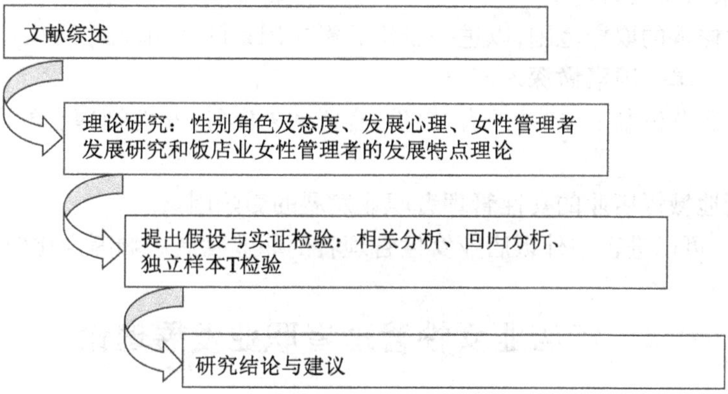

图 1.1 论文框架图

资料来源:作者绘制

1.4 研究方法

本论文把文献研究和问卷调查研究相结合,通过文献研究得出关于论题的假设,再进行问卷调查和分析以对假设验证,最后得出结论。问卷分析采用社会科学统计软件包SPSS11.5完成,运用了相关分析、回归分析、独立样本 T 检验和其他统计方法。

1.5 主要创新

(1)比较全面考察了影响饭店业女性管理者职业发展的因素。本论文以心理学、社会学、女性学、管理学等理论为基础,分 5 个方面讨论,包括管理者的心理和素质、家庭环境、工作环境、饭店管理特点、社会文化和性别观念,涉及宏观、中观、微观各个层面,考察影响女性管理者职业发展的因素。

(2)探索性地采用先提出假设,然后进行统计检验的实证研究方法,对影响饭店业女性管理者职业发展的因素进行研究,并且达到了预期的目标。本论文在文献研究的基础上提出了关于饭店业女性管理者职业发展影响因素的假设,然后针对每一因素设计测量问卷,采用 7 分量表打分,收集的数据信息用 SPSS11.5 软件进行分析,检验假设并得出结论。

1.6 研究局限性及对未来研究的建议

1.6.1 研究局限性

①在实证研究部分，样本取样以北京市饭店女性管理者为主。尽管北京饭店业的成熟度高，饭店业的女性管理者状况具有代表性，但是，如果想更准确地了解饭店业女性的职业发展影响因素，还应扩大样本的地区覆盖面。

②对影响因素各个层面的测量考虑不够细致和严密。由于职业发展影响因素包含的内容非常广泛，概念比较复杂，对该方面的专题研究甚少，以致在写作本论文时可资借鉴的东西比较少。调查问卷是在文献研究和参考其他领域的调查问卷基础上设计出来的，由于受客观条件和本人能力所限，所以影响因素的考察维度还存在不足，有待进一步完善。

1.6.2 对未来研究的建议

①可以扩大样本的取样范围，以进一步检验影响因素的作用。

②还可就某一单一因素做深入探讨。

③比较不同经营体制下，包括国有、股份、合资和外资等，女性管理者的职业发展影响因素间的异同。

④比较不同地域饭店业的女性管理者职业发展的影响因素。

⑤若有条件，可以进行中外饭店业女性管理者的职业发展影响因素比较研究。

2 饭店业女性管理者职业发展理论

本章先对国内外关于饭店业女性管理者的相关研究进行回顾，通过文献综述整理出与饭店业女性管理者职业发展相关的理论，理论来源于社会学、心理学、管理学和女性主义等，分为以下四个层次：角色、性别角色和角色冲突理论，女性发展心理理论，女性管理者的管理特点，饭店业管理特点。通过理论研究提出饭店业女性管理者职业发展的五大影响因素：女性发展心理、家庭环境、工作环境、饭店管理特点与女性管理优势、社会文化和性别观念。本章是提出理论假设和进行实证研究的基础。

2.1 饭店业女性管理者职业发展相关研究综述

2.1.1 饭店业女性管理者职业发展研究综述

关于饭店业女性管理者的发展，国内的专项研究很少，最早的是陈雪琼（2003）发表的《女性性别优势对饭店管理模式的影响》一文，从饭店业自身的特点和女性管理特点两个方面进行探讨。认为女性更适合从事饭店管理工作，女性的性别优势有利于提高饭店的人力资源管理和客户关系管理水平。

国外在饭店管理领域的研究，较多地围绕管理者们做什么和为什么做，尤其是针对部门经理。认为管理者总要花大量的时间进行交流，且有效的管理必须良好交流，在服务行业管理者沟通能力尤其重要。Kanter（1991）和 Handy（1993）指出，饭店管理者需要的是"软件"的人际和团队建设技巧，而不是"硬性"的，如企业家能力、处理危机和不确定条件的能力，所以女性对这些新的管理工作更为适合。而 Hales and Tamangani（1996）指出关于"新管理工作"的呼声有点过高。

关于女性管理者职业发展的研究，Bosin 和 Korabik(1990)、Trost(1990)认为缺乏职业发展机会是女性离开企业的一个重要因素。Brownell(1991)认为在饭店行业也不例外，尽管女性和男性在饭店管理专业毕业的人数是一致的，但女性离开该行业的比值高出男性三倍。美国劳动部用“玻璃天花板”来形容阻碍有能力的女性晋升到组织高层管理者的各种基于态度或组织偏见的人造因素。

Brass(1985)研究发现，女性职业发展最为常见的两个障碍是密切的男士工作关系网(the old boy networks)和缺少指导者，主要是指女性被排除在许多非正式的信息网之外，与职业发展相关的信息对于女性来说是比较难获得的。McCarty(1986)也认为女性很少获得与她们职业发展密切相关的反馈和认同。Scandaura(1992)认为女性通常不接受为晋升到更高的职位进行投资的必要性，Chusmir(1982)认为家庭义务是影响女性工作的一个重要因素，婚姻状况与一个人能如何去追求她的事业有很大的关系。

Brownell 在 1994 年的《饭店管理领域的女性：总经理对职业发展因素的认识》一文中，通过问卷调查研究也证明密切的男士工作关系网(the old boy networks)、家庭和事业的矛盾、在薪酬和晋升上的不平等是女性职业发展的主要障碍。Brownell 还发现饭店单身女经理人的数量明显要比饭店单身男经理人的数量多，说明饭店环境的特点决定了女性成功要付出很大的代价，因为长又不规则的工作时间、不断调整自己与内外部环境的关系，使女性不得不推迟婚姻或改变现有的婚姻关系。

从以上可以看出，国内关于女性管理者的研究极少，且停留在介绍和初步应用国外研究成果的阶段。研究成果集中于国外，认为饭店管理工作的特点、女性的性别优势、薪酬和晋升的不平等、基于人们态度或企业用人偏见的人造因素等，都对女性在饭店业的职业发展产生影响。

2.1.2 女性管理者相关研究综述

关于饭店业女性管理者的研究，可以借鉴其他领域关于女性管理者的研究成果。主要有以下几个方面：

(1)女性领导者成长的条件与障碍。代表成果有陈雪洁、张丽军(1995)《领导管理领域女性成才的条件与障碍》、陈志敏(1995)《女性成才的主客观因素》、梁旭光(1994)《女性领导人才的开发》等。陈雪洁、张丽军认为女性在管理领导领域发展主要有受教育水平、家庭负担和矛盾、缺乏公平和科学的选拔与评价机制、对女性歧视的社会观念等方面的影响因素。

陈志敏(1995)认为女性要成长为管理者，在主观方面：①必须确立社会主体意识，②个人坚持勤奋努力的追求，③必须处理好婚姻家庭的问题，④必须善于调节自己；在客观方面：①社会为女性接受全面的教育提供公平的机会和条件，②需要社会文化和观念的支持，把男女平等的原则不仅仅体现在法律上，而且要创造现实基础和条件，③良好的家庭环境，这里的家庭环境包括与父母在一起的家庭环境和结婚以后的家庭环境。梁旭光也指出，女性发展为管理者和领导者，不但女性自身要积极主动追求事业而且需要整个社会观念、制度和家人的支持。

(2)另一个探讨比较多的议题是女性领导者的角色冲突，主要是指女性面临的家庭角色和工作角色的冲突。代表成果有高虹(1997)《女性领导成长中的“悖论”分析》、吴谅谅(1994)《试析企业女领导的角色冲突和心理冲突》、李慧英(1998)《女性领导的双重身份和双重责任》。吴谅谅用《角色期望测量表》证明承担管理职位的女性在工作岗位时,被期望的角色多体现男性气质和特征,而在家庭中被期望的角色多体现女性气质和特征,两种不同的角色期望使女性管理者面临着角色冲突。李慧英的研究也证明,女性管理者面对不同的身份要承担不同的责任和适应不同的角色期望。这增加了女性管理者的工作压力和心理压力。

(3)关于女性管理者的管理特点,在现代管理思想的影响下这是最让学界关心的内容。陈雪琼(2003)把女性管理者和男性管理者的优势进行比较,说明女性化的组织模式和管理方法更适合现代人性化管理的要求。夏普(2001)、聂志毅(1994)也先后指出,女性善于沟通和人际交往、女性的直觉力、母爱引发的高度责任心、关心和尊重他人等特点,更加符合知识经济时代对管理者的要求。相反,乔玉琼(1995)、朱桢(1994)指出,女性管理者的女性气质也造成一些不利的因素,比如与男性相比,女性比较容易墨守成规、事必躬亲、有求必应和追求完美,这些因素可能对她们的管理工作带来不利的影响。

以上研究说明,女性的性别气质和特点为女性跨入管理层提供了良好的前提条件,但同时女性关于追求事业的态度、处理家庭角色与工作角色矛盾的能力、企业选拔人才的观念与机制、社会对女性的观念都对女性在管理领域的发展产生影响。

2.2 饭店业女性管理者职业发展的相关理论

从以上研究不难发现,关于女性管理者职业发展的研究,要涉及如下几个方面:女性在不同环境下被期望的性别角色及角色冲突、女性的发展心理、女性管理特点在饭店管理中的优势、饭店企业的管理特点、社会文化和性别观念等。所以本论文主要从社会学、心理学、女性学和管理学等方面进行理论分析。

2.2.1 角色、性别角色与角色冲突研究

2.2.1.1 角色、性别角色理论

角色、性别角色是社会学研究的重要概念。角色是社会、组织特定"位置"中,为了满足他人与自己的期望而表现出来的标准化模式。性别角色是指社会或文化认可或期许的男性或女性行为模式。[①]

个体对自己性别角色的认同,心理学界给出以下三种说法:

精神分析理论的代表人物 Freud(1933)认为生理的构造决定个人的人格与早期性别角色的发展,男女两性的分化是由于儿童直觉到生殖器官的不同,在潜意识的作用下形成的。而新精神分析学派则认为两性的性别认同完成阶段不同,男性是在青少年期完成性别认同,认同的核心是职业与外在世界的活动,而女性的性别认同是在结婚生子后完成,认同的核心是丈夫和子女。

社会学理论代表人物 Bandura(1977)认为,性别角色经由学习历程及社会制约而形成,其学习的主要原则有差异及选择的奖惩(differential and selective rewards and punishment),媒介的类化(mediated generalization)、模仿(modeling)及替代学习(vicarious learning)四种。此派强调社会及环境因素在性别角色认同过程中的影响。

认知发展理论认为,性别认同与性别角色的形成是个体认知能力成熟的结果。

---

① 戴凌燕. 女企业家绩效的影响因素研究[D]. 浙江大学硕士学位论文,2003:14-15.

据此可以看出,男女两性对自己的性别认同,除了对自己生理特点的认知导致性别认同的潜意识外,更重要的是受家庭、外在世界的活动、个体模仿学习和社会文化的影响。所以现代女性管理者对自己性别角色的认同是在当前我国的社会文化和性别观念下,受家庭教育和周围环境的影响形成的。

不同的性别角色认同逐渐使个体具有不同的性别角色特质,包括男性化性别角色特质和女性化性别角色特质。冯丽慧(1994)指出,关于性别角色特质的许多研究显示,大部分女性对于男性化特质的评价要高过对女性化特质的评价,而且许多人都同意,一个成功的管理者所具有的特质更属于男性化的特质。在职业选择方面,Yanico(1978)研究发现,选择非传统职业的女性较倾向两性化的人格特质;Brief(1979)也指出两性化特质的女性较女性化特质的女性强烈偏好传统男性职业。说明女性管理者所具有的性别特质影响其对职业的选择,进入管理层的女性具有两性化的性别特质。

2.2.1.2 角色冲突理论

角色冲突指在角色之间或内部发生的矛盾、对立,致使角色扮演者不能顺利进行,是任何人在角色扮演过程中难以回避的矛盾。[①] 按表现形式分为:角色外冲突、角色间冲突和角色内冲突。

角色外冲突,指的是发生在两个或两个以上的角色扮演者之间的角色冲突,这两个角色扮演者是处于社会互动两端位置上的两个社会成员。角色间冲突,指的是发生在同一个角色扮演者所扮演的不同角色之间的冲突。角色内冲突,指的是发生在角色扮演者所扮演的同一个角色内部的矛盾,这种冲突是角色本身所包含的内在矛盾所造成的。[②]

角色冲突的产生原因,有来自社会方面的,包括社会对角色的规范含糊不清,或在社会发展过程中有对角色的失范;也有来自他人期望方面的原因,如他人期望过高、多重群体对个体行为的不同期望、或不同身份的人提出了要求与之互动的期望;个体方面的原因有角色学习不够、领悟角色有误、角色承担过多和角色扮演技巧运用不当等。

根据角色冲突理论,处于管理职位的女性,在家庭环境和工作环境下有两种不同的身份和角色。这两个角色间的冲突是女性管理者所面临的主要角色冲突。一方面由于不同身份的人对女性管理者的期望不同,另一方面也有女性管理者对两种角色的认同以及角色转换不够、角色扮演技巧运用不当的因素。

2.2.1.3 在家庭中男女性别角色研究

从人类社会发展的历史来看,无论东西方文明都显现出一个共同特征,那就是当家庭在社会活动或发展过程中所扮演的角色不是很重要的时候,女性的社会角色就几乎全部集中于家庭,承担家务劳动、做贤妻良母、相夫教子,而男性则主要承担家庭以外的社会角色,这便形成婚姻中不平等的性别分工模式。

许多西方女权主义者都对此作过深刻的揭露和批判。他们认为将家务劳动视为“妻子的工作”或“适合妇女做的工作”并非理所当然,而是一个需要解释的社会事实(Ferree,1990)。资源理论认为家庭中不平等的性别分工关系与夫妻双方在家庭中的权利和地位有关,而这种家庭中的权利和地位与家庭之外的社会资源的占有和分配有关(Geerken and

① 周庆行.现代社会学[M].重庆:重庆大学出版社,2003.

② 丁水木,张绪山.社会角色论[M].上海:上海社会科学出版社,1992.

Gove,1983)。①

中国漫长的封建文化,使家庭依据“男主外、女主内”的原则分工,丈夫挣钱养活家人,妻子在家操持家务。1949 年以后我国宪法确立了男女平等的社会地位,随之在我国的家庭结构中出现了明显的变化,妇女参加了有报酬的社会工作,中国城镇普遍出现了双职工家庭。而且妇女的收入对家庭的贡献比重一直增加,这种收入的重要性,强化了女性的就业角色,冲击了传统家庭中的两性关系和性别分工原则,抬高了女性的社会地位。

但是职业女性却面临着新的困惑。一方面,参与工作的女性实际上承担双重角色——社会的和家庭的,为此要付出双倍的劳动、双倍的精力,尤其是那些在事业上有成就的妇女感到,在承担大部分家务的同时与男同事一起竞争不公平,易失败;另一方面,在双职工家庭里,男性参加家务劳动的时间越多,他们对婚姻的满意度也就越低,婚姻不稳定的因素就增加。②

这说明,在中国现代性别和文化观念的影响下,家庭中传统的性别分工和两性关系已经开始变化,尤其是在双职工家庭,男女两性都对家务劳动承担责任。但是由于封建观念的长期存在,两性在家庭中性别分工的变化还处在发展过程中。如果家人和丈夫对女性管理者的职业发展抱有一种支持和理解的态度,则女性所面临的家庭角色与工作角色的矛盾会较小,同时女性管理者的婚姻关系也将比较稳定。这样女性管理者会有更多的精力投入到事业的发展上。

2.2.1.4 在社会工作中男女性别角色研究

上文我们已经对两性在家庭中角色分工的现状和影响进行了分析,下面主要讨论,自从妇女被动员走出家门步入社会后,男性在社会工作中一统天下的状况已经大有改观,然而,男女两性并没有取得相同的职业发展机会,社会工作中依然存在职业性别隔离现象。

刘德中、牛变秀(1999)认为,职业性别隔离指劳动力市场中存在“女性”职业和“男性”职业的现象。职业性别隔离表现在三方面:①横向隔离,就是男女在某一职业中的构成比例与其在全部劳动力人口中的比例不一致;②纵向隔离,在几乎所有职业,包括女性职业中,在具有较高的技术、责任、地位和收入的职位上,存在着女性所占比例相对于男性不断下降的趋势;③工资的性别差异,除了纵、横向职业隔离外,劳动力市场的歧视和男女在人力资本投资方面的差异也是造成工资性别差异的原因。表 2.1 是我国不同性别在各种职业中的分布状况。

表 2.1 1995 年中国职业大类中的性别比例

职业类别	女性%	男性%
各类专业技术人员	5.86	4.88
国家机关、党组织和企事业单位负责人	0.63	3.12
办事人员和有关人员	1.33	5.56
商业工作人员	4.37	3.87
服务性工作人员	2.94	2.13

① 张李玺. 夫妻冲突:家庭性别分工模式重构过程中的一个必然现象[J]. 妇女研究论丛,1994(2):5-6.

② 李航. 家务劳动与工作权利的保护[J]. 妇女研究论丛,1997(7):8.

续表

职业类别	女性%	男性%
农林牧渔劳动者	72.1	64.6
生产工人、运输工人和有关人员	10.76	17.02
不便分类的其他劳动者	0.01	0.01

数据来源:1995 年全国 1% 人口抽样调查资料

表 2.2 1990 年中国的十种"女性"职业

职业类别	性别比例%	职业类别	性别比例%
幼儿保育员	99.75	图书资料业务人员	77.91
家庭服务员	98.77	档案业务人员	74.64
护理人员	95.66	电信业务人员	72.77
旅店、饭店服务人员	85.19	环境清洁卫生人员	67.26
纺织、针织、印染人员	78.42	财会和审计人员	59.18

表格来源:刘德中,牛变秀. 中国的职业性别隔离与女性就业. 妇女研究论丛,2000(4):19.

从上表可以看出,中国"女性"职业大多是人力资本要求低、收入低、层次低、缺乏声望的职业。女性虽然在一些传统的"男性"职业中展开了与男性劳动者的竞争,例如在国家机关、党群组织、企事业单位负责人和办事人员中的比例有所上升,但是仍然只是男性的 1/6 和 1/2,仍然远远低于其在传统"女性"职业中的比例。

造成我国职业性别隔离现象有如下一些因素:①职业和行业的自身特征所带来的性别选择偏好;②传统文化和社会习俗,尤其是"男尊女卑"、"夫贵妻荣"等旧观念造成对妇女的歧视;③在业人口中,分职业行业的文化教育状况的性别差异造成职业和行业的性别隔离,从社会整体水平来看,女性受教育的程度要低于男性;④除正规教育外,劳动者获得的成人教育,尤其是职业培训和劳动技能培训的性别差异也会造成一定程度的职业性别隔离。①

另外人们在选择职业时带有职业意向,传统的职业观总是把男人女人分得太细,以至形成职业意向的误区。从心理层次看,有些女性感到做了"男性的工作"而有失女性气质,男性做了"女性的工作"而有失男子汉的威风。这种由于社会和心理的因素形成的职业意向也是导致职业性别隔离的一个重要因素。②

以上关于职业性别隔离的观点可以解释为什么在饭店行业以女性为主要的就业群体,但是长期以来女性又不是饭店管理者中的主体。作为服务型企业的饭店对其一般性从业人员的工作要求更符合女性的个性特点,所以女性成为饭店业的就业主体;而饭店企业的管理职位是层次高和声望高的职位,由于传统文化,尤其是"男尊女卑"、"夫贵妻荣"等旧观念的

① 谭琳,卜文波. 中国在业人口职业、行业性别隔离状况及其成因[J]. 妇女研究论丛,1999(5):25.

② 宋辉. 步出职业心理性别化的误区[J]. 中华女子学院山东分院学报,1997(2):21.

存在,不仅影响了女性本身对管理职位追求的积极性和主动性,同时也影响了饭店企业选拔管理者的观念和制度,所以女性进入饭店管理层的机会比较少。

不过,值得乐观的是,未来社会职业,由于高新技术替代大量劳动力,使就业者的成分出现根本性的变化,对人的选择只强调个人性格心理对职业的适应,淡化了性别和年龄因素。所以女性所从事的工作不仅在行业上有所突破,更重要的是女性将更快地向管理层挺进,与男性各据半壁江山。

美国心理学家霍兰德这样阐述职业对一个就业者的心理素质的要求:"一个企业组织为提高经济效益,重要的管理手段之一即是必须充分利用人力资源,个人的目标、兴趣爱好和能力倾向与组织的目的要求相一致。要使个人的潜在能力在完成组织目标和任务的过程中得到满足,就必须把个人的心理倾向和职业需要、职业环境紧密地联系在一起"。可见未来职业对于女性,并非首先考虑她是个女人,对于女性某些弱点,需要用职业的某些容忍来协调。

所以,女性自己转变传统观念积极主动追求职业发展、饭店企业改变对女性管理者歧视的传统观念、现代用人观念和管理方法的出现,都将对饭店业女性管理者的职业发展产生积极的影响。

2.2.2 女性发展心理研究

女性的职业发展除了会受外部包括经济发展水平和社会文化观念的影响外,更主要的是受其内心对事业发展的态度,即职业发展心理也影响女性的职业发展。主要探讨以下几个核心概念。

2.2.2.1 自我意识

自我意识指作为主体的"我"对于自己以及自己与周围事物的关系、特别是他人与自己关系的认识,包括自我观察、自我监督、自我评价、自我体验、自我控制、自我教育等。

女性的自我意识和对自身认识的方式将影响女性发展的取向,进而影响女性对工作的选择和成就的获得。一般情况下,女性持消极的自我意识。其影响表现在:①消极的自我意识造成女性自我激励不足。②消极的自我意识影响女性内省的自觉性。从女性的现状来看,其内省的自觉性严重不足。相当一部分女性对自己在社会工作中应尽的责任义务考虑较少,或把自己看成弱者,或自暴自弃不思进取。批判性反思处于一种沉睡状态,严重影响了女性潜能的发挥和才能的表现。③消极的自我意识必然影响女性在家庭和社会角色中的主体意识。

2.2.2.2 主体意识

女性主体意识是女性作为主体对自己在客观世界中的地位、作用和价值的自觉意识。具体地说,就是女性能够自觉地意识并履行自己的历史使命、社会责任、人生义务,有清醒地指导自身的特点,并以独特方式参与社会生活的改造,肯定和实现自己的需要和价值,自觉地进行自我激励、自我调控和自我评价,激发主体的内在潜力,激励自己积极地工作,及时地调整自己的活动,以便取得最佳效益,并通过正确的自我评价,有效地发挥主体的能动性和创造性。其内容主要包括以下方面:

自主意识,指主体具有不依赖于外在力量,自由地支配自身的一切活动的意识,体现为一种强烈的社会使命感。

竞争意识,意味着女性要反对束缚,反对依赖,反对谨小慎微与随波逐流,竞争是一种积极的强者的心态。那些在男人“背后”生活的女性难以产生竞争意识。

进取意识,指女性对自身作为主体,必须不断进取和创造的观念和行为的自觉认识。女性的进取意识的缺乏无疑是女性的整体素质较差的重要原因。

创新意识,不仅体现了主体对客体的超越,而且是主体对自身的超越。①

女性主体意识在不同群体中的发展具有不平衡性。主体意识在不同年龄、不同职业、不同层次的女性身上有很大的差异性。职业活动对主体意识的确立和发扬有较大的影响。一般认为其职业性质带有示范效应的工作群体如管理者、教师、警察、军人等,与其他职业的女性相比,其具有较强的主体意识。②

2.2.2.3 成就动机

成就动机是推动一个人努力获得成就、达到目的的一种欲望,是推动一个人完成某项任务的内部动力,它对人的学习和工作起到定向和推动作用。

女性的成就动机有以下特点:①自觉性和主动性欠缺;②更多的是由获得他人赞许的愿望所驱使的,而男性成就动机直接指向学习任务和学习目标;③与女性的年龄阶段相联系,随人生的不同阶段产生波动,而男性却很少波动。女性成就动机的发展曲线是“M”型的,在成就动机的两个最高点上,正是“女性角色”任务扮演不十分重要的阶段,而在成就动机落入低谷的时候也是女性结婚、生育、家务负担最重的一个阶段。女性的这种动机波动对职业女性事业的发展有重要影响。

2.2.2.4 逃避成功动机

美国心理学家霍纳提出假设:在成就指向情景中女性比男性更焦虑。把这种心理障碍称作“逃避成功动机”(motive to avoid success, MAS),或“成功恐惧”(the fear of success, FOS),其含义是妇女往往认为自己的成功必然伴随有消极的结果。霍纳于1968年通过实证研究验证了其提出的女性具有逃避成功的动机的假设。1998年对中国女大学生进行的FOS研究,也证明了女大学生对政治和经济领域的成功比男性有很高的FOS倾向。强海燕(1999)认为,女性的焦虑有:①害怕被社会拒绝,如失去朋友、失去约会、孤独、不能结婚等;②担心自己偏离正常和失去女性形象。

苏畅(1996)指出:①害怕成功是一种习得的特性,这种特性从小就与性别角色标准被学习而得。这种特征一方面是女性在成就情境中获得成功时觉得不舒服,另一方面,也使个人预期成功之后自己可能会遭遇到社会的拒绝。②女性担心成功会给自己一些负面后果,包括不受欢迎,失去女性魅力,男性不敢与之约会或结婚,被男子拒绝等。③女性害怕成功的比例显著高于男性。④在竞争中尤其是当竞争对手是男性时,女性愈容易产生害怕成功意向。

2.2.2.5 弱势心理

弱势心理包括自卑心理、依赖心理和意志薄弱。

自卑心理:中国的封建思想和教育上的偏见,使女孩子从小在不知不觉中接受了女子不如男的思想。自卑心理使女性不相信自己的力量,对任何事情都感到不能胜任,久而久之失去信心。自卑心理影响社会对女性的评价,严重损害了女性的整体形象。

---

① 周刚毅.试论女性的主体意识[J].妇女研究论丛,1999(2):4-5.

② 祖嘉合.女性主体意识及其发展中的矛盾[J].社会科学论坛,1999(5):45-46.

依赖心理：女性的依赖心理不是自然属性决定的，而是男权社会文化结构的产物。女性从生活上的依赖发展到思想上的依赖，当代女性对男子的依赖逐渐减少，但依赖心理在潜意识里依然存在。

意志薄弱：女性要想干出一番大事业，既要树立一个远大的志向，又要有坚强的意志。在女性成才道路上，恋爱、结婚、生儿育女是阻挠女性献身于事业的三大关卡，意志力薄弱是抑制女性成才的重要因素之一。①

女性管理者的职业发展在主观方面主要是受她们的职业发展心理影响。女性积极的自我意识和主体意识、强烈的成就动机对其职业发展都有积极的推动作用；而在传统的性别文化观念的影响下产生的逃避成功的动机和弱势心理对其职业发展有消极影响。当然不可否认的是，以上这些女性发展心理，在不同的文化背景、家庭和成长环境下，对事业发展的影响程度也就不同。本论文就是要探讨在中国新时期文化背景下，这些职业发展心理对饭店业女性管理者职业发展的影响。

2.2.3 女性管理者研究

2.2.3.1 女性管理者的管理特点

挺进管理层的女性是职业女性中的优秀者，在一直以男性为核心的管理领域能有一席之地并非偶然，因为与男性管理者相比，女性气质赋予了她们管理特色，且这种管理更符合知识经济时代对管理的要求。女性管理者和男性管理者的管理差别及管理优势见表 2.3。

表 2.3 女性管理者与男性管理者的优势比较

	男性管理者	女性管理者	优势比较
亲和力	倾向于指挥、进攻性强，试图控制一切	倾向于协调，置身其中而非居高临下	女性管理者更擅长人际关系、平衡矛盾利益，对下属体贴呵护，更愿意了解某一行为对他人的影响，因此容易与下属达成默契，在团队形成较强的亲和气氛
倾听力	长于逻辑推理，注重事实数据	更多依赖直觉，更善于倾听，注重面对面的交流	女性管理者更开放，更易交流，愿意与员工分享信息，更易沟通
重细节	重结果而轻过程	相对于结果更注重过程，也决定了女性管理者通常较注意细节	女性管理者比较愿意介入到下属的日常工作中，以获得更多细节并借此确保达成预期结果
协调者	往往以发号施令来显示权威	更多地通过言传身教感化周围的人	女性管理者能够及时捕捉员工的信息，并通过细致有人情味的工作方法帮助员工渡过难关。因此在女性管理的企业中往往人际关系比较和谐，有利于形成民主的管理作风

---

① 周毅刚. 论女性成才的心理障碍与教育[J]. 信阳师范学院学报（哲学社会科学版），1999，19（4）：58－59.

续表

	男性管理者	女性管理者	优势比较
激励者	把工作业绩看作一系列交易，奖惩并重	努力把他人的自我兴趣转化到企业的目标上来	事实上，这是“交易型”领导风格与“转化型”领导风格的两种表现，而后者是建立在一种相互理解之上的，它充分尊重生活并体现了人性的更高方面
支持者	一般采用“金字塔”型的组织模式	喜欢采用那些强调互相沟通和关联性的组织，即女性化的组织模式	女性化的组织模式具有六个特征： 1. 组织成员被看成是一个单独的人，不是被当作一定组织角色的承担者，而是拥有自己个人的价值观和需要的个体；2. 个人与组织关系：组织支持和帮组他人，维持长期关系，尽可能地寻求一种互惠互利、每个人都得到好处的解决办法；3. 根据向他人提供的服务来界定组织成员的职业地位，改变组织成员在职业上的成功（体现为提升、权力获取和报酬增加）为个人向他人提供服务；4. 致力于组织成员个人的发展，强调组织成员的专业化，片面发展一项专业技能，为组织成员个人的发展创造广泛的机会，培养组织成员拥有多项技能，为成员提供新的学习经历；5. 创造一种互相关心的社会群体；6. 权利共享
灵活性	疲于应付突发问题	感情敏感细致，往往在问题出现前就能够感知，并乐于处理计划外的	女性管理者通常更善于随机应变，在竞争环境多变的今天，这一点弥足珍贵

资料来源：陈雪琼. 女性性别优势对饭店管理模式的影响[J]. 饭店现代化，2003(5)：36.

另外聂志毅(2002)还指出：①女性的直觉力是女性管理者管理特质最主要的内容之一。②女性担当母亲的角色不仅增强了女性管理者的责任心，而且锻炼了特有的倾听艺术和处理危机的技巧。③自知，即自知之明，自知才能自律，任何管理者都应有检点和约束自己的能力，这是对管理者的基本要求。女性管理者非常清楚作为女性的心理、个性优势，从而克服不足。在事业上更受其“能为企业做什么”的心理驱动。④尊重他人、关心他人，重视和采纳其他人的意见，不武断狂妄。

以上关于女性管理者在管理职位上的比较优势说明，女性不仅适合担任管理职位，而且女性的管理特点和优势对其职业发展有积极的促进和推动作用，所以学界对女性在未来管理领域的发展前景持一种乐观的态度。

然而女性管理者的女性气质也为其带来一些与男性管理者相比不利的问题。女性与男性相比易墨守成规、事必躬亲、有求必应、追求完美的特点不利于其管理。在与男性竞争中，女性的自信心、自我放松与调节的能力低于男性，也会影响其职业发展。

2.2.3.2　女性领导者的角色冲突

一个人在自己所处的社会关系中往往会充当多种角色。当人在生活中扮演不同角色时,会不自觉地按角色的责任、权利、规范来要求自己,使自己的心境和行为与角色保持一致。这是因为,人们对每种角色都有相应的角色期望,这种期望是一种符合该社会角色行为规范的标准化模式要求。

吴谅谅(1994)在参与美国心理学家桑德拉·贝母男《角色期望测定表》编制工作中,要求被试者根据每个人日常经验,分别从《角色期望测定表》中为四种社会角色选取5个最理想的描述词汇(词汇是给定的30个,每个词可以重复使用),测试结果见表2.4。

表2.4 30个被试者对四类角色的期望

角色名称	角色期望
男性领导者	*雄心壮志* *竞争性强* *坚强* *果断决策* 正义感
女性领导者	*雄心壮志* *竞争性强* *坚强* *果断决策* 正义感
丈夫(父亲)	坚强 可信赖 责任感 热情 男性魅力
妻子(母亲)	<u>女性魅力</u> <u>温柔</u> <u>体贴</u> 聪明 <u>温文尔雅</u>

注:表中,把斜体的词汇定义为社会希冀的男性特征,有下划线的为女性特征,其他为中性词汇。

资料来源:佚名.试析企业女领导的角色冲突与心理冲突[J].妇女研究论丛,1994(2):19-22.

结果表明:①人们对男、女领导者的工作角色是以领导者的社会义务和责任为基础来确定的,基本排除了性别因素。而且不管领导者是男是女,人们的角色期望都显出强烈的男性特征。②人们对男性生活角色的期待体现了男性化特征,阳刚男子才可称为一家之主。③人们对女性生活角色的期待却是高度女性化的,习惯与温柔体贴贤妻良母的职责相联系。④男性领导者的工作角色和生活角色基本保持男性气质特征,两者差距极小,而女性领导者的工作角色和生活角色却分别取向不同的性别特征,表现出男女双性化的重叠要求。

该项研究证明,女性管理者面临家庭角色和工作角色之间的矛盾冲突。当这种角色冲突比较明显时则不利于女性管理者的职业发展,当这种角色冲突不明显时则有利于女性管理者的职业发展。女性领导者面临的这种角色冲突一方面与其处理冲突的能力有关,另一方面主要取决于家人及丈夫对其职业发展的理解和支持程度。所以说家人对女性管理者家庭角色的期望影响饭店业女性管理者的职业发展。

2.2.3.3 女性领导者成长的环境条件

女性成长为管理者,一方面取决于是否具备管理者的基本素质,诸如丰富合理的专业知识、严谨的思维能力、果敢的决断能力、协调组织指挥能力、创新能力、公共关系能力、沟通表达能力,另一方面,陈志敏(1995)认为,女性要成长为管理者,在主观方面:必须确立社会主体意识,培养"自尊、自信、自立、自强"的精神;个人追求勤奋努力;必须处理好婚姻家庭的问题;必须善于调节自己。在客观方面:社会为女性接受全面的教育提供公平的机会和条件;社会文化和性别观念的支持,使男女平等的原则不仅仅体现在法律上,而且创造现实基础和条件;良好的家庭环境和影响,这里的家庭环境包括与父母在一起的家庭环境和结婚以后的家庭环境。

陈雪洁、张丽军(1995)也认为,女性在管理领导领域发展主要有四方面的障碍:①女性的整体受教育程度比男性低,价值观更趋于传统,存在对男性的依附心理、智力和事业上的自卑心理和与女性之间的忌妒心理；②家务劳动的社会化程度差，加重了她们的身心负担，影响了她们的成长；③干部选拔制度还缺乏公开、公平、择优的机制和科学的评价标准；④对女性歧视的社会观念。

关于女性管理者职业发展面临的社会观念和企业环境方面的障碍，哈佛商学院教授洛莎贝斯·坎特也指出："女性确实在团队精神和合作方面获得较高的评价，这些均是在全球信息时代获胜的至关重要的技能。"但是在美国，大量商学院毕业的女生大多在企业中层经理的职位，全美500强企业里，只有惠普和雅芳公司的首席执行官是女性。究其原因有三方面：①美国公司存在偏见，认为女性不适合出任高级管理岗位。女性经理的实力长期被低估，她们的贡献很大程度没被重视。②卡巴科夫1998年曾对在同一家企业从事相似工作并处于同样管理层次、拥有相同管理经验的女性与男性经理人进行比较，涉及1800人。发现女性在大约一半的领域里超过男性，同事及下属认为女性经理的效率更高，但大权在握者却认为男性和女性经理的才能相当。③企业认为与人交往的技能不是商业技能，这样女性管理者的最大管理特点之一被忽视。①

所以说，女性在管理领域的发展除受其管理素质和能力影响外，还受处理家庭与事业矛盾的能力、企业的选拔制度的公平和科学性等的影响，进一步验证了女性的家庭性别角色和工作性别角色理论。另一个值得注意的特征是，社会文化和性别观念作为一种无形却非常强大的力量，在宏观方面影响着女性管理者的职业发展。

2.2.3.4 饭店业女性管理者研究

关于饭店业女性管理者的研究，主要讨论饭店企业对管理者的特殊要求与女性管理者的职业发展之间的关系。Stward(1989)认为，饭店业的特点对管理者工作的影响有：①饭店里大部分的日常经营问题都是以服务为中心的，所以饭店管理者的角色中心是在服务质量的管理上；②饭店里大部分的业务问题都需要现场管理。

Kanter(1991)和Handy(1993)提出饭店总经理的"新管理工作"这一概念，强调管理者更需要的是人际和团队建设方面的"软性"的技巧，而不是那些诸如企业家能力、处理危机和不确定环境的能力等"硬性"的技巧。在这些新管理者人群中被广泛关注的是女性管理者。

陈雪琼(2003)在《女性性别优势对饭店管理模式的影响》研究中，把饭店传统管理模式与现代饭店管理模式的差别进行比较，如表2.5，并结合女性管理者的比较优势，得出女性更适合做饭店管理者。

表2.5 传统管理模式与现代饭店管理模式的区别对比表

传统管理模式	现代饭店管理模式
目标：控制	目标：改变
严格的等级	平等关系
绝对服从	提出适当的问题
君主式领导	柔性化领导

① 夏普.女经理人的魅力——透视女性管理者的优势[J].中国商贸，2001(4):72.

续表

传统管理模式	现代饭店管理模式
人物、成果至上	成果与人并重
纪律	重视创意
分析型	分析加表述型
强调竞争	强调合作
培养员工依赖性	培养员工独立性
序列的行动	并行的行动
以成绩表现为着眼点	互惠以求特定的成果
理性	理性的直觉
压抑下属技能	调度、善用下属技能
军事化的类型	教导化的类型
独立工作计划和目标	共享计划和目标
监督	培育成长环境
无视下属的要求	慎重对待下属的要求
被动服务	主动服务
封闭:资讯=权力	信息沟通
命令与控制	授权
予人不足的时间	予人充分的时间
僵硬的	弹性的
命令的权威	指示的权威
盛气凌人	有主见
非个人的、客观的	个人的
强调要求忠诚	努力赢得忠诚
用脑决策;理性	脑心并用;理性、感性并重
机械的	整体的
冷漠的	客观、敏感、关心
价值观:不信任、服从	价值观:信任、诚实

资料来源:陈雪琼.女性性别优势对饭店管理模式的影响[J].饭店现代化,2003(5):36.

她认为,饭店自身的特点使女性成为在职人员的主体。饭店工作事务性强,比较繁杂,适合发挥女性细致、耐心的个性。女性的以下性别特征更适合在饭店工作:亲和力、善于倾听、乐于从事标准化和定型化的事务性工作、女人具有男人无法比拟的忍耐力、敏感和细致的观察力。女性的性别优势对饭店管理的影响有：①有利于提高饭店人力资源管理水平，因为，在人事管理中，良好精湛的沟通技巧显得极为重要，许多研究报告显示，女性较男性在沟通方面更有技巧，更关注相互关系，更愿意倾听、参与、自我提示和保持较好的人际关系；②有利于提高客户关系管理水平，女性细致、注重关系等特点，使得自身在搜集客户信息、满足客户需要和保持与客户的长期关系方面有优势。

可见，饭店管理工作有其特殊性，表现在饭店管理的中心是服务质量的控制，多数情况下要进行现场管理，更需要管理者的人际、沟通和协调能力。而女性管理者的管理特点更适合饭店管理的需要。

企业在用人观念和制度中，往往存在制约女性职业发展的"玻璃天花板"现象。Brass (1985)认为女性职业发展最为常见的两个障碍是密切的男士工作关系网(the old boy networks)和缺少指导者。主要是指女性被排除在许多非正式的信息网之外，与职业发展相关的信息对于女性来说是比较难获得的。Brownell 在 1994 年的研究发现女性认为密切的男士工作关系网(the old boy networks)、家庭和事业的矛盾、在薪酬和晋升上的不平等是她们职业发展的主要障碍。而男性认为家庭和工作的矛盾、工作特点和密切的男士工作关系网(the old boy networks)是女性发展的主要障碍。

从以上研究可以看出，在饭店行业，女性管理者职业发展的障碍，主要有社会观念影响下的组织高层的用人态度或制度对女性的歧视，造成对女性职业发展的"玻璃天花板"效应。另外男士工作关系网(the old boy networks)、缺乏职业指导、薪酬和晋升上的不平等和家庭与事业的矛盾也是阻碍饭店业女性管理者职业发展的重要因素。

综合以上各部分理论研究的成果，有以下五个因素影响饭店业女性管理者的职业发展，如图 2.1。

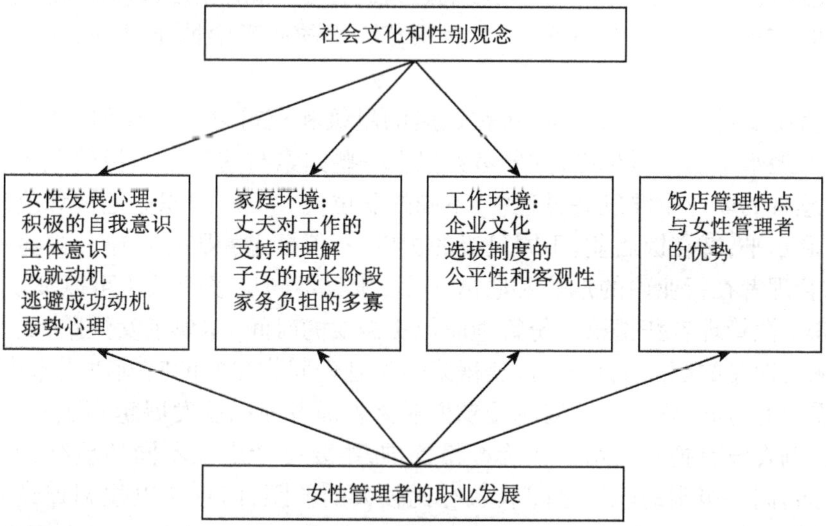

图 2.1 理论逻辑演绎图

资料来源：作者绘制

3 饭店业女性管理者职业发展影响因素实证研究

3.1 研究目的和假设

在文献研究的基础上，本章主要是提出饭店业女性管理者职业发展影响因素的假设，然后通过对调查问卷的数据进行统计分析来检验假设，把理论研究和实证研究结合起来。所以根据理论研究的结果，本论文的研究假设如下：

H1：饭店业女性管理者的发展心理影响其职业发展；

H2：家人对女性管理者家庭角色的期望与她的职业发展负相关；

H3：饭店企业选拔管理者的公平性和客观性与饭店女性管理者职业发展正相关；

H4：饭店这种服务企业的管理特点与女性管理者的职业发展正相关；

H5：传统的文化和性别观念与饭店女性管理者的职业发展负相关。

3.2 研究方法

3.2.1 问卷设计

调查问卷分为三部分，第一部分采用李克特量表法，主要调查饭店业女性管理者对影响因素的态度，由于本次调查对象是中层以上的女性管理者，整体素质较高，所以采用7点量表法，主要涉及五大方面的内容，包括管理者的心理和基本素质、家庭环境、饭店企业的制度环境、饭店企业的管理特点和社会传统文化观念，总计有47题；第二部分是关于饭店业女性管理者的基本情况调查，包括年龄、学历、专业和婚姻状况等，有5题；第三部分是关于饭店业女性管理者职业发展水平的调查，有3题。问卷的设计是以文献研究得出的结论为依据，并参考了戴凌燕(2003)《女企业家绩效影响因素调查表》和屠立霞(2003)《女干部领导能力调查问卷》等，在征求导师谷慧敏教授、北京师范大学的心理学博士吕勤副教授的意见之后设计而成的。

本次调查把女性管理者的职位、所在饭店的星级和获得第一份管理职位所需要的时间作为其职业发展水平的衡量标准，主要考察以上一些因素与这三个指标的关系。这是因为：①在一个管理者的职业生涯发展过程中，不同的职位代表不同的职业地位和收入，标志着不同的职业发展水平；②在饭店业，不同星级的饭店，不仅标志着服务设施和内容的差别，而且也直接影响管理者在行业内的地位和收入水平，所以不同星级的饭店可以体现管理者职业发展水平；③女性管理者获得第一份管理职位所需要的时间，体现了女性踏入管理层需要的成本，而且从女性总的职业生涯来看，获得第一份管理职位需要的时间决定未来职业发展的潜力，所以需要的时间越长，即速度越慢越说明该管理者的职业发展越不顺利。另外需要说明的是，本次调查没有把收入水平作为衡量标准，主要是考虑在不同的星级、不同体制和管理方式的饭店，同一级别的职位之间收入有比较大的差距，而且从以往调查经验看，涉及收入的问题被调查者一般不乐意真实填答，所以为了提高信息的可信度，本次调查取消收入水平这一衡量标准。

3.2.2 样本构成

本次抽样采取随机抽样与整群抽样法相结合的办法,即随机选取北京饭店业的三星级以上的饭店作为抽样对象,然后选取该饭店的中层和高层的女性管理者作为调查对象。共计调查了42家饭店,其中三星级的饭店18家,四星级的饭店15家,五星级的饭店9家,分别占43%、36%、21%,符合星级饭店的分布规律。按饭店性质看,其中国有饭店21家,个体或股份制饭店6家,合资合作饭店15家,分别占50%、14%、36%。总计发放问卷145份,回收问卷105份,回收率72.4%。有效问卷101份,有效率96.2%。其中女(副)总经理问卷45份,回收35份,回收率69%,有效问卷34份,有效率97%;中层女经理人问卷100份,回收75份,回收率75%,有效问卷67份,有效率89%。

在研究设计中,受试者的数目要多大才算具有代表性,这一议题社会研究领域中似乎无一致结论。其中学者Sudman(1976)认为:描述性研究时样本数最少占总体的10%,如果总体较小,则最少的样本数应为总体的20%。Gay Airasion(2000)认为:相关性研究的目的在于探讨变量间有无关系存在,受试者至少应在30人以上①。据此,本次调查在数量的科学性上可以满足相关分析的需要。

3.2.3 统计方法

为了提高数据分析的科学性,在进行具体的数据分析之前,首先应对问卷的效度和信度进行检验。本论文分为三步:第一步是项目分析,项目分析主要是通过计算每个题项的决断值,来确定该题项鉴别度大小,将鉴别度不符合统计要求的题项删除;第二步是因素分析,目的是检验问卷的有效性,即效度分析;第三步是对项目分析和效度分析之后的问卷进行信度分析。然后才能进行与研究相关的数据分析。

本部分的目的是检验原假设中的各个因素是否对饭店业女性管理者的职业发展有影响,以及关系如何,所以在实证研究部分主要运用了相关分析和回归分析,分别探讨女性的职业发展心理、女性管理特点、家人对女性家庭角色的期望、企业在用人制度方面的公平性和客观性、饭店业的管理特点和社会文化和性别观念对女性管理者职业发展的影响。另外,为了检验成功恐惧心理是否影响女性管理者的职业发展,采用了独立样本T检验的方差分析方法。

3.3 问卷研究与分析

3.3.1 问卷项目分析和信效度检验

3.3.1.1 问卷的项目分析

问卷的检测首先从项目分析开始,项目分析是对问卷题项鉴别度的检验,需求出每一个题项的“决断值”(critical ratio 简称CR值),其原理与独立样本的T检验相同②,题项的CR值达到显著水准(<0.05或<0.01)即表示题项能鉴别不同受试者的反应程度,则题项保留,否则题项删除。

---

① 吴明隆. SPSS统计应用实务——问卷分析与应用统计[M]. 北京:科学出版社,2003.

② 同上。

表 3.1 对管理者性格和素质分量表项目分析的摘要表

题项	决断值	备注	题项	决断值	备注
a1	5.216 ***		a11	6.328 ***	
a2	3.503 ***		a12	5.909 ***	
a3	4.572 ***		a13	5.284 ***	
a4	0.834	删除	a14	5.463 ***	
a5	6.161 ***		a15	6.261 ***	
a6	6.493 ***		a16	7.858 ***	
a7	5.144 ***		a17	7.946 ***	
a8	7.499 ***		a18	5.961 ***	
a9	6.879 ***		a19	3.203 ***	
a10	6.380 ***				

注：*** 表示 $p<0.001$

资料来源：作者整理

表 3.1 说明，在管理者性格和素质分量表的 19 个题项中，只有 a4 题项的决断值不具有显著性，表示此题项不具有鉴别度，所以从统计学上应把它删除。该分量表将由剩下的 18 个题项进行后面的分析。

与此同理，对家庭角色、工作环境、饭店业特点和社会观念四个分量表也作了项目分析。发现 b1，d6，e1 题项不具有鉴别度，应该从统计学上删除。如表 3.2 至表 3.5。

表 3.2 家庭环境分量表项目分析结果报表

题项	决断值	备注	题项	决断值	备注
b1	1.300	删除	b5	5.306 ***	
b2	7.551 ***		b6	7.498 ***	
b3	5.881 ***		b7	11.134 ***	
b4	7.470 ***		b8	5.739 ***	

注：*** 表示 $p<0.001$

资料来源：作者整理

表 3.3 工作环境分量表项目分析结果报表

题项	决断值	备注	题项	决断值	备注
c1	7.277 ***		c4	7.588 ***	
c2	10.935 ***		c5	4.933 ***	
c3	7.138 ***				

注：*** 表示 $p<0.001$

资料来源：作者整理

表 3.4　饭店企业管理特点分量表项目分析结果报表

题项	决断值	备注	题项	决断值	备注
d1	9.199***		d5	3.249***	
d2	9.020***		d6	1.123	删除
d3	7.405***		d7	2.744***	
d4	6.865***		d8	3.733***	

注：***表示 $p<0.001$

资料来源：作者整理

表 3.5　社会文化和性别观念分量表项目分析结果报表

题项	决断值	备注	题项	决断值	备注
e1	1.255	删除	e4	12.347***	
e2	8.164***		e5	9.807***	
e3	9.200***				

注：***表示 $p<0.001$

资料来源：作者整理

3.3.1.2　问卷的因素分析与效度检验

项目分析之后检验题项的建构效度。所谓效度是指一个测验能够测到该测验所预测的(即研究者所设计的)心理或行为特质的程度。最为严谨的效度检验是建构效度检验，指测验能够测量出理论的特质或概念的程度，即实际的测验分数能解释某一心理特质中多少，采用因素分析的方法。

先对管理者心理和素质分量表进行因素分析，其取样适当性值(KMO)为 0.815，说明该分量表适合进行因素分析。

表 3.6　转轴后的成分矩阵

		因素			
		1	2	3	4
因素 1	a9 积极主动追求事业	.719	.230	.093	.067
	a8 创新能干	.718	.075	.070	.206
	a5 有竞争意识	.645	.081	.275	-.131
	a17 善于授权	.625	.313	.165	.046
	a16 有效组织协调	.604	.119	.084	.593
	a10 判断和观察力	.591	.340	.150	.088
	a2 性格独立并勇于承担责任	.570	-.070	.109	.125

续表

		因素			
		1	2	3	4
因素 2	a11 善于倾听	.257	.686	.083	.216
	a12 责任心	.137	.650	.346	.009
	a19 合作能力	.034	.643	.115	.103
	a13 尊重和关心他人	.116	.636	-.187	.439
	a18 多说服、激励和以身作则	.147	.593	.489	-.090
因素 3	a3 对管理能力很自信	.257	.150	.751	-.008
	a7 有毅力,执着	.238	.087	.715	.376
	a6 克服女性的依赖心理	.192	.191	.566	.257
因素 4	a15 客观评价自己与同事和上下级的关系	.128	.202	.107	.786
	a14 遇到困难仍能鼓足勇气向前走	-.063	.284	.387	.569
	a1 清楚自己的优缺点	.487	-.185	.317	.492

资料来源:作者整理

四个共同因素的累积解释变异量为 57.332%。这四个共同因素中:第一个共同因素 F1,包括自主、创新、进取竞争等主体意识,以及由此产生的女性管理者的能力或素质,所以命名为主体意识。第二个共同因素 F2,包括倾听、合作、母性的责任心和说服与以身作则等女性的管理特点,所以命名为女性管理者的管理特点。第三个共同因素 F3,包括自信、有毅力、有效克服依赖心理等三项,体现了女性管理者对女性常有的包括自卑、意志薄弱或依赖心理的克服,所以命名为女性对弱势心理的克服。第四个共同因素 F4,包括女性自我评价、自我鼓励和自我观察等关于女性自我意识方面的内容,所以命名为积极的自我意识。管理者心理和素质量表因素分析后的结果与原假设基本保持一致,得到女性管理者的主体意识、管理特点、对弱势心理的克服能力和自我意识四个因子。

由于其余四个分量表的题项不超过 30,取样适当性值(KMO)为 0.706,说明可以进行因素分析,得出以下七个共同因子。它们的累积解释变异量为 70.833%。

表 3.7 转轴成分矩阵(a)

		因素						
		1	2	3	4	5	6	7
因素 1	d1 饭店管理以服务质量为中心适合女性管理	.902	.121	.096	-.011	.023	-.045	-.089
	d4 倾听和人际沟通优势	.861	.056	-.091	-.038	.022	.041	.166
	d3 敏感特质在人事和客户关系管理占优势	.844	.090	.019	-.068	.142	-.048	.129
	d2 工作事务性强,适合女性耐心细致的特点	.804	.175	.082	-.062	.153	.030	.010

续表

		因素						
		1	2	3	4	5	6	7
因素 2	b4 丈夫事业的成功程度	.032	.803	-.019	.013	-.058	.152	.255
	b5 丈夫对其事业的支持和理解	.110	.777	-.010	-.232	-.127	-.096	-.037
	b7 家务负担的多寡	.221	.699	.106	-.093	.281	.304	-.035
	b6 子女的成长阶段	.048	.647	.034	-.127	.081	.438	.174
	b8 对家庭和工作角色的平衡能力	.322	.588	-.028	-.233	.203	.031	-.247
因素 3	c4 工作成绩是否能得到上级的认可	.063	.015	.869	-.081	.104	.092	-.075
	c3 上级能客观评价女性的管理能力	-.007	-.007	.830	-.240	.014	.158	.081
	c2 薪水和晋升的公平性	.052	.109	.822	.108	-.103	-.045	.064
	c1 饭店的企业文化	-.020	-.099	.646	.067	-.177	-.113	.342
因素 4	e3 事业越成功越没有女性味道	.046	-.087	-.004	.837	-.001	.076	-.196
	e5 男性重在赚钱养家，女性重在相夫教子	-.020	-.136	-.093	.795	-.035	-.104	.137
	e4 女性在事业上避免超过丈夫	-.155	-.127	.001	.742	-.253	-.220	.101
	e2 男主外女主内的思想影响女性追求事业的积极性和主动性	-.231	-.253	-.062	.464	-.330	.112	-.212
因素 5	d7 工作的部门影响晋升为总经理的可能性	.161	-.023	.024	-.158	.830	-.019	-.086
	d8 在餐饮、前台、客房工作升为总经理的概率大	.207	.052	-.129	-.122	.699	-.019	.351
因素 6	b3 生育时期	-.074	.088	.212	.038	.038	.830	-.028
	b2 新婚时期	.029	.236	-.164	-.189	-.003	.734	.204
因素 7	c5 男性管理者之间的非正式关系网	.116	.220	.047	-.028	.177	.253	.717
	d5 职位越高倾听能力越重要	.281	-.193	.283	-.003	-.459	-.110	.461

资料来源：作者整理

在这部分因素分析中，如表所示，由于第5、6、7个共同因素均只包含2个题项，所以要将此层面和题项删除，然后再进行一次因素分析，KMO值为0.733，说明可以进行因素分析，仍然抽出与上面相同的四个共同因素，累积解释变异量为66.002%。

表 3.8 转轴成分矩阵(a)

		因素			
		1	2	3	4
因素 1	d1 饭店管理以服务质量为中心适合女性管理	.894	.102	.081	-.030
	d3 敏感特质在人事和客户关系管理占优势	.869	.083	.025	-.086
	d4 倾听和人际沟通优势	.855	.076	-.066	-.027
	d2 工作事务性强,适合女性耐心细致的特点	.810	.207	.071	-.097
因素 2	b4 丈夫事业的成功程度	.026	.828	-.015	.037
	b7 家务负担的多寡	.215	.797	.076	-.166
	b6 子女的成长阶段	.020	.785	.041	-.150
	b5 丈夫对其事业的支持和理解	.107	.675	-.013	-.189
	b8 对家庭和工作角色的平衡能力	.320	.554	-.068	-.285
因素 3	c4 工作成绩是否能得到上级的认可	.063	.045	.852	-.133
	c2 薪水和晋升的公平性	.059	.088	.833	.114
	c3 上级能客观评价女性的管理能力	-.026	.025	.831	-.270
	c1 饭店的企业文化	-.006	-.104	.686	.129
因素 4	e4 女性在事业上避免超过丈夫	-.148	-.180	.027	.795
	e3 事业越成功越没有女性味道	.060	-.069	-.003	.793
	e5 男性重在赚钱养家,女性重在相夫教子	.013	-.146	-.085	.788
	e2 男主外女主内的思想影响女性追求事业的积极性和主动性	-.310	-.202	-.035	.539

资料来源:作者整理

①从上表可以看出,家庭环境量表中,抽取 b4, b5,b6,b7,b8 五个题项组成一个共同因素,涉及丈夫的态度、家务负担、子女成长等因素,都是关于女性承担的家庭角色,所以可以命名为被期望的家庭角色,列为第五个共同因素 F5。

②在工作环境量表中,抽取 c1,c2,c3,c4 四个题项组成一个共同因素,涉及饭店用人制度、上级对女性管理者的评价和企业文化等因素,都是关于企业对女性管理者的雇用态度,所以命名为企业对女性管理者管理的公平性和客观性,列为第六个共同因素 F6。

③饭店行业特点与女性管理者职业发展关系量表中,抽取 d1,d3,d4,d2 四个题项组成一个共同因素,都是关于饭店管理工作特点对女性职业发展的影响,所以可以命名为饭店管理特点,列为第七个共同因素 F7。

④在社会性别和价值观念量表中,抽取 e2,e3,e4,e5 四个题项组成一个共同因素,指传统的男女社会分工观念,所以命名为传统的男女性别观念,列为第八个共同因素 F8。

3.3.1.3 问卷的信度分析

因素分析之后，对保留的题项以及它们组成的层面进行信度分析，最常用的信度检验方法为"Cronbach a"系数，a 系数是估计信度的最低限度。a 系数在0.80以上表示量表具有较高的信度。一份信度系数好的问卷或量表，其总量标的信度系数最好在0.80以上，如果在0.70到0.80之间还算是可以接受的范围；如果是分量表，其信度系数最好在0.70以上，如果在0.60到0.70之间还算是可以接受的范围①，如表3－9。

表3.9 信度分析结果报表

层面(量表)数		信度系数
量表一	因素F1主体意识，包括a9，a8，a5，a17，a16，a10，a2	0.8130
	因素F2女性管理特点，包括a11，a12，a19，a18，a13	0.7446
	因素F3对弱势心理的克服，包括a3，a7，a6	0.7224
	因素F4积极的自我意识，包括a5，a4，a1	0.6268
量表一	因素F1，F2，F3，F4综合信度	0.8736
量表二	因素F5家人对女性家庭角色的期望，包括b4，b5，b7，b6，b8	0.8178
量表三	因素F6企业对待女性的公平性和客观性，包括c4，c3，c2，c1	0.8196
量表四	因素F7饭店管理的特点，包括d1，d4，d3，d2	0.8955
量表五	因素F8传统文化与性别角色观念，包括e3，e5，e4，e2	0.7601

分量表一所包含的四个层面，四个信度系数都在0.6000之上，而且分量表一的信度系数为0.8736，符合信度系数取值范围，可见管理者性格和素质量表经建构效度检验之后，各层面及总量表的信度较好，量表具有良好的信效度。同理，在表中，量表二、量表三、量表四和量表五的信度系数均在0.7000以上，符合信度系数取值范围，量表二、量表三、量表四也具有良好的信效度。

3.3.2 被调查者的人口统计学特征

表3.10 人口统计学调查表

项目	选项	人数	百分比%
年龄	25岁以下	1	1
	26～35岁	22	21.8
	36～45岁	49	48.5
	46～55岁	28	27.7
	55岁以上	1	1

① 吴明隆.SPSS统计应用实务——问卷分析与应用统计[M].北京:科学出版社,2003.

续表

项目	选项	人数	百分比%
学历	大专以下	11	10.9
	大专	49	48.5
	本科	28	27.7
	硕士及硕士以上	13	12.9
专业背景	饭店或旅游专业	22	21.8
	经济、管理或商贸专业	49	48.5
	其他	20	27.7
婚姻状况	未婚	8	7.9
	已婚并和爱人住在一起	82	81.2
	其他	11	10.9
从业时间	2 年以下	1	1
	3 ~ 5 年	3	3
	6 ~ 10 年	31	30.7
	11 ~ 15 年	30	29.7
	15 年以上	36	35.6
职位	助理经理	12	11.9
	部门副经理	21	20.8
	部门总经理	34	33.2
	饭店总经理或副总经理	34	33.2

资料来源:作者根据调研数据整理

在本次调查中,有以下特点:

①从年龄看,饭店的高层管理人员与中层管理人员的比例为1:2。25 ~ 45 岁的女性占到70.3%,说明现在饭店业担任管理职位的女性大多是上个世纪70年代以后出生和成长起来的。其社会文化观念和价值观更趋向于现代女性的价值观,受中国社会倡导的男女平等的观念影响比较深,思想观念比较开放。

②从学历看,大专和本科学历为主体,占到76.2%,另外硕士及以上学历占12.9%,说明饭店业的女性管理者受教育程度高。

③从专业分布来看,饭店或旅游专业为21.8%,经济、管理或商贸专业占48.5%,其他专业占27.7%,说明与饭店企业管理相关的专业背景有助于女性在饭店企业的职业发展。

④从婚姻状况来看,未婚和婚姻美满的女性占89.1%,其中已婚并和丈夫住在一起的女性管理者占到主体,为81.2%,说明饭店女性管理者的职业发展给她们的家庭和婚

姻生活带来的负面影响并没有普遍存在，相反女性管理者能够把家庭和事业矛盾比较好地平衡。

⑤从这些女性管理者在饭店业的从业时间来看，96%的女性管理者的从业时间在5年以上，其中10年以上的为65.3%，说明女性饭店从业者获得管理职位需要较长的时间成本，从总经理的比例33.7%与15年以上从业时间比例35.6%来看，女性要获得饭店的高层管理职位需要15年以上的时间是一个普遍现象。

3.3.3 相关分析、回归分析和独立样本T检验

3.3.3.1 相关分析

本问卷选择女性管理者的职位、所在饭店的星级和担任第一份管理职位需要的时间作为衡量其职业发展的因素，现在将八个影响因素分别与以上三个衡量因素做Person相关分析，检验八个影响因素与职业发展水平衡量指标间的关联程度，如下表3.11。

表3.11 相关分析结果报表

影响因素	职位				饭店星级			获得第一份管理职位的时间			
Person 系数	经理助理	部门副经理	部门总经理	总经理	三星	四星	五星	2年以下	2～5年	5～10年	10～15年
F1 主体意识	-.291	-.174	.107	.269**	.053	-.132	.085	.189	-.204*	.035	.033
F2 女性管理特点	.139	-.237*	-.055	.155	.075	.060	-.149	.169	-.112	.002	-.050
F3 对弱势心理的克服	-.100	.192	-.092	-.009	.179	-.292**	.121	-.010	-.123	.113	.063
F4 积极的自我意识	.210*	-.119	.077	-.123	-.069	-.042	.122	-.089	-.026	.088	.045
F5 家人对女性工作的态度	-.010	.032	-.187	.153	.007	-.090	.091	.290**	-.100	-.044	-.199*
F6 企业对待女性的公平性和客观性	-.081	.063	-.047	.049	.206*	.216*	.008	.010	-.085	.121	-.059
F7 饭店管理的特点	.018	.080	.166	-.237*	.005	-.113	.119	-.059	-.166	.211*	.050
F8 传统的女性角色观念	.116	-.046	-.042	-.007	.054	-.031	-.026	-.058	.040	.035	-.045

注：* 在显著性水平为0.05时（双侧），相关显著；** 在显著性水平为0.01时（双侧），相关显著

资料来源：作者整理

从上表可以看出，F1主体意识因素与经理助理职位显著负相关，与总经理职位正相关；主体意识与2～5年获得第一份管理职位的时间显著负相关，与其他指标没有显著的相关关系。F2因素即女性管理特点与女性在部门副经理职位的发展显著负相关，与其他指标没有显著的相关关系。F3对弱势心理的克服与在四星级饭店工作显著负相关，与其他指标没有显著相关关系。F4积极的自我意识与获得经理助理职位显著相关，与其他指标没有显著相关关系。F5家人对女性工作的态度与在2年以下获得第一份管理者职位的时间显著正相关，与在10～15年之内获得第一份管理职位显著负相关，与其他指标没有显著的相关关系。F6企业对待女性的公平性和客观性与在三星和四星级饭店显著正相关，与其他指标没有显著相关关系。F7饭店的管理特点与获得总经理职位显著负相关，与5～10年获得第一份管

理职位的时间显著负相关,与其他指标没有显著相关关系。F8 传统的女性角色观念与职位发展的三个指标没有明显的相关关系。

3.3.3.2 回归分析

为避免各个影响因素的多元共线性问题,采用反向逐步多元回归分析的方法,通过回归分析来分析各个因素对职业发展水平有何种影响及影响程度。

(1)8 个因子与职务指标的反向逐步回归分析

表 3.12 回归模型摘要(1)

模型	R	R 平方	调节后的 R 平方	估计的标准误	变更统计量				
					R 平方改变量	F 改变量	分子自由度	分母自由度	显著性 F 改变量
1	.532(a)	.283	.221	.891	.283	4.540	8	92	.000
2	.532(b)	.283	.229	.886	.000	.009	1	92	.923
3	.532(c)	.283	.237	.881	.000	.031	1	93	.860
4	.531(d)	.282	.244	.877	-.001	.087	1	94	.769
5	.528(e)	.278	.248	.875	-.004	.485	1	95	.488
6	.513(0	.263	.240	.880	-.016	2.093	1	96	.151
7	.493(g)	.243	.228	.887	-.020	2.571	1	97	.112
a 自变量:F8,F7,F6,F5,F4,F2,F3,F1									
b 自变量:F8,F7,F6,F5,F4,F3,F1									
c 自变量:F8,F7,F5,F4,F3,F1									
d 自变量:F8,F7,F4,F3,F1									
e 自变量:F8,F7,F4,F1									
f 自变量:F7,F4,F1									
g 自变量:F7,F1									

资料来源:作者整理

abcdefg 预测变量代表进入回归方程的顺序,在反向回归分析中,按照对因变量的影响力由小到大进入回归方程式。从上述分析中可以发现,8 个变量的联合解释量为 28.3%,其中 F7,F1 的联合解释量最大为 24.3%,其次为 F4,F8,F3 分别为 2%,1.6%,0.4%;F5 解释量极少,为 0.1%,F2、F6 解释量为零,说明二者对职务的发展没有显著的关系。

表 3.13　回归系数(1)

模型		为标准化系数		标准化系数	t	显著性	共线性统计量	
		B	标准误	Beta			允差	VIF
1	(常数)	2.891	.089		32.620	.000		
	F1	.500	.095	.495	5.246	.000	.874	1.144
	F2	.009	.092	.009	.097	.923	.931	1.074
	F3	.061	.094	.060	.649	.518	.904	1.106
	F4	-.137	.090	-.136	-1.521	.132	.976	1.025
	F5	-.024	.094	.024	.252	.802	.891	1.123
	F6	-.016	.092	-.016	-.173	.863	.946	1.057
	F7	-.297	.095	-.295	-3.123	.002	.874	1.144
	F8	-.127	.090	-.126	-1.410	.162	.975	1.025

资料来源:作者整理

①从标准化 Beta 系数看,F1 系数最大,为 0.500,表示女性的主体意识对职务的发展影响最大且为正向的,即女性管理者的竞争、进取、自主和创新意识越强烈则获得的职位越高。

②F7 的标准化 Beta 系数为 -0.297,表示饭店企业管理的特点与女性管理者的职位发展负相关,即随着职位的提高,饭店企业管理的特点影响越小。这是因为随着管理职位的提高,管理内容更偏向于决策和战略方面,管理内容不主要体现饭店事务性强,需要耐心和细致素质的特点。这也说明为什么饭店的高层领导中仍以男性为主。

③F4 的标准化 Beta 系数是 -0.137,表示积极的自我意识与职位发展负相关。本论文主要从女性管理者的自我评价、自我激励和自我观察等因素考察她们的自我意识。从理论上讲,如果女性管理者能够客观评价自己与上级、同事或下级的关系,对管理工作做出相应的调整,面对挫折仍能鼓足勇气向前走则越应该获得高的职位。统计验证与理论相左,可能有抽样的因素,如果忽略抽样的因素,则说明女性的积极自我意识和对事业的热情并不能导致其职位的相应提升,因为职位的提高还要受到其他因素的影响,积极的自我意识对职位发展的影响力较小。

④F3 的标准化 Beta 系数为正值,表示女性对弱势心理的克服能力与其职位发展正相关。男权文化观念的长期影响,使得女性有自卑、依赖和意志薄弱的特点,尽管建国后我国大力倡导男女平等的社会地位,给予女性参与工作的平等权利,但是这种女性的弱势心理在潜意识里仍然存在,影响她们追求事业的积极性和毅力,所以对弱势心理的克服与其职位发展正相关。

⑤F8 的标准化 Beta 系数为 -0.127,表示传统的女性角色观念与女性职位的发展负相关。传统的性别角色观念,强调女性"贤妻良母"的家庭角色,不仅限制女性参与社会工作,而且排斥那些在事业上取得成功的女性,所以传统的女性角色观念与女性职位发展负相关。

⑥F5 的标准化 Beta 系数为 -0.024，表示家人对女性家庭角色的期望与其职位发展负相关。家人对女性的家庭角色期望体现为家务负担的多寡、子女的成长阶段、丈夫对妻子工作的支持和理解程度。家人对女性家庭角色的期望越高则女性用在事业上的精力越少，所以与女性的职位发展负相关。

(2)8 个因子与饭店星级指标的反向逐步回归分析

表 3.14 回归分析模型摘要(2)

模型	R	R 平方	调节后的 R 平方	估计的标准误	变更统计 M				
					R 平方改变量	F 改变	分子自由度	分母自由度	显著性 F 改变
1	.343(a)	.117	.040	.877	.117	1.514	8	91	.163
2	.342(b)	.117	.050	.873	.000	.034	1	91	.855
3	.342(c)	.117	.060	.868	.000	.030	1	92	.864
4	.341(d)	.116	.069	.864	-.001	.091	1	93	.764
5	.338(e)	.114	.077	.860	-.002	.170	1	94	.681
6	.335(f)	.112	.084	.857	-.003	.271	1	95	.604
7	.322(g)	.104	.085	.856	-.008	.876	1	96	.352
a 自变量:F8,F4,F6,F2,F7,F3,F5,F1									
b 自变量:F8,F4,F6,F7,F3,F5,F1									
c 自变量:F4,F6,F7,F3,F5,F1									
d 自变量:F4,F7,F3,F5,F1									
e 自变量:F4,F7,F3,F5									
f 自变量:F7,F3,F5									
g 自变量:F7,F5									

资料来源:作者整理

同理，从上表可以发现，8 个因素联合解释量为 34.3%，其中 F7、F5 最具影响力，联合解释量为 11.7%，其次为 F3、F4，解释量为 0.8% 和 0.3%，F1 是 0.2% 的解释量，F6 的解释量为 0.1%，F2 和 F8 的解释量为零，说明其与所在饭店的星级没有直接的关系。

表 3.15 回归系数(2)

模型		为标准化系数		标准化系数	t	显著性	共线性统计量	
		B	标准误	Beta			允差	VIF
1	(常数)	2.189	.088		24.947	.000		
	F1	-.045	.094	-.050	-.479	.633	.878	1.139
	F2	-.017	.091	-.019	-.183	.855	.931	1.074
	F3	.076	.092	.085	.826	.411	.905	1.105
	F4	.046	.089	.052	.518	.606	.976	1.025
	F5	-.246	.093	-.276	-2.647	.010	.891	1.122
	F6	.027	.090	.030	.295	.769	.944	1.059
	F7	.133	.094	.148	1.412	.161	.880	1.136
	F8	.016	.089	.018	.184	.855	.978	1.022

资料来源:作者整理

①F7 的标准化 Beta 系数最大,为 0.133,表示饭店管理特点与所在饭店的星级正相关,说明饭店管理的特点有助于女性在更高星级的饭店获得管理工作。结合前面 F7 因素与职位负相关的关系,可以得出,尽管饭店管理的特点有助于女性在更高级的饭店获得管理职位,但女性进入管理高层比较困难。

②F5 的标准化 Beta 系数为 -0.246,表示家人对女性家庭角色的期望与所在饭店的星级负相关。说明如果女性的家务负担比较重,丈夫对她的工作不够支持和理解,那么女性在更高星级的饭店获得管理职位的机会减少。

③F3 的标准化 Beta 系数为 0.076,表示女性对弱势心理的克服与所在饭店的星级正相关。说明女性对自卑、依赖和意志薄弱心理的克服有助于在更高星级的饭店获得管理职位。

④F4 的标准化 Beta 系数为 0.046,表示积极的自我意识与所在饭店的星级正相关。说明女性的自我观察和评价越高、自我激励越多则越有可能在更高星级的饭店获得管理职位。

⑤F1 的标准化 Beta 系数为 -0.045,表示女性的主体意识与所在饭店的星级负相关。女性的主体意识包括自主、创新、竞争和进取。文献研究表明,女性的主体意识与其职业的发展正相关,统计研究并没有得出主体意识与所在饭店星级指标的正相关关系,而是呈现负相关,说明在更高星级的饭店,女性主体意识并不能带来相应的职业发展,这与在更高星级的饭店男性管理者数量增加不无关系。

⑥F6 的标准化 Beta 系数为 0.027,表示企业对待男女管理者的公平性和客观性与所在饭店的星级正相关。说明饭店企业对待男女管理者的公平性和客观性在更高星级的饭店有更好的表现,这对女性在更高星级的饭店获得管理职位有积极的影响。

⑦F2 的标准化 Beta 系数为 -0.017,表示女性的管理特点与所在饭店的星级负相关。说明女性善于倾听沟通、强调合作和以身作则的管理特点有助于女性在星级比较低的饭店获得管理职位,这进一步验证了饭店星级越高,女性管理者越少的现象。

(3)8个因子与在饭店业获得第一份管理职位的时间指标反向逐步回归

表3.16 回归分析模型摘要(3)

模型	R	R平方	调节后的R平方	估计的标准误	变更统计量				
					R平方改变量	F改变	分子自由度	分母自由度	显著性F改变
1	.362(a)	.131	.055	.829	.131	1.731	8	92	.101
2	.361(b)	.130	.065	.825	.000	.047	1	92	.829
3	.360(c)	.129	.074	.821	-.001	.123	1	93	.726
4	.357(d)	.128	.082	.818	-.002	.165	1	94	.686
5	.352(e)	.124	.088	.815	-.004	.394	1	95	.532
6	.346(f)	.120	.092	.813	-.004	.487	1	96	.487
7	.328(g)	.107	.089	.814	-.012	1.364	1	97	.246
a 自变量:F8,F7,F6,F5,F4,F2,F3,F1									
b 自变量:F8,F7,F5,F4,F2,F3,F1									
c 自变量:F7,F5,F4,F2,F3,F1									
d 自变量:F7,F5,F4,F3,F1									
e 自变量:F7,F5,F4,F3									
f 自变量:F7,F5,F3									
g 自变量:F7,F5									

资料来源:作者整理

同理,从上表可以看出,8个因素的联合解释量为13.1%,其中F7,F5的解释量最大为10.7%,其次为F3,解释量是1.2%。F4,F1,F2,F8,F6解释量分别为0.4%、0.4%、0.2%、0.1%和0。解释量越大说明越具影响力。

表3.17 回归系数(3)

模型1		未标准化系数		标准化系数	t	显著性	共线性统计量	
		B	标准误	Beta			允差	VIF
1	(常数)	2.178	.083		26.398	.000		
	F1	-.062	.089	.072	-.694	.489	.874	1.144
	F2	-.036	.086	-.042	-.420	.676	.931	1.074
	F3	.091	.087	.107	1.049	.297	.904	1.106
	F4	.059	.084	.069	.699	.486	.976	1.025

续表

模型 1		未标准化系数		标准化系数	t	显著性	共线性统计量	
		B	标准误	Beta			允差	VIF
1	F5	-.233	.088	-.274	-2.657	.009	.891	1.123
	F6	.018	.085	.022	.217	.829	.946	1.057
	F7	.129	.089	.151	1.451	.150	.874	1.144
	F8	.030	.084	.035	.353	.725	.975	1.025

资料来源:作者整理

①F5 的标准化 Beta 系数最大为 -0.233,表示家人对女性家庭角色的期望与得到第一份管理职位的速度负相关。说明女性的家务负担越沉重、丈夫对女性工作的支持和理解越低,即女性的家庭角色越重则女性获得第一份管理职位的时间越长。

②F7 的标准化 Beta 系数为 0.129,表示饭店管理特点与获得第一份管理职位的速度正相关。说明饭店企业事务性强,女性耐心和细致的个性特点有助于女性获得第一份管理职位。

③F3 的标准化 Beta 系数为 0.091,表示对弱势心理的克服与获得第一份管理职位的速度正相关。说明女性对自卑、依赖和意志薄弱等弱势心理的克服有助于其获得第一份管理职位。

④F4 的标准化 Beta 系数为 0.059,表示积极的自我意识与获得第一份管理职位的速度正相关。说明女性在自我观察和评价的客观性、自我激励的积极性有助于其在饭店业获得第一份管理职位。

⑤F1 的标准化 Beta 系数为 -0.062,表示女性的主体意识与获得第一份管理职位的时间速度负相关。说明女性的竞争、自主、创新和进取意识对其获得第一份管理职位有消极的影响,这与文献研究女性的主体意识有助于其在饭店业获得管理职位相左,但这种影响力只占 0.5%,所以可以忽略不计。另外女性主体意识与获得第一份管理职位的速度负相关,也从反面证明,在饭店业获得第一份管理职位更受其他因素如积极的自我意识、企业在管理者选拔方面的公平性和客观性、女性对弱势心理的克服等的影响。

⑥F2 的标准化 Beta 系数为 -0.036,表示女性的管理特点与获得第一份管理职位的速度负相关。说明女性善于倾听沟通、强调合作和以身作则、注意细节、责任心较强的管理风格对女性在饭店业获得第一份管理职位并没有积极的影响,而且这种影响非常小,只占 0.3%,可以忽略不计,所以女性在饭店业获得第一份管理职位的速度更受其他因素的影响。

⑦F8 的标准化 Beta 系数为 0.030,表示传统的男女性别角色观念与获得第一份管理职位的速度正相关。这是因为,虽然传统的性别角色观念影响女性承担社会角色的积极性,但是,由于我国全社会倡导男女平等和女性走出家门参与社会工作,所以这种传统的男女性别观念又表现为职业性别隔离,导致女性在服务行业尤其是在旅游和饭店业的从业比例达到 80% 以上,这就为女性在饭店业获得第一份管理职位提供了一个高概率,所以从这个角度讲,传统的性别角色观念与女性获得第一份管理职位的速度是正相关。

⑧F6 的标准化 Beta 系数为 0.18，表示企业选拔管理者的公平性和客观性与获得第一份管理职位的速度正相关。说明饭店企业选拔制度的公平性和客观性有助于女性在饭店业获得第一份管理职位。

3.3.3.3 其他因素的统计分析

（1）对成功恐惧心理表现的独立样本 T 检验

结果如表 3.18 所示。

表 3.18 独立样本的 T 检验报表（1）

		方差相等的 Levene 检验		平均数相等的 t 检验						
		F	显著性	t	自由度	显著性（双侧）	平均差异	标准误差异	差异的 95% 置信区间	
职务									下界	上界
	假设方差相等	.004	.947	-.253	99	.801	-.08	.324	-.724	.561
	假设方差不等			-.239	12.224	.815	-.08	.342	-.826	.662
第一份管理职位前在饭店业的工作时间	假设方差相等	.371	.544	.762	99	.448	.21	.273	-.334	.750
	假设方差不等			.711	12.142	.491	.21	.293	-.429	.845
所在饭店的星级	假设方差相等	.179	.673	.680	98	.498	.20	.287	-.374	.765
	假设方差不等			.663	12.432	.520	.20	.294	-.444	.834

资料来源：作者整理

①对于职位，F 检验显著性为 0.947，大于 0.05，观察假设方差相等的 t 值显著性为 0.801，大于 0.05，所以接受零假设，说明是否有过担心的两组在职位上没有显著差异。

②对于获得第一份管理工作的时间，F 检验显著性为 0.544，大于 0.05，观察假设方差相等的 t 值显著性为 0.448，大于 0.05，所以接受零假设，说明是否有过担心的两组在获得第一份管理工作的时间上没有明显差异。

③对于饭店星级，F 检验显著性为 0.179，大于 0.05，观察假设方差相等的 t 值显著性为 0.498，大于 0.05，所以接受零假设，说明是否有过担心的两组在饭店星级标准上没有显著差异。

表 3.19 成功恐惧心理表现的人数统计表

是否担心过	人数	百分比%
是	11	10.9
否	90	89.1

资料来源：作者整理

另外从上表的是否担心过失去原来的朋友、失去约会或影响其婚姻的调查来看,89.1%的女性管理者表示不曾担心或害怕过,说明大部分的管理女性没有这方面的成功恐惧心理。而且从该心理与职业发展水平指标的方差分析来看,担心过和没有担心过的女性管理者在三个指标上都表现为没有显著的差异。所以可以得出结论,饭店业的女性管理者普遍没有担心事业上的成功会失去原来的朋友、失去约会或影响婚姻关系的心理,并且这方面的成功恐惧心理并没有影响女性管理者职业生涯的发展。

(2)对成功恐惧心理表现二的独立样本T检验

结果如表3.20。

表3.20 独立样本T检验报表(2)

		方差相等的Levene检验		平均数相等的t检验						
		F	显著性	t	自由度	显著性(双侧)	平均差异	标准误差异	差异的95%H信区间	
									下界	上界
职务	假设方差相等	.078	.780	.785	99	.434	.20	.252	-.303	.699
	假设方差不等			.763	28.154	.452	.20	.260	-.334	.730
所在饭店的星级	假设方差相等	.044	.835	-1.924	98	.057	-.42	.221	-.863	.013
	假设方差不等			-1.938	29.508	.062	-.42	.219	-.873	.023
第一份管理职位前在饭店业的工作时间	假设方差相等	.000	.991	-1.948	99	.054	-.41	.210	-.826	.008
	假设方差不等			-1.891	28.126	.069	-.41	.216	-.853	.034

资料来源:作者整理

①对于职位,F检验显著性为0.078,大于0.05,观察假设方差相等的t值显著性为0.434,大于0.05,所以接受零假设,说明是否有过担心的两组在职位上没有显著差异。

②对于获得第一份管理工作的时间,F检验显著性为0.835,大于0.05,观察假设方差相等的t值显著性为0.057,大于0.05,所以接受零假设,说明是否有过担心的两组在获得第一份管理工作的时间上没有明显差异。

③对于饭店星级,F检验显著性为0.991,大于0.05,观察假设方差性等的t值显著性为0.054,大于0.05,所以接受零假设,说明是否有过担心的两组在饭店星级标准上没有显著差异。

表 3.21 成功恐惧心理表现二的人数统计

是否怀疑过	人数	百分比%
是	20	19.8
否	81	80.2

资料来源:作者整理

从表中可以看出,同一样本调查中,怀疑过自己不是称职的母亲或贤惠妻子的女性比担心过影响其约会或婚姻关系的女性要多出 9 个百分点,说明母亲和妻子这两个家庭角色对女性追求发展的心理有影响;但是,没有怀疑自己不是一个称职的母亲或贤惠的妻子的女性仍居主体,占 80.2%,说明对于大多数女性管理者来说,不存在此方面的成功恐惧心理;再者,对是否怀疑过与职业发展水平的三个指标进行的方差分析也表明,这两组女性在职业发展水平上并没有显著的差异,进一步说明顾虑母亲和妻子传统女性角色的成功恐惧心理并没有给饭店业女性管理者的职业发展造成负面影响。另外从本次调查的女性管理者的婚姻状况来看,在 92.1% 的已婚女性中,有 81.2% 的女性表示已婚并且和爱人居住在一起,说明大部分女性的婚姻关系比较稳定,家庭生活比较美满。所以成功恐惧心理与饭店业女性管理者的职业发展并没有直接的关系。

(3)关于女性管理者的职业发展动机调查

表 3.22 职业发展动机调查统计表

动机	挣钱	得到别人的认可	证明自己的能力	实现自我	挣钱和实现自我
人数	9	4	32	43	13
比例	8.9%	4%	31.7%	42.6%	12.8%

资料来源:作者根据调研数据整理

从表 3.22 发现,31.7% 的女性认为主要动机是证明自己的能力,有 42.6% 的女性管理者认为主要动机是实现自我,还有 12.8% 的女性管理者认为挣钱和实现自我是其追求事业的主要动机,仅有 8.9% 的女性管理者把挣钱作为自己的主要动机。实现自我和证明自己的能力作为主要的事业动机,说明饭店业的女性管理者成就动机很强,而且成就动机的主动性很明显,以挣钱为目的的需求动机在整个事业发展过程中属于从属地位。证明成就动机与饭店业女性管理者的职业发展正相关。

4 结论与建议

4.1 本论文的基本结论

根据研究,得出以下结论:

(1)饭店业女性管理者的自我意识影响其职业发展

自我意识是一个内容丰富的概念,包括自我观察、自我监督、自我评价、自我控制和自我教育等。理论研究认为,女性持消极的自我意识。在问卷调查中我们发现,饭店业的女性管理者在自我观察、自我评价和自我监督与控制方面表现出积极的自我意识。这种自我意识有助于获得第一份管理职位,与获得第一份管理职位的速度正相关,同时与所在饭店的星级有正相关,但是这种积极的自我意识有助于女性在饭店业获得较为初级的管理职位,与管理职位的进一步提升存在微弱的负相关关系,即说明女性积极的自我意识与她获得更高层次的管理职位并没有必然的联系,女性的自我意识再积极也不一定能带来职位的相应提升。

(2)饭店业女性管理者的主体意识影响其职业发展

主体意识表现为自主意识、竞争意识、进取意识和创新意识。女性的主体意识随年龄、职位和职业的不同而发展不平衡。本次问卷调查中发现,饭店业的女性管理者在自主、竞争、进取和创新方面有较强的主体意识,且这种主体意识与她们的职位发展正相关,说明女性越积极参与竞争和创新则职位发展越高。但是与所在饭店的星级和获得第一份管理职位的速度存在微弱的负相关关系,说明女性在竞争、自主、创新和进取方面的意识增强,并不能使其更快获得管理职位,获得第一份管理职位的速度更受其他因素的影响。

(3)饭店业女性管理者对弱势心理的克服能力与其职业发展正相关

关于女性对弱势心理的克服,女性自卑、依赖和意志薄弱的弱势心理是由于长期封建思想下的男权文化观念残留,现代的职业女性在潜意识里仍然存在这种弱势心理。针对饭店业女性管理者的调查发现,女性管理者大多认为对这种弱势心理的克服是重要的,而且对弱势心理的克服与其职位的发展、所在饭店的星级和获得第一份管理职位的速度正相关。

(4)家人对饭店业女性管理者家庭角色的期望与其职业发展负相关

关于家庭环境,家庭环境主要涉及丈夫对女性事业的支持和理解、家务负担和子女的成长阶段,概括为家人对女性家庭角色的期望。女性同时面对传统“贤妻良母”的家庭角色和现代工作角色,这种角色冲突一直困扰女性职业发展,还导致女性的职业性别隔离。本次调查发现,家人对女性家庭角色的期望与其职位发展、所在饭店的星级和获得第一份管理职位的速度负相关。

(5)女性管理特点影响饭店业女性管理者的职业发展

女性管理特点体现为倾向于协调、善于倾听、更注重过程、以身作则、感情敏感细致等。文献研究的结论是,女性的这些管理特点更适合饭店管理工作的需要(陈雪琼,2003)。但是在本次调查中发现,女性的管理特点对职位发展无影响,与女性所在饭店的星级和获得第一份管理职位的速度呈微弱的负相关关系。女性的管理特点并不能增加在更高星级饭店做高层管理者的机会,正好验证了随着饭店规模和档次的提高女性管理者的数量减少;女性管理者获得第一份管理职位的速度更受其他因素的影响。

(6)饭店企业的管理特点对饭店业女性管理者的职业发展有积极的影响

饭店企业的管理特点是,饭店管理以服务质量控制为中心,管理者需要的是“软件”的人际和团队建设技巧,适合发挥女性较男性细致耐心敏感的优势。实证研究也发现,饭店企业的管理特点与女性所在饭店的星级和获得第一份管理职位的速度正相关,与中高层管理职位的发展表现出负相关关系,这是因为随着管理职位的提升,管理内容更体现整个饭店企业的运作,这验证了随着职位的提高女性管理者的数量减少的结论。

(7)饭店企业在管理者选拔方面的公平性和客观性与女性管理者的职业发展正相关

饭店企业在管理者选拔方面的公平性和客观性表现是,一直以来在传统社会观念影响下，组织高层的用人态度或用人制度对女性有歧视，造成女性职业发展的“玻璃天花板”现象，成为阻碍女性谋求职业发展的一大障碍。本次调查显示，饭店企业在管理者选拔方面的公平性和客观性对职位没有影响力，与所在饭店的星级正相关，与获得第一份管理职位的速度正相关，说明饭店企业在管理者选拔方面的公平性和客观性总体上与女性在饭店业的职业发展正相关。

(8)传统的文化和性别观念影响饭店业女性管理者的职业发展

建国后，我国大力倡导男女平等，鼓励女性外出就业，这些努力都为女性从事管理工作提供了平台。对于饭店业的女性管理者，传统男女性别观念与其职位发展负相关，对所在饭店的星级没有影响力，而是与她们获得第一份管理职位正相关，这主要是因为传统的男女性别观念在社会工作领域的影响表现为职业性别隔离，饭店和旅游业是女性为主体的行业，所以女性在饭店业获得第一份管理职位比较容易，所以原假设不可一概而论。

(9)饭店业女性管理者的成就动机与其职业发展正相关

成就动机是推动女性管理者获得成就、达到目的的一种欲望，是推动女性完成某项任务的内部驱动力。本次调查发现，饭店业女性管理者追求事业的动机表现为，证明自己的能力和实现自我的占74.3%，另外12.8%的女性表示追求事业的动机是挣钱和实现自我，仅有8.9%的女性表示追求事业的动机是挣钱，这说明饭店业中层以上的女性管理者追求事业的主要动机是成就动机，说明成就动机与饭店业女性管理者的职业发展正相关。

(10)成功恐惧心理对饭店业女性管理者的职业发展没有显著影响

女性逃避成功动机或成功恐惧，其含义是女性往往认为自己的成功必然伴随有消极的结果(强海燕，1999)，体现为不受欢迎、失去女性魅力、影响婚姻和家庭等。本次在被调查的饭店业女性管理者中，有90%女性表示没有担心自己在事业上的成功会使自己失去女性魅力、失去约会和影响婚姻关系，有81%的女性表示事业成功后没有怀疑自己不是一个称职的妻子和母亲。这说明饭店业大多数女性没有成功恐惧心理。这与国外研究结论不一样，主要是因为我国社会倡导男女平等、鼓励女性就业的主流观念为女性的事业发展创造了有利的条件。独立样本T检验的结果表明，是否有成功恐惧心理使女性的职业发展并没有显著的差异。说明成功恐惧心理对饭店业女性管理者的职业发展没有显著的影响。

研究结论统计如表4.1。

表4.1 研究结论一览表

<table>
<tr><th>序号</th><th>结论</th><th>结论与原假设的关系</th></tr>
<tr><td>1</td><td>饭店业女性管理者的自我意识影响其职业发展。</td><td rowspan="5">H1 饭店业女性管理者的发展心理影响其职业发展。假设成立</td></tr>
<tr><td>2</td><td>饭店业女性管理者的主体意识影响其职业发展。</td></tr>
<tr><td>3</td><td>饭店业女性管理者的成就动机与其职业发展正相关。</td></tr>
<tr><td>4</td><td>饭店业女性管理者逃避成功的动机与其职业发展没有显著相关关系。</td></tr>
<tr><td>5</td><td>饭店业女性管理者克服弱势心理的能力与其职业发展正相关。</td></tr>
<tr><td>6</td><td>家人对女性管理者家庭角色的期望与她的职业发展负相关。</td><td>H2 假设成立</td></tr>
<tr><td>7</td><td>饭店企业选拔管理者的公平性和客观性与饭店女性管理者职业发展正相关。</td><td>H3 假设成立</td></tr>
</table>

续表

序号	结论	结论与原假设的关系
8	饭店企业的管理特点对女性管理者的职业发展有积极影响。	H4 虽有积极影响但不具有正相关关系
9	女性管理特点影响女性在饭店业的职业发展。	
10	传统的文化和性别观念影响饭店女性管理者的职业发展。	H5 不成立

资料来源:作者整理

综上所述,饭店企业的管理特点使女性管理者的管理优势能得到更好的发挥,促进女性获得管理职位,但是影响饭店业女性管理者职业发展的因素还有很多,而且各个因素之间彼此联系。女性在追求事业的过程中,自身主观方面积极的自我意识、主体意识、强烈的成就动机和克服女性自身弱点都会对女性在事业上的发展起到积极的推动作用;但是只有主观努力并不能一定实现事业的成功,因为家庭环境、企业选拔管理者的制度、企业文化以及不同管理职位所需要的能力与素质都会对女性的职业发展产生影响。而社会文化和性别观念作为一种无形却强有力的软力量,不仅影响女性追求事业的主观方面而且会影响企业的制度和文化等方面。随着中国社会文化和价值观念的不断现代化,传统男女性别观念和价值观的影响不断缩小甚至消失,企业管理方法和内容不断更新,女性更加自信、自立、自强和自尊,这些都将为女性管理者的发展创造更为广阔的空间,饭店业女性管理者将会更为得到家庭、企业和社会的理解与支持。

4.2 建议

根据本论文的研究结果,饭店业女性管理者具有美好的职业发展前景,女性管理者的发展心理和素质、所面临的角色冲突、所在饭店的管理环境、饭店业的管理特点、社会文化和性别观念综合影响其职业发展,所以饭店业女性管理者在积极追求事业的同时,家庭、企业和社会应对她们的职业发展给予相应的支持。

(1)欲进入管理层的女性在主观方面要有积极追求事业的发展心理。理论研究和实证调查均显示,进入管理层的女性在自我意识、创新、竞争、进取和实现自身价值的成就动机方面都优于一般女性,女性的这种积极的自我意识、主体意识和成就动机对事业的发展有很大的推动作用。

(2)要进入管理层,女性应该努力提高教育水平。在本次调查中发现,在饭店女性管理者中,大专和本科学历为主体,占到76.2%,另外硕士及以上学历占12.9%,说明饭店业的女性管理者受教育程度高。这是因为教育水平不仅影响女性作为管理者的素质和能力,而且影响女性的发展心理。一般认为,文化程度越高的女性越追求独立、强调实现自我。从饭店业女性管理者的专业分布来看,饭店或旅游专业为21.8%,经济、管理或商贸专业占48.5%,其他专业占27.7%,说明与饭店企业管理相关的专业背景有助于女性在饭店企业的职业发展,所以要进入饭店管理层,女性在提高文化水平的同时应注重管理者专业素质的培养。

(3)饭店业的女性管理者应注意对家庭角色与工作角色的平衡。从被调查者婚姻状况来看,未婚和婚姻美满的女性占89.1%,其中已婚并和丈夫住在一起的女性管理者是主体,占81.2%,说明饭店女性管理者在平衡家庭和事业矛盾方面做得比较好。不过女性管理者都强调女性要想在事业上顺利发展,首先应争取家人尤其是丈夫的理解与支持,稳定婚姻关系。因为家人尤其是丈夫对女性管理者家庭角色的期望与女性管理者的职业发展负相关。缓减女性管理者的角色冲突,一方面女性要提高自己的角色平衡能力,另一方面应大力推进家务劳动的社会化,以减轻女性的家务负担。

(4)饭店企业应进一步转变观念,客观评价女性的管理能力和作用,制定公平客观的管理者选拔机制。企业在用人观念和制度方面形成的"玻璃天花板"现象一直是困扰职业女性获得晋升的一个重要因素。研究发现,饭店企业选拔制度的公平性和客观性与女性管理者的职业发展正相关。随着管理方法和管理思想的不断革新,女性管理者的管理优势将更加明显。所以如果饭店企业客观评价女性管理者的管理能力,从用人观念和制度上为女性创造平等的机会,将会大大促进女性管理者的职业发展。

(5)从社会的角度讲,男女平等的原则应该不仅仅体现在法律上,而且要从观念上彻底消除封建传统思想的消极影响。社会文化和性别观念是一种无形却强有力的因素,影响女性的职业发展心理、家人和企业对女性追求事业的态度,继而影响饭店业女性管理者的职业发展。传统观念使女性成为服务业的就业主体,这为女性成长为饭店企业的管理者提供比较多的机会,但是这种观念又限制了女性晋升为饭店企业的高层管理者,女性成为饭店企业副总以上的高层管理者一般要用15年以上的时间成本。所以,社会文化和性别观念的变化可以为饭店业女性管理者的职业发展创造有利的客观环境。

5 结束语

在以女性为主体的饭店业,女性管理者的发展自然应该受到关注。本论文是在中国饭店业经过二十多年快速发展后完成的,从女性发展心理、家庭环境、工作环境、饭店管理特点、社会文化和性别观念五个方面探讨了饭店业女性管理者的职业发展影响因素。

研究经过三步:第一步,理论研究部分通过大量中外文献研究探讨出饭店业女性管理者的职业发展影响因素,为提出假设和验证假设做铺垫;第二步,提出假设和实证研究部分,运用SPSS11.0软件对收集的数据进行相关、回归和方差分析,检验各个影响因素与女性管理者的职业发展间的关系;第三步,得出结论并提出相应的建议。

总之,饭店管理的特点使女性更容易成长为本领域的管理者;新一代女性追求事业发展的欲望和自信、自强、自立、自主的精神是饭店业女性管理者职业发展的内部驱动力;家人尤其是丈夫对女性事业的支持和理解、饭店的企业文化和公平科学的用人制度是女性管理者职业发展中必不可少的条件;中国倡导的男女平等的观念和宪法确立的男女平等发展的权利,从宏观方面促进了女性追求事业的积极性和主动性,使女性所处的家庭环境和企业环境更加有利于女性管理者的职业发展。

所以,在中国饭店业,女性管理者广阔美好的职业发展前景不仅是可以描绘和设想的,而且,是可以创造和实现的。

附录　饭店业女性管理者职业发展影响因素研究调查问卷

尊敬的阁下：

您好！

中国饭店业经过二十多年的发展使得女性管理者不仅在数量上不断增加，而且显现出在饭店管理中的优势，促进饭店业女性管理者的职业发展成为业界和学术界的关注点。北京市旅游业行业协会与北京第二外国语学院旅游管理学院合作，试图对中国饭店业女性管理者职业发展影响因素进行研究，从女性个性特点、家庭环境、工作环境、行业特点和社会观念五方面展开调查。对于问卷中可能涉及的个人问题，我们将严格保密。

真诚希望得到您的帮助，并对您的帮助致以诚挚的感谢！

下面是关于管理者性格心理或素质的描述，请根据您的管理体验，给每项在您的管理工作中或职业发展过程中的重要程度打分，请在各题中您认为合适的项上打“√”。共七个分值，7 表示很符合，6 表示比较符合，5 表示基本符合，4 表示不置可否，3 表示基本不符合，2 表示比较不符合，1 表示极不符合。

1	非常清楚自己的优缺点，并懂得扬长避短	1	2	3	4	5	6	7
2	性格独立并勇于承担责任	1	2	3	4	5	6	7
3	对管理能力很自信	1	2	3	4	5	6	7
4	渴望权力、地位和声望	1	2	3	4	5	6	7
5	喜欢有挑战性、竞争性的工作	1	2	3	4	5	6	7
6	克服女性的依赖心理	1	2	3	4	5	6	7
7	有毅力，对工作专一执着	1	2	3	4	5	6	7
8	在工作中有较强的创新能力	1	2	3	4	5	6	7
9	积极主动追求事业	1	2	3	4	5	6	7
10	对事物的变化有很强的直觉判断和观察力	1	2	3	4	5	6	7
11	善于倾听	1	2	3	4	5	6	7
12	有责任心	1	2	3	4	5	6	7
13	能尊重和关心他人	1	2	3	4	5	6	7
14	遇到困难仍能鼓足勇气向前走	1	2	3	4	5	6	7
15	客观评价自己与同事和上下级的关系	1	2	3	4	5	6	7
16	有效地组织团队和协调团队工作	1	2	3	4	5	6	7
17	善于授权给他人	1	2	3	4	5	6	7
18	较多的说服、激励和以身作则影响员工而非命令	1	2	3	4	5	6	7
19	工作具有合作精神，且较少追求个人荣誉	1	2	3	4	5	6	7
您认为还有哪些个性或品质会影响女性在管理工作或职业方面的发展？								

下面是关于女性家庭角色或家庭环境的描述，请根据您的体验，选择以下因素对您职业发展的影响程度，请在各题中您认为合适的项上打"√"，共七个分值。7 表示影响很大，6 表示影响较大，5 表示基本有影响，4 表示不置可否，3 表示基本无影响，2 表示影响较小，1 表示影响很小。

1	家庭教育塑造的个性性格和处世方式	1	2	3	4	5	6	7
2	新婚时期	1	2	3	4	5	6	7
3	生育时期	1	2	3	4	5	6	7
4	配偶事业的成功程度	1	2	3	4	5	6	7
5	配偶对您事业的支持或理解程度	1	2	3	4	5	6	7
6	已婚并有子女，子女的成长阶段	1	2	3	4	5	6	7
7	家务负担的多寡	1	2	3	4	5	6	7
8	您对家庭角色和工作角色的平衡度	1	2	3	4	5	6	7
您认为还有哪些家庭因素影响您的职业发展？								

下面是关于您的工作环境的描述，请根据您的体验，选择以下因素对您职业发展的影响程度，分值和打分同上。

1	您所在饭店的企业文化的吸引力	1	2	3	4	5	6	7
2	您所在的饭店在薪水和晋升方面的公平性	1	2	3	4	5	6	7
3	您的上级是否能客观评价您的管理能力	1	2	3	4	5	6	7
4	您的工作成绩是否能得到上级的认可	1	2	3	4	5	6	7
5	您所在饭店的男性管理者之间非正式的关系网	1	2	3	4	5	6	7
您认为还有哪些工作环境因素影响您的职业发展？								

下面是关于饭店行业特点与女性管理者职业发展关系的描述，请根据您的体验，选择对下列说法的态度，请在各题中您认为合适的项上打"√"。共七个分值：7 表示完全同意，6 表示比较同意，5 表示基本同意，4 表示不置可否，3 表示基本不同意，2 表示比较不同意，1 表示完全不同意。

1	饭店以控制服务质量为中心的工作特点，使女性担任管理者更具优势	1	2	3	4	5	6	7
2	饭店工作事务性强、比较繁杂，适合发挥女性细致耐心的特点	1	2	3	4	5	6	7

续表

3	女性的敏感特质使女性在人力资源和客户关系管理方面更有优势	1	2	3	4	5	6	7
4	女性善于倾听和人际沟通的特点更适合担任饭店管理者	1	2	3	4	5	6	7
5	随着职位的提高,倾听能力越显重要	1	2	3	4	5	6	7
6	随着饭店规模和档次的提高,女性管理者的数量会减少	1	2	3	4	5	6	7
7	女性所工作的部门会影响其晋升到总经理的可能性	1	2	3	4	5	6	7
8	若处在餐饮部、前台和客房部则提拔的可能性大,更有机会成长为饭店的总经理	1	2	3	4	5	6	7
您认为还有哪些饭店管理特点或行业特点影响饭店女性管理者的职业发展?								

下面是关于社会文化观念的描述,请根据您的实际情况选择对下列说法的态度,分值和打分同上:

1	中国社会倡导的男女平等的观念为女性从事管理工作提供了一个平台	1	2	3	4	5	6	7
2	"男主外、女主内"的传统思想影响女性对事业追求的主动性和积极性	1	2	3	4	5	6	7
3	女性在事业上越成功,越显得没有女性味道	1	2	3	4	5	6	7
4	女性要避免在事业上超过男性,尤其是自己的丈夫	1	2	3	4	5	6	7
5	男性重要的是赚钱养家,女性重要的是相夫教子、处理家务	1	2	3	4	5	6	7
您认为还有哪些社会观念影响您的职业发展?								

以下可能涉及您的私人问题,如能得到您的配合,我们不胜感激!

1. 您的年龄

A. 25 岁以下　B. 25 ~ 35 岁　C. 35 ~ 45 岁　D. 45 ~ 55 岁

E. 55 岁以上

2. 您的学历

A. 大专以下　B. 大专　C. 本科　D. 硕士及以上

3. 如有大学背景,您的专业

A. 饭店或旅游专业　B. 经济、管理或商贸专业　C. 其他

4. 您的婚姻状况

A. 未婚　B. 已婚且和爱人住在一起　C. 其他

5. 您在饭店业的从业时间

A. 2 年以下　B. 2 ~ 5 年　C. 5 ~ 10 年　D. 10 ~ 15 年

E. 15 年以上

6. 您现在供职的部门

A. 前台　B. 餐饮　C 客房　D. 财物

E. 营销　F. 宴会　G. 饭店总经理　H. 其他

7. 您担任第一份部门经理或经理助理职务前在饭店业的工作时间?

A. 2 年以下　B. 2 ~ 5 年　C. 5 ~ 10 年　D. 10 ~ 15 年

E. 15 年以上

8. 你追求事业的动机

A. 挣钱　B. 得到别人的认可　C. 证明自己的能力　D. 实现自我

E. 挣钱和实现自我

9. 当你在事业上取得成功以后,是否有过担心或害怕失去原来的朋友、失去约会或影响你的婚姻关系

A. 是　B. 否

10. 当你在事业上获得成功,是否怀疑过自己已经不是一个称职的母亲、贤惠的妻子

A. 是　B. 否

对您的合作再次表示感谢!

参考文献

[1]Bandura A. Self-efficacy: Toward a unifying theory of behavioral change[J]. Psychological Reniew,1977(84):19 – 215.

[2]Bloch R H. Untangling the roots of modern sex roles: A survey of four centuries of change, signs[J]. Journal of Women in Culture and Society, 1978, 4(2): 237 – 2522.

[3]Brownell J. Women in hospitality management: general managers' perceptions of factors related to career development[J]. International Journal of Hospitality Management, 1994, 13(2): 112 – 115.

[4] Brownell J. Hospitality managers' communication practices [J]. International Journal of Hospitality Management, 1992, 11(2):115 – 116.

[5]Brass D J. Men's and women's networks: A study of interaction patterns and influence in an organization[J]. Academy of Management Journal, 1985, 28:327 – 343.

[6]Carbone L. Women at work: Breaking the glass... or just window dressing[J]. Management Review, 1992, 8(3): 16 – 22.

[7]Freud S. New Introductory Lectures on Psychoanalysis[M]. New York: Norton, 1933.

[8]Lbarra H. Personal networks of women and minorities in management: A conceptual framework[J]. Academy of Management Review, 1993: 18(1):56 – 57.

[9]Lobel S A, and Clair L. Effects of family responsibilities, gender, and career identity salience on

performance outcomes[J]. Academy of Management Journal, 1992, 35(5): 1057 - 1069.

[10]McCarty P. Effects of feedback on self-confidence of men and women[J]. Academy of Management Journal, 1986(29):840 - 846.

[11]Noe R A. Women and mentoring: A review and research agenda[J]. Academy of Management Review, 1988, 13(1),65 - 78.

[12]Lee N S and Vidakovic. Hotel general manager career paths in the United States[J]. International Journal of Hospitality Management, 1995, 14(3): 257.

[13]Scandura T A. Mentorship and career mobility: An empirical investigation[J]. Journal of Organizational Behavior Review, 1992, 67(1):65 - 76.

[14]Schwarta F N. Management women and the new facts of life[J]. Harvard Business, 1989.

[15]Snyder R A. The glass ceiling for women: Things that don't cause it and things that won't break it[J]. Human Resource Development Quarterly, 1993.

[16]Trost C. Women managers quit not for family but to advance their corporate climb[J]. Wall Street Journal, 1990, 5(2):B1 - B2.

[17]Yamaguchi Y T and Garey J G. The relationship between central life interest for restaurant managers and their level of job satisfaction[J]. International Journal of Hospitality Management, 1993, 12(4):391 - 392.

[18]蔡慧玲.中国妇女发展的新视角——社会性别分析[D].广西师范大学硕士研究生学位论文, 2002: 30 - 35.

[19]陈雪洁,张丽军.领导管理领域女性成才的条件与障碍[J].理论界,1995(6): 8 - 9.

[20]陈志敏.女性成才的主客观因素浅析[J].鞍山师范学院学报,1995(3): 20 - 23.

[21]陈雪琼.女性性别优势对饭店管理模式的影响[J].饭店现代化,2003(5): 34 - 36.

[22]戴凌燕.女企业家绩效的影响因素研究[D].浙江大学硕士学位论文,2003(11): 14 - 28.

[23]丁水木,张绪山.社会角色论[M].上海:上海社会科学出版社,1992: 150 - 159.

[24]冯丽慧.行政机关女性成员人格特质与角色扮演之研究——兼论事业生涯与男性比较问题[D].郑州大学公共行政研究所硕士论文,1994: 20 - 25.

[25]高萍.基于层次分析与模糊综合评判对中国妇女社会地位评价研究[D],山东科技大学同等学力申请硕士学位论文,2003 (5): 35.

[26]高虹.女性领导成长中的“悖论”分析[J].广西师范大学学报,1997(1):11 - 13.

[27]郭兰.浅析知识女性实现自我价值的障碍[J].中国地质大学学报(社会科学版),2002,4(3): 69 - 71.

[28]姜凤华.如何提高女性领导者的决策能力[J].中国人才,1995(7): 7.

[29]李兰芬.关注自我与超越自我——当代中国女性的伦理省思[D].兰州大学硕士研究生毕业论文, 2002 (4): 21 - 30.

[30]李航.家务劳动与工作权利的保护[J].妇女研究论丛,1997(7): 8

[31]刘德中,牛变秀.中国的职业性别隔离与女性就业[J].妇女研究论丛,2000 (4):18 - 20.

[32]刘晖.试论现代女性的价值结构及其走向[J].贵阳师专学报(社会科学版)(季刊),1994(1): 22 - 24.

[33]林聚仁,谭琳.夫妻地位差与性别分层[J].妇女研究论丛,1999 (5): 21 - 26.

[34]李春玲.性别观念与中国社会科学院女性的职业发展[J].社会学研究,1996(2) 48 - 59.

[35]李慧英.女性领导的双重身份与双重责任[J].中国妇运,1998(4): 29 - 30.

[36]李美枝.女性心理学[M].台北:台北大洋书局,1984:30.

[37]李美枝.性别特质问卷的编制及男女大学生四种性别特质在成就动机、婚姻、事业及性态度上比较[J].中华心理学刊,1981(23):40 - 45.

[38]梁旭光. 女性领导人才的开发[J]. 妇女研究论丛,1994(4): 30-33.

[39]龙夫. 现代女性管理学法则[J]. 商业文化,1999(9): 45.

[40]孟晓慧. 当代世界"女性文明"发展研究[D]. 山东师范大学硕士学位论文,2002(4): 6-40.

[41]聂志毅. 女性管理者特质浅析[J]. 经济师,2002(1): 164-165.

[42]乔玉琼. 走出女性领导的心理误区[J]. 西南民族学院学报(哲学社会科学版),1995(1): 79-80.

[43]强海燕. 关于女性"成功恐惧"心理倾向的研究[J]. 妇女研究论丛,1999(3): 4-9.

[44]任映红,汪利民. 知识经济给知识女性带来的契机与挑战[J]. 上饶师专学报, 1999 (4):42-43.

[45]孙中欣. 性别角色的缘起与现实[J]. 妇女研究论丛,1995(4): 14-15.

[46]孙中欣. 性别角色差异的社会学阐释[J]. 社会科学报,1995(8): 31.

[47]苏畅. 女性成就动机与女性避免成功动机[J]. 鞍山师范学院学报(综合版),1999(6): 57-50.

[48]宋辉. 步出职业心理性别化的误区[J]. 中华女子学院山东分院学报,1997(2): 21.

[49]谭琳,卜文波. 中国在业人口职业、行业性别隔离状况及其成因[J]. 妇女研究论丛,1999 (5): 25.

[50]屠立霞. 女干部行政领导能力及影响因素的结构分析[D]. 浙江大学硕士学位论文,2003(12): 55-61.

[51]汪丁丁. 企业家的三种精神[J]. 中国企业家,1999(2): 18-25.

[52]王金玲. "社会性别与社会学"读书研讨班综述[J]. 妇女研究论丛,2001(2): 63-67.

[53]王玉华. 知识经济给女性带来的机遇和挑战[J]. 经济与管理,2000(5): 42-43.

[54]王毅平. 女性领导思维方式的特点[J]. 东岳论丛,1994(4): 67-70.

[55]吴谅谅. 试析企业女领导的角色冲突与心理冲突[J]. 妇女研究论丛,1994 (2):19-22.

[56]吴明隆. SPSS 统计应用实务——问卷分析与应用统计[M]. 北京:科学出版社,2003:1-117.

[57]韦冬雪. 论女性领导者的素质结构[J]. 广西师范大学学报,1998(1): 98-100.

[58]夏普. 女经理人的魅力——透视女性管理者的优势[J]. 中国商贸,2001 (4):72.

[59]约翰·科特. 总经理[M]. 北京:华夏出版社,1997:45-50.

[60]杨国枢,瞿海源. 中国人的现代化:有关个人现代化研究[M]. 台北:桂冠出版社,1974: 45-60.

[61]叶敬德. 家务劳动男女平等与企业政策[J]. 妇女研究论丛,1996(4):40-43

[62]余荣培,王美先,苏巧平. 女性高知多重角色的调查与分析[J]. 华中理工大学学报(社会科学版),1994(4):39-43.

[63]余建英,何旭宏. 数据统计分析与 SPSS 应用[M]. 北京:人民邮电出版社,2003: 120-170.

[64]张永. 当代中国妇女家庭地位的现实与评估[J]. 妇女研究论丛,1994(2): 11-16.

[65]中国旅游年鉴编委会. 中国旅游年鉴[Z]. 北京:中国旅游出版社,2002:10.

[66]张李玺. 夫妻冲突:家庭性别分工模式重构过程中的一个必然现象[J]. 妇女研究论丛,1994(2): 5-6.

[67]邹慧英. 高中男、女分校与其学生性别角色、成就动机之关系[D]. 高雄师范学院教育研究所硕士论文,1989: 60.

[68]周毅刚. 论女性成才的心理障碍与教育[J]. 信阳师范学院学报(哲学社会科学版),1999(10): 58-59.

[69]周毅刚. 试论女性的主体意识[J]. 妇女研究论丛,1999(2): 4-5.

[70]周庆行. 现代社会学[M]. 重庆:重庆大学出版社,2003: 97.

[71]祖嘉合. 女性主体意识及其发展中的矛盾[J]. 社会科学论坛,1999(5): 45-46.

[72]朱桢. 女性领导者的误区[J]. 领导科学,1994(6): 44.

（指导教师　谷慧敏）

饭店非正式员工工作现状与管理对策研究

王淑芳

摘　要:随着经济全球化的发展,企业间竞争加剧。为降低成本,提高效率,企业采取了灵活多样的用工方式,包括雇用非正式员工。而当前中国就业市场上较为丰富的劳动力供给,则满足了企业的此类用工需求。在饭店行业,随着国外著名饭店集团的进驻,民营饭店企业的发展壮大,国有饭店企业改制的推进,饭店之间的竞争日趋白热化。为增强企业的竞争力,获得满意的经营利润,饭店不断通过雇用大量的非正式员工来确保总成本上的竞争优势。在此背景下,我们极有必要关注非正式员工群体的工作现状,思考在成本控制的同时如何进行有效的管理,从而有效调动非正式员工的积极性和主动性,更好地发挥他们在饭店中的作用。

本文的研究框架共分为六章。第一章,导论。介绍论文的研究背景、价值、方法、内容和创新之处。第二章,文献综述。对国内外有关非正式员工的相关文献进行详细地综述,梳理论文研究的理论依据,明确论文进一步写作的方向。第三章,饭店非正式员工的管理理论。阐述非正式员工的基本概念,界定研究的对象,梳理非正式员工的分类和特点,分析非正式员工产生的原因,提出饭店非正式员工的SEDR管理模型,为实证研究提供理论基础。第四章,饭店非正式员工管理实证研究。通过问卷分析、访谈总结和案例研究,从不同角度不同层面对饭店非正式员工的工作状况进行了详细地研究。问卷分析使用SPSS13.0统计软件,论证北京和浙江省两地饭店非正式员工在工作满意、工作压力、工作态度和工作单位认可方面有无显著性差异,并分析出非正式员工满意的数据模型。访谈主要从管理层的角度了解饭店非正式员工的工作现状以及饭店管理者对非正式员工与正式员工在管理方式、管理内容等方面的异同之处。案例研究部分以北京某家五星级饭店为例,分析饭店非正式员工的构成比例、结构、层次、工作部门、工作压力和工作满意度等情况。第五章,我国饭店非正式员工管理的对策建议。在对饭店非正式员工进行实证研究的基础上,论文总结非正式员工管理的五大问题并提出相应的对策建议。第六章,结论与探讨。总结全文主要观点,指出论文研究的局限性,同时指明饭店非正式员工的未来研究方向。

关键词:饭店;非正式员工;工作现状;管理对策

作者简介:王淑芳,女,北京第二外国语学院旅游管理学院2004级研究生,主要研究方向为旅游企业管理。

Study on Work Status and Management Measures of Hotel Non-permanent Employee

Wang Shufang

ABSTRACT: With the development of economic globalization, competition between companies is becoming harsh. For the sake of cutting cost and improving efficiency, companies take flexible ways to employ non-permanent workers. On labor market, rich labor supply meets companies' need. At the same time, with international famous hotel groups entering China hotel market, private-run hotels growth and development, state-owned hotels transformation, the competition in China hotel market is also turning fierce. In order to adapt to new dramatic market change, strengthen hotels' competition and gain satisfied profit, hotels constantly hire a lot of non-permanent employees to control cost, so that they can keep their competition advantage. Under this circumstance, it is necessary to pay more attention to hotel non-permanent employees. The purpose of thesis is to provide insights into the current work status of non-permanent employees and consider how to manage them efficiently with cost-control, so that non-permanent employees can fully play their role in hotels.

This thesis consists of 6 chapters. Chapter 1—Introduction. This chapter is an introduction that addresses research background and its significance, research framework, methodology as well as main contents of research. Chapter 2—Literature review. This chapter draws on insights of some basic theories about non-permanent employees study from broader literatures. It helps to produce a generic framework for analyzing work status and management measures of non-permanent employees. Chapter 3—Summary of non-permanent employee basic theories. This part introduces definition and features. What's more, reasons of non-permanent employee development are analyzed. Chapter 4—Empirical study. Through questionnaire analysis, interview and case study. we analyze the current work status of hotel non-permanent employees in detail. In this part, reliability and valid analysis, factor analysis, means analysis, one way ANOVA analysis and regression analysis are adopted to illustrate work status issue. Chapter 5—Management measures. This chapter analyzes the problems of non-permanent employees management and brings up five relevant suggestions. Chapter 6—Conclusion. The limitations and future study orientations have been illustrated.

Key words: Hotel; Non-permanent employee; Work status; Management measures

1 导论

1.1 研究背景

人力资源发展的趋势,最显著的当属临时工的增加(Marler, Barringer and Milkovich, 2002)。尽管就业市场上现有工作群体中有16% ~18%是兼职工(Part-timer),但我们对他们的了解仍非常有限(Stamper and Dyne,2001)。我国的非正式员工逐年增加,规模也逐渐扩大,已成为就业市场上不可或缺的一部分劳动力。

据调查显示,许多欧盟国家非正式员工的人数占劳动力总数的比重达到1/4～1/3左右(1997年),其中荷兰占37%,英国占24%,法国占27%,德国占31%等。在日本,2003年就业形态多样化相关调查结果显示,临时工等非正式员工的比例为34.6%,比1999年的27.5%上升了7.1个百分点[①]。在我国,伴随着经济体制改革的不断深入,就业形态也涌现出多元化局面。在一次对广州、北京、上海、天津、成都的劳动力市场灵活性调查中显示,广州有近21%的非正式员工,天津为14.7%,上海为14%,成都为12%[②]。

我国饭店行业中,目前正式员工素质情况统计已经纳入官方数据库,但非正式员工的相关统计数据仅限于饭店内部人员参看,未对外界公开。根据本人对北京八家饭店(希尔顿饭店、丽都假日饭店、赛特饭店、北京贵宾楼饭店、北京国际饭店、北京崇文门饭店、北京东方饭店、新世纪酒店)人力资源经理(或总监)的访谈获知,目前外资饭店使用非正式员工的比例为10%～15%,而国内饭店非正式员工的使用比例可以达到20%～30%,在旺季有些四五星级饭店的非正式员工人数甚至占到50%左右,而且饭店使用非正式员工的人数还有增长的趋势。

然而部分饭店企业在非正式员工的招工使用中存在违规和暗箱操作行为。非正式员工和管理层在劳动政策方面存在信息不对称,两者的沟通交流不顺畅,矛盾比较突出,影响了企业的正常运转。

饭店用工形式的变化以及非正式员工和管理者之间的矛盾促使我们不得不将关注的目光投向饭店非正式员工这个群体,希望能系统而全面地研究他们的工作情况,并且思考如何在有效降低饭店经营成本的基础上,更好地发挥饭店非正式员工的作用。

1.2 研究价值

1.2.1 研究理论价值

随着经济全球化的发展,国内市场竞争国际化的趋势日益凸现,企业生存和发展的压力越来越大,为了节约成本和提高企业竞争力,企业大量使用非正式员工来代替正式员工。本论文力求在现有研究的基础上,丰富和补充非正式员工管理的内容和方法,为企业非正式员工的管理提供借鉴和参考,同时为管理学研究范围和研究内容的扩展做出贡献。

本论文通过对非正式员工的问卷调查、饭店人力资源管理者的访谈和案例研究,从饭店非正式员工的工作满意度、工作压力、工作态度、工作单位认可四个角度分析非正式员工的工作状态是否存在明显的地区差异;非正式员工管理中存在的问题是否具有普遍性,管理对策是否具有通用性;饭店非正式员工的工作满意度与工作压力、工作态度和工作单位认可是否存在相关性,关联性如何。这是非正式员工研究领域中首次提出并解决的问题,可以为企业从事非正式员工的管理提供理论参考。

饭店产品生产、销售、消费同时性的特点决定了饭店服务质量与饭店服务人员表现有着直接关联性。饭店服务质量是在有形产品的基础上通过员工的劳务服务创造并表现出来的。这种创造和表现能满足宾客需要的程度取决于服务人员的素质高低和管理者的管理水平高低。非正式员工进入饭店后,要使他们提供良好的对客服务质量,必须探究影响他们工

---

① 佚名.非正式员工的薪酬管理[J/OL].2004-10-4.http://52.longke.net/list.asp? news_id=168.

② 世界银行.改善中国的投资环境[J/OL].2005-2-18.http://www.fdi.gov.cn.

作表现、工作满意的因素,这样才能有的放矢合理配备、培训和激励非正式员工,从而创造出满意的员工,而满意的员工是满意的客人的基础,是不断提高饭店服务质量的前提。

总之,随着弹性工作制度的实行,饭店企业使用非正式员工的人数逐渐增加,迫切需要学界研究非正式员工工作状况,并提出一些非正式员工有效管理对策建议,来满足饭店企业管理的需求。本论文将对非正式员工的工作现状和管理对策做前期的理论探讨。

1.2.2 研究实践价值

随着国外著名饭店集团加快进驻中国饭店业市场,随着民营饭店的不断发展壮大和国有饭店企业改制的推进,中国饭店业市场呈现了"三足鼎立"的局面,饭店之间的竞争日趋白热化。为了应对市场变化,获得满意的经营利润,饭店通过雇用大量的非正式员工来确保总成本上的竞争优势。本论文的研究正符合我国饭店业市场的现实情况,满足饭店企业对如何合理有效管理非正式员工的需求。

非正式员工的合理安排无论对企业还是员工来说都是一种双赢的结果。对于企业而言,使用非正式员工可以节约成本,实行弹性工作制度,激活企业的活力。对非正式员工而言,弹性雇用是具有吸引力的,他们为此可以提高自身的实际工作能力,获得一定的经济收入;或通过实习了解社会和工作单位情况,为职业的初步定位及毕业就业提供方向。本论文正是在这样的背景下,试图寻找非正式员工管理的有效措施,提高企业的管理水平,增强企业的竞争力,增加企业利润,同时增进非正式员工的福利。

饭店业在很大程度上是一个经验型的行业。饭店内部有相当一部分工作岗位的复杂程度不高,所需的技能也较低。对于这些非关键性事务的岗位,饭店往往使用非正式员工顶替。此外受旅游淡旺季的影响,其需求的波动性较大,按照一般的配备标准,旺季时人手不够,而到了淡季,却会出现人员的闲置,增加管理费用和人工成本,为此许多饭店结合实际情况,在旺季时增雇临时工,并吸纳不少的实习生补充到一线,来缓解供需矛盾。大量非正式员工进入饭店,在饭店的经营中确实发挥了很大的作用。但是由于在工作性质以及其他方面与正式员工有一定的差别,非正式员工在工作中会产生这样或那样的疑惑和困扰,如果不认真加以对待,非但不能有效发挥非正式员工的作用,反而有可能对饭店造成损失。因此,我们非常有必要研究非正式员工这个群体,思考在成本控制的同时如何确保饭店的服务质量,如何使成本、质量和效益达到最佳的均衡状态。

1.3 研究方法

运用心理学、组织行为学、管理学和社会学等学科的理论,采用文献检索、调查问卷、实地访谈等方式,通过对饭店非正式员工的实证研究得出结论。

(1)文献归纳及逻辑推理。对非正式员工的现有研究成果进行系统归纳总结,并建立饭店非正式员工管理研究的理论框架。

(2)实地调研。为突出样本选择的典型性,考虑到北京地区国有饭店和外资饭店较多,而浙江省民营饭店和股份制饭店比较集中,所以本论文分别选择北京和浙江地区不同性质的饭店做问卷调查和访谈。

(3)对比分析法。对北京和浙江地区饭店的非正式员工的工作状况进行比较分析,试图了解两地非正式员工的工作状况有无显著性差异,有多大的差异并分析原因所在,从而说明政府的劳动政策、劳动力市场环境及企业运行体制等宏观及产业组织结构等因素对其产生的影响。

(4)统计分析法。通过定量分析和数学模型,将收集的问卷通过使用 SPSS13.0 软件进行效度和信度分析、描述性统计分析、方差分析、相关分析和回归分析,从而确切了解非正式员工的工作状况。

1.4 研究思路

本研究是关于饭店非正式员工工作现状和管理对策的研究,以组织弹性、组织承诺、工作满意度、工作压力和 SEDR 管理等相关理论为基础,通过问卷调查研究、访谈研究和案例研究,分析出饭店非正式员工的工作现状,在此基础上剖析非正式员工管理中存在的问题及原因,并提出相应的管理对策建议。本文的研究思路如图 1.1 所示。

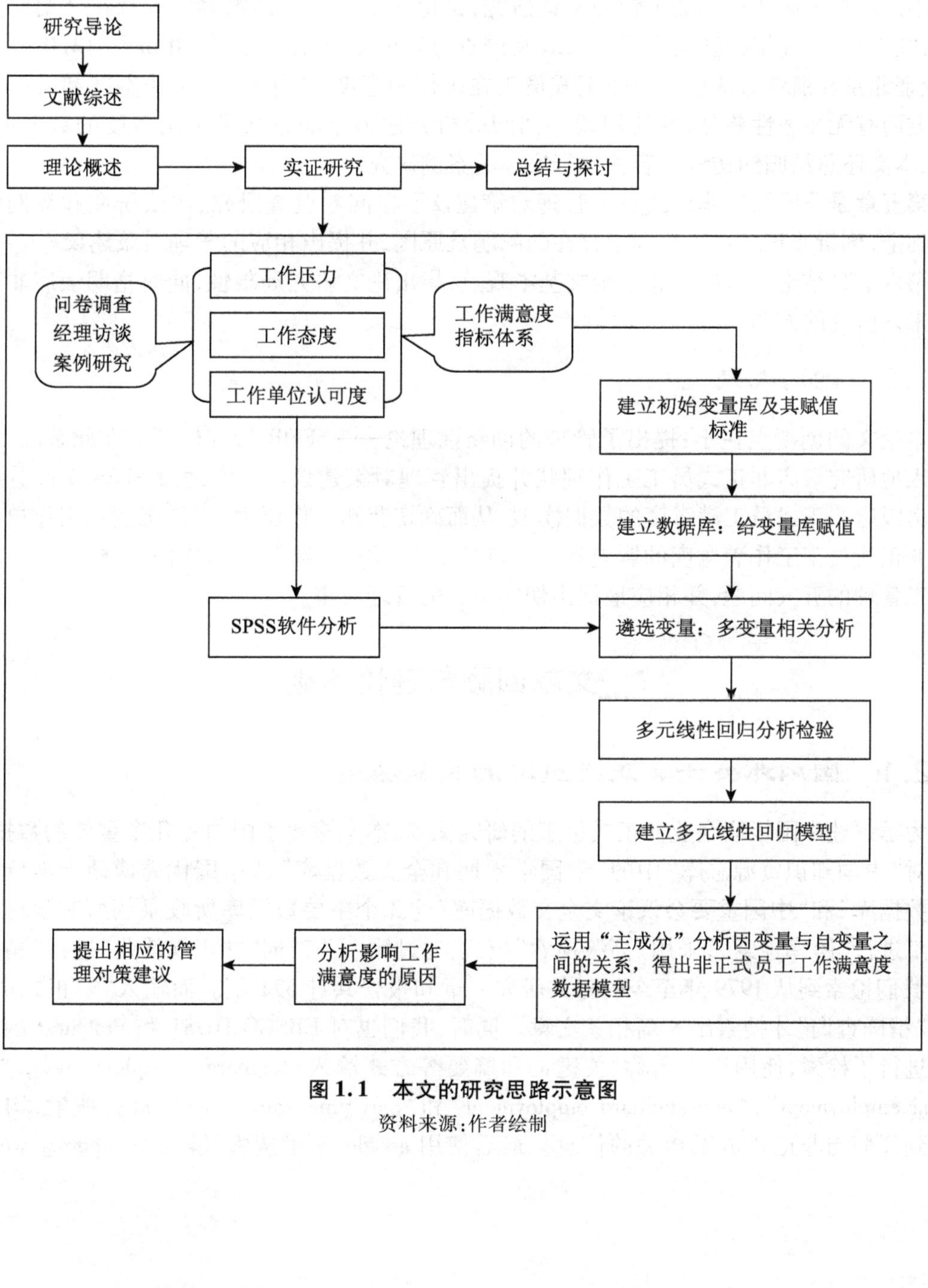

图 1.1 本文的研究思路示意图

资料来源:作者绘制

根据以上研究思路,本论文的研究内容安排如下:

第一章是导论。介绍论文研究的背景、研究的理论和实践价值、研究的方法、研究的内容以及研究的创新之处。

第二章是文献综述,介绍国内外非正式员工管理在组织弹性、组织承诺、工作压力和工作满意度等方面的基础理论研究,梳理论文研究的理论依据。此外,对非正式员工的管理问题和管理对策也进行了综述,以此了解学者对此问题研究的现状,进一步明确论文写作的方向。

第三章是饭店非正式员工管理理论。该部分阐述本论文研究的基本概念,界定研究的对象,归纳非正式员工的分类和特点,分析非正式员工产生的原因,介绍非正式员工的SEDR管理模型,为论文的实证研究奠定理论基础。

第四章是饭店非正式员工管理实证研究,是论文研究的主体内容。本章在介绍研究对象、研究工具、研究架构和调查样本选取及调查过程的基础上,通过使用SPSS 13.0分析软件,论证北京和浙江省两地饭店非正式员工在工作满意度、工作压力、工作态度和工作单位认可方面有无显著性差异,并使用线性回归分析方法得出非正式员工满意度的数据模型。此外,本文还总结归纳访谈内容并进行实际的案例研究。

第五章是我国饭店非正式员工管理对策建议。在问卷调查研究、访谈研究和案例研究的基础上,剖析非正式员工管理中存在的问题及原因,并提出相应的管理对策建议。

第六章是结论与探讨。总结全文基本观点,指出论文研究局限性,同时指明饭店非正式员工未来研究的方向。

1.5 创新之处

本论文的创新点在于:提出了管理的创新性理论——SEDR管理模型。在此基础上,全面深入地研究饭店非正式员工工作现状并提出管理对策建议。本文通过SPSS统计分析软件得出饭店非正式员工满意度的数据模型,从而确切获知工作压力、工作态度和工作单位认可对非正式员工工作满意度的影响程度。在定量分析的基础上,本文归纳分析了饭店非正式员工管理的五大问题,并相应地提出切实可行的管理对策。

2 文献回顾与理论基础

2.1 国内外关于非正式员工的文献综述

为了评述中国饭店企业非正式员工的研究文献,本文检索了国内外几个重要的数据库。通过对“中国知识资源总库”中的“中国学术期刊全文数据库”、“中国优秀博硕士学位论文全文数据库”和“中国重要会议论文全文数据库”这3个主要数据库所收录的所有学科类别的文献进行“跨库检索”,采用“高级检索”模式,通过输入关键词“非正规就业”进行“精确查询”,我们检索到从1979年至今的相关研究文章和报告共计571篇。而输入“非正式员工”进行“精确查询”才搜索出8篇相关文章。同时,我们也对EBSCO HOST和ProQuest国外数据库进行了检索,使用论文名称、关键词和摘要等方式输入“temporary employment”,“non-regular employment”,“non-standard employment”和“part-time employment”进行搜索,均没有检索到任何与非正式员工相关的信息。最后使用google学术搜索,输入“temporary work”, "contingent employment", "non-standard employment", "part-time employment", "flexible employment"和"contract work"共检索到151条与非正式员工相关的网络文章。

2.1.1 非正式员工的基础理论研究

(1)组织弹性理论

在国际竞争、科技创新、组织结构调整以及人力资源管理方式调整的共同影响下,企业和员工的关系已经发生变化。正式的雇用关系是指具有不确定期限(open-ended or without-limit-of-time)契约的雇用关系,像正式员工,为某一企业工作并受不公平解雇法(unfair dismiss)的保护。而非典型雇用形式是指所从事的工作是通过职业中介机构所安排的,并且往往其工作的地点、时间与数量具有潜在的不可预期性。非典型雇用方式也称为"弹性"雇用(Polivka,1996)。柯志忠(2002)提及,受国内外市场压力的影响,企业亟须研究新组织架构与弹性管理。职能上的工作轮调弹性运用与数量弹性的业务外包对企业的启示就是人力可以弹性化。

"弹性"雇用定义为:在正常的全时工作之外的雇用,像自我雇用(self-employed)、兼职员工(Part-time workers)、临时员工(workers with a temporary contract)(De Grip, Hoevenberg & Willems,1997)。在文献中,这些形式的雇用常被称为暂时性(contingent work)或非正式工作(non-standard work)或非典型雇用(atypical employment)。这些雇用形式的出现使企业组织内人员的组成形态发生了改变,未来企业人员构成的趋势可以用英国苏塞克斯大学Atkinson的弹性企业和英国管理思想家Handy的酢浆草[①]理论来解释。

学者Atkinson于1984年发表了弹性企业(flexible firm)的概念,将企业人员区分为核心员工(core workers)、边陲员工(peripheral workers)以及外部员工(external workers)。核心员工是企业的主要员工,处理企业内的关键事务,是企业全职的、永久性员工;边陲员工是指企业内的次要员工,从事企业非专业事务;外部员工则通过中介或外包的方式来雇用[②]。按照Atkinson的分类,饭店企业中大部分的非正式员工属于边陲员工,而小部分则属于外部员工,如饭店的保安人员。

无独有偶,英国企业管理专家Charles Handy的酢浆草理论(shamrock organization)也把企业员工分为三类。他认为企业组织未来将由三种人组成,如同酢浆草的三个叶片。第一片代表核心工作团队。组成人员包含经理、专业技术人员和拥有技术的劳工,他们拥有组织核心的知识,这些人创造组织的核心竞争力,让组织与竞争者有所区别。第二片叶子为外聘性质人员。组织将非核心的工作承包出去,在组织外围形成一张外包网络,这些外聘人员不领取固定薪水,而是以工作成果领取服务费用。第三片叶子为弹性劳工。在组织需要的时候雇用,任务结束之后便离开,这些人并非仅是传统认知中的初级劳务从业者,也可能是经验丰富的建厂顾问、系统分析员、财务人员、工程师等[③]。其中,后二者则对应于Atkinson所说的外部员工。

Reilly & Fagan (1998)将弹性工作类型分为五类:①功能弹性即人力"质"的策略,注重员工的能力,多举办教育训练课程,培养多技能员工;②数量弹性即人力"量"的策略,其目的是使员工数目和工作时数能随时符合实际需要,通过各种非正式雇用的安排来实现,诸如临时人员、兼职人员、短期合约工、人力派遣等外部劳动市场的运用;③时间弹性,指企业安排

① 酢浆草,多年生草本植物,茎细弱,掌状复叶,小叶倒心形,花黄色,蒴果近圆柱形。

② Atkinson J. Manpower strategies for flexible organizations[J]. Personnel Management, 1984(8).

③ Handy C. The Age of Unreason[M]. Boston: Harvard Business School Press. 1990.

员工不同的工作时间或工作时数，以应对企业经营状况或顾客的需求，如加班是企业用以应对临时性的人力需求或工作需要所经常采用的做法。④距离弹性，指改变固有的工作场所观念，运用各种方式，使员工可以在企业以外的场所工作，诸如 SOHO 族；⑤薪资弹性即为财务弹性，泛指薪资、奖金、利润分配、福利等可变动形式的支出[①]。周信旗(2002)将弹性化理解为工作场所弹性化以及工作场所内外利用外包的策略，来满足企业用人的需求。他认为每个工作场所弹性化的类型将体现出企业运用弹性化策略的特征。

Sloane & Gasteen(1991) 研究认为，企业运用临时人力及兼职人员，大多是在劳动需求波动为可预期的情况下；而当劳动需求波动发生不可预期的情况时，企业则比较偏好采取加班的做法来应对[②]。

(2)组织承诺

组织承诺(Organizational Commitment)的概念最早由美国社会学家 Becker(1960) 提出，用于反映雇员和组织之间的心理契约[③]。

Randall(1987)总结出企业高度、中度和低度承诺对组织和个人的影响(见表 2.1 和表 2.2)[④]。虽然承诺的高低都有利有弊，但一般将高承诺的员工描述为“无论组织贫弱都不离开、上班有规律、能保证公司资产、能分享组织的目标等”，拥有高承诺的员工可视为公司的竞争优势(Meyer and Allen,1997)[⑤]。

表 2.1　不同等级承诺对个人的影响

承诺的程度	对个人影响	
	正面影响	负面影响
低承诺	□个人的创造力和创新自由施展 □更有效的人力资源运用	□缓慢的升迁 □可能被开除、离开企业或努力破坏组织目标
中承诺	□强调归属感、安全、绩效、忠诚度和责任 □创造个人主义	□升迁和发展可能受限 □各部分之间的认同不容易妥协
高承诺	□较快的升迁和较优的奖酬 □行为是被组织所褒奖的 □热情地奉献于企业	□个人的创造力、创新或积极性可能被限制 □社会关系和家庭关系的紧绷 □闲暇时间变得有限 □缺乏同事间团结关系

资料来源：Randall D M. Commitment and the organization: the organization man revisited [J]. Academy of Management Review,1987,12(3):462.

① O'Reilly J and Fagan C. Part-time Prospects: An International Comparison of Part-time Work in Europe, North-America and the Pacific[M]. London: Routledge,1998.

② Sloane P J, and Gasteen A. Primary Flexibility—the Flexible Firm and its Determinants[M]// Blyton P and Morris J A, Flexible Future Prospects for Employment and Organization. New York: Walter de Gruyter,1991.

③ Becker H S. Notes on the concept of commitment[J]. American Journal of Sociology, 1960(66):32－42.

④ Randall D M. Commitment and the organization: the organization man revisited[J]. Academy of Management Review, 1987, 12(3):462.

⑤ Meyer J P, and Allen N J. Commitment in the Workplace: Theory, Research, and Application[M]. Thousand Oaks, CA: Sage Publications, Inc, 1997.

表 2.2 不同等级承诺对组织的影响

承诺的程度	对组织的影响	
	正面影响	负面影响
低承诺	□低绩效的员工将会被解雇,增加员工士气,人员补充为组织带来有利的结果	□较高的离职率、迟到、旷工,对组织缺乏忠诚度,工作效率低,用非法的行为对抗组织等
中承诺	□增加员工的任期,降低离职率,具有较高的员工满意度	□员工不愿做分外的工作 □有可能降低公司的效率
高承诺	□安全和稳定的劳动力 □员工具有较大的生产力,能满足组织的需求并达到组织目标	□缺乏组织弹性、创新和适应力 □坚守过去的政策和程序 □为了组织的利益有可能从事非法和不道德的行为

资料来源:Randall D M. Commitment and the organization: The organization man revisited [J]. Academy of Management Review, 1987, 12(3):462.

现在被广泛使用的组织承诺概念是由 Meyer 和 Allen 在 1997 年提出的。Meyer 在 80 年代初期研究非营利组织员工时,开始对组织承诺感兴趣。经过十多年的研究归纳出组织承诺的三个主要成分:情感、规范和持续(Meyer and Allen, 1997)。到今天,组织承诺已是拿来衡量员工和组织关系的一种常用工具。组织承诺会显著影响员工的离职意愿①(Lillie, John, Kathleen, Frank, and Wendy, 2000; Tett and Meyer, 1993)。Hazer & Williams(1986)②在研究结果中指出:在个人特质、环境与满意之间、在工作满意与组织承诺之间、在组织承诺与离职行为之间,均有显著的因果关系存在。Mathieu & Zajac(1990)、Tett & Meyer(1993)的整合分析发现,组织承诺与工作满意度的相关程度分别为 0.53 和 0.70③。

(3)工作满意度理论

企业人力资源管理的两个核心目标是生产率和职业生活质量,而工作满意度又是企业员工职业生活质量的一项重要心理指标。罗宾斯将工作满意度定义为“个人对他所从事工作的态度”。他认为一个人的工作满意度水平高,对工作就可能持积极的态度;对工作满意度水平低,就可能持消极的态度。

工作满意度之所以引起人们普遍关注,一个重要原因是工作满意度会影响人员的缺勤和流动率④(Kohler & Mathieu,1993)。它与一些主要的员工行为变量(绩效、流失、缺勤等)表现出显著的相关性。对工作满意度的研究总体上可以分为三个大类:① 对工作满意度决定因素和调节变量的研究;② 对工作满意度结果变量的研究;③ 对工作满意度水平的调查研究。

① Tett R P, Meyer J P. Job satisfaction, organizational commitment, turnover intention and turnover: path analysis based on meta-analytic findings[J]. Personnel Psychology, 1993,46(2): 259 ~293.

② Williams L J and Hazer J T. Antecedents and consequences of satisfaction and commitment in turnover models: a reanalysis using latent variable structural equation methods[J]. Journal of Applied Psychology, 1986, 71(2): 219 -231.

③ Mathieu J E, Zajac D M. A view and meta-analysis of the antecedents, correlates and consequences of organizational commitment[J]. Psychological Bulletin, 1990, 108(2):171 -194.

④ Kohler S S, Mathieu J E. An examination of the relationships between affective reactions, work perceptions, individual resource characteristics, and multiple absence criteria[J]. Journal of Organizational Behavior, 1993(14): 515 -530.

国外在工作满意度方面已有的研究多在某个激励理论的支撑下进行，例如：Adams 的公平理论表明工作满意度的产生来自于员工将自己的收益和他人相比较的结果；Vroom 的期望理论表明工作满意度源自于员工对个人工作的评估达到其期望水平的程度；而根据 Maslow 的需求层次理论，从工作中获取的需求动机的满足导致工作满意度。Locke 对工作满意度的研究做了详细综述，认为工作满意度的决定因素主要包括：工作自主权、工作压力、工作期望、自尊、个人价值观和性别等个体变量[1]。邵峰(2005)提出，影响星级酒店员工满意度的因素包括报酬、工作环境、人际关系、酒店发展前景。美国著名管理学家 Jame M. Mcfillen, Carl D. Rlegel and Cathy A. Enz 通过研究提出旅游企业员工流动模型(图 2.1)，表明员工离开或流动的愿望是由两个因素相互作用的结果，一个是工作的满意度，另一个是个人对组织的承诺程度。

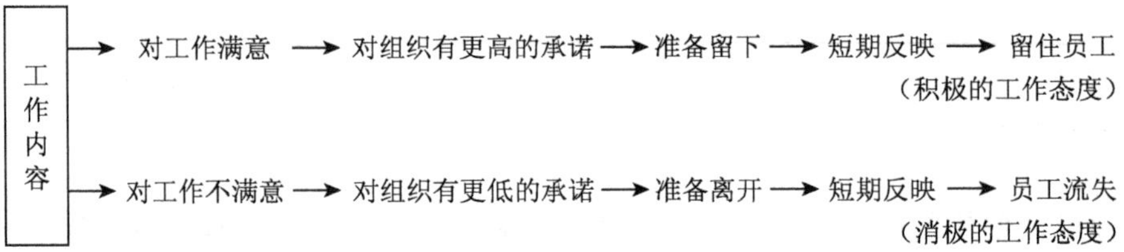

图 2.1 旅游企业员工流动模型

资料来源：Mcfillen J M, Riegel C D, Enz C A. Why restaurant managers quit (and how to keep them)[J]. The Cornell H. R. A Quarterly, 1986:11.

(4)工作压力理论

Summers, DeCotiis, Denisi 认为，工作压力是当个体被迫偏离正常希望的生活方式时，体验并表现出来的不舒适的感觉。他们强调了工作压力中个体由于正常生活方式的改变而引起的感觉，而并不强调改变的本身。Beehr 和 Newman 把工作压力定义为“由人与其工作相互作用产生的一种情况，以人内部的变化为特征，这种变化使得人们偏离了正常的功能活动”[2]。这两种观点都认为工作压力是个体偏离正常生活方式而引起的。

工作压力对工作态度产生极大的影响。汪京(2006)通过调查发现，企业员工的工作压力与工作态度之间存在显著的负相关关系($r = -0.471$, $p < 0.01$)，表明工作压力对员工工作态度具有反向影响作用。而工作满意、组织承诺维度与工作压力也存在显著的负相关关系。

工作压力与工作离职也密切相关，已有的有关离职原因的研究中普遍认为，工作压力是影响离职的因素。Price-Mueller 模型[3]指出，存在 4 类与离职有关的变量：个体变量(包括一般培训、工作参与度和积极/消极情感)、环境变量(包括机会和亲属责任)、结构变量(包括工作自主性、结果公平性、工作压力、薪酬、晋升机会、工作单调性和社会支持)及过程变量

① Locke E A. The nature and causes of job satisfaction[M]// Dunnette M D. Handbook of industrial and organizational psychology. Chicago: Rand McNally, 1976.

② Beehr T A, Newman J E. Job stress, employee health, and organizational effectiveness: A facet analysis, model, and literature review[J]. Personnel Psychology, 1978, 31(5): 655 ~ 699.

③ Price & Mueller. Professional Turnover: The Case for Nurses[M]. Iowa: Iowa State University Press, 1981.

（包括工作满意度、组织承诺和工作寻找行为）。台湾研究者蔡欣玲以某医院中心护理人员为对象，对离职意愿与工作压力进行了相关性讨论，结果发现两者呈现正相关。

在饭店领域，熊丽娟（2005）通过调查研究表明：82.2%的员工已经意识和开始意识到工作压力给自身带来的影响。饭店员工工作中的加班加点、评估指标过高、工作中的多头领导、上级对下级的欺侮现象是导致员工压力的主要因素，其中员工加班加点排在所有压力引致因素的第一位。同时，不同部门、年龄段、性别、职位学历、工龄的饭店员工受到压力的因素是不同的。工作压力的影响主要体现在心理、生理方面，通过员工的行为表现，最后作用于饭店企业。

2.1.2 非正式员工管理问题研究

企业通常在营业高峰期大量使用临时性员工，以便及时、快速地解决短期人力缺乏的问题，或者在技术性要求不高的工作上使用非正式员工，如此既不影响生产品质，也替公司节省人力成本。但非正式员工的使用也产生了许多管理上的问题，例如非正式员工流动率高、管理不易、工作层面无法达到设定水准等（简建忠，1999）。

何柏帆、天吉生等人（2001）则将企业对非正式员工管理的问题总结为五个方面：劳动合同不健全；正式工和非正式工之间的互通“金桥”尚未正式架通；党团和工会关系没有完全理顺，出现了管理上的“真空”；福利待遇相差悬殊，同工不同酬的现象依然存在；教育培训机会少，整体素质有待提高。

成之约（1999）指出，企业或雇主使用大量的非正式员工，会给正式员工在心理上产生危机感与不安全感，害怕因此而丧失工作机会，因而影响正式员工对于企业的忠诚度和向心力，导致员工的士气、工作质量和企业利润下降。卢静（2005）则认为非正式员工与企业组织并没有固定的关系，思想不安定，其利益也不是完全由企业所决定的，所以非正式员工容易产生“做一天和尚撞一天钟”的想法，工作质量不高，生产效率较低。

2.1.3 非正式员工管理措施研究

根据饭店的特点以及不同岗位不同贡献的员工，选择正确的战略模式（累积型、效用型和协助型）是实现人力资源管理效益最大化的关键。对于一线基层员工、计件工、临时工可采取参与协助型战略（吴东晓，2003）。对于缺乏工作经验而努力工作的实习生，组织应该用心栽培，提供他们发展的空间，深化他们在组织中的地位（张琪英，2001）。Susan L. Solis（2004）提出要加强对非正式员工的保护；将非正式员工安置在后台岗位；建立非正式员工档案库；重视内部的灵活性管理，培养多技能工人；建立“no-work-no-pay”方案①。

在对非正式员工进行绩效评价方面，则应从建构路径入手，调整、确定具体的考评指标；根据评价目的，设定不同的指标权重；根据非正式人员的工作时间，调整、评估进度；注重正式或非正式的沟通（王蕾，2003）。

王伯启（2005）从转变饭店企业管理者与正式员工的观念；分解工作岗位；发挥非正式组织的作用；建立执行文化，培养执行型领导；建立多层次激励等方面详细阐述了对饭店非正式员工管理的问题。

---

① Susan L Solis. Maintaining a Competitive Advantage in Tourist Accommodation Establishment: Emerging Patterns of Employment and Challenges for HRD[D]. PASCN Discussion Paper, 2014.

2.2 国内外非正式员工文献研究评述

国外在20世纪80年代就有学者研究暂时性就业、兼职、临时雇用等问题,20世纪90年代以后随着社会上非正式员工的不断增加,研究的内容更加深入,学者们探讨了就业外部化的影响因素(Determinants of Employment Externalization)、临时救助服务(Temporary Help Services)、临时工作对正式就业的影响、非正式就业的利弊、正式员工与非正式员工薪酬和福利比较等问题。我国学者对非正式员工问题的研究始于20世纪90年代中后期,研究者不多,研究成果不丰。

从研究内容上看,现有文献的研究重点多集中在非正式员工的工作满意度、流动率、组织行为、正式员工与非正式员工的比较、非正式员工对正式员工的冲击、非正式员工与工会的关系等。而对非正式员工工作状况、激励、薪酬和绩效管理等方面的文献却鲜有所见。

在饭店非正式员工研究领域中,中文和英文知识资源数据库中有关这一方面的文献资料较为匮乏,网络页面上相关的文章也较少,仅从网上搜索到一篇与饭店非正式员工有关的研究论文。总之,国内外对于饭店非正式员工的研究还处于初步探索阶段。然而,随着饭店就业结构中非正式员工比例的不断增大,加之非正式员工和管理者之间矛盾的凸现,因此十分有必要系统地研究饭店非正式员工的工作现状、管理问题和管理对策,从而为理论界研究做些内容上的扩展,为实业界的管理提供些建设性的意见。

3 饭店非正式员工管理理论

3.1 基本概念的辨析和研究对象的界定

3.1.1 非正式员工的基本概念

非正式员工是相对于在编的正式员工而言的,他们与单位确立了不同于正式员工的劳动关系或没有同单位签订正式劳动合同,享受不到正式员工的相关待遇。在一般意义上,对大部分企业来说,合同工都属于正式员工的范畴。

从饭店企业与非正式员工的关系上看,他们之间只存在一般意义上的雇用关系,饭店可以随时解雇非正式员工,同样地,非正式员工也可以随时离开企业。与正式员工比较,企业对非正式员工的控制力度较弱,员工的工作积极性较难调动,企业缺乏一种长期的激励措施对其进行管理。总之,非正式员工在企业中处于一种弱势地位,缺乏严格法律意义上的劳动保护。

按照饭店非正式员工的人员素质、工作特点、工作方式及在薪酬方面的不同,一般可将非正式员工分为四类:临时工、实习生、租赁员工、特别聘用人员与顾问人员。

临时工也称为短期协议工,是饭店的临时性用工,主要指企业的下岗职工、待岗人员、单位内退人员和在其他单位已退休人员。这种劳动力的使用,总体上是临时性的,但有的也长达数月乃至数年。他们所从事的工作大多数具有苦、脏、累的特性,每日工作时间比较长。饭店一般按日支付劳动费,劳动报酬比较低,如饭店洗碗工一天报酬约为25元左右。至于福利和奖金,有些饭店会根据工作表现,不定期给予适当的奖励。

实习生是饭店非正式员工的重要组成部分,约占饭店非正式员工总数的一半。实习生主要来自职业高中、大专和本科旅游院校的在读学生，按学校规定到饭店实习，实习时间半年至一年不等。学校与饭店签署实习协议，而学生与饭店之间一般都没有劳动协议。当然也有个别学生自荐或通过他人介绍进入饭店实习，部分饭店对以“walk-in”方式进入的实习生签署实习协议。

租赁员工又称为派遣雇员，是饭店员工与其所属饭店在劳动关系存续期间，根据其他用人单位的工作需要，由饭店将员工租赁给承租单位；承租单位对人才享有使用权并向其所属饭店支付使用费。到其他单位工作的饭店员工不用转户口、人事档案，与承租单位合同到期后，这些员工能够回到原饭店工作。员工派遣一方面能够树立饭店的形象，另一方面也能使人才得到有效发挥，提高收入，实现价值。

特别聘用人员与顾问人员通常是指学历高、收入高的知识分子或有特殊技能的人员，他们与饭店建立经济合同关系，在一定期限内为饭店完成某个项目，如饭店外聘的法律顾问。

正式员工、非正式员工、临时工、实习生、租赁员工、特别聘用人员与顾问人员的区别见表3.1。

表3.1　非正式员工和正式员工的区别

人员类别	概念核心	人事关系	是否与饭店签署合同	雇用时间	薪酬福利
正式员工	正式合同，劳动有保障	在饭店或人才交流市场	是	相对较长	享受饭店一切福利待遇
非正式员工	无稳定劳动关系	不在饭店	不确定	不确定	享受饭店部分福利待遇，工资普遍较低
临时工	临时性	不在饭店	视饭店而定	短则几天，长则几年	享受饭店部分福利待遇
实习生	在读学生	在学校	是	半年至一年	享受少部分的福利待遇
租赁员工	租赁给承租单位	在饭店	是	短则几个月，长则两三年	不享受饭店的福利待遇
特别聘用与顾问人员	饭店特定项目所需	在长期供职的单位	是	视项目情况而定	不享受饭店的福利待遇

3.1.2　研究对象界定

本论文所研究的饭店“非正式员工”特指没有签订劳动合同或只签署短期协议，享受固定月工资或日工资、计件工资以及部分奖金的饭店临时工和实习生。

3.2　非正式员工的特点

饭店一般将非正式员工安置在饭店基层，从事一些知识、技能较低的体力劳动，在这些岗位上，员工的经验依赖往往比知识的积累更为重要。所以，与正式员工相比，非正式员工具有以下鲜明的群体特点和工作特点：

3.2.1 群体特点

(1)离职率较高

饭店非正式员工因为岗位、工资和人际关系等原因，工作时间较短，人员流动较为频繁。据北京某饭店提供的统计数据，该饭店非正式员工每年的流动率高达30% ~40%。

(2)受金钱利益驱使明显

饭店临时工的工作目的比较单一，获取他们认为合适的报酬是其工作动力。租赁员工愿意受租到其他饭店或餐馆去，除了饭店的工作派遣外，很重要的原因也在于承租单位往往能提供比其所在饭店更高的收入。

(3)无稳定的劳动关系

饭店与非正式员工一般只签订短期协议书，而部分饭店甚至不与非正式员工签署任何协议，使得饭店与非正式员工之间缺乏稳定的劳动关系，这也在很大程度上造成非正式员工的高流动率。

(4)工作安全感相对较低

非正式员工与饭店没有长期的聘雇关系，加上饭店基于人数、规模的考虑，对于非正式员工的需求视市场景气环境而定。当市场景气发生变化时，在不必负担任何资遣费用与解雇责任的情况下，饭店可以轻易解除与非正式员工的雇用关系，使得非正式员工的工作安全感较低、工作不稳定。

3.2.2 工作特点

(1)暂时性，在职时间相对较短

非正式员工从事的通常是短期性的工作，在同一家饭店从事工作的时间相对比较短。有些非正式员工甚至仅工作两三天就因工作环境、工资、劳动强度等原因而辞职。

(2)饭店只负责其基本的工作费用

对于非正式员工，饭店实行日工资、小时工资、计件工资或偏低的月工资。如饭店支付实习生实习费用每月400元到600元不等，包括了饭店支付给学校每月的管理费用(50元~300元)，实习生真正能获得的实习费用每月只有100元~400元。饭店对短期协议工根据其所在部门而采用不同的支付方式，餐饮部、前台部、保安部按日支付工资，根据工作的技术含量高低，每天20元~30元；而客房部则实行计件工资，按照打扫房间数计算工资。

(3)主要分布在一线，承担较繁重的体力劳动

根据各饭店提供的数据资料，非正式员工主要分布在客房部、餐饮部、管事部和生活部。其中2/3的实习生在餐饮和客房部实习；短期协议工则多在客房部、管事部和生活部工作。

(4)饭店对非正式员工的培训投资相对较少

非正式员工进入饭店都要接受入店培训，包括饭店概况、饭店的软件和硬件、饭店机构设置、员工仪容仪表规定、饭店的店纪店规、饭店的奖惩条例等内容。但进入岗位工作之后，除了工作必要的技能培训之外，一般都不会提供其他的培训，使得这些人员无法找到更长期、稳定的工作。

3.3 非正式员工产生的原因

3.3.1 宏观大环境的变化

(1)经济全球化的发展

经济全球化的发展增加了企业间的竞争以及不确定性因素,加上企业国际化、自由化的冲击,各企业无不努力追求最佳的方式以提升效率及生产力。企业为降低成本,提高效率,顺应市场需求,就采取了灵活多样的用工方式,工作共享(job sharing)和弹性工作制成为新的工作趋势之一(Blyton,1985)。劳动市场上的工作形态发生改变,企业内部工作被划分为核心工作以及非核心工作,核心工作交由核心员工负责,非核心工作则委托外包,或由其他非传统雇用工作形态下的人员从事。企业只固定一定比例的核心员工,一旦订单增多或产品转型,再以多种方式雇用一定数量的非核心员工,以便用较低的成本获取较高的效益。还有些雇主多用临时工,为的是解决因法定工作时间减少而出现的设备闲置问题。

(2)科学技术的进步

科技的进步使组织较容易将生产专门化,便于组织快速招募到合适的临时性员工。信息技术的发展不仅将工作内容重新定义,而且扮演着双重角色——工作机会的创造者及毁灭者。在信息时代,许多新的工作机会因此而发展,也有许多工作会因此而消失。

在饭店领域,最早于1963年引入信息技术,当时美国的希尔顿饭店安装了一台IBM的小型计算机,用于饭店客房的自动化管理。进入21世纪,信息技术在饭店中的运用范围和普及程度大大提高,大量用于前厅接待、收银、问询、客房预订、销售、餐饮、保安、报表、汇总、门锁等各个方面。信息技术在饭店中的广泛运用,一方面,减少了某些岗位的用人需求,如使用监控来减少保安人员的使用量;另一方面,它也增加了一些信息技术类工作岗位,如饭店电脑房的维护人员。同时,信息技术也致使饭店用工方式发生了很大的变化,因为能较为快速雇用到临时性员工,饭店用工形式就更加灵活。

(3)经济模式的转变

我国自1979年开始进行社会主义市场经济制度的改革,由从前的计划经济模式转入市场经济模式,使人们的思维方式和就业方式也发生了很大变化,人才的流动也成为社会发展的一个必然。杜雯蓉(2003)认为,在市场经济条件下,临时雇用制度将成为未来就业市场主要发展趋势之一,其中技术层级高、专业性强的工作派遣是临时雇用市场中成长快速的一个群体。

(4)国家人事制度的改革

非正式员工的出现是人事制度改革,社会主义市场经济不断发展的产物。"正式"与"非正式"状态并存,是计划经济下劳动人事制度向市场经济下人力资源管理的必然过渡。传统用工制度的特点是个人端着"铁饭碗",职业岗位相对稳定,无风险。这种情况既不利于企业自身的管理与发展,也不利于劳动者个人潜能的发挥。"非正式"员工的大量涌现,打破了传统用工方式,也改变了个人生存方式与择业方式,产生了人才竞争和双向选择,既可以激活企业,又可以激励个人。

当前我国劳动力市场供求失衡,失业下岗人员较多。为了减少城镇人口的失业率,保证非正式员工的合法权益,我国劳动保障部门陆续制定了有关非正式用工的政策规定,将非正式用工纳入制度化、规范化的轨道,鼓励企业使用非正式员工,突破了企业传统的、单一的正式用工模式,适应了市场经济发展的客观要求。通过推广非正式就业方式,使劳动者分享有限的就业岗位,可以扩大就业容量,增加就业机会。

(5)企业经营需要

"非正式"群体出现的客观原因在于,我国企事业单位及政府有编制限额,不可能无限扩大规模,因此往往要采用其他形式满足用人需要;从主观上讲,非正式员工提高雇主使用雇员的灵活性,缩减了企业的成本,包括雇用成本和工资成本,并且能及时应对技术变化导致的劳动力结构的变化①(Nick Carroll,1999)。

3.3.2 饭店行业发展趋势

(1)行业竞争日趋激烈

从改革开放到现在,中国饭店业发展迅猛,从开始的100多家饭店发展到2005年末的12930家星级饭店。饭店数量不断增多,竞争也日益激烈,尤其是入世以来,饭店市场完全开放,外资开始大举抢滩中国市场。2000年世界饭店管理集团排行前10家的圣达特、洲际、马里奥特、雅高、精品国际、希尔顿、最佳西方国际、喜达屋、卡尔逊、凯悦,目前均已进入中国。随着国际各大知名饭店管理集团陆续进入中国饭店业市场,饭店之间的竞争更加激烈。

根据浩华管理顾问公司发布的2006年《中国饭店业务统计》数据显示,2005年,中国饭店业无论是住宿率还是平均房价均保持了持续增长的势头。但在五星级市场中,国际管理饭店和国内管理饭店间的房价差距进一步扩大,国际管理饭店的平均房价达到946元人民币,超出国内管理饭店(人民币657元)和业主自行管理饭店(人民币482元)44%和96%。四星级饭店中,国际管理饭店同样实现了最高的平均房价(人民币539元),分别高出国内管理饭店的29%及业主自行管理饭店的50%。随着中国饭店市场容量的不断扩大,尤其是国际饭店集团加大对中国市场的投资,国际饭店之间、国内饭店之间以及国际国内饭店之间的竞争将进一步升级。

(2)国有饭店企业的转型与变革

伴随着改革开放而来的政府机构、民营企业、跨国饭店集团三方面的挑战,市场经济体制下的国有饭店要走市场化道路,正面临着日益紧张的体制转型和组织变革压力。为了能在饭店业市场中占有一席之地,国有饭店一方面努力培养自身的核心竞争力,另一方面通过多样化的用工形式来降低成本。其中由于非正式员工的人工成本明显低于正式员工,越来越多的国有饭店采用包括非正式员工在内的一些灵活用工方式。

(3)民营饭店的快速成长

随着饭店产业规模的扩容,2005年国有饭店占全部星级饭店的比例首次下降到51%,而外资、民营星级饭店的比例在上升。民营企业将是中国未来饭店业市场的主力军,这是中国宏观经济和社会发展环境、旅游市场和资本供给市场共同推动的结果。民营饭店具有强烈的成本节约意识,为了追求利润最大化,会尽可能降低人工成本,他们对非正式员工的使用往往比其他性质的饭店有过之而无不及。据调查,有些民营饭店的非正式员工使用比例能占到50~60%,对非正式员工的需求之大不容小觑。

3.3.3 旅游院校教育改革的需要

现代教育越来越趋向素质和能力教育,学校除了注重学生理论知识的培养外,也开始重

---

① Nick Carroll. Non-standard employment: a note on levels, trends and some implications[J]. Labour Market Bulletin, 1999: 101-121.

视学生实践经验的积累,实习就成为学校对学生培养的必要环节之一。据统计,全国每年约有20万旅游院校酒店管理系或专业的本科、大专、高职、中专、职高、技校的毕业生需要实习①。学校教学计划和授课进程表中,之所以安排学生到饭店实习,是因为实习可以提高学生培养的质量,让学生到企业中实习,可以培养学生的实际工作能力。此外,通过实习,学生可以把书本上所学的理论知识运用到实践中,加深对所学知识的理解,找出所学的不足之处,以更有针对性地学习,这样学校达到了从理论和实践两方面武装学生的培养目的。

3.3.4 非正式员工个人因素

社会上非正式员工供给充足,这与员工个人选择非正式工作的意愿是分不开的。由于经济结构调整、企业改制,社会上出现了大量的下岗工人和提前内退人员。这些人员往往年龄不大,精力还比较充沛,为了解决家庭日常开支和子女上学等问题,他们急需要找一份工作获取经济收入。此外,随着近几年高校的扩招,高校毕业人数从2000年的118万增加到2006年的413万人,毕业生就业压力大,岗位竞争激烈。为了增加工作经验,顺利就业,许多大学生自愿到单位实习一段时间,一方面了解社会和工作单位情况,另一方面培养自身的各种能力,有助于学生为自己初步定位及毕业后择业。当然毕业之后并不是每个学生都能找到一份正式工作,于是有些学生选择了非正式就业,先找份临时性工作,以解决自身生活问题,同时通过临时性工作增加工作经验和工作技能,为寻找稳定、长期工作做过渡。

3.4 非正式员工的SEDR管理模型

探究饭店非正式员工的管理,首先应了解非正式员工目前的工作现状,而工作现状主要通过工作满意度指标来体现。在饭店中,非正式员工工作满意度(Satisfaction)包括了工作条件满意、工作回报满意、对客关系满意、人际关系满意和企业文化满意。它由工作环境(Environment)、工作内驱力(Drive)和工作认同(Recongnition)这三个指标体系共同决定。

(1)工作环境

工作环境是企业内部的社会环境,既包括了企业的组织文化氛围,也包括了企业的物理环境变量(Amabile,1998)。陈德辉和张长生(2007)将工作环境内涵扩大为领导的支持、良好的管理制度、良好的同事和上下级关系、个体与集体利益一致、工作压力适度。尽管学者们对工作环境内涵解说不尽相同,但企业工作环境核心还是企业运行机制和企业文化。与企业员工激励紧密相关的工作环境主要包括:对人的尊重、公平竞争氛围、晋升机制、信任机制、合作氛围、业绩评价体系、报酬制度的公平、挑战性工作机会、信息交流与沟通机制等(黄映辉,2006)。

虽然经济性报酬对员工的绩效产生影响,但不容忽视,非经济性报酬如环境也会对员工绩效产生较大影响。刘加玲(2000)认为,企业对员工的报酬是由经济性和非经济性两种类型构成的。经济性报酬包括工资、奖金、福利、佣金、股票期权、利润分红等;非经济性报酬分为工作的激励、晋升和工作环境。团结融洽的工作氛围是改善企业工作环境、稳定企业员工的重要环节。Puppel &Harrington(2000)和Lee, J(2000)进行的实证研究证实:良好的工作氛围能够促进组织成员之间的沟通,加强员工和组织的信任,提高员工的工作效率。熊苹(2002)总结认为,高绩效的工作环境是由组织培训、信息共享、参与管理决策、组织结构合

① 吴军卫.旅游饭店对实习生的使用[J].集团经济研究,2005(5):130-131.

理、劳资关系协调、薪酬体系合理、员工有安全感和归属感、组织提供工作支持这些因素构成。

总结各位学者对于工作环境的研究(见表3.2),本文认为饭店非正式员工的工作环境主要包括了物理环境、压力环境、制度环境、组织环境、人际环境、学习环境和休息环境。

表3.2 工作环境因素

作者和年代	工作环境因素
Leonard Barton(1995)	教育、激励、价值标准、外部学习等
Nonaka,I. & Takeuchi,H. (1995)	工作中的自主性、组织设计
Paul s. Myers(1996)	结构条件、奖励、组织学习、企业的社会条件、信息网络等
Andersen&APQC(1996)	文化、领导、衡量和技术
Rob van der spek(1996)	文化、员工激励、组织调整、管理、技术等
Hansen, Nohria & Tierney(1999)	信息技术、战略
Von Krogh & Grand(2001)	文化价值观念
Scharmer(2001)	对话与沟通、领导、结构、学习等
Hall & Andriani(2003)	愿景目标
金明律(1998)	企业文化、组织结构、信息网络
王方华(1999)	组织结构、文化、激励
王如富(2000)	激励、文化、组织学习
翟丽(2001)	明确目标、自主活动、内外激励、组织文化、信息技术工具、组织结构等
张庆普,李志超(2002)	扁平化的组织、企业文化、组织激励机制、技术手段等
夏敬华,金昕(2003)	组织文化、结构、战略目标、激励等
苏新宁等(2004)	信息技术、战略等

资料来源:作者整理

(2)工作内驱力

内驱力(Drive)一词源于动力学领域,1918年,伍德沃斯(Woodworth)在《动力心理学》一书中运用了内驱力概念。他认为人的思想和行为的因果机制包括了内驱力和机制两种心理成分。内驱力是行为的发动者,是回答行为"怎么"的问题。机制有赖于内驱力的发动才得以活动,内驱力也只有通过机制的作用才能实现。心理学词典对内驱力的解释是:"指由内部或外部刺激唤起的并能指向某种目标的有机体的内部状态"。简言之,内驱力就是驱使有机体去从事某项活动的内在动力。

内驱力理论的主要代表人物——美国心理学家赫尔(C. L. Hull,1884—1952)认为,内驱力主要有两种:原始性内驱力和继发性内驱力。由于生理需要而驱使有机体产生一定行为的内部动力,称为原发性内驱力或基本的内驱力,如饥饿、口渴、逃避痛苦等内驱力。由责任感、成就感等后天形成的社会性需要产生的内驱力，称为继发性内驱力或社会性内驱力。美国著名的教育心理学家奥苏贝尔（David P. Ausubel）则将内驱力分为认知的内驱力、自我提高的内驱力和附属的内驱力三个方面。认知的内驱力最为重要，也最巩固，是一种要求了解和理解的需求，要求掌握知识的需要，以及系统地阐述问题并解决问题的需要。提高的内驱力是个人取得与他人的成就或能力水平相当的应得地位的需要。附属的内驱力则是出于获得他人认可和赞许的需要。

综合上述学者对内驱力的阐述，本文认为饭店非正式员工的工作内驱力主要体现为工作报酬、工作态度、工作意愿、工作责任感和工作成就感。

（3）工作认同

认同的概念最早是由弗洛伊德提出的，他认为认同就是个人与他人、群体或模仿人物在感情上、心理上趋同的过程①。认同可以分为社会认同和个体认同。社会认同是有关某个集体的共同认同。个人认同包括内在和外在两个方面：内在方面指的是个人在主观上的自我认同；外在方面则是社会对个人的分类和综合评价（王文波，2004）。泰勒（1995）认为，人的认同是在主体间的对话关系中形成的，个人需要得到社会的承认。而所谓认同规律是指，在工作中主、客体从相互感应到相互认知、再达到共识的过程，强调双向沟通和交流（朱耀林、倪棕林，2002）。

综合学者对认同的概念分析和界定，本文认为工作认可是双向的，包括了员工对单位的认可和单位对员工的认可。

（4）SEDR 管理模型

饭店非正式员工的工作满意度（Satisfaction）管理的影响因素主要由工作环境（Environment）、工作内驱力（Drive）和工作认同（Recongnition）三个方面构成。它们共同决定了非正式员工在饭店工作的满意程度。工作环境是非正式员工工作满意度的外部影响因

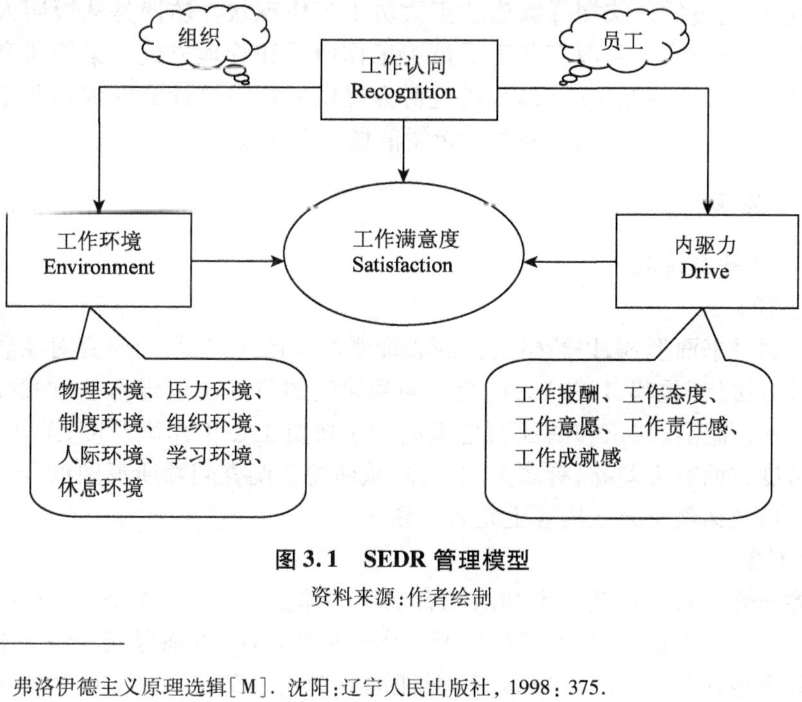

图 3.1　SEDR 管理模型

资料来源：作者绘制

① 车文博. 弗洛伊德主义原理选辑[M]. 沈阳：辽宁人民出版社，1998：375.

素,工作内驱力则是内部影响因素,非正式员工对饭店的认同和饭店对员工的认同也是影响工作满意度的重要因素。为了更清晰地表达工作满意度与工作环境、工作内驱力和工作认同之间的关系,本文设立了工作满意度多元线性回归模型:

$$S = a + b1 * E + b2 * D + b3 * R + Ui$$

其中,S 代表员工工作满意度函数;E 代表工作环境;D 代表员工工作内驱力;R 代表工作认同;bi 是参数;Ui 是随机扰动项。

此外,为了更加清楚表达 S-E-D-R 之间关系,本文勾画了饭店非正式员工的 SEDR 管理模型,见图 3.1。

3.5 小结

对非正式员工进行研究,本章首先辨析正式员工、非正式员工、临时工、实习生、租赁员工、特别聘用人员与顾问人员之间概念的异同,在此基础上界定本论文研究的对象为饭店临时工和实习生。接着,本章梳理和概述了非正式员工的群体特点和工作特点。然后,从国家宏观大环境、饭店行业的发展、旅游院校和非正式员工个人因素四个角度全面而深刻地剖析了饭店非正式员工产生的原因。最后,本章提出了非正式员工工作满意度多元线性回归模型以及饭店非正式员工的 SEDR 管理模型,为下一章的实证研究提供理论基础。概而言之,本章主要目的是为论文的进一步写作奠定理论基础。

4 饭店非正式员工管理实证研究

为了全面深入透彻地了解饭店非正式员工的工作现状,本章节从不同角度和不同层面,使用问卷调查、访谈和案例研究三种方法加以详尽地分析和阐述。问卷调查是从饭店非正式员工的角度,以定量的方式探寻饭店非正式员工工作现状。访谈是从饭店人力资源管理者的角度,以定性的方式了解饭店非正式员工工作情况和管理方式。案例研究则从北京地区抽取一家具有代表性的五星级饭店,通过对方提供的相关统计资料揭示非正式员工的工作情况和管理问题,从而佐证问卷调查和访谈信息的真实性。

4.1 问卷研究

4.1.1 研究基本情况

(1)研究目的

问卷法是通过书面形式,以严格设计的心理测量项目或问题,向研究对象收集研究资料和数据的一种方法(王重鸣,1990)。本论文问卷研究的目的是以定量的方式探寻饭店非正式员工工作现状,并比较北京和浙江两地饭店非正式员工在工作满意度、工作压力、工作态度和工作认可度方面有无差异,有多大的差异,从而验证调查问卷所反映的问题与人力资源管理者的访谈以及案例研究在内容上是否一致。

(2)研究对象

本次问卷研究的对象是北京市和浙江省饭店的非正式员工。样本企业的选取,考虑到饭店中的非正式员工人数、饭店的星级以及饭店所在的地区,以确保问卷结果的客观性和普遍性。其中北京地区共调查了 6 家饭店,浙江地区调查了 7 家饭店(问卷发放单位见附录

3)。本次研究调查时间是2006年4月6日至11月10日,在饭店相关负责人的协助下,共发放问卷390份,回收问卷379份,问卷回收率为97.18%,其中未填写完整的问卷有10份,有缺失值的问卷有15份,共有25份问卷被剔除。最后得到有效问卷354份,回收有效问卷比例为90.77%。所调查饭店企业基本情况如表4.1。

表4.1 所调查饭店企业的基本情况

饭店企业背景		数量	百分比
经济性质	国有	4	30.8%
	集体	1	7.7%
	股份	3	23.1%
	合资	4	30.8%
	民营	1	7.7%
星级档次	五星级	4	30.8%
	四星级	5	38.5%
	三星级	4	30.8%

资料来源:作者整理

(3)研究假设

①北京和浙江两个地区饭店非正式员工工作状况差异性假设

假设1 北京和浙江两地,饭店非正式员工工作满意度存在显著差异

假设2 北京和浙江两地,饭店非正式员工工作压力存在显著差异

假设3 北京和浙江两地,饭店非正式员工工作态度存在显著差异

假设4 北京和浙江两地,饭店非正式员工对工作单位认可存在显著差异

②饭店非正式员工工作满意度与工作压力等方面的相关性假设

假设5 饭店非正式员工工作满意度与工作压力存在显著相关性

假设6 饭店非正式员工工作满意度与工作态度存在显著相关性

假设7 饭店非正式员工工作满意度与工作单位认可存在显著相关性

(4)研究方法

本研究以问卷调查方式进行实证研究,针对回收的有效问卷,运用SPSS13.0统计软件对调查数据进行具体的统计分析,以验证所提出的各项研究假设。根据变量性质和研究需要,本研究将会使用以下统计方法:信度和效度分析、因子分析、描述性统计分析、方差分析、相关性分析和回归分析。

①信度和效度分析:信度(Reliance)是测量综合评价体系是否具有一定稳定性和可靠性的有效分析方法。效度(Validity)即有效性,是指测量工具或手段能够准确测出所需测量事物的程度。

②因子分析:利用主成分分析法和因子旋转法进行因子分析,对问卷的构念效度进行检验并提取出有价值的各变量维度。因子旋转是通过改变坐标轴的位置,重新分配各个因子

所解释方差的比例,使因子结构更简单,更易于理解。因子旋转不改变模型对数据的拟合程度,不改变每个变量的公因子方差。因子旋转的方法有两种:正交旋转、斜交旋转。正交旋转是使因子轴之间仍然保持90度角,即因子之间是不相关的;在斜交旋转中,因子之间的夹角可以是任意的,即允许因子之间有相关,但因子相关程度不宜太高。

③描述性统计分析:针对本研究所涉及的各个变量,分别计算样本的平均值和标准差等,以了解样本在研究变量上的分布情形。

④方差分析:根据变量的不同性质,利用F检验就工作压力、工作态度、工作认可度与工作满意度的相关性程度进行分析。

⑤相关分析:利用Pearson积距相关讨论各变量之间可能具有的相关关系,以验证研究所提出的假设。

⑥回归分析:利用逐步回归的方法验证自变量对因变量的影响程度,以验证假设5、6和7。

(5)问卷设计

本问卷主要依据SEDR(Satisfaction, Environment, Drive, Recongnition)模型,分别建立了数个并列的、能反映工作满意度的指标体系,即工作环境、内驱力和工作认可,这些指标体系又包含了数个变量。这些变量从理论上来说,都是从不同侧面反映了饭店非正式员工的工作满意度。但从现实运用和计量分析的角度,不能囊括所有指标体系和变量。从分析有效性和现实指导意义出发,我们删除了统计"不显著"或出现"多重共线性"、"自相关"等变量。遴选变量坚持了"奥卡姆剃刀"(Occam Shaver),如无必要,勿增实体,即只要不遗漏重要信息,建立的模型越简单越好(魏翔,2004)。根据这一原则,本文抽取了工作环境、内驱力和工作认可中的主要因素,即工作压力、工作态度和工作单位认可三个指标体系。在参考国内外有关学者对员工压力、工作态度和工作单位认可等相关研究后,结合饭店非正式员工的实际情况进行了问卷设计。问卷包括五个部分:非正式员工基本情况、工作满意度、工作压力、工作态度和工作单位认可。

第一部分是关于饭店非正式员工总体特征的调查,包括员工的性别、年龄、学历、工作部门、工作时间、选择当前工作的原因和培训情况。这部分内容主要是便于了解非正式员工的基本情况。

第二部分为饭店非正式员工工作满意度分析。本次问卷对工作满意度的研究使用五个维度。这是根据Smith、Kendall和Hulin等人在1969年提出的工作描述指数JDI(Job Description Index)以及俞聪(2006)和李昭娜(2006)的研究论文,并根据实际情况修改设计而成的。工作满意度包括对工作本身的满意、对工作环境的满意、对薪酬的满意、对管理者的满意和对同事的满意。量表分值越高表示工作越满意。

第三部分为饭店非正式员工工作压力测试。该部分问卷的设计是结合有关文献资料和饭店访谈所得信息,从不同压力源角度收集压力调查项目,并参考了Ivancevich和Matteson编制的压力诊断性测量量表(1980)以及Kahn, Wolfe & Snock等人编制的工作紧张指数量表(1964),最终选编定题。选项主要分析员工的工作压力源到底是哪些方面,是工作强度大、工作时间长、付出与所得不对称、工作超出能力范围,还是无上司同事的帮助、工作范围不明确、知识更新过慢等。

第四部分为饭店非正式员工工作态度分析。工作态度部分涉及9个项目,选项内容部分参考了汪京(2006)的研究论文。工作态度包括工作投入和组织承诺两个维度。量表分值越高表示工作态度越好。

第五部分为饭店非正式员工工作单位认可的调查。量表分值越高表示工作认可度越高,以此推测员工流失率的情况与上述访谈反映情况是否一致。

第二至第五部分使用李克特(Likert)5 点量表,正向记分。数字 1 表示非常不同意、2 表示不同意、3 表示一般、4 表示同意、5 表示非常同意。

4.1.2 统计数据分析

4.1.2.1 量表的效度和信度分析

量表的两个重要指标是信度和效度,一个好的量表应该既是可信的又是有效的。效度是说明量表有效性的重要指标。常用的效度检验方法包括内容效度检验和构念效度检验两种。

内容效度(Content Validity)是检查测验内容是否是所要测量的行为领域的代表性取样的指标,内容效度的确定一般没有可用的数量化指标,只能依靠推理和判断来进行评估(王垒等,1999)。本研究通过文献研究、专家咨询、导师指导等方式就所使用问卷的内容效度进行分析。量表的内容是在征询导师和饭店非正式员工的意见,并参考了饭店人力资源总监(或经理)的建议后,经过修订才真正用于施测的。因此本研究的量表题目应该说具备了良好的内容效度。

构念效度(Construct Validity)是指测验能够测量到理论上的构想或者特质的程度。因子分析(Factor Analysis)是分析行为资料内部关系、结构性的一种统计技术,适用于对构念效度的研究。因子分析的主要功能是从量表全部变量(题项)中提取一些公因子,各公因子分别与某一群特定变量高度关联,这些公因子即代表了量表的基本结构。通过因子分析可以考察问卷是否能够测量出研究者设计问卷时假设的某种结构。

信度指测验的可信程度,主要表现在测验结果的一贯性、一致性、再现性和稳定性。信度系数是衡量测验好坏的一个重要指标。性格、兴趣、态度等人格测验的信度系数通常在 0.80 ~0.85 之间,但一般要求信度系数高于 0.7 的建议值即为可靠。a 信度系数是目前最常用的信度系数,取值范围从 0 到 1,表明量表中每一题项得分间的一致性。该方法适用于项目多重计分的测验数据或问卷数据,可以用该系数测量累加李克特量表(Likert-type Scale)的信度。a 信度系数可以用来解释由量表测试所得分数的变异中,有多大比例是由真分数所决定的,从而反映量表受随机误差影响的程度,反映出测试的可靠程度。例如,a = 0.90时,可以说测试所得分数的 90% 的变异是来自真分数的变异,仅有 10% 的变异来自随机误差。

本研究采用克朗巴哈 a 信度分析和因子分析方法分别对施测量表的信度和构念效度进行检验。

(1)工作满意度量表的效度和信度分析

① 统计检验

根据 SPSS 统计软件,工作满意度的 KMO(Kaiser-Meyer-Olkin measure of sampling adequacy)检验值为 0.937。根据统计学家 Kaiser 给出的标准,适合做因子分析。同时巴特利特球度检验(Bartlett's Test of Sphericity)给出的相伴概率为 0.000,小于显著性水平 0.05(见表 4.2),因此拒绝虚无假设(即认为不适合做因子分析),认为样本统计量合适做因子分析。

表 4.2　工作满意度的 KMO 和巴特利特特球度检验结果

KMO and Bartlett's Test[a]

Kaiser-Meyer-Olkin Measure of Sampling Adequacy.		.937
Bartlett's Test of Sphericity	Approx. Chi-Square	2386.032
	df	120
	Sig.	.000

a. Based on correlations

资料来源：作者根据统计软件输出结果整理

② 旋转因子得分矩阵并提取因子

为了便于对原有因子进行分类，并对公共因子进行解释，我们采用方差最大法对因子得分矩阵进行旋转，从表 4.3 中累积方差贡献率来看，旋转后的因子对原有变量方差累计贡献率并没有削弱，仍然达到了 59.508%，第一到第三公共因子对原有变量的贡献率分别为：25.041%，21.568%，12.898%。

表 4.3　工作满意度因子对原有变量方差的解释力

因子	原有因子方差贡献率			因子旋转后的方差贡献率		
	特征值	方差贡献率（%）	累积方差贡献率（%）	特征值	方差贡献率（%）	累积方差贡献率（%）
1	5.548	43.579	43.579	3.188	25.041	25.041
2	1.159	9.100	52.679	2.746	21.568	46.609
3	.869	6.828	59.508	1.642	12.898	59.508

Extraction Method：Principal Component Analysis.

资料来源：作者根据统计软件输出结果整理

③ 公共因子命名

研究运用 SPSS13.0 统计分析软件就工作满意量表的 16 个项目进行因子分析，试图检验量表设计维度的合理性，并就此总结分析出引发饭店非正式员工工作满意的主要方面。通过主成分分析方法抽取因子，并运用最大方差旋转法（Varimax）进行正交旋转，由此得到一个清晰的三因子（维度）结构（见表 4.4）。这三个公共因子所包含的含义分别命名为：饭店总体满意、工作回报满意、工作条件满意。饭店总体满意度是指饭店非正式员工对于饭店企业价值观、企业形象、企业文化、企业工作环境等的总体满意程度。工作回报满意是指饭店非正式员工对于薪酬及薪酬分配的公平性、企业的福利待遇、晋升的公平程度、工作认可度等方面的满意程度（俞聪，2006）。工作条件满意是饭店非正式员工对于工作设施设备、工作休息条件以及用餐环境的满意程度。

表 4.4 工作满意因子分析输出结果:因子(维度)与因子负荷

工作满意 Items	因子 Component		
	1	2	3
A14 上级对待下属的方式	.699	.229	.006
A9 工作的时间安排	.618	.441	.076
A8 饭店的工作氛围	.509	.097	.287
A15 饭店提供的培训	.485	.127	.223
A13 工作团队的人际关系	.487	.072	.078
A16 饭店对非正式员工的关心程度	.491	.363	.093
A1 工作内容	.394	.361	.055
A3 工作环境	.384	.254	.364
A4 目前的工资或实习费	.097	.934	.184
A5 饭店的福利制度	.091	.702	.349
A2 目前工作的负荷量	.383	.687	.014
A6 饭店的绩效考评制度	.377	.445	.224
A11 员工宿舍	.068	.199	.810
A12 员工餐厅的条件和服务	.478.	.161	522
A7 工作条件	.287	.186	.495
A10 工作设备配置	.425	.076	.462

Extraction Method: Principal Component Analysis

Rotation Method: Varimax with Kaiser Normalization.

资料来源:作者根据统计软件输出结果整理

④ 累积贡献率分析

这三个维度(因子)的累积贡献率达到 59.508%(见表 4.5),表明提取出的三类主要工作满意因子可以概括被调查企业员工工作满意原始变量所包含信息的近 60%,并且由各满意因子的贡献率可知,饭店总体满意是三类满意类型中最主要的,它能解释工作满意原始变量所包含信息的 25.041%,其次是工作回报满意和工作条件,两者所能解释信息的比例分别为 21.568% 和 12.898%。提取出的饭店总体满意、工作回报满意和工作条件基本涵盖了饭店非正式员工工作的主要满意方面,这表明施测量表所涉及的满意维度比较合理,量表的构念效度良好。

表 4.5 工作满意量表因子分析结果汇总

因子	维度(因子命名)	项目数	贡献率(%)
Factor 1	饭店总体满意	8	25.041
Factor 2	工作回报满意	4	21.568
Factor 3	工作条件	4	12.898
三因子累积贡献率			59.508

资料来源:作者根据统计软件输出结果整理

⑤ 员工工作满意度的信度分析

运用统计分析软件得出工作满意量表三纬度各自及总体的内部一致性检验结果——克朗巴哈 a 信度系数,如表 4.6 所示。从表中信度系数看出,饭店总体满意、工作回报满意和工作条件满意的信度系数都超过了 0.7 的建议值,总量表的信度系数达 0.911,这表明研究中的工作满意施测量表具有较高的信度。

表 4.6 工作满意量表的内部一致性检验结果汇总

因子	维度(因子命名)	项目数	Cronbach a
Factor 1	饭店总体满意	8	0.852
Factor 2	工作回报满意	4	0.804
Factor 3	工作条件	4	0.756
内部一致性			0.911

资料来源:作者根据统计软件输出结果整理

(2)工作压力量表的效度和信度分析

① 统计检验

要考察工作压力变量是否适合做因子分析,需要进行统计检验。KMO(Kaiser-Meyer-Olkin measure of sampling adequacy)检验值为 0.835。根据统计学家 Kaiser 给出的标准,适合做因子分析。同时巴特利特球度检验(Bartlett's Test of Sphericity)给出的相伴概率为0.000,小于显著性水平 0.05(见表 4.7),因此拒绝虚无假设(即认为不适合做因子分析),认为样本统计量合适做因子分析。

表 4.7 工作压力的 KMO 和巴特利特球度检验结果

KMO and Bartlett's Test

Kaiser-Meyer-Olkin Measure of Sampling Adequacy.		.835
Bartlett's Test of Sphericity	Approx. Chi-Square	1624.314
	df	78
	Sig.	.000

资料来源:作者根据统计软件输出结果整理

② 旋转因子得分矩阵并提取因子

根据因子萃取的标准,我们选取特征值大于1的因子作为公共因子,图4.1是表示因子特征值的碎石图,从中我们可以看到有3个因子的特征值大于1,其特征值分别为:4.621,1.843,1.170(见表4.8)。

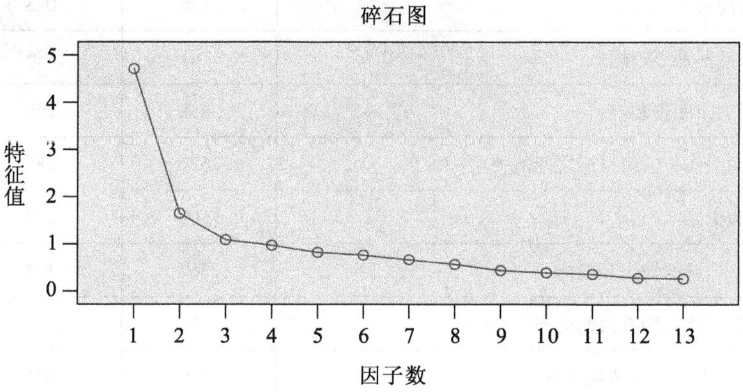

图4.1　饭店非正式员工压力因子碎石图

资料来源:作者绘制

为了便于对原有因子进行分类,并对公共因子进行解释,我们采用方差最大法对因子得分矩阵进行旋转,从表4.8中累积方差贡献率来看,旋转后的因子对原有变量方差累计贡献率并没有削弱,仍然达到了58.335%,第一到第三公共因子对原有变量的贡献率分别为:28.067%,21.083%,9.185%。

表4.8　工作压力因子对原有变量方差的解释力

因子	原有因子方差贡献率			因子旋转后的方差贡献率		
	特征值	方差贡献率(%)	累积方差贡献率(%)	特征值	方差贡献率(%)	累积方差贡献率(%)
1	4.621	35.310	35.310	3.673	28.067	28.067
2	1.843	14.083	49.394	2.759	21.083	49.151
3	1.170	8.942	58.335	1.202	9.185	58.335

Extraction Method: Principal Component Analysis.

资料来源:作者根据统计软件输出结果整理

③ 公共因子命名

研究运用SPSS13.0统计分析软件就工作压力量表的13个项目进行因子分析,试图检验量表设计维度的合理性,并就此总结分析出引发饭店非正式员工工作压力的主要压力类型。通过主成分分析方法抽取因子,并运用最大方差旋转法(Varimax)进行正交旋转,由此得到一个清晰的三因子(维度)结构(见表4.9)。

表 4.9 工作压力因子分析输出结果:因子(维度)与因子负荷

工作压力 Items	Component		
	1	2	3
S6 与同事的关系不是很理想	.783	.016	.044
S8 在工作中与同事沟通有点困难	.738	.023	.217
S7 与上级领导的关系不是很理想	.701	.226	.180
S9 我不知道自己的工作职责和权利	.658	.264	-.035
S10 我不太了解我的工作与组织目标之间的关系	.622	.287	.039
S13 很少接受培训和指导	.599	.187	.110
S12 在工作中我学不到新的知识和技能	.562	.147	.073
S4 当工作有困难时,不能找到有效的沟通手段	.302	.810	.137
S5 遇到工作困难时很少得到同情和帮助	.439	.681	.112
S3 我在工作中遇到很多困难和挑战	.088	.536	.352
S2 我每天的工作时间太长	.089	.275	.823
S1 我的工作任务繁重,很少休息	.013	.333	.806
S11 感受到饭店精简人员对我的压力	.382	-.292	.586

Extraction Method: Principal Component Analysis.

Rotation Method: Varimax with Kaiser Normalization

资料来源:作者根据统计软件输出结果整理

依据各项目的含义及其共同特点,将这三个因子分别命名为:角色冲突与角色模糊、工作条件与氛围、工作超载。角色冲突是个体所体验到的难以调和的同时来自环境的不同期待,如必须与别人相处的压力、运用人力方面的压力、接到不同的相互有抵触的指示信息或资料等;角色模糊是个体所体验到的角色环境的不确定性,主要是指对自己在工作中充当什么样的角色把握不准,不明确属于某一岗位的权利、责任、职责及工作任务,或者是不同的上司对工作的期待不同以致产生角色模糊。工作条件与氛围主要包括工作环境不舒适造成的压力,个人与上级、同事相处不够融洽,工作上经常得不到帮助支持,组织成员缺乏信任、有敌意或缺少共同的目标等。工作超载主要包括工作任务在质和量上的要求过高(如工作负担重、工作强度大、工作太复杂等),工作时间压力(如工作时间的限制、面临工作任务的最后期限等),以及工作太多变化等方面。

④ 累积贡献率分析

这三个维度(因子)的累积贡献率达到58.335%(见表4.10),表明提取出的三类主要工作压力可以概括被调查企业员工工作压力原始变量所包含信息的58%,并且由各压力因子的贡献率可知,角色冲突与角色模糊是三类压力中最主要的,它能解释工作压力原始变量所包含信息的28.067%,其次是工作条件与氛围以及工作超载,两者所能解释信息的比例分别为21.083% 和9.185%。提取出的角色冲突与角色模糊、工作条件与氛围以及工作超载三类压力基本涵盖了饭店非正式员工的主要压力源,这表明施测量表所涉及的压力维度比较合理,量表的构念效度良好。

表4.10 工作压力量表因子分析结果汇总

因子	维度(因子命名)	项目数	贡献率(%)
Factor 1	角色冲突与角色模糊	7	28.067
Factor 2	工作条件与氛围	3	21.083
Factor 3	工作超载	3	9.185
三因子累积贡献率			58.335

资料来源:作者根据统计软件输出结果整理

⑤ 工作压力量表的信度分析

运用统计分析软件得出工作压力量表三纬度各自及总体的内部一致性检验结果——克朗巴哈a信度系数,如表4.11所示。从表中信度系数看出,角色冲突和角色模糊以及工作条件与氛围的信度系数都超过了0.7的建议值,只有工作超载的信度系数稍低,但也达到0.668,而总量表的信度系数达0.844。这表明研究中的工作压力施测量表具有较高的信度。

表4.11 工作压力量表的内部一致性检验结果汇总

因子	维度(因子命名)	项目数	Cronbach a
Factor 1	角色冲突与角色模糊	7	0.823
Factor 2	工作条件与氛围	3	0.728
Factor 3	工作超载	3	0.668
内部一致性			0.844

资料来源:作者根据统计软件输出结果整理

(3)工作态度量表的效度和信度分析

运用统计软件对工作量表的因子分析,结果显示只有一个主成分因子。该因子的累积方差贡献率达到100%。通过对工作态度量表的a信度分析,得到其克朗巴哈系数达到0.861,显示该量表具有较高的内部一致性,信度较好。

(4)工作单位认可度量表的效度和信度分析

运用统计软件对工作量表的因子分析,结果显示只有一个主成分因子。该因子所含各个变量的累积方差贡献率达到100%。通过对工作态度量表的a信度分析,得到其克朗巴哈系数达到0.7881,显示该量表具有内部一致性,信度较好。

(5)各量表的效度和信度分析总结

通过对工作压力、工作满意度、工作态度和工作单位认可进行KMO和巴特利特球度检验,软件分析结果显示工作压力和工作满意度通过统计检验,表明这两个变量可以进行因子分析。研究运用 SPSS13.0 统计分析软件，采用主成分分析方法和最大方差旋转法，得出工作压力和工作满意的三因子（维度）结构，其中工作压力三维度包括角色冲突与角色模糊、工作条件与氛围和工作超载，工作满意三维度包括饭店总体满意、工作回报满意和工作条件。而工作态度和工作单位认可只有一个主成分因子，所含各个变量的累积方差贡献率达到 100%。

通过对工作压力、工作满意、工作态度和工作单位认可量表进行 a 信度分析，得到的克朗巴哈系数均超过 0.7，显示四个量表具有内部一致性，信度较好。

4.1.2.2 研究变量的描述性统计分析

（1）员工基本信息统计分析

运用软件分析工具，得到 13 家饭店非正式员工基本信息描述性统计分析情况表（见表 4.12）。在性别分布上，饭店非正式员工以女性为主（62.29%），占了近 2/3。年龄分布上，35 岁以下非正式员工占了绝大部分（84%），其中又以 20～25 岁为主（37.71%），其次为 20 岁以下（23.71%）和 26～35 岁（22.57%）的员工，说明饭店非正式员工以青年为主。学历上，以初高中（61.96%）为主，大学以上学历的非正式员工仅占 3.75%，说明非正式员工群体还是以低学历为主。非正式员工的工作部门分布上，以餐饮部为主（42.57%），其次是客房部（29.71%），说明饭店中这两个部门对非正式员工的需求较大。进入饭店工作之前的身份，还是以在校学生为主（45.98%）。在饭店的工作时间，分为两个极端，一是工作时间极短，不到三个月（占了 36.01%），另一类是工作时间较长，超过一年（34.82%），有部分非正式员工在某一饭店的工作时间竟长达 8 年。在工作原因方面，有 36.68% 的非正式员工是为了获取合适的报酬，有 29.80% 的非正式员工是为了获取经验，另有 24.16% 的非正式员工是学校的实习要求。在岗前培训方面，89.40% 的非正式员工接受过此类培训。在岗位培训方面，有 51% 的非正式员工接受过两次以上的岗位培训，有 35.24% 的非正式员工接受过一次岗位培训，只有 13.75% 的非正式员工没有接受过任何的岗位培训。说明大部分饭店还是比较重视非正式员工的岗前和岗位培训的。

表 4.12 饭店非正式员工基本信息描述性统计分析

员工基本信息		百分比	平均分	标准差
性别	男性（N＝132）	37.71%	3.386	.758
	女性（N＝218）	62.29%	3.330	.775
	Total（N＝350）	1	3.351	.768
年龄	20 岁以下（N＝83）	23.71%	3.361	.864
	20～25 岁（N＝132）	37.71%	3.318	.794
	26～35 岁（N＝79）	22.57%	3.380	.685
	36～45 岁（N＝39）	11.14%	3.359	.743
	46 岁以上（N＝17）	4.86%	3.412	.507
	Total（N＝350）	1	3.351	.768

续表

员工基本信息		百分比	平均分	标准差
学历	初中(N=76)	21.90%	3.540	.682
	高中(N=139)	40.06%	3.223	.692
	中专(N=56)	16.14%	3.429	.970
	大专(N=63)	18.16%	3.302	.796
	大学本科及以上(N=13)	3.75%	3.385	.768
	Total(N=347)	1	3.346	.769
工作部门	前厅(N=40)	11.43%	3.500	.847
	客房(N=104)	29.71%	3.154	.798
	餐饮(N=149)	42.57%	3.443	.748
	公共区域 PA(N=20)	5.71%	3.600	.754
	安保部(N=9)	2.57%	3.222	.441
	工程部(N=8)	2.29%	3.250	.463
	其他(N=20)	5.71%	3.250	.639
	Total(N=350)	1	3.351	.768
工作之前身份	下岗职工(N=34)	9.77%	3.147	.702
	内退员工(N=12)	3.45%	3.167	.577
	在校学生(N=160)	45.98%	3.319	.827
	待业人员(N=62)	17.82%	3.339	.745
	其他(N=80)	22.99%	3.513	.675
	Total(N=348)	1	3.345	.764
工作时间	三个月之内(N=121)	36.01%	3.405	.737
	半年(N=59)	17.56%	3.305	.749
	半年至一年(N=39)	11.61%	3.410	.966
	一年以上(N=117)	34.82%	3.316	.715
	Total(N=336)	1	3.357	.759

续表

员工基本信息		百分比	平均分	标准差
工作原因	获取合适的报酬(N=128)	36.68%	3.281	.731
	获取工作经验(N=104)	29.80%	3.548	.722
	学校实习要求(N=85)	24.16%	3.235	.811
	其他(N=32)	9.17%	3.281	.851
	Total(N=349)	1	3.350	.768
是否受过岗前培训	是(N=312)	89.40%	3.362	.761
	否(N=37)	10.60%	3.243	.830
	Total(N=349)	1	3.350	.768
是否受过岗位培训	没有(N=48)	13.75%	3.229	.805
	是,一次(N=123)	35.24%	3.276	.871
	两次以上(N=178)	51.00%	3.433	.671
	Total(N=349)	1	3.350	.768

资料来源:作者根据调研数据整理

(2)工作满意度变量的统计分析

如表4.13所示,饭店非正式员工对于饭店总体满意度平均值为3.42,对工作回报的满意度平均值为2.90,对工作条件的满意度为3.23,综合各因素的得分状况,表明饭店非正式员工满意度指数一般。

表4.13 工作满意的描述性统计分析

工作满意 Items		平均分 Mean	标准差 Std. Deviation
饭店总体满意	A14 上级对待下属的方式	3.52	.910
	A9 工作的时间安排	3.27	.964
	A8 饭店的工作氛围	3.42	.800
	A15 饭店提供的培训	3.53	.775
	A13 工作团队的人际关系	3.61	.793
	A16 饭店对非正式员工的关心程度	3.22	.914
	A1 工作内容	3.30	.783
	A3 工作环境	3.45	.851
	维度均值	3.42	

续表

工作满意 Items		平均分 Mean	标准差 Std. Deviation
工作回报满意	A4 目前的工资或实习费	2.66	1.066
	A5 饭店的福利制度	2.92	.984
	A2 目前工作的负荷量	2.94	.984
	A6 饭店的绩效考评制度	3.09	.829
	维度均值	2.90	
工作条件	A11 员工宿舍	3.03	.953
	A12 员工餐厅的条件和服务	3.14	.972
	A7 工作条件	3.38	.785
	A10 工作设备配置	3.37	.833
	维度均值	3.23	

资料来源:作者根据调研数据分析整理

(3)工作压力变量的统计分析

依据因子分析结果,最终确定工作压力量表包含三个维度,13 个项目。各个项目的得分统计状况如表 4.14。

表 4.14 工作压力的描述性统计分析

工作压力 Items		平均分 Mean	标准差 Std. Deviation
角色冲突与角色模糊	S6 与同事的关系不是很理想	2.26	.933
	S8 在工作中与同事沟通有点困难	2.33	.887
	S7 与上级领导的关系不是很理想	2.29	.886
	S9 我不知道自己的工作职责和权利	2.25	.964
	S10 我不太了解我的工作与组织目标之间的关系	2.47	.950
	S12 在工作中我学不到新的知识和技能	2.55	1.085
	S13 很少接受培训和指导	2.44	.997
	维度均值	2.37	
工作条件与氛围	S4 当工作有困难时,不能找到有效的沟通手段	2.56	.995
	S5 遇到工作困难时很少得到同情和帮助	2.46	1.038
	S3 我在工作中遇到很多的困难和挑战	3.05	.946
	维度均值	2.69	

续表

工作压力 Items		平均分 Mean	标准差 Std. Deviation
工作超载	S2 我每天的工作时间太长	2.91	1.097
	S1 我的工作任务繁重,很少休息	3.07	1.134
	S11 感受到饭店精简人员对我的压力	2.67	1.084
	维度均值	2.88	

资料来源:作者根据调研数据分析整理

依据工作压力量表的评分标准,得1分,表明饭店非正式员工在工作中没有感受到压力或者造成此种压力的情形本组织不存在;得2分,表明员工在工作中会感受到一些压力,但对其影响不大;得3分,表明感受到一定压力,但仍可以应对;得4分,表明感受到较强的压力,应对起来有些吃力;得5分,表明感受到极大的压力,影响了员工正常的工作。通过被测对象的压力得分汇总情况可以看出,在工作压力的三个维度中,角色冲突和角色模糊的平均得分为2.37,工作条件与氛围的平均得分为2.69,工作超载的平均得分为2.88。三个维度的平均得分均高于2且未达到3分,表明总体而言,饭店非正式员工的工作压力不大。三个维度中,工作超载的得分最高,其次是工作条件和氛围以及角色冲突和角色模糊,说明非正式员工工作压力的主要来源是工作超载,而由于角色冲突和角色模糊所引发的压力较少。

(4)工作态度变量的统计分析

从表4.15中的统计数据可知,关于工作态度的选项都超过4分或接近于4分,各项平均得分为4.06,表明员工的工作态度较好。

表4.15　工作态度的描述性统计分析

项目内容 Items	平均值 Mean	标准差 Std. Deviation
B1 上班时间我总是面带笑容	3.92	.692
B2 我总能耐心倾听,理解对方	3.94	.595
B3 对客服务,我热情积极主动	4.06	.653
B4 对待上级,我尊重并服从他们的领导	4.18	.600
B5 对待同事,我与他们友好合作	4.19	.581
B6 我对工作很专注	4.04	.651
B7 我对工作很负责任	4.12	.623
B8 我总是想办法改进我的工作	4.03	.682
总体平均值	4.06	

资料来源:作者根据调研数据分析整理

（5）工作单位认可度变量的统计分析

从表4.16中的统计数据可知，工作单位认可各项目的平均值都在3～4分之间，其总体平均值为3.45，表明饭店非正式员工对其工作单位的认可度中等偏上。

表4.16 工作单位认可度描述性统计分析

项目内容 Items	平均值 Mean	标准差 Std. Deviation
C1 我所在饭店的企业文化非常具有吸引力	3.46	.883
C2 我留在饭店工作是一个不错的选择	3.51	.858
C3 当别的饭店工资更优厚时，我会选择跳槽	3.26	1.029
C4 我在饭店工作很愉快，会继续留在此工作	3.49	.897
C5 我认为我所在的饭店是一个很优秀的单位	3.70	.890
总体平均值	3.45	

资料来源：作者根据调研数据分析整理

（6）各变量描述性分析总结

通过对饭店非正式员工基本信息的描述性统计分析，我们可知，非正式员工在性别分布上以女性为主；年龄分布上以青年为主；学历上，以初高中为主；工作部门分布上，以餐饮部和客房部为主；进入饭店工作之前的身份，还是以在校学生为主；在饭店的工作时间，分为两个极端，一是工作时间极短，不到三个月，另一类是工作时间较长，超过一年；在工作原因方面，主要是为了获取合适的报酬、获得经验以及学校的实习要求；在岗前培训方面，89.40%的非正式员工接受过此类培训；在岗位培训方面，有51%的非正式员工接受过两次以上的岗位培训，表明大部分饭店是比较重视非正式员工的岗前和岗位培训的。

从描述性统计结果来看，四个变量项目的均值由高到低的排列分别为工作态度、工作单位认可度、工作满意度和工作压力，对应的平均值分别为4.06，3.45，3.18和2.65，表明饭店非正式员工的工作态度良好，工作单位的认可中等偏上，工作满意度一般，工作压力较小。

4.1.2.3 北京和浙江地区饭店非正式员工工作状况差异性分析

（1）两地饭店非正式员工工作满意度差异性分析

通过使用SPSS13.0统计软件分析，得到表4.17所显示的数据。从表中可知，北京和浙江两地的饭店非正式员工的工作满意度相差不大，均为3.3左右，表明两地员工的满意度接近。

表4.17 北京和浙江两地非正式员工工作满意度总体描述性统计

总体而言，对目前的工作满意度

	N	Mean	Std. Deviation	Std. Error	95% Confidence Interval for Mean	
					Lower Bound	Upper Bound
北京	126	3.2460	.76615	.06825	3.1109	3.3811
浙江	224	3.4107	.76415	.05106	3.3101	3.5113
Total	350	3.3514	.76786	.04104	3.2707	3.4322

资料来源：作者根据统计软件输出结果整理

在表4.18中,F值虽然大于1。但观察的显著性水平0.054 >0.05,因此可以拒绝原假设(北京地区和浙江地区饭店非正式员工的工作满意度存在显著性差异),说明两地饭店非正式员工的工作满意度没有十分显著差异。

表4.18　北京和浙江两地非正式员工工作满意度差异性分析

总体而言,对目前的工作满意度

	Sum of Squares	df	Mean Square	F	Sig.
Between Groups	2.187	1	2.187	.738	.054
Within Groups	203.587	348	.585		
Total	205.774	349			

资料来源:作者根据统计软件输出结果整理

(2)两地饭店非正式员工工作压力差异性分析

通过使用SPSS13.0统计软件分析,得到表4.19所显示的数据。从表中可知,北京和浙江两地的饭店非正式员工的工作压力感非常接近,均为2.84左右,表明两地员工所感受到的工作压力不大。

表4.19　北京和浙江两地非正式员工工作压力总体描述性统计

总体来说,我的工作压力

	N	Mean	Std. Deviation	Std. Error	95% Confidence Interval for Mean	
					Lower Bound	Upper Bound
北京	126	2.8889	1.11873	.09966	2.6916	3.0861
浙江	228	2.8158	1.12297	.07437	2.6692	2.9623
Total	354	2.8418	1.12043	.05955	2.7247	2.9589

资料来源:作者根据统计软件输出结果整理

在表4.20中,F值小于1,说明组间方差大于组内方差,由于抽样造成的差异远远大于分组造成的差异。此外,观察的显著性水平0.557 >0.05,因此可以拒绝原假设(北京地区和浙江地区饭店非正式员工的工作压力存在显著性差异),说明两地饭店非正式员工的工作压力没有显著差异。

表 4.20 北京和浙江两地非正式员工工作压力差异性分析

总体来说,我的工作压力

	Sum of Squares	df	Mean Square	F	Sig.
Between Groups	.434	1	.434	.345	.557
Within Groups	442.708	352	1.258		
Total	443.141	353			

资料来源:作者根据统计软件输出结果整理

(3)两地饭店非正式员工工作态度差异性分析

通过使用统计软件分析,得到表 4.21 所显示的数据。从表中可知,北京和浙江两地的饭店非正式员工的工作态度相差不大,均为 4.1 左右,表明两地员工的工作态度接近。

表 4.21 北京和浙江两地非正式员工工作态度总体描述性统计

总体而言,我的工作态度

	N	Mean	Std. Deviation	Std. Error	95% Confidence Interval for Mean	
					Lower Bound	Upper Bound
北京	126	4.0952	.65027	.05793	3.9806	4.2099
浙江	224	4.0446	.65459	.04374	3.9585	4.1308
Total	350	4.0629	.65256	.03488	3.9943	4.1315

资料来源:作者根据统计软件输出结果整理

在表 4.22 中,F 值小于 1,说明组间方差大于组内方差,由于抽样造成的差异远远大于分组造成的差异。此外,观察的显著性水平 0.487 >0.05,因此可以拒绝原假设(北京地区和浙江地区饭店非正式员工的工作态度存在显著性差异),说明两地饭店非正式员工的工作态度没有显著差异。

表 4.22 北京和浙江两地非正式员工工作态度差异性分析

总体而言,我的工作态度

	Sum of Squares	df	Mean Square	F	Sig.
Between Groups	.206	1	.206	.484	.487
Within Groups	148.411	348	.426		
Total	148.617	349			

资料来源:作者根据统计软件输出结果整理

(4)两地饭店非正式员工工作单位认可度差异性分析

通过使用统计软件分析,得到表 4.23 所显示的数据。从表中可知,北京和浙江两地的饭店非正式员工对工作单位的认可度相差无几，均为3.7左右，表明两地员工的对单位认可程度非常接近。

表4.23 北京和浙江两地非正式员工对工作单位认可度总体描述性统计

总体而言，我对单位的认可

	N	Mean	Std. Deviation	Std. Error	95% Confidence Interval for Mean	
					Lower Bound	Upper Bound
北京	126	3.7222	.82597	.07358	3.5766	3.8679
浙江	225	3.6933	.92543	.06170	3.5718	3.8149
Total	351	3.7037	.88992	.04750	3.6103	3.7971

资料来源：作者根据统计软件输出结果整理

在表4.24中，F值远远小于1，说明组间方差大于组内方差，由于抽样造成的差异远远大于分组造成的差异。此外，观察的显著性水平0.771 >0.05，因此可以拒绝原假设（北京地区和浙江地区饭店非正式员工对单位认可程度存在显著性差异），说明两地非正式员工对单位认可程度没有差异。

表4.24 北京和浙江两地非正式员工对单位认可度差异性分析

总体而言，我对单位的认可

	Sum of Squares	df	Mean Square	F	Sig.
Between Groups	.067	1	.067	.085	.771
Within Groups	277.118	349	.794		
Total	277.185	350			

资料来源：作者根据统计软件输出结果整理

（5）北京和浙江两地饭店非正式员工差异性分析总结

经过描述性统计分析和一元方差分析，结果表明北京和浙江两个地区饭店非正式员工的工作满意度、工作压力、工作态度和工作单位认可这四项内容均值十分相近，一元方差分析同样也表明无论北京还是浙江地区，饭店非正式员工在这四个方面没有显著性差异。统计结果拒绝原假设，即假设1（北京和浙江两地的饭店非正式员工工作满意度存在显著差异）、假设2（北京和浙江两地的饭店非正式员工工作压力存在显著差异）、假设3（北京和浙江两地的饭店非正式员工工作态度存在显著差异）和假设4（北京和浙江两地的饭店非正式员工对工作单位认可存在显著差异）均不成立。

4.1.2.4 工作满意度与工作压力、工作态度和单位认可度的回归分析

相关分析是研究变量之间密切程度的一种常用的统计方法。线性相关分析研究两个变量间线性关系的程度，相关系数是描述这种线性关系程度和方向的统计量，通常用R表示。

一般来说,当相关系数 R 的绝对值介于 0 ~ 0.3 时,变量之间只具有低度相关性;当 R 的绝对值介于 0.3 ~ 0.7 时,显示变量间具有中度相关性;当 R 的绝对值介于 0.7 ~ 1 时,表示两变量具有高度相关性;如果 R 的绝对值等于 1,表示变量之间为完全正相关或完全负相关;当 R 的绝对值为 0 时,表示变量之间不相关。在社会科学研究领域,R 的绝对值能超过 0.4,就表示回归方程对观测数据的拟合效果较好。本部分,利用统计分析软件 SPSS 13.0,采用皮尔逊(Pearson)相关的分析方式,实证分析工作满意与工作压力、工作态度和单位认可这几个变量之间的相关程度,以此判断研究假设中的相关假设是否成立。

(1)变量之间总体相关性分析

如表 4.25 所示,工作满意与工作压力之间的相关系数达到显著性水平,存在显著的负相关关系(相关系数 R = -0.343,显著性水平为 0.000),相关系数介于 0.3 ~ 0.7 之间,表明两变量具有中度相关性。分析结果显示,饭店非正式员工的工作满意度与工作压力之间存在负向关系:当工作压力增大时,员工的满意度呈逐渐下降趋势,即员工的满意度降低;当工作压力减小时,工作满意度逐渐上升,即员工的满意度提高。

同样地,工作满意与工作态度之间的相关系数达到显著性水平,存在显著的正相关关系(相关系数 R =0.174,显著性水平为 0.001),相关系数介于 0 ~ 0.3 之间,表明两变量具有低度相关性。分析结果显示,饭店非正式员工的工作满意度与工作态度之间存在正向关系。

工作满意度与工作单位认可之间的相关系数达到显著性水平,存在显著的正相关关系(相关系数 R =0.387,显著性水平为 0.000),相关系数介于 0.3 ~ 0.7 之间,表明两变量具有中度相关性。分析结果显示,饭店非正式员工的工作满意度与工作单位认可之间存在正向关系:即员工对其工作单位认可度提高,满意度逐渐上升;员工对其工作单位认可度降低,满意度也呈下降趋势。

表 4.25 工作满意度与工作压力、工作态度、工作单位认可的总体相关性分析

		工作满意度	工作压力	工作态度	对工作单位的认可
Pearson Correlation	工作满意度	1.000	-.343	.174	.387
	工作压力	-.343	1.000	-.011	-.184
	工作态度	.174	-.011	1.000	.225
	对工作单位的认可	.387	-.184	.225	1.000
Sig. (1 - tailed)	工作满意度	.	.000	.001	.000
	工作压力	.000	.	.421	.000
	工作态度	.001	.421	.	.000
	对工作单位的认可	.000	.000	.000	.

资料来源:作者根据统计软件输出结果整理

(2)变量的回归分析

检验方法采用变量全部入选法建立回归方程进行回归分析,设显著性水平 a = 0.05。"非正式员工工作满意度与工作压力、工作态度、工作单位认可之间的线性回归分析"的总体分析结果汇总到表4.26,数据显示相关系数为0.685,决定系数为0.576,表明在样本的总变差中,大致有68.5%是由线性关系导致的。方差统计结果(表4.27)显示回归的显著性测验,统计值 F = 35.462,p = 0.000,远远小于0.05,回归效果显著。因此,从整体上看,所选择的工作压力、工作态度和工作单位认可度变量与工作满意度之间存在显著相关的关系。经过对各变量进行线性回归检验,得到最终回归模型为(见表4.28):

*工作满意=2.434 -0.196 * 工作压力+0.118 * 工作态度+0.269 * 工作单位认可*

从三个变量因子的显著相关性来看,工作压力、工作态度、工作单位认可变量的 p 值均小于0.05,与工作满意度具有显著相关性。工作压力的偏回归系数 B 为负数,代表"工作压力与工作满意度呈负相关"。工作态度的偏回归系数 B 为正数,代表"工作态度与工作满意度呈正相关关系"。工作单位认可的偏回归系数 B 为正数,代表"工作单位认可与工作满意度呈正相关关系"。通过三个因子的回归显著性系数看,工作压力、工作态度、工作单位认可与工作满意度的相关显著性分别为 Sig. = 0.000, Sig. = 0.039, Sig. = 0.000,可见三个因子显著性水平均小于0.05。结果验证假设5(饭店非正式员工工作满意度与工作压力存在显著相关性)、假设6(饭店非正式员工工作满意度与工作态度存在显著相关性)和假设7(饭店非正式员工工作满意度与员工对工作单位的认可度存在显著相关性)均是成立的。

表4.26 线性回归总体分析

Model	R	R Square	Adjusted R Square	Std. Error of the Estimate
1	.685[a]	.582	.576	.67449

a. Predictors: (Constant),对工作单位的认可,工作压力,工作态度

资料来源:作者根据统计软件输出结果整理

表4.27 线性回归方差分析(ANOVA[b])

	Sum of Squares	df	Mean Square	F	Sig.
回归 Regression	48.399	3	16.133	35.462	.000[a]
残差 Residual	156.954	345	.455		
Total	205.352	348			

a. Predictors: (Constant),对工作单位的认可,工作压力,工作态度

b. Dependent Variable:工作满意度

资料来源:作者根据统计软件输出结果整理

表 4.28 线性回归系数分析(Coefficients[a])

常数及自变量	Unstandardized Coefficients		Standardized Coefficients	t	Sig.
	B	Std. Error	Beta		
(Constant)	2.434	.275		8.842	.000
工作压力	-.196	.033	-.284	-5.928	.000
工作态度	.118	.057	.100	2.075	.039
对工作单位的认可	.269	.042	.312	6.356	.000

a. Dependent Variable：工作满意度

资料来源：作者根据统计软件输出结果整理

(3)变量相关性及回归分析总结

通过使用统计分析软件对工作满意度与工作压力、工作态度、工作单位认可进行相关性分析，结果显示工作满意度与工作压力、工作态度、工作单位认可之间的相关系数均达到显著性水平，其中工作满意度与工作压力存在中度的负相关关系，工作满意度与工作态度存在低度的正相关关系，工作满意度与工作单位认可存在中度的正相关关系。

经过对工作压力、工作态度和工作单位认可变量进行线性回归检验，得到最终回归模型为：

*工作满意=2.434－0.196 * 工作压力+0.118 * 工作态度+0.269 * 工作单位认可*

相关性和回归分析的结果验证假设5、假设6和假设7均是成立的。

4.2 访谈研究

访谈法是“有目的的谈话”，它由研究者(访谈者)发动，目的在于采集与研究与课题有关的信息(王重鸣，1990)。访谈研究的优点在于能够得到问卷调查难以得到的深入资料(李怀祖，2000)，能够比较有效地收集访谈者的态度、知觉、意见等方面的资料。因此，访谈法有助于本人深入了解饭店管理者的真实想法。

对于访谈，本人采用半结构式和无结构式访谈相结合的方式，要求被访谈者自由回答预先设置好的谈话项目，并根据被访谈者谈话过程中提及的具体信息，做进一步的提问。

4.2.1 访谈的目的与访谈对象

本文访谈研究的目的在于从管理层的角度了解饭店非正式员工的工作现状，饭店管理者对非正式员工与正式员工在管理方式、管理内容等方面有无差异，如果存在有差异，则体现在哪些方面。通过这些访谈问题的讨论，收集信息并为后续的问卷设计奠定基础。

本人在2006年3月至10月期间，访谈了北京部分饭店的人力资源总监(或经理)和主管，对其进行了面对面的现场访谈。对于浙江省部分饭店则通过邮件或电话的方式获取访谈的相关信息。具体的访谈对象如表4.29所示。

表 4.29 访谈对象基本信息

饭店名称	饭店星级	访谈对象职务	非正式员工与正式员工比例
北京国际饭店	五星级	人力资源部经理	1:4
北京新世纪日航饭店	五星级	人力资源部主管	1:2
北京贵宾楼饭店	五星级	人力资源部经理	1:3
北京希尔顿饭店	五星级	人力资源部总监	1:5
北京丽都假日饭店	四星级	培训部经理	1:5
杭州最佳西方梅苑宾馆	四星级	人力资源部经理	1:4
宁波开元大酒店	四星级	人力资源部总监	1:4
北京崇文门饭店	三星级	人力资源部经理	1:2
北京东方饭店	三星级	人力资源部经理	1:3

资料来源:作者整理

从上表可知,本人所访谈的9家饭店企业从三星级到五星级不等,访问对象均为饭店人力资源部门的管理层,对饭店非正式员工的基本情况有着深入了解。从访谈中得知,随着饭店非正式员工所占比重的加大,饭店已经开始关注和思考对此类群体的有效管理问题。

4.2.2 访谈基本结论

通过访谈,本文总结了有关非正式员工进入饭店工作的途径;非正式员工工作岗位安排;非正式员工与正式员工的培训情况;非正式员工的考核;非正式员工与正式员工的薪资和福利情况;非正式员工和正式员工在工作态度、工作技能和工作绩效方面的表现;主管人员与非正式员工的沟通和奖惩情况;非正式员工与正式员工的互动和沟通情况;调动和激励非正式员工的工作积极性和主动性的方式;非正式员工离开饭店的原因;饭店招收非正式员工的原因等12个问题。

问题1:非正式员工通过什么途径招入贵饭店(学校、职业中介)?

答(1):实习生主要通过学校进入饭店实习,而短期协议工则主要是通过职业中介和劳务公司介绍进入饭店工作。

答(2):主要通过学校(如北京旅游联合大学等)、东城职介、自己找饭店(必须有正规手续)、熟人介绍(比例较少)。

答(3):通过学校、人事部招聘、职业中介。

答(4):通过劳务派遣服务公司及学校。

答(5):通过学校招入实习生,通过职业中介招聘临时工如保洁人员。

总结:饭店非正式员工一般通过职业中介、劳务派遣服务公司、学校和饭店人事部等途径到饭店工作。其中绝大部分实习生通过学校联系进入饭店实习,所以饭店的实习生主要来源于旅游院校饭店管理、餐饮管理或相关专业的本科、大专、高职、中专、职高、技校的在读学生;而临时工则主要通过职业中介和劳务派遣服务公司进入饭店工作。除此之外,有小部分实习生和临时工是通过饭店内部人员介绍或自己联系而进入饭店实习或工作的。

问题2:非正式员工与正式员工的比例是多少?一般分配在什么岗位?

答(1):比例约为1比4;一般分配在学历、技术、形象等方面要求相对较低的岗位。

答(2):如果把公共清洁和保安承包出去的排除在外,比例为10%。如果包括在内的话,比例不会少于20%。一般分配在客房、餐饮、安保等技术含量较低的岗位。

答(3):非正式员工占到29%。一般分配到技术要求较低的岗位如客房、餐饮、公共卫生清洁、前台等一线部门。

答(4):比例约为1比3,一般分配在前厅部、餐饮部、客房部。

答(5):比例约为1比2,一般分配在客房楼层、PA清扫区域、餐饮管事部的清洁岗位。

答(6):比例约为1比3,一般分配在不直接对客接待的一线岗位。

总结:饭店非正式员工与正式员工的比例约为1∶3左右。非正式员工一般安排在对学历、技术、形象等方面要求相对较低的部门,如客房部、餐饮部、保安部和管事部等。根据访谈对象反馈信息,约2/3的实习生分配到餐饮部的服务岗位以及客房部的房间清扫岗位实习;短期协议工则多安排在客房部的房间清扫和公共卫生清洁等岗位、餐饮部的餐具清洁岗位和生活部卫生清扫等工作岗位。

问题3:在工作岗位或任务分配上,对非正式员工与正式员工的工作要求有何不同?

答(1):录用时已考虑到工作岗位的分配,所以在同一岗位的任务分配上非正式员工与正式员工的工作要求没有任何不同。

答(2):一样。只不过非正式员工的工作岗位比较简单,技术含量低。

答(3):一样。非正式员工的工作岗位比较简单,采用师傅带徒弟的方式。

答(4):一样。实习生在实习期内主要跟着正式员工学习,其他短期协议工安排在基层服务岗位上。

总结:在工作岗位或任务分配上,对饭店非正式员工和正式员工的工作要求是一样的,必须掌握岗位工作的基本技能。但饭店在分配工作岗位或任务的时候,往往安排给非正式员工的岗位或任务会比较简单些,技术含量低些。

问题4:对非正式员工的培训与正式员工有何不同?是否对非正式员工也进行职业发展规划?

答(1):培训方式一样。暂时没有实习计划,但有上岗工作的介绍,一般非正式员工6周即能独立完成指定的工作。

答(2):非正式员工与正式员工在培训及其他待遇上没有不同。

答(3):进店培训一样。到岗培训,正式员工比非正式员工培训机会多。对于短期协议工,没有职业发展规划。对于实习生,有实习计划,毕业后有可能留店。

答(4):培训一样。对于自身条件优秀的非正式员工进行职业发展规划。

答(5):在岗位技能培训方面与正式员工相同,但在职业发展规划上有所不同。因其岗位对个体的要求不高,属于熟练工种,技术含量较低。同时临时工岗位大多录用下岗工人,其自身受年龄限制,自身目标要求和起点较低,制约临时工的发展,所以发展重点与正式员工有所不同。

答(6):培训内容一样,有培训计划。培训重点不一样,对正式员工的培训要严格些。

总结:饭店对非正式员工在入店教育培训和岗位技能培训方面与正式员工一样,但进入工作岗位之后,正式员工和非正式员工的培训重点会有所区别,对正式员工培训要求更严格些。此外,正式员工比非正式员工得到的培训机会多,尤其是外出培训机会,非正式员工几乎很难获得。

饭店对于实习生往往会制订实习计划,根据计划分阶段进行岗位培训。尤其是对一些表现优秀的实习生,饭店往往作为储备人才加以培养,为其制定职业发展规划。对于临时工,饭店往往给其安排到某一个岗位,进行必要的培训之后就不再为他们换岗。因为饭店临时工岗位对员工的要求不高,大部分岗位属于熟练工种,技术含量较低,再加上目前就业市场上劳动力供给比较充足,所以饭店很少考虑到临时工的职业发展。

问题5:如何考核非正式员工的工作绩效?考核方式及内容与正式员工有哪些差别?非正式员工转为正式员工需要满足哪些条件?

答(1):考核方式与内容没有差别。

答(2):考核内容在技术层面是一样的。实习生如果在饭店实习期间表现良好,并获得学校的毕业证书,饭店可以将其转为正式员工。短期协议工基本不转成正式员工。

答(3):非正式员工在入职上岗时进行工作考核,其他考核方式内容与正式员工基本一致。

答(4):确定月度工作任务阶段,确定工作任务完成阶段,对工作任务完成情况打分,就工作任务完成情况进行反馈。考核方式与正式员工无差别。转正条件有员工工龄、工作业绩、综合素质。

答(5):利用自评和管理人员测评,对非正式员工进行工作绩效的考核。考核方式和内容与正式员工基本相同。

答(6):暂时没有考核措施,但非正式员工表现出色,获得客人的表扬,可以获得指南针奖,每张券值50元,可以兑换成现金或店内消费。对于表现好,符合用工条件的非正式员工会考虑转成正式员工。各企业对用工条件要求不同,饭店对外地工使用较少。

答(7):考核无差别。非正式员工达到饭店标准或考核制度要求即可转正。对于素质较好,能力较强的非正式员工可以转正。

答(8):有专项考核制度,与正式员工有部分差别。转正综合评定合格即可转正。

答(9):实际操作和笔试相结合,能够达到初级上岗标准。

总结:仅有部分饭店对非正式员工进行定期考核。对于实习生,饭店从技术、管理和学校三方面对他们进行考核。各部门对实习生进行技术考核;人力资源部对实习生进行纪律和生活方面的考核;学校通过部门主管的反馈情况,每月考核学生的实习情况。如果实习生在饭店实习期间表现良好,并获得学校的毕业证书,饭店可以将其转为正式员工。饭店对于临时工的考核主要是技术方面的,考核方式和内容与正式员工无差别。饭店基本上不会考虑将临时工转成正式员工。

然而也有部分饭店并没有为非正式员工制定具体的考核措施。非正式员工只要获得客人的表扬,就可能获得一定的物质和精神奖励。对于表现好,符合用工条件的临时工也会考虑转成正式员工,但有这方面措施的饭店相对还较少。

问题6:同样的工作岗位,正式员工与非正式员工的工资待遇和福利有何差别?

答(1):实习生在饭店实习期间有实习费用,是饭店与学校协商后确定数额的。其中实习费有部分是给学校的管理费。如协商每月600元实习费,其中150元给学校算作学校的管理费用。实习期间,饭店负责实习生的吃住。短期协议工因为原单位已经给上社会保险,所以饭店不用负担他们的保险。其他的只要工作满半年以上，无违反纪律的情况，非正式员工都可以享受饭店的其他福利，但福利少于正式员工，如五一发过节物品，非正式员工只发放一半的物品。

答(2)：正式员工有“五险一金”，而大部分非正式员工没有，因为很多是内退或是学校实习生，不需要解决社会保险问题。

答(3)：饭店的非正式员工如果是来自劳务派遣服务公司或学校，那么饭店按照与公司、学校的协议标准将报酬给公司或学校，再由公司或学校将钱给非正式员工。

答(4)：非正式员工根据饭店人力资源部制定的工资标准享受日工资或生活补贴待遇，其他福利与正式员工一样。

答(5)：按照事先签署的协议内容发放相关的工资和福利。

答(6)：非正式员工不享受饭店福利或享受的比较少，工资低，福利少。

总结：总体来说，相比于正式员工，饭店非正式员工所获得的薪资和福利普遍较少。部分饭店中两类员工之间收入差距很大，非正式员工的工资比正式员工要少2/3。对于实习生，饭店除负责学生在实习期间的吃住外，根据事先与学校协商定额的实习费，按月发放给学生一定的实习费用，一般为100～600元不等。学生的实习费还要上交一部分给学校作为管理费。至于福利，各饭店规定不同，有些饭店要求学生实习满半年才能享受饭店的一半福利。

对于短期协议工，饭店一般按日支付工资。根据工作的技术含量高低，每天20元～30元不等。按一个月30天，每周休息一天来计算，饭店短期协议工每月工资约为540～780元。至于饭店福利，各饭店情况有较大差异，有些饭店中非正式员工享受与正式员工一样的福利，而有些饭店的短期协议工不享受或享受比较少的福利。

问题7：同样的工作岗位，正式员工和非正式员工的工作态度、工作技能、工作绩效有何区别？

答(1)：在技能方面，正式员工比非正式员工要强，但工作态度方面，非正式员工反而会比正式员工要好。短期协议工以做好工作，拿到劳务费用为主要目的，自身很难与企业文化融合。实习生大部分完成学业后牵涉就业的问题，在实习期间态度更加积极，会努力践行学校的理论知识，不计个人得失，比起工龄较长的正式员工，他们更有工作的激情。

答(2)：区别不大。在技能方面，正式员工比非正式员工要强，但工作态度方面，非正式员工反而会比正式员工要好。

答(3)：基本相同。

答(4)：同样的工作岗位，企业因与正式员工签订劳动合同，所以对正式员工的综合素质要求较高，其表现的工作态度等相对较高。

答(5)：非正式员工有时工作怠慢，工作技能稍差，工作成绩较低。

答(6)：有区别，正式员工效率高，工作熟练，其责任心强于非正式员工。

总结：在工作技能方面，一般情况下正式员工比非正式员工要强，但工作态度方面，非正式员工反而会比正式员工要更加积极友好。因为在饭店实习的学生完成学业后往往牵涉就业问题，所以在实习期间态度比较积极。短期协议工则以做好本职工作，拿到劳务费用为主要目的，为获取合适的报酬，他们工作往往更加努力，工作态度良好，以期得到额外的奖金。在工作绩效方面，正式员工工作较为娴熟，工作效率要高于实习生和短期协议工，工作责任心也强于他们。

问题8:主管人员与非正式员工的沟通情况如何?如何实行对非正式员工的奖惩,与正式员工有何不同?

答(1):直属沟通良好。奖惩一样,但对非正式员工的宽容度比正式员工要低,因为非正式员工技术含量不高,比较容易招到人员。

答(2):沟通良好。奖惩一样,有物质上的也有精神上的奖励。经济上,有实习费,另外还有加班工资。精神上向学校发表扬信,奖励出国旅游。

答(3):通过每天班前会、业务培训或日常沟通;根据饭店员工手册相关规定进行奖惩,与正式员工没有区别。

答(4):通过日常沟通,按照规定奖勤罚懒,多体现在工作表扬与指导。

答(5):通过班前会与其进行交流,在例会中对其进行点名表扬,并让大家向其学习。

答(6):非正式员工工资少,惩罚轻些,正式员工惩罚重。

总结:饭店主管人员通过每天班前会或业务培训与非正式员工进行日常沟通。目前饭店主管人员与非正式员工的直属沟通良好,不存在障碍。在奖惩方面,管理者一般根据饭店员工手册相关规定对非正式员工进行奖惩,与正式员工没有区别。对非正式员工的奖励包括物质上(饭店消费券、加班工资、奖金、出国旅游等)和精神上(点名表扬、橱窗宣传个人事迹、向学校发表扬信等)两个层面。

虽然饭店对非正式员工和正式员工的奖惩是一样的,但对非正式员工的工作宽容度比正式员工要低。如果非正式员工在工作中犯错误,那么很有可能面临辞退的后果。因为对饭店来说,非正式员工技术含量不高,比较容易招到替补的人员。

问题9:正式员工与非正式员工之间的互动和沟通情况如何(如:是否存在排斥行为)?二者间是否存在互助或竞争机制?怎样处理二者的纠纷?

答(1):正式员工与非正式员工之间不存在排斥行为。

答(2):不存在排斥行为。实行"一带一",师傅带徒弟制度,奖励师傅,考核徒弟,从而能使师傅用心教,徒弟用心学。存在互助机制。

答(3):不存在排斥行为,但歧视行为存在,这主要是某些员工的个人素质问题。竞争是存在的,相互帮助也肯定有,是工作之必须。

答(4):不存在排斥行为,对正式员工有危机促进的效果。根据饭店员工手册的规定处理两者之间的纠纷。

答(5):饭店有明确的规章制度和工作标准,对待正式工和非正式工是一致的。

答(6):不存在排斥行为,相处和睦,相互帮助。对于纠纷,分别对其谈话,进行沟通。了解情况,公平处置。

总结:饭店非正式员工和正式员工之间不存在排斥行为,但歧视行为还是存在的,这主要是某些员工的个人素质问题。因为两者之间存在工作上的竞争,所以非正式员工对正式员工有危机促进的作用。除了竞争之外,非正式员工和正式员工之间当然也存在互助行为。有些饭店实行"一带一",即师傅带徒弟制度,奖励师傅,考核徒弟,从而能使师傅用心教,徒弟用心学。如果两者出现纠纷,管理者则在了解情况前提下,根据饭店有关规章制度公平处置。

问题10:作为管理者,如何调动和激励非正式员工的工作积极性和主动性?采取的方式与正式员工有何不同？

答(1)：鼓励，关心员工生活。采取方式一样。

答(2)：给予不同的薪酬水平激励；营造良好的工作品质激励；采取人性化的行政管理激励；提供职业发展与再培训的机会；培养非正式员工的工作目标。采取方式一样。

答(3)：采取鼓励、表扬、奖金激励、思想交流等方法。采取方式一样。

答(4)：管理者主要是在日常工作中鼓励非正式员工多学习岗位业务知识，学会工作方法，让他们掌握知识后更加顺畅地工作。方法一样。

答(5)：经常表扬其优点，实行口头和实物奖励并举方式。

答(6)：使用表扬、鼓励、奖金的形式。在奖金和处罚幅度上有所不同。

答(7)：按劳取酬和及时表扬相结合。

总结：饭店的管理者一般通过给予不同的薪酬水平激励，营造良好的工作环境，采取人性化的行政管理手段，提供职业发展与再培训的机会，树立非正式员工的工作目标来调动非正式员工的工作积极性和主动性。在具体管理措施方面，则采用按劳取酬和及时表扬相结合的方式，提供非正式员工与正式员工相同的福利待遇，鼓励非正式员工多学习岗位业务知识，表扬非正式员工良好的工作表现，关心非正式员工的生活，以实现调动非正式员工工作积极性和主动性的目的。

问题11：非正式员工的流失率多高？一般是基于什么原因辞职？这些员工与饭店签订劳动合同吗？怎样培养非正式员工的企业归属感？

答(1)：非正式员工的流失率一般30%～40%。一般是因为工作太辛苦、收入不高、有其他机会等原因而辞职。通过用家庭成员式的称呼如师傅、姐、哥等营造温情，注重人情味，员工之间相互尊重。

答(2)：非正式员工的流失率一般40%。一般是因为学生实习到期、实习表现不好、岗位不需要、有收入更高的工作、员工过失。实习生与饭店有实习协议，短期协议工没有雇用合同。有必要培训非正式员工的企业归属感。

答(3)：非正式员工的流失率一般20%，多数辞职原因是家里有事或个人原因。措施：把他们当作饭店一名正式员工来看待，参加饭店组织的各项活动，使他们融入到饭店大家庭中。

答(4)：非正式员工流失率在实习生中不多，主要是保洁人员较多。辞职原因是工作强度和家庭原因。员工和饭店不签订劳动合同。非正式员工的企业归属感主要是集中于他们的个人事业发展和企业发展相结合。

答(5)：流失率在20%左右。辞职原因有：实习期或合同期满或个人原因。这些员工与饭店签订实习协议或劳动合同。人力资源部应改变传统人事管理的模式，更多地考虑如何开发员工的潜力，建立健全激励机制，充分调动员工的积极性，提高企业效率，为优秀的非正式员工设计长远职业生涯规划。根据企业的实际经营情况，合理设置非正式员工的薪酬和福利。

答(6)：流失率在20%。不签订合同。给予非正式员工精神或物质的奖励，多鼓励非正式员工参与饭店开展的各项活动，增强团队精神。

答(7)：流失率较高，一般由于身体原因和工作地点离家远等原因。签订合同。多关心多关爱非正式员工。

总结:饭店非正式员工的流失率一般在 20% ~40% 之间。饭店实习生因为实习期满、实习表现不佳或学生个人原因而离开饭店。因为实习生所在学校与饭店有实习协议,中途停止实习就意味着学生将拿不到毕业证,所以中途停止实习的学生还是比较少的。而短期协议工离开饭店的原因有合同期满、工作强度较大、收入过低、员工过失、有更好的工作机会、身体原因或饭店离家过远。饭店一般不与非正式员工个人签订劳动合同。在培养非正式员工的企业归属感方面,饭店企业对此问题思考的较少,所提出对策真正落实的不多。

问题 12:从行业发展的背景角度谈谈饭店为什么招用非正式员工?

答(1):由于饭店行业有淡旺季之分,有些非重点岗位、季节性岗位使用非正式员工可以降低饭店的人力成本。

答(2):主要是为了节约人工成本。再者酒店功能社会化,物业公司承担保安、维修、保洁、洗衣等服务项目。

答(3):使用非正式员工为企业带来的成本优势相当巨大,同时大大拓宽了企业争夺人才的回旋余地,也对正式在编的员工有危机促进的效果。由于非正式员工的流动性大,流动面广,因此能够充分地获取社会上的各种知识与信息资源。

答(4):可有效地降低企业的人工成本,增加企业用工的灵活性。

答(5):拓展用人渠道,提高各岗位的竞争力,充分挖掘人的能力,提高劳动生产率。

答(6):降低用工成本,增强企业活力。非正式员工与正式员工之间加强竞争,可以节约饭店人力资源费用。

答(7):可以调整用人机制,适时调配人员,使员工多层次化。

总结:饭店使用非正式员工首先是为了节约人工成本,增加企业用工的灵活性。由于饭店行业有淡旺季之分,有些非重点岗位、季节性岗位使用非正式员工可以降低饭店的人力成本,为企业带来成本优势。其次,通过使用非正式员工,可拓展用人渠道,提高各岗位的竞争力。非正式员工的使用会让正式员工产生危机意识,调动正式工的积极性,促使其更加努力工作,提高饭店劳动生产率。再者,由于非正式员工的流动性大,流动面广,因此能够增加饭店的活力和朝气。最后,目前饭店功能社会化,物业公司承担饭店保安、维修、保洁和洗衣等服务项目,不需要雇用正式员工来从事这些工作。

4.3 案例研究

4.3.1 饭店非正式员工的队伍状况

(1)总体情况

本研究以北京某家五星级饭店 2006 年 2 月份统计的在店非正式员工为例,了解饭店非正式员工的构成比例、结构、层次以及工作部门等情况。截至 2006 年 2 月 13 日,该饭店共有员工 641 人,其中正式员工 424 人,劳务派遣 29 人,实习生 85 人,短期协议工 95 人,非正式员工占 32.6%。在非正式员工中,男性占 42.8%,女性占 57.2%,女性比例高于男性。

(2)非正式员工来源

饭店非正式员工一般通过学校、职业介绍所、饭店内部员工介绍(比例较少)以及自荐(必须有正规手续)等方式进入饭店实习或工作。其中饭店的实习生主要来源于旅游院校饭店管理、餐饮管理或相关专业的本科、大专、高职、中专、职高、技校的在读学生,其中北京本市实习生占 30%,外埠实习生占 70%。饭店的短期协议工则主要来自于职业中介的介绍,均是北京本地居民。

(3)非正式员工的部门分布

饭店非正式员工主要分布在客房部、餐饮部、管事部和生活部(见表4.30)。其中2/3的实习生在餐饮和客房部实习;短期协议工则多在客房部、管事部和生活部工作。从统计数据中我们发现,实习生和短期协议工在饭店各部门的分布有些不同,有部分实习生在前厅部、保卫部和人力资源部实习,这些部门一般不会安排短期协议工。而短期协议工来源主要有内退、退休、下岗和待岗(见表4.31)。

表4.30 饭店非正式员工工作部门及人数分布

类型＼部门	客房部	餐饮部	管事部	生活部	前厅部	工程部	保卫部	人力资源部	采购部	质保部
实习生	23	41	—	—	9	6	4	2	—	—
短期协议工	37	7	24	17	—	7	—	—	2	1
总数	60	48	24	17	9	13	4	2	2	1

资料来源:作者整理

表4.31 短期协议工来源

类别	内退	退休	下岗	待岗
人数	31	23	22	19
比例	32.6%	24.1%	23.2%	20%

资料来源:作者整理

4.3.2 饭店非正式员工的工作压力情况

按照Atkinson(1984)的分类,企业中大部分的非正式员工属于边陲员工,这些人员被安排处理企业的非关键性事务,从事一些简单、机械的体力劳动,工作复杂程度不高,所需的技能也较低,经过短期的培训能较快掌握岗位工作内容,因此非正式员工掌握工作技能的压力不大。但是非正式员工从事的工作任务往往比较繁重,休息时间较少,而且饭店对非正式员工所犯工作疏忽或错误的宽容度比正式员工要低。因为非正式员工技术含量不高,可替代性强,在目前市场上劳动力供给充足的情况下比较容易招到人员。从这个角度来说,非正式员工工作压力比较大。

4.3.3 饭店非正式员工的工作满意度

该五星级饭店非正式员工对员工食堂、员工宿舍、工作条件和工作氛围感到满意,而对工作内容、工作负荷量、薪酬、绩效考评制度和培训机会等均感到不满意。所以总体来说非正式员工的工作满意度不高,其原因有以下几个方面:

(1)工作安全

非正式员工与饭店没有长期的聘雇关系,饭店会基于人数、规模的考虑,对于员工的需求视市场景气环境而定,当市场景气发生变化时,在不必负担任何资遣费用与解雇责任的情况下,饭店可以轻易解除与非正式员工的雇用关系,使得非正式员工的工作安全感较低、工作不稳定。饭店非正式员工的流失率一般在30% ~40%左右。流失原因有:学生实习到期、工作岗位需要缩减员工、有更高收入或更好发展机会的工作以及员工过失等。

(2)薪酬和社会保险

饭店支付实习生实习费用的多少取决于学校和饭店的讨价还价能力,通常每月400元到600元不等,扣除饭店支付给学校每月的管理费用(50元~150元),实习生真正能拿到手的实习费用每月只有100元~400元。饭店的短期协议工则按日支付工资,根据工作的技术含量高低,每天20元~30元。按一个月30天,每周休息一天来计算,饭店短期协议工每月劳务费为540~780元,要比同样工作岗位正式员工的工资低2/3。

在社会保险方面,实习生因为是在校学生,饭店不用考虑给他们上社会保险。对于短期协议工,饭店不负责给他们上社会保险。即使在饭店工作时间再长,饭店也不会考虑给他们上养老保险、基本医疗保险和失业保险,退休后得不到饭店提供的退休金。

(3)教育培训

饭店非正式员工都要接受入店培训,但进入岗位工作之后,除了工作必需的岗位工作技能培训之外,一般不提供其他的培训。Castro & Dickerson(1993)认为,使用抛弃式(disposable)的员工意指企业不需要培训他们①。饭店在录用非正式员工之前,将其是否具有从事同样工作的经历作为录用与否的考虑因素之一。饭店一般雇用那些已经获得所需技能的非正式员工进入饭店工作。此外,对于短期协议工,饭店没有职业培训计划。对于实习生,饭店没有制订实习计划,仅仅把实习生安排在某一工作岗位,一待就是半年,而没有机会轮岗,这在很大程度上也造成了实习生的高流动率。

4.4 小结

本章通过使用问卷调查、访谈和案例分析等实证研究方法,全面系统研究了饭店非正式员工工作状况。问卷研究的对象是北京和浙江两地共13家饭店的非正式员工。问卷分析使用SPSS13.0统计软件,对问卷进行了信度和效度分析、因子分析、描述性统计分析、方差分析、相关性分析和回归分析。

通过对工作满意度、工作压力、工作态度和工作单位认可进行KMO和巴特利特球度检验,软件分析结果显示上述四项均通过统计检验,量表的效度良好。通过对上述四项内容进行a信度分析,得到的克朗巴哈系数均超过0.7,显示四个量表具有内部一致性,信度较好。

从描述性统计结果来看,四个变量项目的均值由高到低的排列分别为工作态度、工作单位认可度、工作满意度和工作压力,对应的平均值分别为4.06,3.45,3.18,2.65,表明饭店非正式员工的工作态度良好,工作单位的认可中等偏上,工作满意度一般,工作压力较小。

经过描述性统计分析和一元方差分析,结果表明北京和浙江两个地区饭店非正式员工的工作满意度、工作压力、工作态度和工作单位认可度没有显著性差异。结果拒绝原假设,即假设1(北京和浙江两地的饭店,非正式员工工作满意度存在显著差异)、假设2(北京和浙江两地的饭店,非正式员工工作压力存在显著差异)、假设3(北京和浙江两地的饭店,非正式员工工作态度存在显著差异)和假设4(北京和浙江两地的饭店,非正式员工对工作单位

① Castro J, Dickerson J F. Disposable workers[J]. Time, 1993, 141(13):42-46.

认可存在显著差异)都是不成立的。

通过使用统计分析软件对工作满意与工作压力、工作态度、工作单位认可进行相关性和回归分析,结果显示变量之间的相关系数均达到显著性水平。经过线性回归检验,得到最终回归模型为:

*工作满意=2.434 -0.196 *工作压力+0.118 *工作态度+0.269 * 工作单位认可*

分析结果验证假设5(饭店非正式员工工作满意度与工作压力存在显著相关性)、假设6(饭店非正式员工工作满意度与工作态度存在显著相关性)和假设7(饭店非正式员工工作满意度与员工对单位认可存在显著相关性)都是成立的。

访谈研究是从管理层的角度了解饭店非正式员工的工作现状和管理方式。本文共访谈了9家饭店人力资源部门的管理人员,总结了12个有关非正式员工各个方面的问题。从访谈中得知,随着饭店非正式员工所占比重的加大,饭店已经开始关注和思考对此类群体的有效管理问题。

案例研究部分以北京某家五星级饭店2006年2月份统计的在店非正式员工为例,了解饭店非正式员工的构成比例、结构、层次、工作部门、工作压力和工作满意度等情况,其研究结果与问卷调查和访谈提供的信息内容相一致。

5　我国饭店非正式员工管理对策建议

根据第四章的实证研究,我们可知饭店非正式员工的工作状况不存在地区的差异,由此反映出饭店非正式员工管理中存在的问题具有普遍性,相应的管理对策具有通用性。通过详细的问卷分析,得出饭店非正式员工的满意度不高。究其原因在于目前饭店管理层在对非正式员工的管理中存在着种种问题。这些问题导致了非正式员工的工作压力增大,工作态度变差和工作单位认可度降低,从而影响了非正式员工的工作满意度,最终导致饭店日常运行的不畅。所以在深入剖析当前饭店非正式员工管理问题的基础上,本文相应地提出了解决对策。

5.1　存在的问题及原因分析

当前饭店非正式员工比例逐渐增大,其管理问题也越来越凸现。通过对饭店人力资源管理者的访谈总结、问卷调查数据分析以及本人在饭店半年多的实习观察,总结出如下的管理问题。

5.1.1　流动率高

非正式员工从事的通常是短期性工作,在同一家饭店从事工作的时间从数天到数年不等。有的非正式员工在饭店工作一两天就离开了,也有非正式员工已在饭店工作两三年,还想在饭店继续工作下去的。饭店非正式员工因为其工作的暂时性,思想不安定,产生了"做一天和尚撞一天钟"的想法(卢静,2005)。若饭店不能在一定时间内将其转正,让非正式员工拿到一份正式劳动合同,或晋升到一定的位置,则流失的可能性非常大。而学校学生通常只实习半年或一年,因此对于所实习的饭店缺乏归属感,通常责任心不够强,对饭店利益关系关心不够。据了解,饭店非正式员工每年的流动率高达30% ~40%。

5.1.2 工作成效不佳

饭店非正式员工的工作技能往往不及正式员工，工作失误的概率也比较高，工作品质不佳。尤其是短期协议工，文化水平不高、年龄较大，学习新知识的能力下降，较为复杂的工作内容不易掌握。在工作心态方面，他们往往抱着只要工作过得去就行的思想，不追求高质量高品质。此外，许多饭店企业在涨工资、晋升职位、民主活动等方面往往忽略了这类群体，认为这一切与他们无关，这在很大程度上打消了非正式员工的积极性。再则，非正式员工受到部分正式员工的歧视，缺乏正式员工的支援协助，同工不同酬，劳动者权益难以受到保护，个人能力与潜力不能很好发挥，对工作本身和自我的定位不足，对未来缺乏信心等也极大影响了非正式员工的工作成效。

5.1.3 激励不到位

非正式员工与正式员工相比，在激励问题上存在着较大片面性，饭店往往只注重正式员工的激励及职业生涯规划，而忽视了非正式员工的主观需求。其次，饭店对非正式员工的激励难度较大，由于其自身的一些特点如工作的临时性、流动性、市场性等，他们不像正式员工那样有比较稳定的劳动关系，因此饭店在考虑人力资源开发时，担心其对饭店的忠诚度，因此对非正式员工实施激励并达到有效激励的目的则存在较大的困难。再者，非正式员工激励方式比较单一。饭店之所以聘用非正式员工，主要是考虑人工成本或者某项工作的特殊需要，一般具有临时性，所以饭店很少考虑其工作的满意度、工作内容的丰富性和挑战性，也不会为其制定职业生涯规划。从需求层次理论来讲，饭店对非正式员工需求的满足只注重了低层次的需求，而不重视较高层次的需要。所以企业对非正式员工采取的激励方式缺乏多样性。最后是人事制度改革的表面化，饭店正式人员的分流制度没有建立起来，非正式员工除少数实习生外几乎没有机会转成正式员工。

5.1.4 薪酬管理随意

目前，饭店的非正式员工并没有得到社会的普遍关注，对他们的薪酬管理比较随意，没有形成有效的薪酬管理方式，忽视了薪酬管理中的一些职能、原则，如激励职能、调节职能，竞争性原则、经济性原则、合法性原则等（庞磊，2006）。

（1）层级报酬制度尚未建立

通过薪酬系统来激励员工的责任心是饭店最常见和最常运用的方法，但是由于饭店非正式员工的工作周期都比较短、人员的流动性强，饭店往往会忽视层级报酬对他们的激励作用。

（2）薪酬的调节职能尚未发挥作用

薪酬的调节作用主要体现在两方面，非正式员工与正式员工之间的心理平衡及非正式员工之间的绩效调节。饭店支付给非正式员工的薪酬无论是高于还是低于正式员工的薪酬，都会对正式员工产生不良的影响。若非正式员工的薪酬过高，则正式员工会产生心理上的不平衡，会有消极怠工的现象。相反，非正式员工的薪酬低于正式员工的，出于自身的优越感，又会对非正式员工有一定的压制。因此饭店如何在大量使用非正式员工的同时，又要提高他们的工作绩效，成为困扰饭店的一大问题。

(3)薪酬的竞争原则与经济原则失衡

非正式员工本身的流动性较大,如果饭店的薪酬政策只注重经济原则的话,恐怕很难吸引到更多更优秀的非正式员工为饭店服务。若只注重竞争原则而忽视经济原则,又违背了饭店成本最小化的目标。因此,在实际操作中,饭店企业很难把握两者间的平衡,往往是只注重其中的一个原则而忽略另一个原则。

(4)合法性问题

薪酬管理的合法性对饭店来说是必不可少的,合法是建立在遵守国家的相关政策、法律法规和饭店一些管理制度基础上的合法。但是目前仍有很多饭店在侵蚀着非正式员工的合法权益,如未支付加班费、未上社会保险等。

5.1.5 身份互通的"金桥"尚未架通

正式工、聘用工、短期用工等几种用工形式之间的身份互通机制尚未建立。目前的主要问题是出口不畅,正式员工哪怕做得再差也往往难以改变其"正式工"的身份,聘用工和短期工就是做得再好,也常因编制和名额的原因,转不了正式,从而挫伤了一部分人的积极性(何柏帆等,2001)。

5.2 管理对策

整合企业所有员工的力量,让每个员工各司其职,是企业人力资源管理的重要工作。非正式员工在职时间相对较短,而企业和员工之间又缺乏一种严格的契约关系,所以对于非正式员工的管理相对于正式员工而言更难。然而非正式员工在饭店中却高频率地与顾客接触,他们的服务直接体现了饭店服务质量的高低。因此企业如何在控制成本的同时又能最大限度地发挥非正式员工的作用,使非正式员工按照企业的规章制度,以主人翁的态度与热情对待顾客,成了不少管理者面临的难题。本文以非正式员工的 SEDR 管理模型为基础,针对工作环境(E)、工作内驱力(D)和工作认同(R)这三个方面,提出了具体的管理对策建议。

5.2.1 改善工作的制度环境,改革人事管理制度

人事改革的目的在于人员能上能下,能进能出。饭店人事制度改革重点要实现三个突破。一是在干部能上能下的问题上,在"下"的方面实现突破;二是在员工能进能出方面,在"出"的方面实现突破;三是在分配能多能少方面,在"少"的方面实现突破。

饭店企业内部要形成一种员工能上能下的用人机制,有计划地培养表现好、技术过硬的非正式员工转变为正式员工。企业需要编制非正式员工的用工制度,包括招聘、加薪提职、将非正式员工转变为正式员工的具体要求以及解雇原因等,使转变机制具有可操作性。这样一方面有利于非正式员工的管理,使招聘工作具有连续性;另一方面,也对正式员工形成一种工作压力和激励。

5.2.2 改变工作的组织环境,构建合理的薪酬层级结构

《劳动法》第五章第四十六条明确规定,工资分配应当遵循按劳分配原则,实行同工同酬。对于按正式工和非正式工不同身份进行分配的制度应进行改革,取而代之的是以贡献论大小,将个人分配与工作能力、工作岗位,完成任务情况挂起钩来,实行多劳多得,少劳少得,不劳不得,鼓励冒尖,鞭策落后。

在饭店,非正式员工大部分只有较少的基本工资,形式单调,多数为计时、计件工资,并且大多雷同,只有少数非正式员工可以得到奖金。市场经济强调竞争,竞争就有优胜劣汰,

就有收入差距,竞争同样适用于非正式员工。"大锅饭"是一种最不公平的分配方式,每个非正式员工的工资水平相等,是调动不起员工的工作积极性的。企业要建立报酬层级结构,包括两个层次:

一是非正式员工的收入除基本工资外,都应该包含奖金。奖金是对其工作的一种肯定,也是调动非正式员工工作积极性的最有效措施。每月只享受确定性工资的人,是最容易以报酬来决定付出劳动数量和质量的人。他们的原则就是提供最基本的服务,缺乏工作的主动性与创造性。固定的工资模式等同于把非正式员工的创造性和灵活性拒之门外,最后受损的还是企业:顾客的满意度下降——转换饭店——口碑降低——客源市场萎缩。

二是建立非正式员工与非正式员工之间的报酬梯级结构,同样的工作除基本报酬相同之外,应该用奖金加以区分非正式员工的优劣,这就涉及员工的绩效考核问题。奖金应该区分为几种形式,最基本的包括工作技能、努力程度、责任以及工作条件等,这样有利于形成内部竞争的氛围。建立层级报酬结构对于加强非正式员工的管理是最为重要的步骤之一,这就要求人力资源部门建立健全工资制度和考核机制。在市场经济的大环境下,对于真正能为企业做出贡献的任何员工都应给予合理的回报,而且必须充分拉开差距。对于非正式员工也是必须的。这种报酬结构的建立是以绩效为导向的,取决于员工个人、部门及饭店的绩效,以成果与贡献度为评价标准。其主要特征是:注重个人绩效差异的评定,认为绩效差异反映了个人内在能力和态度的差异;将个人工资与个人的绩效直接挂钩;强调以目标达成为主要评价依据,注重结果。

5.2.3 增强员工的自我提高内驱力,加强激励管理

饭店要将激励放在一个战略的高度,作为企业文化的一部分,激励的对象应该是全体员工。饭店应该根据每类员工的特点,通过合理的途径,选择不同的激励方式来激发员工的积极性,调动员工的工作热情,使人力这一资源得以开发,真正发挥每位员工的价值。

5.2.3.1 非正式员工的工作激励

①创造良好的工作环境。非正式员工作为企业的一员,同样需要良好的工作场所、必要的工具、完整的工作信息以及人与人之间的交往。很多饭店认为使用非正式职工只是为了完成任务,只关心工作本身而忽略他们同样需要同事之间的情谊和相互尊重。倘若环境对其心理产生负面影响,他们就会只是单纯地完成一定数量的工作,而不去考虑工作质量和任务协调等问题。

②岗位配置合理化。非正式员工主要分布在饭店企业的一线部门,从事相对简单的体力劳动。饭店雇用非正式员工最初是安排进行公共卫生清扫等工作的,随着非正式员工的增加,从事的岗位范围愈来愈广。通过访谈和问卷调查,本人发现饭店非正式员工安排的工作岗位主要有公共卫生清扫、客房清扫、布草整理、食器管理、餐饮初加工、餐厅服务、餐厅传菜、保安、工程维修、康健俱乐部以及职工食堂等。饭店企业要安排好非正式员工,首先要将工作内容进行分解,把一些纯操作性、较少的技能和知识需求的工作让与非正式员工,例如PA(公共卫生),就可把它分解为设施设备保养和公共卫生清扫两大部分,设施设备的保养需要较高的专业知识,非正式员工一般不具备这种能力。所以,细致的岗位分解是确保非正式员工管理的重要一环。

③工作内容丰富化。工作内容丰富化主要考虑员工身心健康的需要,任何枯燥的、呆板的工作都会使员工感到乏味。基层管理者应该意识到,对于饭店这样高接触频率的企业,员工的身心健康是影响员工工作态度的重要原因之一。工作丰富化要求部门内部工作设计时考虑到这一点,尽可能让非正式员工轮岗,稍微改变一下工作环境,可能会让企业和个人获得意想不到的收获。

④非正式员工也需要职业生涯规划。同正式员工一样,非正式员工也需要有自己的职业生涯规划,没有员工会满意没有前途的工作。虽然非正式员工具有较强的流动性,但在某一时期内,他们的工作相对是稳定的,这往往是我们企业所不能忽视的。

5.2.3.2 人性化管理手段的激励

人性化的管理,是以人文关怀为基础,以非正式员工的需要为出发点,尊重非正式员工的意见和建议。人性化管理是现代化管理的需要,是激励非正式员工的重要手段。

①适当授权。人力资源的实践证明,现代员工都有参与管理的要求和愿望,任何员工都不想只是一个执行者,都有参与决策的需要。满足非正式员工的这种需要,不但可以起到激励作用,还有利于饭店的长期发展。当然,授权一定要恰当。权力过大,无法驾驭;权力过小,无法完成工作。只有恰当的授权才能起到激励作用。

②设立个人目标。应通过设计和培养非正式员工的个人目标来激励他们。目标是组织和个人的奋斗方向,完成目标是员工工作结果的一种体现,是员工成就感的体现。饭店和非正式员工都在追求自己的利益,在这个过程中,两者之间往往会有矛盾,饭店要在培养其个人目标时,注重饭店与员工目标的一致性,这才是目标激励得以实现的基础。另外,个人目标的制定应该具有一定的挑战性和可实施性。

③鼓励非正式员工同正式员工竞争。很多管理者害怕企业内部的竞争现象,认为这样会破坏企业的秩序。其实,只要管理者对竞争进行合理引导,竞争还可以起到激励员工的作用。对于饭店中的非正式员工,管理者要鼓励他们解放思想,消除顾虑;对正式员工,管理者要引导他们端正态度。在企业内提倡个人竞争,提倡团队竞争,激发全体员工的工作激情,可以使饭店形成良好的竞争氛围。在这里值得强调的一点是,一定要营造公平的竞争环境,不能因为非正式员工的参与而带有歧视性。

④善于发现和表扬非正式员工良好的工作表现。表扬优于惩罚,不是忽视惩罚的作用,只是应有侧重。通过对饭店管理者的访谈了解,对非正式员工频繁的惩罚往往导致事与愿违的结局——员工辞职。而反过来对其进行表扬,则会更加"发扬光大"受表扬行为,并且满足其尊严与虚荣。这种思维方式在于把重点放在"美好"的一面,就像对"先吃好葡萄还是坏葡萄"的回答一样,是领导者领导能力的一种体现,应学会发现别人的优点,扬长避短,努力发挥每一个非正式员工的潜能。表扬的形式多种多样,要充分利用一切机会和企业的内部媒介,对非正式员工加以表扬,如在饭店内部设立宣传橱窗,把非正式员工纳入每月优秀服务之星的评选活动中。

在具体操作方面,对于实习生,可以从技术、管理和学校三方面对他们进行考核。饭店各职能部门对实习生进行技术考核;人力资源部对实习生进行纪律、生活方面的考核;学校通过饭店的反馈信息,每月考核学生的实习情况。对于在饭店实习期间表现良好的实习生,可以评为"优秀实习生",毕业获得毕业证书之后,饭店可以将其转为正式员工。对于短期协议工主要是技术方面的考核,工作表现优秀的要及时发现和发扬。如北京丽都假日饭店的员工表现出色，获得客人的表扬，可以获得指南针奖，每次奖励价值50元消费券，可以兑换成现金或在店内消费。北京贵宾楼饭店的员工如果受到客人的表扬，每一封表扬信奖励100元。在这里工作一年以上且表现优秀的非正式员工，经过部门推选可以参加饭店组织的公费出国旅游。

5.2.4 增强员工的认知内驱力，加强教育培训

培训是非正式员工迅速掌握服务技能的重要手段，持续的培训和开发给饭店带来的收益与饭店倡导的参与行为密切相关。在低决策参与的饭店，员工有种自己不被看作饭店一员的感觉。如果他们得不到学习机会的话，员工与饭店之间就不会形成心理契约。员工不学习，也不积极参与饭店事务，毫无士气可言，饭店和员工均处于停滞状态。如果员工有学习的机会但不能参与决策，或对学习持一种闭塞心态，他们会将学习视为发展自我的机会而不仅仅是为饭店工作。如果饭店提倡员工参与和鼓励分享，但却没有提供学习机会，员工热情高涨过后，同样会士气低落，对饭店丧失兴趣（见表5.1）。

表5.1 学习机会与员工参与的关系

	低机会	高机会
参与	单向契约 ——沮丧	双向契约 ——捆绑
不参与	没有契约 ——停滞	单向契约 ——个人成长

最理想的状态是饭店能够具有全面参与机制，从提供较高的正式和非正式学习机会两个方面营造良好的学习氛围。这会提高非正式员工归属感，鼓舞士气，共享知识，实现持续发展。

在具体操作方面，饭店对非正式员工除了进行部门规章制度、服务技能培训外，还要将部门月度、季度目标及措施公布于众，做到每个员工心中有数。培训的目的之一是转变员工的工作态度。培训部门要坦言部门的成绩与挑战，要强调本部门工作在企业中的重要作用，培训人员要用系统的思维考虑问题。联系本部门的上、中、下游部门，说明本工作对于企业的贡献，不仅要求整体性，还要有层次性，要向员工灌输本职工作的重要性，使其明白自己的工作对于整个企业生存、发展的作用，培养员工的使命感。

5.2.5 强化工作认同，重新认识非正式员工

转变观念主要指企业管理者与正式员工的观念定位。按照马斯洛的需求层次理论，人都有归属感的需求，进入一个新的工作环境就进入了一个新的社群。任何员工都希望能尽快地融入到工作环境中去，而融入一个新的团队一般要经历一个过程，表现在一个系统里即为远离原有的平衡——动荡阶段——自调节过程——新的平衡形成。为了加快这一过程的实现，除了非正式员工的自我适应能力外，还与社群（团队）人员对非正式员工的态度有极大的关系，管理人员及正式员工对其是否包容，将决定非正式员工以后的工作积极性问题。正式员工在组织的自调节过程中起着重要的作用。正式员工要转变那种具有工作优越感的狭隘观念，从企业的角度来说，要建立起所有员工一视同仁的观念。按照控制论的基本思

考方法,正式员工应该采用“功能雷同”的观点来看待非正式员工,而忽略个体的性质、特性的不同,认识到企业的经营管理是以每一个成员的共同努力来实现的。企业的每一位员工都关系到企业的声誉,都对饭店的产出负有重大的责任,要建立起“人人都是人才”的观念。

(1)重视非正式组织

非正式组织存在于任何一个社群之中,企业领导者要充分认识到这一点。员工归属感的需要,不仅表现在组织上,更重要的是体现在非正式组织上,尤其对于非正式员工而言。管理者要能充分使用非正式组织来为企业目标服务。企业要发挥非正式组织中核心人物的重要作用,核心人物在非正式群体内具有较强的号召力,是最受尊敬的人,其意识和行为对群体规范和目标起着决定性的作用。领导要表现出对其工作的肯定,加强与其沟通,从而更好地了解员工的心态。沟通可能是整合非正式组织的最好方式,它体现了领导者对非正式组织的重视和认可,有利于非正式组织目标与正式组织目标的整合。

(2)强调细节管理,注重执行力

饭店企业文化在某种程度上是一种过程文化,过程文化强调细节管理,饭店行业提供的是一种服务产品,其质量表现为顾客预期需求的满足程度,是一种心理感受。任何一个服务环节的缺失,都会让顾客产生不满情绪,著名的服务公式 100 - 1 = 0 就是这个道理。在微观层次上,细节化管理体现了一个企业的执行水平,而执行水平的高低与领导者的行为方式直接相关。对于非正式员工的管理,很大程度上依赖于与之接触频繁的基层管理者,所以引导基层管理者的行为方式,建立一种执行文化,使其全身心地投入到基层管理工作中去,以身作则,对于非正式员工的管理是一个行之有效的方式。只有在适当的时间开始关注适当的细节的时候,一个组织才能真正地落实一项计划。执行文化建立的主要前提就是管理者。作为一名基层管理者,必须对自己的业务有足够的了解,能为一个班组确定明确而清晰的目标,经常给下属提供指导性的培训,对表现不同的员工在报酬、机会上加以区别对待。

5.3 小结

随着非正式员工在饭店人员构成中的比例逐渐加大,其管理问题也越来越凸现。通过对饭店人力资源管理者的访谈、问卷调查以及本人在饭店半年多的实习观察,总结出非正式员工管理的五大问题:流动率高;工作成效不佳;激励不到位;薪酬管理随意;非正式员工与正式员工身份互通“金桥”尚未建立。根据饭店非正式员工的 SEDR 管理模型,针对上述五个问题,本文相应地提出五大管理对策,即改善工作的制度环境,改革人事管理制度;改变工作的组织环境,构建合理的薪酬层级结构;增强员工的自我提高内驱力,加强激励管理;增强员工的认知内驱力,加强教育培训;强化工作认同,重新认识非正式员工。

6 研究结论与探讨

6.1 主要研究结论

饭店非正式员工无论在人数还是规模上都呈现上升趋势,已逐渐成为人力资源管理研究的重点。然而遗憾的是目前学界和业界并没有关注非正式员工群体,相关理论和实践研究较为匮乏。本论文在进行文献综述和理论阐述的基础上，主要采用实证研究方法，通过问卷研究、访谈研究和案例研究，从不同层面对饭店非正式员工的工作状况进行了详细分析。在此基础上，剖析了饭店非正式员工管理的问题，并提出了相应的对策建议。

在论文的实证研究部分，问卷分析使用SPSS13.0统计软件，对北京和浙江两地13家饭店的非正式员工的调查数据进行了信度和效度分析、因子分析、描述性统计分析、方差分析、相关性分析和回归分析。描述性统计结果显示饭店非正式员工的工作满意度一般，工作压力较小，工作态度良好，工作单位认可中等偏上。一元方差分析结果显示北京和浙江两个地区饭店非正式员工的工作满意度、工作压力、工作态度和工作单位认可度没有显著性差异。相关性和回归分析结果显示工作满意度与工作压力、工作态度、工作单位认可变量之间的相关系数均达到显著性水平。经过线性回归检验，得到回归模型为：

$$工作满意 = 2.434 - 0.196 \times 工作压力 + 0.118 \times 工作态度 + 0.269 \times 工作单位认可$$

访谈研究主要从管理层的角度了解饭店非正式员工的工作现状以及饭店管理者对非正式员工与正式员工在管理方式、管理内容等方面的异同之处。在访谈9家饭店人力资源部门的管理人员之后，本文归纳总结以下12个有关非正式员工的问题。

①非正式员工进入饭店工作的途径：饭店非正式员工一般通过职业中介、劳务派遣服务公司、学校和饭店人事部等途径到饭店工作。

②饭店非正式员工工作岗位安排：饭店非正式员工一般安排在对学历、技术、形象方面要求相对较低的部门，如客房部、餐饮部、保安部和管事部等。

③非正式员工与正式员工的工作要求：在工作岗位或任务分配上，对饭店非正式员工和正式员工的工作要求是一样的，必须掌握岗位工作的基本技能。

④非正式员工与正式员工的培训情况：饭店对非正式员工在入店教育培训和岗位技能培训方面与正式员工一样，但进入工作岗位之后，正式员工和非正式员工的培训重点会有所区别，对正式员工培训要求更严格些。

⑤非正式员工的考核：饭店对非正式员工进行定期考核。对于实习生，饭店从技术、管理和学校三方面对他们进行考核。饭店对于临时工的考核主要是技术方面。

⑥非正式员工与正式员工的薪资和福利情况：相比于正式员工，饭店非正式员工所获得的薪资和福利普遍较少。

⑦非正式员工和正式员工在工作态度、工作技能和工作绩效方面的表现：在工作技能方面，正式员工比非正式员工要强，但工作态度方面，非正式员工反而会比正式员工要更加积极友好。在工作绩效方面，正式员工工作较为娴熟，工作效率要高于实习生和临时工，工作责任心也强于他们。

⑧主管人员与非正式员工的沟通和奖惩情况：饭店主管人员与非正式员工的直属沟通良好，不存在障碍。在奖惩方面，管理者一般根据饭店员工手册相关规定对非正式员工进行奖惩，与正式员工没有区别。

⑨非正式员工与正式员工的互动和沟通情况：饭店非正式员工和正式员工之间不存在排斥行为，但歧视行为还是存在的。

⑩调动和激励非正式员工的工作积极性和主动性的方式：饭店的管理者一般通过给予不同的薪酬水平激励，营造良好的工作环境，采取人性化的行政管理措施，提供职业发展与再培训的机会，树立非正式员工的工作目标来调动非正式员工的工作积极性和主动性。

⑪非正式员工离开饭店的原因：饭店实习生因为实习期满、实习表现不佳或学生个人原因而离开饭店。临时工离开饭店的原因有合同期满、工作强度较大、收入过低、员工过失、有更好的工作机会、身体原因或饭店离家过远。

⑫饭店招收非正式员工的原因：饭店使用非正式员工是为了节约人工成本，增加企业用工的灵活性。

案例研究部分以北京某家五星级饭店2006年2月份统计的在店非正式员工为例，了解饭店非正式员工的构成比例、结构、层次、工作部门、工作压力和工作满意度等情况，其研究结果与问卷访谈情况相一致。

在对饭店非正式员工进行实证研究的基础上，论文总结非正式员工管理的五大问题：流动率高；工作成效不佳；激励不到位；薪酬管理随意；非正式员工与正式员工身份互通“金桥”尚未建立。根据饭店非正式员工的SEDR管理模型，针对上述五个问题，本文相应地提出五大管理对策，即改善工作的制度环境，改革人事管理制度；改变工作的组织环境，构建合理的薪酬层级结构；增强员工的自我提高内驱力，加强激励管理；增强员工的认知内驱力，加强教育培训；强化工作认同，重新认识非正式员工。

6.2 本研究的局限性

在论文的写作过程中，从研究框架的搭建到研究方法的选择再到信息和数据的收集、整理、分析以及最终研究结果的形成，本人都本着严谨求实的态度，力求做到论文内容翔实，分析准确到位，阐述清晰明了。但是由于时间和个人能力所限，论文仍存在一些不足，特加以说明以便为后续研究的开展提供借鉴。

（1）研究样本的局限

在调查对象的选择上，仅选取了北京的6家饭店和浙江的7家饭店做问卷调查，获得354份有效问卷，相对于整个中国12 930家星级饭店，调查样本偏小，有可能会影响到研究结论的代表性和解释力。如果范围更宽泛的话，就能更准确反映目前饭店非正式员工工作状况。

（2）调查问卷设计上的局限

本研究所使用的问卷选项，主要是参考了相关文献，并结合导师和饭店业界人士的意见，从以往相关研究中抽取相应的题项组合而成的。尽管量表拥有良好的a信度，但在因子构建上还存在不完善之处，工作压力和工作满意度量表因子分析后总方差贡献率分别为58.335%和59.508%，说明在工作压力和工作满意度类别的分析中除了已得出的因子外，还存在其他一些尚未发现的因素，这就需要在以后的研究中不断修正和完善。

（3）研究内容的局限

本文在研究非正式员工工作满意程度时，仅抽取工作环境、工作内驱力和工作认同中的部分因素，即工作压力、工作态度和员工对工作单位的认同这三个主要因素，而没有将其他相关因素纳入分析研究中。这些因素分析可以在本文的后续研究中进行，具有一定的探讨价值和意义。

6.3 研究展望

总体看来，我国现有文献对非正式员工的研究尚处于起步阶段，研究的深度有待挖掘，研究的广度都有待拓展,研究视野有待提升,加强对这些薄弱环节的研究,是进一步研究饭店企业非正式员工的方向所在。

(1)非正式员工的基础性研究

目前对非正式员工的基础性研究还比较缺乏,研究的数据缺乏积累,研究方法还比较单一,主要以定性描述为主,定量研究不足,研究成果缺乏系统性。为此需要进一步加强对非正式员工问题的学术研究,尤其是进行非正式员工有效管理的研究,以科学地指导企业的实际工作。

(2)非正式员工的社会保障问题研究

当前非正式员工群体快速增加,已成为劳动力队伍中不容忽视的一个群体。他们往往处于社会的底层,在工作安全、福利和待遇方面没有话语权。如何保障非正式员工的福利待遇、工作安全是值得学者们探讨的问题。

(3)非正式员工的工作激励研究

非正式员工的群体不断扩大,但是他们并没有得到社会的广泛关注,企业对非正式员工薪酬、社会福利等方面的管理比较随意,没有形成有效的管理方式。到目前为止,还没有学者对非正式员工的激励问题进行全面系统的研究,因此非常有必要对现有饭店企业非正式员工的激励问题进行深入研究。

附录

附录1 饭店非正式员工工作情况调查问卷

各位尊敬的员工:

您好!非常感谢您在百忙之中支持我们的调查!

这是一份有关饭店非正式员工(实习生、外来培训人员、短期协议工等)工作情况的调查问卷。本次调查搜集的信息主要是用于了解现阶段非正式员工的工作状况,为管理部门制定科学的政策提供依据,从而使该饭店成为非正式员工更加理想的工作单位。

我们的调查采用匿名的方式填写,并承诺对您填写结果完全保密,仅供我们研究参考之用,不会对您产生任何不利影响,请您如实填写问卷。

占用您10分钟时间,再次感谢您的支持与合作!

北京第二外国语学院旅游管理学院

第一部分:您的基本信息

您的性别__________ A. 男 B. 女

① 您的年龄__________

A. 20岁以下 B. 20~25岁 C. 26~35岁 D. 36~45岁 E. 46岁以上

② 您的学历__________

A. 初中 B. 高中 C. 中专 D. 大专 E. 大学本科及以上

③ 您的工作部门______________

A. 前厅 B. 客房 C. 餐饮 D. 公共区域PA E. 安保部

F. 工程部　　G. 其他__________

④ 在您从事这份工作之前,您是__________

A. 下岗职工　　B. 内退员工　　C. 在校学生　　D. 待业人员　　E. 其他__________

⑤ 您已经在该饭店工作多长时间? __________

⑥ 您选择这份工作的原因__________

A. 获取合适的报酬 B. 获取工作经验　　C. 学校实习要求　　D. 其他__________

⑦ 您是否接受过岗前培训__________　A. 是　　B. 否

⑧ 您是否接受过岗位培训__________　A. 没有　　B. 是,一次　　C. 两次以上

第二部分:下列各题描述您对当前工作的满意程度,请在最合乎您想法的答案上打钩。满意程度分为五级:(1)非常不满意 (2)不满意 (3)一般 (4)满意 (5)非常满意。

① 对于工作内容,我感到　(1)　(2)　(3)　(4)　(5)

② 对于目前工作的负荷量,我感到　(1)　(2)　(3)　(4)　(5)

③ 对于饭店的工作环境,我感到　(1)　(2)　(3)　(4)　(5)

④ 对于目前的工资(或实习费),我感到　(1)　(2)　(3)　(4)　(5)

⑤ 对于该饭店的福利制度,我感到　(1)　(2)　(3)　(4)　(5)

⑥ 对于饭店的绩效考评制度,我感到　(1)　(2)　(3)　(4)　(5)

⑦ 对于工作条件,我感到　(1)　(2)　(3)　(4)　(5)

⑧ 对于饭店的工作氛围,我感到　(1)　(2)　(3)　(4)　(5)

⑨ 对于工作时间的制度安排,我感到　(1)　(2)　(3)　(4)　(5)

⑩ 对于工作设备配置情况,我感到　(1)　(2)　(3)　(4)　(5)

⑪ 对于员工宿舍,我感到　(1)　(2)　(3)　(4)　(5)

⑫ 对于员工餐厅的条件和服务,我感到　(1)　(2)　(3)　(4)　(5)

⑬ 对于我所在工作团队的人际关系,我感到　(1)　(2)　(3)　(4)　(5)

⑭ 对于上级对待下属的方式,我感到　(1)　(2)　(3)　(4)　(5)

⑮ 对于饭店提供的培训,我感到　(1)　(2)　(3)　(4)　(5)

⑯ 对于饭店对非正式员工的关心程度,我感到　(1)　(2)　(3)　(4)　(5)

⑰ 总体而言,我对目前的工作状态表示　(1)　(2)　(3)　(4)　(5)

第三部分:下面的叙述代表您对工作压力的感觉。请根据您个人的观点,表达您对这些叙述的同意程度。同意程度共分为五级(1)非常不同意 (2)不同意 (3)无意见 (4)同意(5)非常同意。请在最合乎您情况的答案上打钩。

① 我的工作任务十分繁重,休息时间很少　(1)　(2)　(3)　(4)　(5)

② 我每天的工作时间太长　(1)　(2)　(3)　(4)　(5)

③ 我在工作中遇到很多的困难和挑战　(1)　(2)　(3)　(4)　(5)

④ 当工作有困难时,不能找到有效的沟通手段　(1)　(2)　(3)　(4)　(5)

⑤ 遇到工作困难时很少得到同情和帮助　(1)　(2)　(3)　(4)　(5)

⑥ 与同事的关系不是很理想　(1)　(2)　(3)　(4)　(5)

⑦ 与上级领导的关系不是很理想　(1)　(2)　(3)　(4)　(5)

⑧ 在工作中与同事沟通有点困难　(1)　(2)　(3)　(4)　(5)

⑨ 我不知道自己的工作职责和权利　(1)　(2)　(3)　(4)　(5)

⑩ 我不太了解我的工作与组织目标之间的关系　(1)　(2)　(3)　(4)　(5)

⑪ 感受到饭店精简人员对我的压力　(1)　(2)　(3)　(4)　(5)

⑫ 在工作中我学不到新的知识和技能	(1)	(2)	(3)	(4)	(5)
⑬ 很少接受到培训和指导	(1)	(2)	(3)	(4)	(5)
⑭ 总体来说,我的工作压力很大	(1)	(2)	(3)	(4)	(5)

第四部分:下列各题描述您的工作态度,请在最合乎您想法的答案上打钩。五种选择说明您的工作态度:(1)完全不同意 (2)不同意 (3)不置可否 (4)同意 (5)非常同意。

① 上班时间我总是面带笑容	(1)	(2)	(3)	(4)	(5)
② 我总能耐心倾听,理解对方	(1)	(2)	(3)	(4)	(5)
③ 对客服务,我热情积极主动	(1)	(2)	(3)	(4)	(5)
④ 对待上级,我尊重并服从他们的领导	(1)	(2)	(3)	(4)	(5)
⑤ 对待同事,我与他们友好合作	(1)	(2)	(3)	(4)	(5)
⑥ 我对工作很专注	(1)	(2)	(3)	(4)	(5)
⑦ 我对工作很负责任	(1)	(2)	(3)	(4)	(5)
⑧ 我总是想办法改进我的工作	(1)	(2)	(3)	(4)	(5)
⑨ 我在工作中充分行使了建议权	(1)	(2)	(3)	(4)	(5)
⑩ 总体而言,我的工作态度较好	(1)	(2)	(3)	(4)	(5)

第五部分:下列各题描述您对工作单位的认可,请在最合乎您想法的答案上打钩。五种选择说明您的工作态度:(1)完全不同意 (2)不同意 (3)不置可否 (4)同意 (5)非常同意。

① 我所在饭店的企业文化非常具有吸引力	(1)	(2)	(3)	(4)	(5)
② 我留在这家饭店工作是一个不错的选择	(1)	(2)	(3)	(4)	(5)
③ 当别的饭店工资更优厚时,我会选择离开	(1)	(2)	(3)	(4)	(5)
④ 我在饭店工作很愉快,会继续留在此工作	(1)	(2)	(3)	(4)	(5)
⑤ 我认为我所工作的饭店是一个很优秀的单位	(1)	(2)	(3)	(4)	(5)
⑥ 总体而言,我认可我的工作单位	(1)	(2)	(3)	(4)	(5)

附录2　饭店非正式员工管理的访谈提纲

一、基本信息

访谈对象的姓名:________________　　职务:________________

所在单位:________________　　访谈时间:________________

二、非正式员工管理问题

1. 非正式员工通过什么途径招入贵饭店(学校、职业中介)?

2. 非正式员工与正式员工的比例是多少?一般分配在什么岗位?

3. 在工作岗位或任务分配上,对非正式员工与正式员工的工作要求有何不同?

4. 对非正式员工的培训与正式员工有何不同?是否对非正式员工也进行职业发展规划?

5. 如何考核非正式员工的工作绩效?考核方式及内容与正式员工有哪些差别?非正式员工转为正式员工需要满足哪些条件?

6. 同样的工作岗位,正式员工与非正式员工的工资待遇和福利有何差别?

7. 同样的工作岗位,正式员工和非正式员工的工作态度、工作技能、工作绩效有何区别?

8. 主管人员与非正式员工的沟通情况如何(如通过例会或日常沟通)?如何实行对非正式员工的奖惩,与正式员工有何不同?

9. 正式员工与非正式员工之间的互动和沟通情况如何(如:是否存在排斥行为)?二者间是否存在互助或竞争机制?怎样处理二者的纠纷?

10. 管理者应该如何调动和激励非正式员工的工作积极性和主动性?采取的方式与正式员工有何不同?

11. 非正式员工的流失率多高?一般是基于什么原因辞职?这些员工与饭店签订劳动合同吗?怎样培养非正式员工的企业归属感?

12. 从行业发展的背景角度谈谈饭店为什么招用非正式员工?

13. 您对此课题的研究有何建议?

附录3 问卷发放单位

序号	饭店名称	星级	经济性质
1	北京国际饭店	五星级	国有
2	北京新世纪日航饭店	五星级	合资
3	北京贵宾楼饭店	五星级	合资
4	象山港国际大酒店	五星级	股份
5	北京丽都假日饭店	四星级	合资
6	新昌白云山庄	四星级	股份
7	杭州最佳西方梅苑宾馆	四星级	集体
8	宁波开元大酒店	四星级	民营
9	杭州友好饭店	四星级	合资
10	北京崇文门饭店	三星级	国有
11	杭州耀江大酒店	三星级	国有
12	杭州二台山庄	二星级	国有
13	北京东方饭店	三星级	股份

参考文献

[1] De Grip J, Hoevenberg E W. A typical employment in the European Union[J]. Labour Review, 1997, 136(1):49 - 71.

[2] Amabile T M. Assessing the work environment for creativity[J]. Academy of Management Journal, 1996,39(5):1154 - 1184.

[3] Amuedo-Dorantes C. Work transitions into and out of involuntary temporary employment in a segmented market: evidence from Spain[J]. Industrial and Labor Relations Review, 2000, 53 (2): 309 - 325.

[4] Atkinson J. Manpower strategies for flexible organizations[J]. Personnel Management, 1984(8):10.

[5] Auer P and Sandrine C. The resilience of the long-term employment relationship: evidence from the industrialized countries[J]. International Labour Review, 2000(139):4.

[6] Beehr T A, Newman J E. Job stress, employee health, and organizational effectiveness: a facet analysis, model, and literature review[J]. Personnel Psychology,1978, 31(5):655 – 699.

[7] Booth A L, Franscesconi M, and Frank J. Temporary jobs: stepping stones or dead ends[J]. Economic Journal, 2002, 112 (480): 189 – 213.

[8] Bronstein A S. Temporary work in western Europe—threat or complement to permanent employment[J]. International Labor Review, 1991:29 – 35.

[9] Campbell I, and Burgess J. Casual employment in Australia and temporary employment in Europe: developing a cross-national comparison[J]. Work Employment and Society, 2001, 15 (1): 171 – 184.

[10] Castro J, Dickerson J F. Disposable workers[J]. Time, 1993, 141(13):42 – 46.

[11] Handy C. The Age of Unreason[M]. Boston: Harvard Business School Press,1990.

[12] Taylor C. The Politics of Recognition, in Philosophical Arguments[M]. Harvard: Harvard University Press, 1995.

[13] Conley H M. Temporary work in the public services: implications for equal opportunities[J]. Gender Work and Organization, 2003, 10 (4): 455 – 477.

[14] Engellandt A and Regina R. Temporary Contracts and Employee Efforts[C]. IZA Institute for the Study of Labor, Discussion Papers, 2003.

[15] Forde C. Temporary arrangements: the activities of employment agencies in the UK[J]. Work Employment and Society, 2001, 15 (3): 631 – 644.

[16] Forde C and Gary S. Continuing Cause for Concern? The Evolving Character and Regulation of Temporary Work in the UK[C]. Nottingham Trent University, Discussion Papers in Political Economy, 2003.

[17] Forrier A and Sels L. Temporary employment and employability: training opportunities and efforts of temporary and permanent employees in Belgium[J]. Work Employment and Society, 2003, 17 (4): 641 – 666.

[18] Giesecke J, and Gross M. Temporary employment: chance or risk [J]. European Sociological Review, 2003, 18 (2): 161 – 177.

[19] Gonos G. Fee-splitting revisited: concealing surplus value in the temporary employment relationship[J]. Politics & Society, 2001, 29 (4): 589 – 611.

[20] Gray A. Job seekers and gatekeepers: the role of the private employment agency in the placement of the unemployed[J]. Work Employment and Society, 2002, 16 (4): 655 – 674.

[21] Hansen M, Nohria N, & Tierney T. What's your strategy for managing knowledge[J]. Harvard Business Review, 1999(3): 106 – 116.

[22] Hoque K, and Kirkpatrick I. Non-standard employment in the management and professional workforce: training, consultation and gender implications[J]. Work Employment and Society, 2003, 17 (4): 667 – 689.

[23] Houseman S N. Why employers use flexible staffing arrangements: evidence from an establishment survey[J]. Industrial and Labor Relations Review, 2001, 55 (1): 149 – 170.

[24] Houseman S N, and Machiko Osawa. Part-time and temporary employment in Japan[J]. Monthly Labor Review, 1995, 118 (10).

[25] Houseman S N, and Anne E P. The Implications of Flexible Staffing Arrangements for Job Stability [M]//Neumark D. The Job: Is Long-Term Employment A Thing of the Past?. New York: Russell Sage Foundation, 2000, 427 – 462.

[26] James M M,Carl D R,Cathy A E. Why restaurant managers quit (and how to keep them) [J]. The

Cornell H. R. A Quarterly, 1986.

[27] Kalleberg A L. Organizing flexibility: the flexible firm in a new century[J]. British Journal of Industrial Relations, 2001, 39 (4): 479 – 504.

[28] Kalleberg A L. Flexible firms and labor market segmentation: effects of workplace restructuring on jobs and workers[J]. Work and Occupations, 2003, 30 (2): 154 – 175.

[29] Kalleberg A L. Nonstandard employment relations: part-time, temporary, and contract work[J]. Annual Review of Sociology, 2000(26): 341 – 365.

[30] Kohler S S, Mathieu J E. An examination of the relationships between affective reactions, work perceptions, individual resource characteristics, and multiple absence criteria[J]. Journal of Organizational Behavior, 1993(14): 515 – 530.

[31] Kundu K. Temporary work: a catalyst for a stronger economy[J]. Employment Policy Foundation, 2000.

[32] Lane J, Mikelson K S, Sharkey P, and Wissoker D. Pathways to work for low-income workers: the effect of work in the temporary help industry[J]. Journal of Policy Analysis and Management, 2003, 22 (4): 581 – 598.

[33] Lautsch B A. Uncovering and explaining variance in the features and outcomes of contingent work[J]. Industrial and Labor Relations Review, 2002, 56 (1): 23 – 43.

[34] Lenz E A. Flexible employment: positive work strategies for the 21st century[J]. Journal of Labor Research, 1996(17): 25.

[35] Leonard-Barton D. Wellsprings of Knowledge: Building and Sustaining the Sources of Innovation [M]. Boston, MA: Harvard Business School Press, 1995.

[36] Locke E A. The Nature and Causes of Job Satisfaction[M]// Dunnette M D. Handbook of Industrial and Organizational Psychology. Chicago: Rand McNally, 1976.

[37] Mangum G, Donald M, and Kristin N. The temporary help industry: a response to the dual internal labor market[J]. Industrial and Labor Relations Review, 1985(38): 599 – 611.

[38] Marler J H, Barringer M W, Milkovich G T. Boundaryless and traditional contingent employees: worlds apart[J]. Journal of Organizational Behavior, 2002(23): 425 – 453.

[39] Mehta C, and Theodore N. Paying the price for flexibility: unemployment insurance and the temporary staffing industry[J]. Working USA, 2005, 6(3): 84 – 110.

[40] Mehta C and Theodore N. Revolving Doors: Temp Agencies as Accelerators of Churning in Low-Wage Labor Markets[M]. Simmens L. Welfare, the Working Poor, and Labor. Armonk, NY: ME Sharpe, 2005: 90 – 104.

[41] Mehta C, and Theodore N. Winning union representation for temps: an analysis of the NLRB's M. B. sturgis and Jeffboat division ruling[J]. Working USA, 2005, 4(3): 37 – 58.

[42] Mathieu J E, Zajac D M. A view and meta-analysis of the antecedents, correlates and consequences of organizational commitment[J]. Psychological Bulletin, 1990, 108(2): 171 – 194.

[43] Meyer J P, and Allen N J. Commitment in the Workplace: Theory, Research, and Application[M]. Thousand Oaks, CA: Sage Publications, Inc, 1997.

[44] Nick. Non-standard employment: a note on levels, trends and some implications[J]. Labour Market Bulletin, 1999: 101 – 121.

[45] O'Reilly J, and Fagan C. Part-time Prospects: An International Comparison of Part-time Work in Europe, North-America and the Pacific[M]. London: Routledge, 1998.

[46] Peck J and Nik Theodore. Cycles of Contingency: The temporary staffing industry and labor market

adjustment in the U. S. Contemporary Research on Temporary Employment: The Inside View from Six Countries[J]. Newcastle: University of Newcastle Employment Studies Centre, 2003.

[47] Polavieja J G. Temporary contracts and labour market segmentation in Spain: An employment-rent approach[J]. European Sociological Review, 2003, 19(5): 501 -517.

[48] Polivka A E. Contingent and alternative work arrangements defined[J]. Monthly Labor Review, 1996, 119(10): 3 -9.

[49] Polivka A E, Cohany S, Hipple S. Definition, Composition, and Economic Consequences of the Nonstandard Workforce[C]//Carre F, Ferber M A, Golden L, Herzenberg S A(Eds.). Nonstandard Work, Urbana-Champaign: Industrial Relations Research Association, 2000.

[50] Price & Mueller. Professional Turnover: The Case for Nurses[M]. Iowa: Iowa State University Press, 1981.

[51] Quinlan M, Mayhew C, Bohle P. The global expansion of precarious employment, work disorganization, and consequences for occupational health: a review of recent research[J]. International Journal of Health Service, 1998, 31 (2): 335 -414.

[52] Quiroz J, James A, Rubie C. Strengthening job ladders for contingent workers: new policies for part-time and contingent workers[J]. New Ways to Work, 1991:46 -48.

[53] Randall D M. Commitment and the organization: the organization man revisited[J]. Academy of Management Review, 1987, 12(3):462.

[54] Segal L M, and Daniel G S. Temporary Services Employment Durations: Evidence from State UI Data[C]. Federal Reserve Bank of Chicago, Working Paper, 1997.

[55] Segal L M and Daniel G S. Wage Differentials for Temporary Services Work: Evidence from Administrative Data[C]. Federal Reserve Bank of Chicago, Working Paper, 1998.

[56] Sloane P J, Gasteen A. Primary Flexibility—the Flexible Firm and its Determinants. [M]// Blyton P and Morris J. A Flexible Future? Prospects for Employment and Organization. New York: Walter de Gruyter, 1991.

[57] Stamper C L, Van Dyne L. Work status and organizational citizenship behavior: A field study of restaurant employees[J]. Journal of Organizational Behavior,2001(22): 517 -536.

[58] Susan L S. Maintaining a Competitive Advantage in Tourist Accommodation Establishment: Emerging Patterns of Employment and Challenges for HRD[C]. PASCN Discussion Paper, 2004.

[59] Tett R P, Meyer J P. Job satisfaction, organizational commitment, turnover intention and turnover: path analysis based on meta-analytic findings[J]. Personnel Psychology, 1993, 46(2): 259 ~293.

[60] Ward K. UK temporary staffing: industry structure and evolutionary dynamics[J]. Environment and Planning, 2003, 35 (5): 889 -907.

[61] Wiens-Tuers B A, and Elizabeth T H. How did we get here from there? movement into temporary employment[J]. Journal of Economic Issues, 2002, 36 (2): 303 -311.

[62] Ward K. Going Global? New Frontiers and Emerging Markets in the Temporary Staffing Industry[C]. University of Manchester, Working Paper, 2002.

[63] Williams L J, Hazer J T. Antecedents and consequences of satisfaction and commitment in turnover models: a reanalysis using latent variable structural equation Methods[J]. Journal of Applied Psychology, 1986, 71(2): 219 -231.

[64] Zijl Marloes, Arjan H, and Gerard V B. Stepping stones for the unemployed? effects of temporary jobs on job search duration of the unemployed[J]. Preliminary Version, 2003.

[65] 白景文.企业如何运用工作满意度至人力资源的管理[J].人力资源发展月刊,1997(118):1 -9.

［66］蔡欣玲．医学中心护理人员离职意愿与工作压力相关性探讨［D］．台湾：科研论文，1995:85.

［67］陈畅．认识员工满意度［J］．中国人力资源开发，1999(10):25－27.

［68］陈曦，谢晓非．关注员工的满意感［J］．中国人力资源开发，2003(3):68－70.

［69］陈畔武．企业知识创新过程与工作环境因素之间的关系研究——浙江省16家高新技术企业的实证分析［D］．杭州：浙江大学，2004:16－23.

［70］陈德辉，张长生．团体创造性工作环境的评估［J］．中国西部科技，2007(2):58－60.

［71］成之约．浅论非典型聘用关系工作形态的发展与影响［J］．劳工行政，1999(139).

［72］菲尔德．工作评价：组织诊断与研究实用量表［M］．杨志平，等译．北京：中国轻工业出版社，2004.

［73］傅慧，汪纯孝．宾馆员工工作满意感的实证研究［J］．桂林旅专学报，1998,9(4):11－13.

［74］龚培渝．认同与承认［D］．吉林：吉林大学，2006:10－17.

［75］韩荣．劳动密集型企业非正式员工的激励机制［J］．河北企业，2006(2):22－23.

［76］何柏帆，天吉生，赵庆生，金伟飞．关于加强对中国人保非正式员工管理的调查［J］．中国保险，2001(7):34－35.

［77］胡浩，潘军．探讨员工满意度调查分析方法［J］．中国人力资源开发，2004(9):53－55.

［78］黄翠霞，邢以群．员工满意度的测量与分析方法［J］．企业活力，2002(2):50－51.

［79］黄映辉．绩效付酬和工作环境对企业员工的激励［J］．大连海事大学学报(社会科学版)，2006(3):74－76.

［80］简建忠．台湾派遣劳务法制化之研究［D］．台北：国立中正大学法律学研究所硕士论文，1999.

［81］金明律．论企业的知识创新及知识变换过程［J］．南开管理评论，1998(2):22－26.

［82］柯志忠．金融保险业人力弹性运用之研究——以FB产物保险公司为例［D］．台北：国立中山大学人力资源管理研究所硕士论文，2002.

［83］雷勇．思想政治教育接受主体内驱力构成与驱动研究［D］．长春：东北师范大学，2005:2－5.

［84］李昭娜．饭店业员工满意度研究——以济南市为例［D］．济南：山东大学，2006:48－52.

［85］李怀祖．管理研究方法论［M］．西安：西安交通大学出版社，2000.

［86］李军，郭晓林．工作满意度研究［J］．经济师，2004(1):265－266.

［87］刘加玲．工作环境对稳定企业人才的影响．石油企业管理，2000(7):38－39.

［88］卢纹岱．SPSS for Windows 统计分析［M］．北京：电子工业出版社，2002.

［89］卢静．人力资源战略的制定与选择［J］．人力资源开发与管理，2005(8).

［90］马明．饭店员工满意度与努力度关系实证研究［J］．旅游科学，2005,19(6):61－66.

［91］马斯洛·亚伯拉罕，德波娜·斯蒂芬斯．别忘了，我们都是人［M］．北京：中国标准出版社，2001.

［92］庞磊．公立医院非正式员工薪酬管理［J］．医院与社会，2006(19).

［93］邵峰．星级酒店员工满意度管理研究［D］．郑州：郑州大学硕士论文，2005.

［94］斯蒂芬.P.罗宾斯．组织行为学(第七版)［M］．孙健敏，李原，等，译．北京：中国人民大学出版社，1997.

［95］舒晓兵，廖建桥．国企管理人员工作压力源与工作满意度实证研究［J］．工业工程与管理，2002(2):34－37.

［96］汪京．企业员工工作压力与工作态度的关系研究［D］．北京：首都经济贸易大学劳动经济学院，2006:58－59.

［97］石林．工作压力的研究现状与方向［J］．心理科学，2003(3):494－497.

［98］熊丽娟．饭店员工工作压力管理的研究［D］．湖南：中南林学院，2005:6－7, 30－32.

［99］熊苹．建立高绩效的工作环境［J］．湖南税务高等专科学校学报，2002(6):59－60.

［100］王伯启．试论饭店中非正式员工的管理［EB/OL］．山东：青岛大学旅游学院．http://cttr.cn/Article/Upload/200410714244101.doc. 2006－3－5.

[101] 王重鸣.心理学研究方法[M].北京:人民教育出版社,1990.

[102] 魏翔.旅游经济与发展战略研究[D].北京:第二外国语学院,2004.

[103] 王垒,姚宏,廖芳怡等.实用人事测量[M].北京:经济科学出版社,1999.

[104] 王文慧,梅强.企业员工满意度的评估模型和对策分析[J].科技进步与对策,2002(11):131-133.

[105] 王华,黄燕玲.桂林市星级饭店员工工作满意度探悉[J].改革与战略,2004(5):88-91.

[106] 王方华等著.知识管理论[M].太原:山西经济出版社,1999.

[107] 王如富.企业知识创新的管理[J].中国软科学,2000(11):105-107.

[108] 王蕾.对非正式员工绩效评估的思考[J].人力资源,2003(3).

[109] 王文波.公共政策与公众认同[D].太原:山西大学,2004:6-8.

[110] 万希.国外"临时工"状况.中外企业文化,2005:50-51.

[111] 谢礼珊,汪纯孝.服务性企业员工心理授权与工作绩效实证研究[M].北京:旅游教育出版社,2004.

[112] 元莱滨,张亦辉,郑有增等.调查问卷的信度效度分析[J].当代教育科学,2003:22.

[113] 俞聪.饭店员工工作满意度研究[D].北京:北京第二外国语学院,2006:49-52.

[114] 叶顺祥,罗媛.如何激励租赁员工[J].中外企业家,2005(10):66-68.

[115] 曾明,秦璐.工作满意度研究综述[J].河南教育学院学报(哲学社会科学版),2003(1):101-10.

[116] 章刚勇.个人—组织价值观匹配对员工行为及工作满意度影响研究[J].桂林旅游高等专科学校学报,15(5):57-63.

[117] 张琪英.非典型型工作员工工会化之探讨——以中央保健局为例[D].台北:国立中山大学硕士论文,2001.

[118] 张庆普,李志超.企业隐性知识的特征和管理[J].经济理论与经济管理,2002(11):88-89.

[119] 翟丽.企业知识创新管理[M].上海:复旦大学出版社,2001.

[120] 朱耀林,倪椋林.认同规律在思想政治工作中的运用[J].政工学刊,2002(10):21.

(指导教师　谷慧敏)

基于利益相关者视角的饭店企业社会责任研究

牟晓婷

摘　要：企业社会责任是20世纪以来凸现于诸多学科领域的一个重要概念，成为经济学、管理学、社会学、法学等学科研究的共同热点问题。90年代末，全球范围的“企业社会责任运动”开始对中国企业及相关管理部门产生深远的影响。作为较早对外开放的行业，中国饭店企业不仅要科学经营管理，更不能忽视作为企业公民应尽的社会责任，从而寻求科学有效的可持续发展之路。

本文在对企业社会责任以及饭店企业社会责任的已有研究进行回顾的基础上，选择以利益相关者为视角，以企业社会责任理论为理论基础展开研究。通过利益相关者理论、企业社会责任理论以及饭店行业特征的有机结合，分析了饭店企业利益相关者内涵以及基于饭店利益相关者的企业社会责任的主要内容。本文采用质性研究中的扎根理论方法，对36位我国饭店企业中高层管理者的深度访谈资料先后进行了开放性编码、主轴编码和选择性编码，由下而上地构建出饭店企业基于利益相关者差异性的不同层次社会责任体现的理论模型。最后，结合研究结果与饭店行业特征，对我国饭店企业社会责任的进一步提升和特色路径选择提出了建议。

关键词：饭店企业社会责任；利益相关者；质性研究方法；扎根理论

A Study of Hotel Social Responsibility on basis of Stakeholders

Mu Xiaoting

Abstract: Corporate social responsibility is an important concept highlighted in many academic fields since the 20th century, as well as a common hot issue in economics, management, sociology, law and other subjects. The late 90s, the worldwide “corporate social responsibility movement” began to have a profound impact on Chinese companies and related administrations. Being an early opening industry, Chinese hotels should pay more attention to the social responsibility of a corporate citizen, in order to find the way of scientific and effective

作者简介：牟晓婷，女，北京第二外国语学院旅游管理学院2007级研究生，主要研究方向为旅游企业管理。

sustainable development.

On the basis of reviewing existing corporate social responsibility and hotel corporate social responsibility theory, this article choose the stakeholders theory as the perspective and the corporate social responsibility theory as the theoretical basis of the study. By the combination of the stakeholder theory, corporate social responsibility theory and hotel industry characteristics, we analyzes the main content of the hotel stakeholders and the stakeholder-based hotel CSR. By the grounded theory method of qualitative research, we analyzes the depth interview materials from 36 senior managers of Chinese hotels in open coding, axial coding and selective coding one by one, bottom-up build a hotel corporate social responsibility theoretical model which has different levels based on different kinds of stakeholders. Finally, according to the results and the features of hotel industry, the suggestions for the further promote of Chinese hotels corporate social responsibility are given.

Key words: Hotel Corporate Social Responsibility; Stakeholders; Qualitative Research; Grounded Theory

1 导论

1.1 研究背景

企业社会责任(Corporate Social Responsibility,简称 CSR)是 20 世纪以来凸现于诸多学科领域的一个重要概念,成为经济学、管理学、社会学、法学等学科研究的共同热点问题。国际社会普遍认为:在任何社会,有实力和能力的机构都需要为整个社会履行责任,尤其是作为市场经济主体的企业所做的每个决定、每个行为都要考虑其对社会的责任。90 年代末,全球范围的“企业社会责任运动”开始对中国企业及相关管理部门产生深远的影响。

2003 年 7 月 24 日,我国发布了《中国 21 世纪初可持续发展行动纲要》,其中对生态、资源、环境保护等方面提出了要求,而这些与企业社会责任有非常密切的关系。①商务部副部长易小准在“2006 年跨国企业峰会”上透露,中国政府正在制定适合国情的《企业社会责任标准》,商务部将把推进“公司的社会责任”作为 2006 年转变外贸增长方式的一项重要工作。除此之外,国资委也把推动企业的社会责任作为 2006 年的五项工作重点之一。② 2007 年末,许多大型企业纷纷发布年度社会责任报告或社会责任实施指南,以表示对企业社会责任的重视。2008 年初,国务院国资委发出一号文件,重点内容锁定在企业社会责任,即要求中央企业履行社会责任,并指出履行社会责任是深入贯彻落实科学发展观的实际行动,是参与国际经济合作的客观需要。③

作为较早对外开放的行业,中国饭店业与国外企业及游客的交往一直较为密切,而这些

① http://www.people.com.cn/GB/paper39/9753/897593.html

② http://mnc.people.com.cn/GB/54823/4122170.html

③ http://tech.sina.com.cn/t/2008-02-27/10022045044.shtml

企业和人群对企业承担社会责任的要求相对较高,特别是近年来他们开展的"企业社会责任运动"和SA8000在中国的推行,对中国饭店业也形成了一定压力。加之国际饭店企业进入中国市场后,不断通过环保、慈善活动等方式实践企业社会责任,赢得了赞誉,为与中国本土饭店的同台竞技增添了一大筹码。这些都迫使我国饭店在发展过程中,不仅要科学经营管理,更不能忽视作为企业公民应尽的社会责任,从而寻求科学有效的可持续发展之路。

1.2 研究价值

1.2.1 理论价值

目前,国外对于企业社会责任的概念、内涵、层次及维度等有了较为丰富的研究,也建立起了一些相关的模型和理论框架,但是在我国的饭店研究领域,针对饭店企业社会责任的研究基本还只停留在概念的引进和介绍阶段,缺乏定量与定性的研究。本文以我国饭店企业为研究对象,从利益相关者的视角,以求改变现有国际上侧重生产型企业研究的局限性;同时本文将运用定性研究方法中的扎根理论,探索建立中国饭店业社会责任研究的理论框架与体系,为今后该理论的完善与验证做出贡献。

1.2.2 实践价值

本文借助利益相关者视角,通过理论研究,明确我国饭店企业社会责任履行的对象与内容,并建立起饭店企业社会责任模型,将有助于促进我国饭店企业经营管理者和利益相关者对企业社会责任的认知,明确履行社会责任的具体方向;同时,为中国饭店企业内部管理和行业健康发展提供理论参考;还将有助于建立适用于发展中国家的饭店企业社会责任评价体系,促进我国饭店业的可持续发展。

1.3 研究内容

本文主要是从利益相关者角度出发,通过对我国饭店企业中高层管理者的深度访问,对饭店企业社会责任进行的质性研究。通过对企业社会责任以及饭店企业社会责任的已有研究进行回顾,选择以利益相关者为视角,以企业社会责任理论为理论基础展开研究。在理论研究过程中,通过利益相关者理论、企业社会责任理论以及饭店行业特征的有机结合,分析饭店企业利益相关者内涵以及基于饭店利益相关者的企业社会责任的主要内容。采用质性研究中的扎根理论方法,对深度访谈资料先后进行开放性编码、主轴编码和选择性编码,由下而上地构建出饭店企业社会责任理论模型。最后,依据研究所得模型,对我国饭店企业社会责任的进一步提升和特色路径选择提出建议。

1.4 研究思路和方法

1.4.1 研究思路

本文选择利益相关者理论为视角,以企业社会责任理论为基础,通过对现有研究的回顾,结合饭店行业特点与现实,提出饭店企业的各类利益相关者,以及基于这些利益相关者的饭店企业社会责任基本内容。采用扎根理论,对36位饭店中高层管理者的访谈原始资料进行质性研究,最终构建出饭店企业社会责任由驱动因素至实现行为选择的理论模型,并为我国饭店企业今后在社会责任提升方面提出相应建议与对策。

本文的研究思路如图1.1所示。

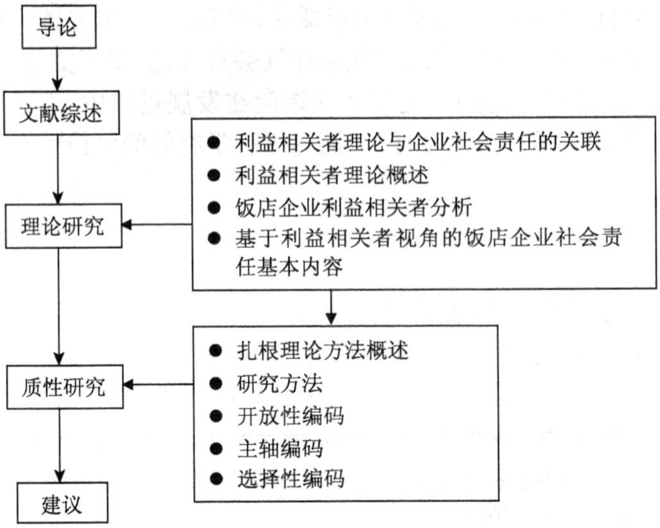

图1.1 研究思路

资料来源：作者绘制

1.4.2 研究方法

本文将主要采用定性研究的方法对饭店企业社会责任进行研究。定性研究是一种非数量化的、非统计化的研究，主要是对社会现象的理解、描述与解释。它是在逻辑分析、判断推理的基础上做出的对经济现象的性质及其内在规定性与规律性的说明。本研究主要围绕以下五个问题对中国一些饭店的中高层管理者展开深度访谈：①如何理解饭店的企业社会责任；②饭店履行企业社会责任的主要动机有哪些方面；③哪些因素会对饭店履行社会责任产生影响；④所在饭店的社会责任主要通过哪些举措体现；⑤如何看待饭店履行社会责任所带来的成效。本文采用扎根理论方法，依次通过开放性编码、主轴编码和选择性编码，对收集的访谈资料进行深度分析，抽取概念、范畴，并通过分析它们之间的关系，最终形成核心范畴，构建出理论模型。

1.5 创新之处

对饭店企业社会责任研究的文献和方法目前仍有较大的局限，尤其是对我国饭店企业社会责任的研究基本停留在现象表面描述的层面上。本文对我国饭店企业社会责任的研究，理论上以利益相关者理论为视角，明确了饭店企业社会责任的对象以及内容框架；研究方法上，对我国饭店以及饭店管理公司、业主等中高层管理者进行深度访谈，采用质性研究中的扎根理论方法，对访谈资料进行了深度分析，进而构建出饭店企业社会责任的理论模型，尚属新的尝试，也为进一步研究饭店企业社会责任评价体系等提供了思路。

2 文献综述

2.1 企业社会责任研究综述

2.1.1 国外研究现状

企业社会责任这一概念最早起源于美国，谢尔顿最早于1924年提出“企业社会责任”的概念，他把企业社会责任与企业经营者满足产业内外人类需要的各种责任联系起来，认为企业社会责任含有道德因素在内，社区利益作为一项衡量尺度，远远高于企业的利益。20世纪30年代，Berle与Dodd就企业功能、角色与责任展开了一场论战，这就是著名的"哈佛论战"。传统的企业理论观点代表人物Adolf Berle（1931）认为，企业是纯粹的营利性经济组织，企业管理者是只受股东委托、唯股东利益是从的股东权益受托人，股东利益始终优于其他潜在利益者的利益；而Merrick Dodd则强烈反对，他认为，"企业是既有经济赢利功能，又必须对社会承担一定服务职能的经济机构，"企业使用私人财产时深受公共利益的影响，企业管理者不仅受托于股东，而且受托于更为广泛的社会，企业是兼社会服务功能与赢利功能于一体的经济机构。不过，在这个时期，人们对企业社会责任的含义和概念的认识还比较模糊，二十多年后，Dodd的观点逐渐受到人们的关注，进入20世纪70年代，企业社会责任理论获得了较大的丰富和发展。

（1）关于企业社会责任内涵的研究。20世纪50年代，美国学者Howard Bowen的著述《商人的社会责任》被认为是开启了企业社会责任的时代。Bowen在书中论证说，如果企业在决策中认清了更广泛的社会目标，那么，其商业行为就会为广大社会带来更多的社会和经济效益。为此，他对企业社会责任的概念作了归纳：企业社会责任是指企业按照我们社会的目标和价值观的要求，向有关政府靠拢，做出相应的决策，采取理想的具体行动的义务。大型的、具有商业行为的企业成为了权利和决策的中心，因此这些具有商业性质的企业行为将会触及社会公民生活的方方面面，从而引发了关于"社会对商人承担哪些社会责任的合理期望"等的许多思考。到了60年代，Keith Davis也对社会责任进行了定义，Davis（1960）认为"商人在进行决策与行动时至少也部分地考虑在企业直接的经济与技术利益之外的利益"，并提出了著名的"责任定律"——"商人的社会责任必须与他们对社会的影响力相称"，他进一步论证到，"如果社会责任与影响力是相对均衡的，那么对社会责任的逃避将会带来影响力的逐渐消退"。Joseph McGuire（1963）在《商业与社会》一书中指出，"企业不仅仅有经济与法律的义务，而且还有一定的对社会的责任，这些责任是在经济与法律义务上延伸出来的"。他详细地描述了企业必须关注政治、社会的福利、教育、员工的幸福以及整个社会，他的这些陈述在后来衍生出了商业伦理和企业公民理论。Frederick（1960）也是对于早期社会责任理论发展很有影响力的研究者，他认为："社会责任暗示了对社会经济和人力资源的一种公众立场，和愿意利用以上资源来服务于更广泛的社会结果，而不是简单地服务于个人或企业的局部利益的一种意愿"。20世纪70年代开始，国外学者对于企业社会责任的研究进入了一个新的阶段，最具代表性的有以下三种理论模型：①"三个同心圆"理论：美国经济发展委员会在1971年发布的《商业企业的社会责任》用分层的观点来定义企业社会责任，提出了三层同心圆的社会责任定义：内层圆包含企业的基本责任——经济职能的有效完成，如为投资者提供回报，为社会提供产品，为员工解决就业等；中层圆环绕在完成经济职能的责任之外，包含改变社会价值和优先的觉悟，如环境保护、劳动保障等；外层圆是企业更广泛的、新近产生的促进社会进步的其他一切还未体系化的责任，如消除贫困、防止城市衰变等。②"金字塔"理论：Carroll（1979）提出了企业社会责任四部分定义，他认为"商业的社会责任涵盖了在一个特定的时间点，社会对企业的经济、法律、伦理和自由决定的期望"，并且认为四种责任的重要性不同，比例依次为4∶3∶2∶1。1983年，Carroll对他1979年提出的企业社会责任四部分定义进行了调整，把自由决定的部分定义为自愿的慈善，即企业责任包括以下四部分:经济、法律、伦理和自愿的慈善。1991 年,Carroll 对这个定义再次进行了完善,经济、法律、伦理和慈善四种社会责任构成了企业社会责任的全部(Carroll,1991)。③"三重底线"理论:英国学者 John Elkington 提出,企业行为要满足三大底线,即经济、社会与环境。同时,要考核一个企业的业绩,不仅从经济、社会和环境角度去考虑,还要从企业本身的价值观以及它是否考虑到利益相关者与社会期望等因素进行综合评定,并且要时刻关注它的经营活动是否会对经济、社会和环境产生不良影响。

(2)关于企业社会责任与企业竞争力提升的关系的研究。关于企业社会责任能否有效提升企业竞争力,国外学者一直存在争议,不仅有理论的阐述,也有实证研究的支持。Harold Koontz 和 Heinz Weihrich(1982)指出,企业承担多元化社会责任会降低企业的经济效益,减弱企业对资源的有效配置,从而导致社会因此付出更多的代价,企业还将因为承担了社会成本而在国际竞争中处于不利地位。他们坚持认为企业承担过多的社会责任,会削弱管理能力,降低企业的竞争力。弗里德曼也认为,企业自愿寻求社会目标会造成经济上的牵制,使有社会责任感的企业增加额外的开支,这样反而等于处罚了承担社会责任的企业,使他们面对缺乏社会责任的竞争对手难以匹敌。但进入 80 年代中后期,越来越多的学者开始接受企业社会责任能够提升企业竞争力的观点。典型的如 Carroll(2000)认为,只要企业能有意识地进行社会责任投资并坚持不懈,就一定会获得社会资本上的回报,也能够唤起更多的、各种类型的利益相关者的支持和忠诚。① 另外有学者则从商业区域角度出发,支持社会责任有利论,认为如果身处一个商业环境的公司把社会责任视为己任,则整个商业区域的竞争力将得到提升。

(3)关于企业社会责任与企业经营绩效关系的研究。在企业社会责任研究中,国外从 20 世纪 70 年代就已经将企业社会责任与公司的财务绩效挂钩,进行了实证研究。总体来说,研究结果较为松散,有正相关也有负相关,还有研究结论标明两者关系不确定或没有影响。相对而言,更多的研究表明了企业社会责任与企业业绩具有一定的正相关性,如 2002 年,美国 DePaul 大学两位教授将《商业伦理》(Business Ethics)杂志评出的 100 家"最佳企业公民"(基于企业对股东、员工、客户、社区、环境、海外投资者、女性和少数民族七大利益相关者群体提高服务的定量评估)与"标准普尔(S&P)500 强"中其他企业的财务业绩比较,发现"最佳企业公民"的整体财务状况远优于标准普尔 500 强的其他企业。

(4)关于企业社会责任影响因素的研究。Constantina Bichta(2003)认为,企业劳动力、政府干预、国家调节、产业特征、区域特色等都影响着组织的社会责任。David Lyon(2004)发现组织文化领域,包括奖励和表扬,学习和管理变革,提高认识和参与,质疑文化和相互尊重等都会影响企业责任表现。John Simmons(2003)从人力资源管理的角度进行了研究并指出,有效人力资源管理的治理可以与社会责任相一致,在人力资源系统纳入利益相关者的意见可以提高组织业绩和组织认同感。Uwem E. Ite(2004)则认为在发展中国家,缺少国家宏观规划和管理,缺少适当的资源支持和实施环境,影响了跨国公司在这些国家承担企业社会责任的主动性。

(5)关于企业社会责任标准化的研究。在接受并认可了企业社会责任观点的基础上,许多学者开展了有关企业社会责任的标准化及评价体系的研究,旨在更广泛、更有效地推行企

---

① Carroll A B. Ethical challenges for business in the new millennium[J]. Business Ethics Quarterly, 2000(1).

业社会责任。有学者提出,中小企业可以借助 ISO 9001:2000 标准作为平台来实施企业社会责任议程,然后从这个方法当中获益,改进他们的业务,开发出有竞争力的优势(Pavel Castka, Michaela A. Balzarova, Christopher J. Bamber and John M. Sharp,2004)。目前,影响较大的企业社会责任标准是由美国经济优先权认可机构委员会制定的企业社会责任标准 SA 8000(CEPAA,1997)。SA 8000 是继 ISO 9000 和 ISO 14000 后新的国际管理体系认证标准,它规定企业必须承担对社会和利益相关者的责任,对员工健康与安全、工作环境、工会权利等具体问题制定了最低要求,是首个可以由第三方认证机构审核的社会责任认证标准。

2.1.2 国内研究现状

随着国外关于企业社会责任研究热潮的掀起,国内对企业社会责任的研究还处于起步阶段,但也开始有所回应。袁家方的《企业社会责任》是我国较早的以企业社会责任为题的著作,袁家方(1990)认为企业社会责任是企业在争取自身的生存与发展的同时,面对社会需要和各种社会问题,为维护国家、社会和人类的根本利益,必须承担的义务。该书从纳税、自然资源、能源、环保、消费者等几个方面分析企业的社会责任,成为我国学术界研究企业社会责任的奠基之作。另有刘俊海的《企业的社会责任》,谭森等人的《跨国公司的社会责任与中国社会》,台湾学者刘连煜的《公司治理与公司社会责任》等,都是这一时期较有影响力的著作,但这一时期的研究基本侧重于从法学和经济学角度分析企业社会责任,研究视角相对较为狭窄。

进入 2000 年以来,我国企业社会责任研究进入快速发展时期。总结国内理论界关于企业社会责任的研究,主要集中于对国外企业社会责任理论和观点的引入评述以及对企业社会责任内涵与外延的界定。刘俊海与卢代富等从法学角度出发,在其专著中倾注了大量的笔墨介绍与评述国外关于企业社会责任的观点与理论。刘俊海(1999)将企业社会责任定义为"公司不仅仅以最大限度地为股东营利或赚钱作为自己存在的唯一目的,而应当最大限度地增进股东利益之外的其他社会利益",并着重就公司对消费者和劳动者的责任用分别的专题加以分析。卢代富(2002)认为,所谓企业社会责任,乃指企业在谋求股东利润最大化之外所负有的维护和增进社会利益的义务。在《企业社会责任的经济学与法学分析》一书中,他分析了西方关于企业社会责任的争论,探讨了企业社会责任的含义、企业社会责任的正当性基础、企业社会责任的法律改革课题以及企业社会责任在中国的实行等问题。台湾学者刘连煜(2001)认为,所谓公司社会责任者,乃指营利性的公司,于其决策机关确认某一事项为社会上多数人所希望者后,该营利性公司便应放弃营利之意图,符合多数人对该公司之期望。再申言之,公司之社会责任,除了必须依照法律行事即所谓公司之遵守法律(令)外,亦必须实践"公司之伦理责任"及所谓之"自行裁量责任"(例如举办慈善事业)。叶祥松,黎友焕在《2004 广东企业社会责任蓝皮书》中说:企业社会责任包括两个特征,一是法律和制度要求的强制性的社会责任,这类企业社会责任往往是通过相应法律、法规、行业标准等制度的制定来强制推行的;另一是道德和价值观念要求的自发的社会责任,这类企业社会责任的推行是建立在企业文化中对人、自然、社会和谐关系的认可上,体现了企业家自身的人文素质与价值观念。之后,黎友焕又在《国内企业社会责任研究综述》一文中,从企业社会责任的内涵及其合理性,和谐社会、科学发展观与企业社会责任,利益相关者与企业社会责任,可持续发展与企业社会责任,公司治理与企业社会责任等方面对我国目前对企业社会责任的研究做了较为全面的理论综述。此外,在这一时期,还出现了针对 SA 8000 的专题研究,黎友焕(2005)在《SA 8000 与中国企业社会责任建设》中指出，虽然 SA 8000 在中国已经受到越来越多的企业的关注，也有越来越多的企业希望获得 SA 8000 认证，但实际上，SA 8000 只是目前几百个企业社会责任守则中的一个。

其他众多学者，如林军(2004)、高尚全(2004)、惠宁和霍丽(2005)、刘长喜(2005)、李立清(2005)等分别从不同的理论基础，如利益相关者理论、社会契约理论等，分析了企业社会责任的内容、层次等问题，并进行了一定程度的实证研究。

2.2 饭店企业社会责任研究

2.2.1 国外研究现状

国外对饭店企业社会责任的相关研究，也是在进入 21 世纪之后才逐渐丰富起来的，主要是将主流企业社会责任理论运用到饭店行业背景中，结合饭店业的特点，加以研究和分析。主要研究方向可以归纳为以下几个方面：

(1) 对饭店企业社会责任意识与表现的研究

Whitney(1990)专门针对饭店管理者的责任认知进行研究；Judy L. Holcomb，Randall S. Upchurch 和 Fevzi Okumus(2007)运用内容分析法研究了世界顶尖的饭店集团的社会责任表现；Peter Jones 和 Daphne Comfort(2006)研究了英国饭店业社会责任的表现，显示出了不同饭店企业社会责任的表现方式；Joan C. Henderson(2007)研究了 2004 年印度洋海啸背景下的酒店社会责任表现与反应。

(2) 对饭店企业社会责任与企业绩效的关系的研究

Juan L. Nicolau(2008)研究认为，旅游企业积极参与商业领域之外的社会活动会对公司的业绩带来积极的影响。Kyung Ho Kang，Seoki Lee，Chang Huh(2010)研究了饭店行业背景下的企业社会责任与财务业绩的关系问题，尤其是积极的和消极的企业社会责任活动对企业财务业绩的独立影响，帮助企业进行正确的企业社会责任活动战略决策。Seoki Lee 和 Sun-Young Park(2009)研究了企业社会责任活动与饭店行业企业价值及盈利性的相互关系。结果表明，饭店企业可以通过提高对于企业社会责任活动的投资，来提升短期(盈利性)和长期的(企业价值)企业业绩。Francisco J. García Rodríguez 和 Yaiza del Mar Armas Cruz(2007)阐述了饭店行业背景下，社会、环境责任对于企业的重要性以及它们与企业业绩之间的矛盾关系，并介绍了对西班牙饭店业进行的实例研究。

除此之外还有一些关于饭店企业社会责任其他方面的研究，如 Wen-Hsien Tsai，Jui-Ling Hsu 和 Chia-Hsin Chen 等(2009)提出了饭店业选择企业社会责任项目和进行成本评估时可以使用的综合方法和科学技术。研究结果表明，企业形象的提升是促使国际旅游酒店实现企业社会责任目标的主要驱动力。Seoki Lee 和 Cindy Yoonjoung Heo (2009)研究了消费者满意度与美国酒店和餐馆行业企业社会责任活动的关系，并区分了积极的和消极的企业社会责任活动。

2.2.2 国内研究现状

在国内旅游领域，对于旅游企业社会责任的研究还相对较少，吴慧、吴建宏(2007)从企业社会责任和 SA8000 的内涵和研究现状入手，通过对目前我国酒店业员工责任管理现象的分析，提出了酒店可以从人权保障、劳动保障、员工发展和管理体系等四个方面来改进员工责任管理工作的建议，同时也呼吁学术界重视旅游业社会责任的研究，为我国酒店业的发展打好理论基础。高建芳(2007)在硕士论文《旅游企业社会责任评价指标体系研究》中重点研究了旅游企业社会责任的评价指标体系。陈雪琼(2006)主要分析了影响饭店承担社会责任的因素并提出消除途径。汪勤(2008)研究了中国旅游饭店企业社会责任的内容、现状以及提升的对策。蒋术良(2009)在对饭店社会责任理论分析的基础上,对饭店社会责任现状进行了实证研究。

其他大部分研究则主要集中于"绿色饭店"。主要视角有:①绿色饭店宏观发展趋势研究。林刚(2001)指出饭店业实施绿色管理有着重要意义,具体可以从健全管理机制、培育绿色文化、进行绿色生产、提供绿色服务、开展绿色营销、争取绿色认证等六个方面做好工作。石长波等(2003)针对中国内地饭店的实际经营情况,分别从宏观和微观等方面提出了创建绿色饭店的思路和具体措施。饶雪梅(2003)、吴芸廷(2005)、黄梅(2006)等重点研究了绿色饭店的发展脉络,以及在我国的发展历程。许建(2007)分析了饭店实施绿色管理存在的问题,从加强政府的推动作用,建立饭店绿色文化,建立绿色管理的保障体系等方面探讨了饭店实施绿色管理的对策。陆朋、马洪霞(2007)认为应采取积极对策和措施,如政府鼓励、引导饭店实施 ISO 14000 标准等,以推动和促进饭店环境管理的改善。②绿色营销研究。袁国宏(1999)、龚友国(2003)、陈春琴(2003)等学者从绿色营销的含义,我国饭店业绿色营销的必要性、现状、任务、趋势及实施对策等方面进行了阐述。另外,还有部分学者对绿色饭店的标准与认定体系进行了研究和探讨,如杨跃之(2004)及陈琦(2007)。

2.3 研究评述

相对于国外对企业社会责任的研究,目前我国对饭店企业社会责任的研究还相对单薄,已有的与旅游饭店社会责任相关的文献并没有深入地探讨社会责任理论。受限于企业社会责任内涵和外延边界的模糊、概念的笼统和抽象,现有的研究成果大都还停留在对饭店企业社会责任的现状、问题、对策等的表面描述上,而对于针对饭店行业特点的企业社会责任内涵、饭店履行企业社会责任的内生与外部驱动因素及其实现路径等,都没有深入研究与探讨。因此,有必要寻找一个具体的视角,对饭店企业社会责任的内容、对象等构建明确的框架,并对上述问题进行更进一步的研究,为客观、科学地分析我国饭店企业社会责任现状与提出提升我国饭店企业社会责任的对策提供现实依据。

3 基于利益相关者视角的饭店企业社会责任理论研究

3.1 利益相关者理论与企业社会责任的关联

如今,企业社会责任已经成为国际焦点,人们不再将企业看作是为股东创造利润和财富的工具,它还必须对整个社会的经济、政治和文化发展负责。在这一轮又一轮的国际企业社会责任运动浪潮面前,各国研究者也开始认真思考企业社会责任背后的理论支撑点。实际上,在企业社会责任理论的发展过程中,很多研究者都从不同角度为企业社会责任的发展提供了理论支持,如企业伦理理论、社会契约理论以及利益相关者理论,等等。在这其中,利益相关者理论被众多研究者看作是研究企业社会责任的绝佳视角。

利益相关者理论于 20 世纪 60 年代在西方国家逐步形成,是社会学和管理学的一个交叉领域，主要研究社会各相关群体与企业的关系，对传统的公司治理模式和企业经营管理方式产生了巨大的影响。利益相关者理论的勃然兴起，对股东本位主义发起了强有力的挑战，它认为企业经营的目的不能仅局限于股东利润最大化，同时还应当考虑其他利益相关者，如员工、顾客、债权人、商务伙伴、社区、非政府组织、媒体、政府、竞争对手等，企业各种利益相关者利益的最大化才是现代企业经营的最终目的。

利益相关者理论与企业社会责任理论分属于管理学与社会学两个相对独立的研究领域，各自研究不同层面的问题；但两者之间又有着很多的相通之处：它们都在研究企业与股东以及股东之外的个人和群体之间的关系。企业社会责任理论在几十年的发展过程中，得到了越来越多的机构、学者以及公众的认可和支持，但由于企业社会责任内涵和外延的抽象性、与企业绩效相关性的不确定性等原因，使得该理论在实践中也遇到了很多问题。而利益相关者理论的引入，能够为解决上述问题带来有益探讨。

（1）修正了“股东至上”原则

以弗里德曼为代表的“股东至上”理论认为，企业存在的唯一目的就是最大限度地盈利并实现股东利润的最大化，股东应该掌握对企业的控制权，管理者只应当单独服务于股东利益。而与之相对，利益相关者理论则主张企业存在的目标是丰富所有相关者的利益而不仅仅是股东，所有受企业影响的利益相关者都有权参与企业决策，管理者应对所有相关者的利益负责。该理论认为，股东为企业的经营提供了物质资本，而其他利益相关者，包括员工、供应商、债权人、政府、社区等，不仅同样为企业提供了物质资本，还提供了人力资本、环境资本，等等。因此，企业不是单纯的“物质资本集合体”，而是由多个利益相关者构成的“契约联合体”。除了资本结构的因素外，企业的风险也不是由股东全部承担，员工、供应商、代理商、债权人、政府、社区等个人或群体，都分担着企业经营的风险，承受着企业行为所带来的各种影响。利益相关者理论的这些主要观点，与企业社会责任理论的“企业应当改变唯股东利益是从的观念、以更高的层次看待企业经营、全面考虑所有利益相关者与整个社会的利益、承担适度社会责任”的主张相容贯通，可以说，利益相关者理论对“股东至上”原则提出了强有力的挑战，而这在某种程度上为企业社会责任理论的发展扫清了障碍。

（2）相对明确了企业社会责任范围界定与承担客体

目前，很多针对企业社会责任理论的质疑来自于企业社会责任的义务对象和内容过于抽象与模糊。一些商法学者认为，企业不应当承担社会责任。对于企业社会责任究竟该向谁承担、如何承担等问题，理论始终没有给出明确回答，只是笼统地以消费者、公众、社会等来体现，而这些外延模糊的群体很难作为现实具体的权利人存在；除此之外，企业社会责任的内容也模糊不清，无法起到行为规范的作用，若将其反映于立法之中，则有可能成为立法本应极力避免的“空白规定”。而利益相关者理论的引入，一定程度上弥补了企业社会责任理论的这一缺陷。虽然利益相关者内涵的界定和分类目前也没有被学界一致认可的观点，但学者们从不同角度如影响程度、承担风险的意愿程度、依赖程度、联系紧密性等对利益相关者的界定与划分，基本框架却是一致的，也指出了具体对象，如投资者、消费者、员工、供应商、债权人、社区、政府等，从而可以为企业社会责任指明方向和道路。在现阶段企业社会责任理论研究还有待深化的情况下，完全可以在利益相关者理论的框架内，提出企业针对每一类利益相关者应当承担的社会责任，推进企业社会责任的“具体化”进程。可以说，利益相关者理论为企业社会责任研究提供了一个有效的分析工具，成为许多学者用以支持企业社会责任研究的主要依据。

因此,本文也将以利益相关者理论为主要支撑,借助利益相关者的内涵与分类体系,有针对性和方向性地分析饭店企业社会责任。

3.2 利益相关者理论概述

利益相关者理论产生于20世纪60年代,发展于80年代以后。最早正式将“利益相关者”一词引入管理学界和经济学界的是美国学者Ansoff,他认为“要制定出一个理想的企业目标,必须综合平衡考虑企业的诸多利益相关者之间相互冲突的索取权,他们可能包括管理人员、工人、股东、供应商以及分销商”。

3.2.1 利益相关者的界定

在所有关于利益相关者的定义中,Freeman(弗里曼)(1984)的观点最有代表性。他认为“利益相关者是能够影响一个组织目标的实现,或者受到一个组织实现其目标过程影响的所有个体和群体”。弗里曼不仅将影响企业目标达成的个体和群体视为利益相关者,同时也将受企业目标达成过程中所采取的行动影响的个体和群体看作利益相关者,并正式将当地社区、政府部门、环境保护主义者等实体纳入利益相关者管理的研究范畴,大大扩展了利益相关者的内涵。弗里曼的观点与当时西方国家正在兴起的企业社会责任的观点不谋而合,受到许多管理学家、经济学家的赞同,弗里曼给出的利益相关者的定义也成为后来研究者引用频率最高的一种定义。

到了利益相关者理论日趋完善的20世纪90年代中后期,许多学者是从非常广义的角度来认识利益相关者的。例如,Clarkson(1995)认为“利益相关者就是在一个公司的过去、现在和将来的活动中拥有或宣称拥有权利或利益的个体或群体”;Hill和Jones(1992)指出“利益相关者是那些对企业有合法要求权的团体,他们通过一个交换关系的存在而建立起联系,即他们向企业提供关键性资源,以换取自身利益目标的满足”;Carroll(1993)则认为“利益相关者在企业中投入一种或多种形式的‘赌注’,他们也许影响企业的活动,或受到企业活动的影响”,等等。

我国众多学者也基于各自研究,对利益相关者进行了界定,比较有代表性的有万建华(1998)和李心合(2001)从企业利益相关者合作性和威胁性两个维度对利益相关者进行了界定,认为利益相关者是对企业有合作利益,或者对企业生存和发展存在潜在威胁的团体。陈宏辉(2004)认为前人结合关联性和投资专用性两个角度来界定企业的利益相关者是十分有意义的,他认为利益相关者是指那些在企业中进行了一定的专用性投资,并承担了一定的风险的个体和群体,其活动能够影响该企业目标的实现,或者受到该企业实现其目标过程的影响。

虽然国内外各学者对于利益相关者的界定各种各样,但从中可以看出利益相关者与企业之间互动的、相互影响的关系。由于利益相关者向企业投入某种对于企业持续经营有重要作用的东西,利益相关者的态度和行为必然会对企业的目标、战略、行动产生影响,又由于利益相关者需要从企业获得某种利益,企业的行为也会对其产生影响。企业要想持续经营,必须获得利益相关者对其不断的“投入”,也就是必须保持与利益相关者的契约式的交易关系。从利益相关者的角度看,是否继续对企业进行投入取决于他们是否通过这种投入获得了令自己满意的回报。因此,企业要想持续经营,就必须以自身的行为来迎合并满足利益相关者对企业合理合法的要求和期望。

3.2.2 利益相关者的分类

在20世纪80年代初期至90年代中期,“多维细分法”逐渐成为利益相关者分类中最常用的分析工具。其中比较有代表性的分类方式包括以下几种:

(1)Freeman(1984)从所有权、经济依赖性和社会利益三个不同的角度对利益相关者进行分类,这一研究方法也为利益相关者理论的发展做出了开创性的贡献。对企业拥有所有权的利益相关者有持股票经理人、公司董事和所有其他公司持股者等;与企业在经济上有依赖关系的利益相关者主要有公司经理人员、债权人、内部服务机构、雇员、消费者、供应商、竞争者、地方社区、管理机构等;与公司在社会利益上有关系的利益相关者主要有特殊群体、政府领导人和媒体等。

(2)Frederick(1988)根据利益相关者与企业的利益关系及影响程度,将利益相关者分成了直接利益相关者和间接利益相关者。直接利益相关者是与企业直接发生市场交易关系的利益相关者,主要包括股东、企业员工、债权人、供应商、零售商、消费者、竞争者等;间接利益相关者是与企业发生非市场关系的利益相关者,包括中央政府、地方政府、外国政府、社会活动团体、媒体、一般公众、其他团体等。

(3)Clarkson(1994;1995)提出了两种有代表性的分类方法:①根据相关群体在企业经营活动中承担的风险的种类,可以将利益相关者分为自愿的利益相关者和非自愿的利益相关者。前者是指在企业中主动进行了物质资本或人力资本投资的个人或群体,他们自愿承担企业经营活动给自己带来的风险;后者是指由于企业的活动而被动地承担了风险的个人或群体。②根据相关群体与企业联系的紧密性,可以将利益相关者分为首要的利益相关者和次要的利益相关者。前者是指公司的持续生存需要其连续性参与的个人和群体,包括股东、投资者、雇员、顾客、供应商等;后者是指间接影响企业的运作或者受到企业运作的间接影响、即使不与企业开展交易对企业的生存也不起根本性的作用的个人和群体,如环境主义者、媒体、学者和众多的特定利益集团。

(4)Mitchell和Wood(1997)提出了一种评分法来对利益相关者进行分类,大大改善了利益相关者分类的可操作性,受到了学术界和企业界的普遍推崇,推进了利益相关者理论的应用与实践。Mitchell(1997)明确指出,可以从合法性、权力性和紧急性三个属性上对可能的利益相关者进行评分,然后根据分值的高低来确定某一个体或者群体是不是企业的利益相关者,是哪一类型的利益相关者。要成为一个企业的利益相关者,至少要符合以上一条属性。根据企业的具体情况,从上述三个特性上评分后,企业的利益相关者又可以被细分为以下三类:①确定型利益相关者,他们同时拥有对企业问题的合法性、权力性和紧急性。典型的确定型利益相关者包括股东、雇员和顾客。②预期型利益相关者,他们与企业保持较密切的联系,拥有上述三项属性中的两项。③潜在的利益相关者,指只拥有三项特性中一项的群体,管理层并不需要、也很少有积极性去关注他们。

国内学者在借鉴国外研究成果的基础上,结合我国实际情况提出一些代表性观点:万建华(1998)根据与企业的契约关系将利益相关者分为一级利益相关者和二级利益相关者;李心合(2001)从合作性和威胁性两个维度将利益相关者分为支持型、边缘型、不支持型、混合型四类;陈宏辉(2003)通过实证研究,从主动性、重要性和紧急性三个维度上将我国企业的10种利益相关者分为核心利益相关者、蛰伏利益相关者和边缘利益相关者三大类;吴玲等

(2005)将利益相关者分为关键利益相关者、非关键利益相关者和边缘利益相关者三类;郭红玲以企业为边界,将利益相关者分为内部利益相关者、外部利益相关者和边缘利益相关者。

从以上各学者的研究中可以看出,虽然对企业利益相关者分类的角度各有不同,但最终体现出来的分类结果都比较明确地展现出了企业与不同利益相关者的关联程度和相互影响程度的不同,因此可以说,各种分类在本质上并无冲突与矛盾。在本文的研究中,将主要参考陈宏辉(2003)的分类方式,对饭店企业利益相关者展开分析。

3.3 饭店企业利益相关者分析

陈宏辉(2003)通过实证研究,针对一般性企业,将企业的利益相关者分为了三类,分别是核心利益相关者、蛰伏利益相关者和边缘利益相关者。他将核心利益相关者定义为"那些企业不可或缺的群体,与企业具有紧密的利害关系,甚至可以直接左右企业的生存和发展",包括管理人员、员工、股东三类利益相关者。蛰伏利益相关者则是"往往已经与企业形成了较为密切的关系,所付出的专用性投资实际上使得他们承担着企业一定的经营风险。在企业正常经营状态下,他们也许只是表现为一种企业的显性契约人而已;然而一旦其利益要求没有得到很好的满足或是受到损害时,他们可能就会从蛰伏状态跃升为活跃状态,其反应可能会非常强烈,从而直接影响企业的生存和发展。"这些利益相关者包括供应商、消费者、债权人、分销商和政府等五类。边缘利益相关者主要包括特殊团体和社区,他们"往往被动地受到企业的影响,在企业看来他们的重要性程度很低,其实现利益要求的紧迫性也不强。"

3.3.1 饭店企业核心利益相关者

与一般性企业相类似,饭店企业的利益相关者也是由多个主体组成,也存在不同的紧密性、重要性层次。陈宏辉(2003)通过实证研究,对企业核心利益相关者进行的界定,对饭店企业也同样适用,尤其是从这些"核心利益相关者"对饭店企业连续性正常运转的影响程度来看,本研究将由管理人员和员工组成的人员队伍和投资者即饭店业主定位为饭店企业的核心利益相关者。

(1) 员工团队

饭店业是典型的劳动密集型产业,并且饭店产品以服务为最主要的实现方式,产品质量很大程度上需要通过管理团队和员工的人为表现来体现,因此相对于制造类企业,饭店企业对管理团队与员工的软实力要求还要高,管理团队的专业化管理水平以及一线员工的综合职业素养都直接关系到饭店企业的竞争力和生命力。

(2) 业主

饭店业主为饭店的初期建设注入资金,这是饭店存在的前提;而在饭店经营过程中,随着时间的推移,饭店将不同程度地面临更新改造的需要,仍需要业主投入足够的资金支持与保障。此外,饭店业主能够通过公司治理直接控制和影响饭店管理者的行为,保护自身利益,尤其是他们从资金链条上对企业经营的监督、干预和控制直接影响着饭店企业的各类经营决策。

3.3.2 饭店企业非核心利益相关者

根据陈宏辉(2003)的研究,除了企业的核心利益相关者,还有蛰伏利益相关者和边缘利益相关者,两者的区别主要在于是否存在专用性投资关系及与企业相互影响程度的不同。而具体到饭店企业来说,针对不同业态的饭店,蛰伏利益相关者与边缘利益相关者的边界相对模糊。例如,对经济发达城市的商务型饭店来说,环境保护只是边缘利益相关者的利益诉求,饭店实现这种利益诉求的紧迫性相对较低;而对位于风景名胜区的度假型饭店来说,环境条件对饭店吸引客源和持续经营的影响则显得至关重要,它甚至有了蛰伏利益相关者的特点,即一旦受到损害,就可能从蛰伏状态跃升为活跃状态,直接破坏企业生存的基础。因此,为了避免不同饭店业态特点带来的饭店企业利益相关者分类的混乱,本文的研究中将不再对饭店的蛰伏利益相关者和边缘利益相关者进行区分,而将它们一并归为饭店企业的非核心利益相关者。

(1) 顾客

对任何企业来说,顾客都是企业的生命线,只有有了顾客的购买,企业各种形式的生产才有意义。企业一切形式的行为,最终目的都是将产品送入顾客的手中,实现交换。随着社会生产力的发展,很多行业市场供求关系发生了转变,由卖方市场变为了买方市场,这在饭店行业中体现的尤为明显。近年来各地饭店的大量投资建设,使众多一、二线城市饭店市场供求关系已经明显呈现出供大于求的特点,国际品牌与本土品牌饭店陷入市场争夺混战,因此对绝大多数饭店企业来说,准确地把握目标市场,提供富有品牌特征的产品,以得到顾客的青睐与忠诚成为其持续经营的关键。

(2) 分销商

饭店企业的分销商既包括传统的实体分销商,如旅行社、会展及各类活动策划公司等,也涵盖了网络时代的虚拟企业,如各类预订网站与搜索引擎。与分销商保持长期、稳定的合作关系非常有利于饭店更好地配置各种资源,寻求更广阔的市场空间;但掌握着先进销售方式或者大量顾客资源的分销商,拥有非常强的议价能力,饭店实现销售的同时也要支付高额的成本。因此很多有实力的饭店集团、管理公司开始加强自身分销渠道的建设,如采用中央预定系统、建立呼叫中心等,抢占客源供应链。这种与分销商的不断博弈与取舍是饭店企业销售渠道结构优化的重要议题。

(3) 供应商

饭店企业与供应商通过价格驱动形成竞争关系,通过信息共享和协调形成合作关系,饭店的正常经营需要以能源、原材料等的持续、准时供应为保证,与供应商良好的共赢关系对饭店企业至关重要;与此同时,那些独家掌握关键资源的供应商具有很强的议价能力,反向对饭店产生的影响也很大。因此,一些管理体系较为成熟的饭店集团与管理公司为应对这种不利,开始推进集团式采购,通过大量订单与供应商形成抗衡,最终两者实现双赢。

(4) 政府

政府承担着企业经营活动监督管理职能,主要通过法律法规约束及经济政策倾向等间接手段来影响企业行为,企业则主要通过按时纳税对政府体现义务。就饭店业来说,与政府的关系可谓错综复杂。首先,很多地方政府、各类管理机构都有自己投资建设的饭店,政府机构是我国行业饭店业主中重要的一部分;其次,政府机构是很多饭店的重要客源市场,政府公务接待、各类会议、大型活动等都需要在饭店进行,很多饭店也有专门面向政府机构的销售队伍;再者,很多地方政府把高星级、国际品牌饭店看作是政府形象工程的一部分、政绩的体现,给予了高档饭店筹建地价优惠、低息贷款、资金奖励、审批简化等多种政策性支持,在这种利好政策的刺激下,大量投资者不顾地区客源结构特点,盲目建设高档饭店、引进国际品牌,一定程度上干扰了饭店市场的有序发展。

(5) 债权人

债权人是企业借入资本的所有者。在市场经济中,饭店经营遇到资金周转困难或需要大量资金投入,如装修改造时,一般会涉及借款。对债权人来说,这是好的投资机会;对饭店企业来说,可以利用财务杠杆获得更高的收益。

(6) 社区和特殊团体

饭店企业的经营活动需要同其所在的社会环境进行联系,对社会环境的变化做出及时反应,因此也必然会与某些社会团体和所在社区产生关联。团体和社区一般通过社会舆论力量来间接对饭店产生影响,主要涉及的方面有饭店的环境保护、公益活动参与度等,而饭店企业也主要通过以上方式响应社区与特殊团体的利益诉求。

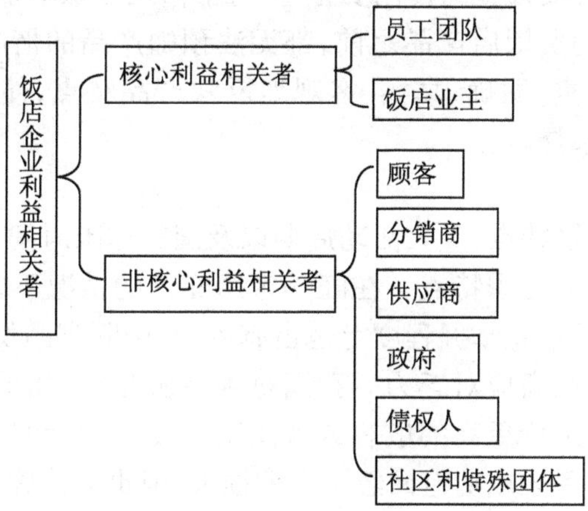

图 3.1　饭店企业利益相关者结构图

资料来源:作者绘制

总体来看,饭店企业与其各类利益相关者的关系及其紧密程度符合一般企业的规律,但也存在着一定的行业特性。在此利益相关者分类体系的框架下,明确了饭店利益相关者的具体对象与相互关系,将为具体分析饭店企业社会责任的基本内容提供依据。

3.4　基于利益相关者视角的饭店企业社会责任基本内容

企业社会责任是一个相对宽泛与抽象的概念,在不同的时空环境下,企业社会责任也有不同的内容。根据以上对饭店企业利益相关者的分析,可以将饭店企业社会责任大致概括为以下几个内容:

(1)对员工团队的责任

这里的员工团队取员工的广义概念,既包括饭店管理人员,也包括一线员工。员工是饭店的细胞,也是饭店财富的源泉,他们与饭店有着明确的归属关系,是饭店最为接近的社会公众。首先,饭店应当为员工提供安全、健康、融洽的工作环境,保证员工的身心健康;其次,要关心员工福利,在薪资待遇、各项保险、法定假期等方面给予员工公平合理的对待;第三,为员工的职业发展提供支持与空间,通过饭店内外部培训、轮岗、外派等方式不断提高员工的职业素养,为其提供施展才华和实现自身价值的平台;第四,为员工提供民主参与饭店管理的渠道。

（2）对业主的责任

在现代市场经济条件下，越来越多的饭店业主选择委托饭店管理公司对所属饭店进行专业化管理，而那些没有选择交给饭店管理公司管理的饭店，很多也实现了所有权与经营权相分离，饭店经营的风险主要由业主来承担。因此饭店企业对业主最主要的责任就是对其投入的资本负责，通过合法的专业化管理，实现饭店的盈利，保证业主资产的保值增值，向业主提供有力的投资回报。

（3）对顾客的责任

社会将财富、资源委托于企业，为的是实现顾客的消费，因而，对顾客的责任是饭店企业无法规避的重要责任。饭店对顾客的最基本责任是向顾客提供安全可靠的服务产品，包括食品安全、环境安全以及各类设施的使用安全等。此外，由于饭店服务产品生产与消费同步性的特点，使顾客每次在消费饭店产品之前，都无法预知产品的情况，这就要求饭店必须对顾客的知情权和自主权负责，明确、真实、客观地反映产品特点，使顾客能够基于此自主决策，做出最有利于自己的选择。

（4）对分销商的责任

由于受所在地自然环境特点、重大活动周期以及国民休闲时间分布特点的影响，很多饭店的需求呈现出很明显的淡旺季特点。在旺季客源充沛的情况下，饭店企业相对于分销商有更高的谈判能力，在产品信息掌握程度上也占有主动，中断产品供应或大幅提高产品价格或捏造产品信息都会使分销商应对乏力。我国每到旅游旺季，几乎都会出现饭店违背与旅行社的约定而将客房售予出价更高的散客或者团队致使旅行社游客无处可宿的相关报道。即使分销商能够通过法律手段成功追回经济上的损失，但也无法弥补其声誉上受到的损害。因此履行与分销商的协议约定，准确提供产品信息，按时按量保质地实现产品供应，是饭店对分销商最主要的责任体现。

（5）对供应商的责任

饭店企业对供应商的责任与一般企业的体现方式一样，履行交易合同，按时支付货款，对供应商的发展负责。饭店经营不利，会对供应商产生连锁反应，直接损害其经济利益，特别是对那些做了专用性投资的，与饭店签订了长期合同的大宗供应商来说尤其如此。

（6）对政府的责任

跟其他利益相关者相比，政府负有维护统治、经济监控和维持社会稳定的政治责任。饭店企业作为社会的一员，应当依法纳税，支持和配合政府的各项政治活动和经济政策，做合格的企业公民。

（7）对社区和特殊团体的责任

饭店用地选定了特定社区，随着饭店经营的推进，它对社区的影响也随之加大，社区对饭店的活动也更加关心。社区对饭店企业的要求与期待，形成了饭店对社区的责任。饭店企业的员工、顾客等可能也是社区的成员，这样就使饭店对社区的责任变得更加复杂多样。维持并扩大就业、参与社区公益活动、参与慈善和捐助活动等，都是被广泛认可的饭店向社区和特殊团体履行责任的有效方式。

（8）对环境的责任

近年来，环境污染问题已成为社会各界关注的焦点。饭店企业对资源的消耗和对环境的污染，虽然没有工业企业严重，但也不可小觑。因此，饭店企业也必须树立爱护环境、合理利用资源、人与自然和谐相处的绿色价值观，在各项经营活动中严格自律，自我监督，自我约束，杜绝危害环境的行为，强化绿色角色意识，通过新技术、新原料的运用，实施绿色管理，积极倡导绿色生产，引导顾客绿色消费，努力创建绿色饭店。

4 饭店企业社会责任的质性研究

前文主要以企业利益相关者的界定及分类为切入点，分析了饭店企业的利益相关者以及饭店企业社会责任的基本内容。本章将在前文研究的基础上，进一步对我国饭店企业在现实社会背景与行业特性影响下，对企业社会责任的理解及其履行责任的动机、方式和影响因素等进行质性研究。

质性研究是“以研究者本人作为研究工具，在自然情境下采用多种资料收集方法，对社会现象进行整体性探究，主要使用归纳法分析资料和形成理论，通过与研究对象互动，对其行为和意义建构获得解释性理解的一种活动”（陈向明，2000）。按研究问题的类型分类，可把质性研究策略分为六种类型，即现象学、民族志、扎根理论、常人方法学/言语分析法，参与性观察和质的生态学。[①] 扎根理论是质性研究领域中较有影响力的一种方法，最早由 Glaser 和 Strauss 于 1967 年在专著《扎根理论的发现》中提出，随后 Strauss 和 Corbin 于 1990 年在《质化研究基础：扎根理论的程序和技术》中完善，提倡在基于数据的研究中发展理论，而不是从已有的理论中演绎可验证性的假设。

扎根理论最初主要应用于社会学研究，但并不局限于社会学领域。扎根理论方法忠于原始材料，它能够很好地将所挖掘出来的理论和实际相联系，所以它同样也适用于管理学的研究。饭店企业社会责任的履行是一个动态的过程，也会针对变化的情境而做出不同的反应；而扎根理论根植于资料来发展理论，具有注重现象发展的过程、强调现象的多样性与复杂性的特点，因此本章对饭店企业社会责任的质性研究将采用扎根理论方法来进行。

4.1 扎根理论方法概述

4.1.1 扎根理论的资料收集

扎根理论主要以观察法和非结构式访谈收集资料，进而对资料进行分析与综合性研究。

（1）观察法

扎根理论所应用的观察法，并非简单的“看”，而是广义的了解，包括看、听、问、思，甚至还有体验、感受和理解等（风笑天，2003）。研究者用自己的感官以及辅助工具，有目的性、针对性地直接了解发展变化的社会现象。观察法包括参与观察与非参与观察两种，前者要求研究者深入到研究对象的生活之中进行观察，而后者则是独立于研究对象的生活之外，不参与研究对象的任何活动，尽可能少地产生干扰和影响。

（2）访谈法

扎根理论研究所采用的访谈方法主要是非结构式访谈或者半结构式访谈，以区别于定量研究中问卷调查式的一问一答。访谈过程中，访谈者与被访者围绕某些主题进行闲聊式的交谈，没有预先设计的问卷与固定程序，以开放式问题为主，访问的问题通常以“什么”、

---

① 凯西·卡麦兹.建构扎根理论：质性研究实践指南[M].边国英，译.重庆：重庆大学出版社，2009.

“如何”、“为什么”等形式出现，以此获取深入、细致、丰富、真实的访谈资料。此外，研究者在进行理论建构时可以用与本研究相匹配的已有理论作为背景资料，为资料收集提供方向。

4.1.2 扎根理论的研究流程

扎根理论方法的核心是资料分析的过程，也就是对资料的逐级编码过程，主要分为三个阶段，依次为开放性编码、主轴编码和选择性编码。这三个阶段的编码相互联系和影响，需要研究者不断地反复和调整。

(1) 开放性编码

开放性编码指的是对材料中的所有内容进行分析，根据一定原则将大量的资料记录进行“漏斗”式的缩编，将资料记录逐步进行概念化和范畴化。在进行最初的资料分析时，一般采取“逐行分析”的办法，阅读中每遇到一个新的意义单元就进行一次标记，不遗漏任何有用的信息，同时对现象加以标签，这就是对资料的概念化。概念化工作结束之后，将属于同一现象的概念进行归类，形成最基本的范畴。与此同时，对这些范畴进一步抽象，赋予其特定的名称，并进一步发掘范畴的性质和面向。概念和范畴的命名可以来自于文献，可以来自于访谈资料，也可以是研究者自行提出。范畴的提炼实现了大量资料向一个个利于比较分析的资料单位的转换，是未来发展主范畴和副范畴，进而发展理论的基础。

(2) 主轴编码

主轴编码是扎根理论逐级编码的中间阶段，主轴编码并不是要把之前提炼出的范畴联系起来构建一个全面的理论架构，其主要任务是发现主范畴和副范畴[①]，并建立起它们之间的有机联系，对现象形成更精确全面的解释。Strauss 和 Corbin(1998)认为主轴编码用来回答关于“哪里、为什么、谁、怎样以及结果如何”这些问题，在这样的一个结构框架中包含了这些内容：①条件，形成被研究对象结构的环境或情境；②行动/互动，研究对象对主题、事件或问题的常规性或策略性反应；③结果，行动/互动的后果。“条件”用来回答为什么、哪儿、怎样发生以及何时等问题，“行动/互动”回答怎样的问题，“结果”回答发生了什么的问题。[②]这个框架也被称之为扎根理论的典范模型，主范畴与副范畴的发展主要就是运用“条件→行动/互动策略→结果”这一典范模型来完成，借此可以尝试性地建立一个以行动或互动取向为导向的理论雏形。典范模型是扎根理论方法的一个重要分析工具，利用产生某个事件(主范畴)的条件、所依赖的脉络以及在事件中行动者采取的策略和由此产生的结果，将各范畴联系起来，更多、更准确地把握该事件(主范畴)。条件、脉络、策略和结果等都是范畴，因其都是与某一主范畴有关而用来帮助了解该主范畴的，所以称为副范畴。

(3) 选择性编码

选择性编码的任务是在已发现的范畴中发展核心范畴，通过不断的分析、比对把它和其他范畴系统地联系起来，并说明和验证它们之间的关系。核心范畴必须具有“统领性”，能够起到“提纲挈领”的作用，其他所有范畴都能以之为中心而结合在一起。选择性编码中的资料分析与主轴编码差别不大，只不过它所处理的分析层次更为抽象，用所有资料及由此开发出来的范畴、关系等扼要说明全部现象。

① Strauss A, Corbin J. 质性研究概论[M]. 徐宗国，译. 台北：巨流图书公司，1997：112－113.

② 凯西·卡麦兹. 建构扎根理论：质性研究实践指南[M]. 边国英，译. 重庆：重庆大学出版社，2009.

总之，扎根理论研究方法的核心是资料收集与分析的过程，该过程既包含理论归纳又包含理论演绎。① 资料的搜集与分析是同时发生、同时进行、连续循环的过程，最后建立起一个适合于资料的理论。张敬伟和马东俊（2009）将扎根理论的研究过程通过图示来体现，见图 4.1。

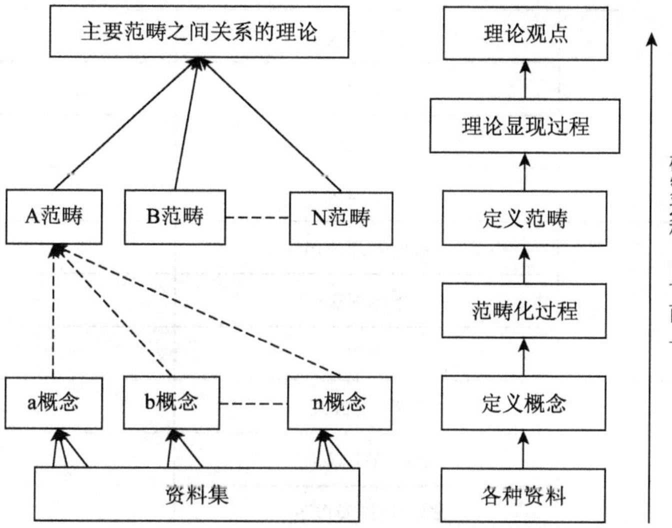

图 4.1　扎根理论的归纳式思维的研究过程

资料来源：张敬伟，马东俊．扎根理论研究方法与管理学研究［J］．现代管理科学，2009（2）：116.

4.2　研究方法

4.2.1　理论抽样

扎根理论在抽样上具有两个主要特点：第一，主张采用理论抽样也就是根据研究目的来选取样本。理论抽样并非在研究进行之前就先决定好抽样方法，而是在研究过程中逐步形成。第二，是小样本，即只选择一些个案作深入的研究。扎根理论重视资料的丰度而非样本数量的多少。样本量确定的主要依据是“理论性饱和”，指如果再增加一名访谈对象，增加新的信息量小于 10% 或根本没有新的信息（覃世龙等，2006），或者说，再也没有关于各概念类别的新资料或相关资料显现出来。

本研究的主要目的是探究饭店企业社会责任，因此访谈对象主要为我国饭店及饭店管理公司的高、中层管理者，他们分别来自于不同地区、不同类型的饭店企业。通过对这 36 位管理者进行访谈，访谈资料的范畴已显示出“理论性饱和”，因此停止访谈资料的收集。访谈对象的基本情况见表 4.1。

① 李志刚．扎根理论方法在科学研究中的运用分析［J］．东方论坛，2007（4）：90 – 94.

表 4.1 访谈对象资料

	属性	人数
性别	男	24
	女	12
地区	华北地区	9
	华东地区	16
	中南地区	5
	西南地区	6
企业类型	饭店管理公司	8
	单体饭店	25
	业主	3
职务	总裁、总经理	12
	副总经理、总监	14
	部门经理及以下	10

资料来源:作者整理

为了方便后期资料的整理,理清概念的来源,对每位被访者进行了编号,男性被访者的编号依次为 Ma,Mb,…,Mx;女性被访者的编号依次为 Fa,Fb,…,Fl。

4.2.2 访谈

本研究主要采取问题聚焦访谈法,这是半结构化访谈法的一种具体应用,根据研究主题的发展来修正访谈方法,注重访谈者与被访谈者之间的互动。通过前期研究所持有的理论知识在资料收集阶段起着“启动——分析框架”的作用,为研究者在与访谈对象的对话中提供思路。

根据对现有一般企业社会责任理论和饭店企业社会责任的相关文献进行的梳理,形成了访谈提纲,并在北京对五位饭店管理人员进行了预访谈,预访谈之后对访谈提纲进行了细微调整,形成了最终的访谈提纲,主要包括以下重点:

(1)如何理解饭店的企业社会责任(追问:饭店企业社会责任主要包含哪些方面的内容);

(2)饭店履行企业社会责任的主要动机有哪些方面(提示:经济利益、品牌形象、社会效益等);

(3)来自哪些方面的因素会对饭店履行社会责任产生影响(提示:业主方面饭店企业内部人员社会舆论方面等);

(4)所在饭店的社会责任主要通过哪些举措体现(提示:平常性的,突发事件的);

(5)如何看待饭店履行社会责任所带来的成效。

在访谈具体过程中,访谈实施的地点和时间以方便被访者和保证访谈效果为原则,同时在取得被访者同意后进行全程录音,每次访谈时间为 20 ~ 30 分钟。每次访谈后,都回顾访谈过程中的话题把握、时间控制、气氛控制，以此优化与下一个对象的访谈过程。访谈的进行采用开放性方式，而不是依照访谈提纲机械地一问一答，要给予被访者充分的空间自由谈话，访谈提纲以及进一步的追问和相应提示在访谈过程中只起着协助访谈者引导谈话重点、保证谈话结构完整的作用，首要原则还是充分尊重被访者的原始思路与看法，尽量少地产生干扰。

4.3 结果与分析

4.3.1 开放性编码

4.3.1.1 概念的抽取

在开放性编码的分析工作中，首先是把资料转化为概念。本文针对36份访谈资料，进行了逐行逐段的分解，辨别意义单元，将原始资料分解为一件件独立的事件；其次，对每个意义单元所指示的现象进行了概念赋予，共抽取出近千个概念，这些概念之间很多在意义上存在重复或者交叠，因此将意义相同的概念进行合并，例如："融入社会"、"得到社会的接受"、"立足于当地"、"适合当地环境"等概念等合并为"融入社会"；"得到政策支持"、"获得政府鼓励"等都合并为"获取政府支持"；"专项资金支持员工活动"、"令员工家人放心"等都合并为"关爱员工"，等等。最终从资料中得到73个概念，分别为：

1. 企业道德；2. 博爱；3. 本能；4. 感恩；5. 反哺社会；6. 企业良知；7. 社会进步的体现；8. 因果轮回；9. 追求社会效益；10. 务实；11. 与国家利益一致；12. 责任与能力相对等；13. 企业文化的根基；14. 长远发展；15. 美化城市形象；16. 提升地区接待水平；17. 吸引投资；18. 带动相关行业发展；19. 企业形象；20. 企业口碑；21. 品牌形象；22. 企业知名度；23. 融入社会；24. 获得社会支持；25. 企业朋友；26. 政策支持；27. 树立员工心中的企业形象；28. 激励员工；29. 加强员工归属感；30. 培养有责任感的员工和管理团队；31. 竞争对手行动；32. 国际先进做法；33. 社会舆论导向与比较；34. 提供发展空间；35. 关爱员工；36. 重视员工培训；37. 保证员工合法待遇；38. 节省行政开支；39. 降低能耗；40. 管理创新；41. 物质积累；42. 建设绿色饭店；43. 采用环保材料；44. 提供绿色食品；45. 节能减排；46. 解决就业；47. 保证税收；48. 正确对待政策；49. 响应政府号召；50. 合法经营；51. 聘用社区居民；52. 捐赠；53. 关爱弱势群体；54. 参与社区公益活动；55. 突发事件及时提供援助；56. 资助失学儿童；57. 资助春蕾计划；58. 捐建希望小学；59. 资助社会团体；60. 录用残疾人；61. 聘用下岗职工；62. 提倡先进的行为模式；63. 抵制恶性竞争；64. 为行业提供信息；65. 承担行业研究；66. 为行业说话；67. 提高对客服务质量；68. 保证食品安全；69. 营造舒适安全的氛围；70. 关爱客人；71. 人性化服务；72. 企业文化；73. 经济效益。

概念抽取的过程如表4.2所示。

表4.2 概念的抽取

访谈原始资料	概念
一个企业要想做大一定要有责任。道德方面，企业需要社会各界的支持，而我们认为，"舍得"，"得"到的时候，一定要"舍"，要回馈社会，这是道德层面的必然；……（Ma）	发展的意愿，社会支持

续表

访谈原始资料	概念
我们始终认为"能力越大,责任越大",我们做得越来越大,需要履行的责任也越大,而责任越大也就要求我们能力越大,两者是相辅相成的。……(Mc)	责任与能力对等
我们的社会责任大多是出于本能的东西,是一种习惯的养成,是一种本能的动机,就像你做好人好事时,并没有多大的动机。……(Ff)	本能
企业一定要承担社会责任,因为讲到企业面临的市场环境、社会环境等,企业除了要考虑竞争对手外,必须要融入环境,适合当地的社会环境……(Ml)	融入环境
我们能够力所能及的,一是环境保护——绿色饭店的问题,在这方面我们不仅指少洗几次床单、毛巾等,而是在建设初期就按照绿色饭店的要求进行建设……(Mb)	绿色饭店建设
酒店是劳动密集型企业,有上千名员工,解决好劳动力就业的问题就是尽最大的社会责任。……(Mk)	解决劳动力就业
饭店业是一个地区一个城市经济发展的窗口,一个品牌,是对外形象的窗口,……(Fd)	地区形象代表
一个好的酒店是一个城市最好的名片,可以给当地经济发展带来很大的机遇。很多社会活动都会在此进行,接待水平的提高,有利于相关方面的发展。……(Mr)	带动经济发展
作为一个有良心的人,一个有良知的企业,都会采取一些救助社会的活动。企业应该利用自己的优势来资助弱势群体,使他们和大家一样来享受社会幸福。……(Fb)	企业良知,扶助弱势群体
我们做好多事情不能直接考虑经济回报,我们考虑的是一种社会效益,就是一种纯社会责任,只有付出没有回报。……(Ms)	追求社会效益

资料来源:作者整理

4.3.1.2 范畴的发展

通过概念化的过程,对资料内容进行了标识,从而得到了庞大的概念群。为了缩减需要处理的概念数量,可以借助主题分析,把看似与同一现象有关的概念聚拢成一类,即发展范畴。在此之前,首先可以通过语词间的语意关系分析,确立不同概念之间的关系,主要有相关关系、同意关系、属分关系等,以便对概念产生更为全面和有层次性的了解,为发展范畴提供指导方向。根据上述原则,将概念化过程中获得的 73 个概念进行同类聚拢,最终形成 15 个范畴,分别为企业价值观、社会效益、无形资产、社会认同、人员队伍稳定、外部压力、回应员工、回应业主、经济职能、环境保护、回应政府、回应社区、回应特殊团体、回应行业和回应顾客。如表 4.3 所示。

表 4.3　范畴的发展过程

概念	范畴
企业道德,博爱,本能,感恩,反哺社会,企业良知,社会进步的体现,因果轮回,追求社会效益,务实,与国家利益一致,责任与能力相对等,企业文化的根基,长远发展	企业价值观
美化城市形象,提升地区接待水平,吸引投资,带动相关行业发展	社会效益
企业形象,企业口碑,品牌形象,企业知名度,企业文化	无形资产
融入社会,获得社会支持,企业朋友,政策支持	社会认同
树立员工心中的企业形象,激励员工,加强员工归属感,培养有责任感的员工和管理团队	人员队伍稳定
竞争对手行动,国际先进做法,社会舆论导向与比较	外部压力
提供发展空间,关爱员工,重视员工培训,保证员工合法待遇	回应员工
节省行政开支,降低能耗,管理创新	回应业主
物质积累,经济效益	经济职能
建设绿色饭店,采用环保材料,提供绿色食品,节能减排	环境保护
解决就业,保证税收,正确对待政策,响应政府号召,合法经营	回应政府
聘用社区居民,捐赠,参与社区公益活动,突发事件及时提供援助	回应社区
资助失学儿童,资助春蕾计划,捐建希望小学,资助社会团体,录用残疾人,聘用下岗职工,关爱弱势群体	回应特殊团体
提倡先进的行为模式,抵制恶性竞争,为行业提供信息,承担行业研究,为行业说话	回应行业
提高对客服务质量,保证食品安全,营造舒适安全的氛围,关爱客人,人性化服务	回应顾客

资料来源:作者整理

4.3.2　主轴编码

开放性编码工作结束后,共得到以上 15 个范畴。但是此时的范畴意义较为广泛,相互之间的关系模糊,因此需要借助“条件→行动/互动→结果”的典范模型,不断对现有范畴进行比较和归纳,发掘范畴之间、范畴和概念之间的关系,对范畴之间的关系做出假设构想,将开放性编码过程中被分割开的资料重新组合到一起。假设构想建立以后,还需用原始资料中的事件、描述等去验证,证实资料能够支持或否定假设构想。

4.3.2.1　主范畴一——面向核心利益相关者的饭店企业社会责任初级体现

根据上述原则和方法,构建出主范畴一的典范模型,见图 4.2。

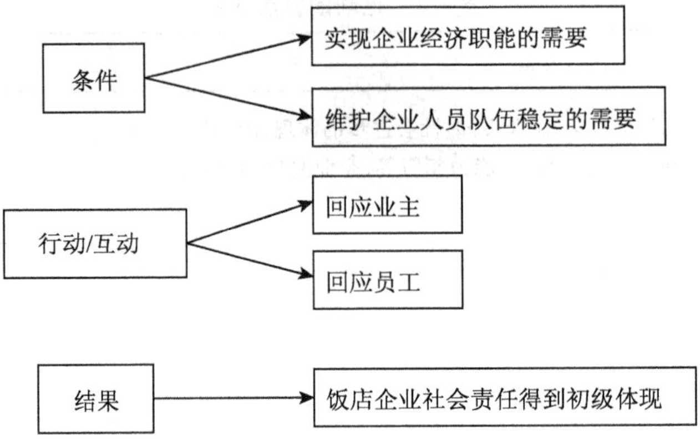

图 4.2 主范畴一的典范模型图

资料来源:作者绘制

美国经济发展委员会在 1971 年发布的《商业企业的社会责任》中,用分层的观点来定义企业社会责任,提出了三层同心圆理论,其中最内层圆代表的是企业的基本责任,也就是企业经济职能的有效完成。在本研究对饭店管理人员的访谈资料中,也体现出了饭店企业社会责任的层次性:

"企业最大的社会责任是把企业经营好"(Mb);

"我认为企业首先要建立在利润的基础上,如果企业经营不好,导致裁员或者倒闭,最终把包袱抛给社会、国家,我认为就是对社会的不负责任。企业把自己做好就是对社会负责"(Me);

"一家酒店的开业,可以解决几百人的就业问题,可以引进很多新鲜的思想、事物。一个企业运营不好,就谈不上社会责任"(Mg);

"酒店的经营有利于促进当地的经济发展,是当地的一张名片。这是最有意义的,是最好的对社会负责,慈善事业等是附加的"(Mo);等等。

可以看出,饭店企业对社会责任的选择有很明显的轻重比较与判断,要将企业内部最基本的任务完成,社会责任才有进一步向上、向外延伸的可能。而结合前文理论研究部分中对饭店利益相关者的分析发现,饭店企业这种最根本的社会责任体现对象所指向的正是饭店企业的核心利益相关者——业主和员工(包括管理者):

"饭店业是一个特殊的行业,本质上是做'人'的企业,饭店对产品的管理实际上就是对人的管理,饭店是真正以人为本的企业"(Mc);

"一个企业要做好,我认为有几个原则:第一,给业主最好的回报;第二,给员工最好的发展机会……"(Ma);

"酒店是劳动密集型企业,有上千名员工,解决好劳动力就业的问题就是尽了最大的社会责任"(Mb)。

核心利益相关者诉求的实现是企业存在的根本保证,否则将会为企业带来颠覆性、致命性打击,因此企业通过各种不同的行为向利益相关者进行回应。针对业主的责任主要体现在利润方面,也就是:

"要对业主投入的资本负责"(Fh);

"尽可能节省行政开支,控制成本"(Fe);

"通过科学管理降低饭店能耗,既能有效控制能源成本,提升利润,又符合环境保护的要求"(Mi)。

而面对员工时,饭店企业都认可员工在企业内部环境中的关键性作用,尤其是饭店产品以人的服务为基础,因此饭店也十分注重对员工的责任体现:

"饭店经营的是人的资源,所以首先要培养有责任感的管理团队,建立一支有责任感的员工队伍"(Md);

"尽自己所能执行劳动法,按法律给自己职工应有的待遇,虽然有些困难,但这是应该的,企业利用了自己的员工,赚取了员工的剩余价值,就应该对自己员工负责"(Mj);

"一、员工福利好,我们酒店虽是四星级的酒店,但是我们的员工福利可以比得上五星级酒店;二、员工晋升机会大,不管是在哪个部门,不管是谁,只要做得好,都有晋升的机会;三、员工培训机制好,如果员工提出申请,要到别的部门工作,我们都会考虑他的要求,尽量满足他的要求,让他转到别的部门,这样有助于员工更全面地了解酒店,掌握更多的技能"(Fk)。

在以上互动行为的努力下,"饭店实现盈利"(Mh)、"解决就业"(Mh),"做好自己的本职工作"(Md),实质上也就是完成了对饭店企业基本社会责任的履行。

以上的验证过程表明,原始访谈资料所描述的事件等有效地证实和支持了主范畴一的假设构想,因此本研究的主范畴一就是面向核心利益相关者的饭店企业社会责任初级体现。

4.3.2.2 主范畴二——面向非核心利益相关者的饭店企业社会责任高级体现

根据主范畴发展的原则和方法,在发展主范畴一并完成假设构想验证后,进一步构建出主范畴二的典范模型,见图4.3。

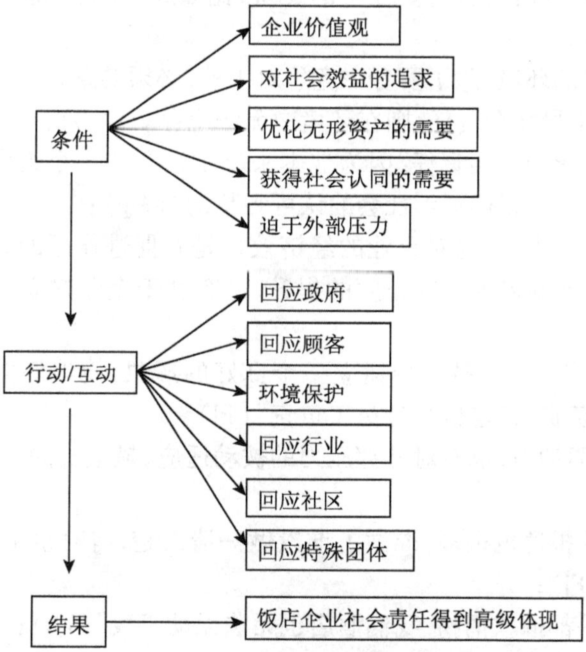

图4.3 主范畴二的典范模型图

资料来源:作者绘制

饭店企业在保持了企业的基本能力、履行了最基本的社会责任的前提下，开始考虑向更高层次的社会责任努力。在这个过程中，来自饭店内外部的多种力量起到了重要作用，有饭店自身的主动追求，也有对外部环境变化和冲击的被动适应。其中，企业的价值观给予了企业对于社会责任肯定的、支持的认知态度，是饭店企业进一步履行社会责任的关键性力量。

"我们的社会责任大多是出于本能的东西，是一种习惯的养成，是一种本能的动机，就像你做好人好事时，并没有什么多大的动机。我们讲'能力越大，责任越大'，有这样的能力，我们自然会自发地去承担责任"(Ma)；

"社会给予我们东西太多，我们一定要回馈社会"(Fi)；

"所做的一切，是出于企业的良心。企业发展到了一定层次，一定要反哺于社会，这也是企业要长期生存下去的必然选择"(Mt)；

"企业应该用一颗感恩的心来对待社会"(Fd)；

"我们做好多事情考虑的就是一种纯社会责任，只有付出没有回报"(Mo)。

此外，对饭店经营带来的对社会效益、社会认同以及饭店本身无形资产的追求，也都使饭店选择承担更多的社会责任。相对而言，这三个力量之间也存在一定联系，界限比较模糊。

"每个饭店都是一个窗口，是一个小的世界，对文明意识的提升有很好的引导作用"(Fe)；

"酒店业涉及的范围比较广，可以带动相关行业的发展，从而带动当地经济的发展"(Mn)；

"企业的存在不能脱离社会，需要社会的支持，比如经济的、政策的或者人道的支持，这些都是很重要的"(Ma)；

"饭店面临着复杂的环境，除了要考虑竞争对手外，必须要融入环境、适合当地的社会环境，如果不融入环境，不尽社会责任，则在环境中无法生存。"(Mb)；

"每个企业都应该承担社会责任，因为他本来就是社会的一个组成部分，如果我们把自己独立于社会之外的话，那就得不到社会的认可和帮助"(Mg)；

"可以逐步树立企业形象，这对企业的经济效益是有促进作用的，不会直接体现在数字方面，但可以体现在企业知名度和美誉度的提升，这有利于企业树立一个正面的企业形象"(Mc)；

"通过这些活动，使企业在员工中树立一个良好的形象，使他们能够安心在企业工作。因为企业都能对社会负责，肯定也会对员工负责"(Fl)。

除了饭店内生的驱动力，也有对外部压力的被动适应，最主要的就是来自社会舆论和竞争对手的压力：

"关于社会责任的报道也很多，谁做了谁没做一清二楚，有时也迫使企业为了维护形象而不得不采取行动"(Fj)；

"身边的竞争对手都捐款捐物，我们酒店也无法无动于衷"(Fb)；

"很多国际集团如喜达屋，有专门的社会责任部，国内的酒店想同他们竞争，这方面也必须要向他们学习"(Fh)。

基于上述多个力量的综合作用，饭店根据自身优势与特点，通过一定程度的资源配置，实现了多种方式的互动。互动的对象则宽泛了许多,可以概括为是饭店企业的非核心利益相关者,鉴于与其关系的紧密程度不是绝对的高,饭店在选择承担何种社会责任时,还是或多或少地考虑了行动的成本和效果之间的关系,因此将这种社会责任称之为饭店的高级社会责任。

以上的验证过程表明,原始访谈资料以及从中抽取的众多概念、范畴等有效地证实和支持了主范畴二的假设构想,因此本研究的主范畴二就是面向非核心利益相关者的饭店企业社会责任高级体现。

4.3.3 选择性编码

通过主轴编码,发展出两个主范畴,并对由此产生的假设构想进行了验证分析。概括来说,饭店企业在面对社会责任时有层次性的选择,出于企业存在的根本意义,饭店需要对业主和员工这两大核心利益相关者负责,通过各种方式维持饭店的正常运营,追逐利润,在这个过程中也实现了对饭店企业最基本最初级的社会责任的履行。而企业具备了一定能力后,出于企业价值观等道德层面的驱动以及渴望获得社会认同、提升无形资产价值等的意愿,抑或受迫于外部环境的各种压力,饭店对社会责任的理解与回应就不再只是局限于饭店自身的正常运营和自我满足,而是面向更多的社会单位,也就是饭店企业的非核心利益相关者,如政府、社区、行业、顾客等,通过多种形式的、具体的主动行为,使企业的社会责任从初级迈向高级,从单一走向广泛。

因此,基于以上的故事线,可以用"基于利益相关者差异性的饭店企业社会责任不同层次体现"这一核心范畴来概括所有范畴以及整个事件脉络。即结合企业社会责任理论与利益相关者理论,通过对饭店企业管理者就饭店企业社会责任深度访问资料的质性研究,构建出了"基于利益相关者差异性的饭店企业社会责任不同层次体现"的理论模型。见图4.4。

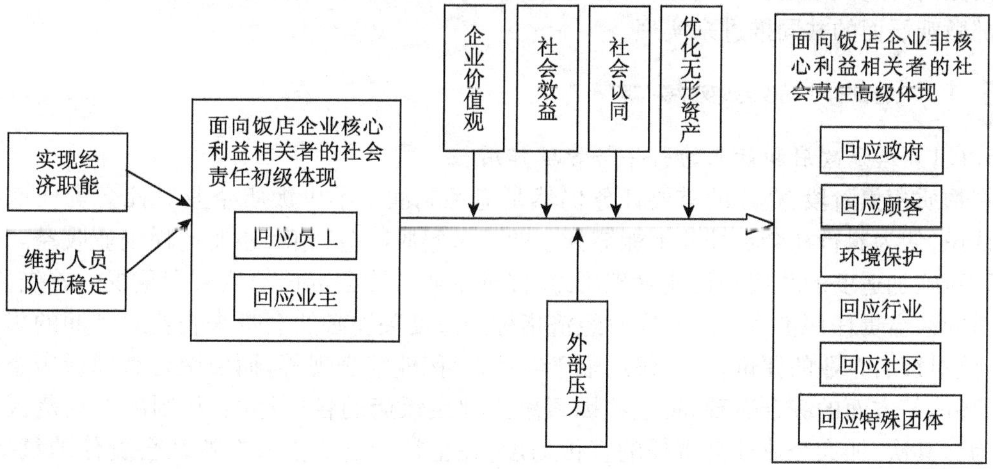

图4.4 基于利益相关者差异性的饭店企业社会责任不同层次体现

资料来源:作者绘制

4.4 结论

根据现有文献以及本文的研究结果,本文认为:饭店企业社会责任的体现过程可以概括为面向不同利益相关者的不同层次的实现，饭店企业在履行社会责任的时候有明确的、主观的层级选择，这个由核心利益相关者到非核心利益相关者、由初级到高级的过程，符合饭店企业成长和发展的客观规律，是一个自然合理的推进过程。

饭店企业社会责任首先面向饭店企业的核心利益相关者，通过各种行为与活动，实现核心利益相关者的主要利益诉求，以维持饭店企业连续性正常经营，使企业具备基本的生存与竞争能力，也可以说，饭店企业在实现自我生存的过程中完成了对业主和员工的社会责任体现，也就是初级的企业社会责任。而在此基础上，在企业价值观的支持下，出于饭店企业长远发展的考虑，饭店开始期望获得社会认同、提升自身的无形资产价值、实现饭店存在的社会效益，同时也迫于周围竞争对手与舆论压力，饭店企业或主动或被动地面向更多的利益相关者体现自己的社会责任，而这些相关者因为不能直接决定饭店企业的连续性正常经营而被归为非核心利益相关者，主要有顾客、政府、环境、社区、行业以及各类团体，等等。面向非核心利益相关者的社会责任体现，是饭店企业具备了基本能力、实现了基本经营目标之后的行为选择，是继初级社会责任之后一个更高层次的阶段，即饭店企业社会责任的高级体现。本研究通过扎根理论方法构建出的理论模型，在体现了饭店企业社会责任对象指向的同时，也体现了它的层级性特点，一定程度上弥补了现有研究只体现对象或者只体现层次的缺陷。

5 饭店企业社会责任提升管理对策

根据上述研究结论，饭店企业履行社会责任依序核心利益相关者到非核心利益相关者、由初级到高级的顺序过程。饭店企业社会责任表现的基础是企业的基本能力，即获取经济利润和解决劳动力就业的能力，在企业价值观与外部环境各种力量推动与压力下，企业社会责任向更高的层次推进。因此，饭店企业社会责任的提升主要可以通过企业外部宏观层面和内部微观层面的共同推进来实现。

5.1 企业外部宏观层面

5.1.1 加强政府和行业的引导与管理作用

在物质积累阶段，企业的首要任务仍然是追逐利润。不少饭店企业对社会责任抱有消极的认识，认为履行社会责任并不能够为企业带来实质收益，相反还要消耗企业收益。这就需要政府施加适度的政策和行业管理压力，促进企业对社会责任的认可和重视。首先，要建立合适的社会责任评价体系。政府对经济指标的过度关注必然会带来企业对利润的集中追求，因此对饭店企业的评价，不应仅局限于经济指标、业绩表现等，而要综合考虑饭店企业在社会、环境等方面的综合表现，将这些因素融入评定饭店的各类标准，从制度上规范饭店企业行为。其次，加大企业社会责任的宣传力度，在全社会营造推进企业社会责任的氛围，引进国际饭店企业在社会责任方面的先进做法，给予企业社会责任表现优秀的饭店一定程度的鼓励和表彰，使饭店企业能够感受到履行社会责任所获得的社会认可和效益，从企业价值观上引导饭店企业行为。

5.1.2 加强舆论的约束作用

网络和信息技术的发达，使企业的各种行为更加公开透明，社会各界了解企业的途径也日趋多样化。舆论对积极履行社会责任的饭店企业进行鼓励性、弘扬性的报道，能够使饭店企业明确地意识到履行社会责任对饭店企业形象的直接提升作用；而对违背社会责任的饭店企业进行打击性、批判性的报道，也会使饭店企业理解漠视企业社会责任所带来的公关压力。舆论导向一定程度上代表了社会大众对企业行为的道德评判，能够很好地起到软性约束作用。

5.2 企业内部微观层面

饭店企业社会责任存在着明显的行业特点。相对于其他行业，饭店业有完全基于自身行业特点和要求的绿色旅游饭店标准，这使饭店绿色环保行为目标明确、方向清晰，不仅仅是纸上谈兵，并且达到标准而成为"绿色饭店"正逐渐成为饭店企业竞争力的一部分；而作为劳动密集型行业，饭店企业各种管理经营活动都是充分围绕"人"的因素展开的，不管是面向企业内部的员工还是企业外部的顾客，对"人"的社会责任体现都是重要并富有特点的一部分。因此，对饭店企业内部微观层面的社会责任提升的对策研究，主要针对能够充分体现饭店行业特点的员工管理、绿色饭店建设和服务管理三个方面展开。

5.2.1 员工管理

饭店企业是典型的劳动密集型企业，吸纳了大量的社会劳动力，饭店能否负责任地对待员工各方面利益，不仅关系到员工的个人生活与发展，同时还将影响到饭店所在社区的安定。除此之外，饭店以服务为核心产品，员工是服务的直接提供者，他们的素质和工作表现不仅关系到顾客对产品的满意度，也关系到饭店经济效益的好坏和整个行业可持续发展的能力。因此，饭店企业有效地向员工履行社会责任，不仅关系到自身企业的经济效益，也对社会效益产生深远影响。

(1)公平管理

公平的薪酬分配是公平管理的基础。公平合理的薪酬和福利制度可以保持员工良好的工作状态，激发员工的工作积极性，鼓励员工创造良好业绩。其次，要建立"公正、公平、公开"的竞争机制。员工作为饭店的一员，所付出的劳动和做出的贡献需要得到客观公正的评价和奖惩。因此饭店在对员工进行奖罚、调迁、升降、淘汰时都应该有配套的考核制度和措施，以绩效考核和民主测评的方式来进行，给员工平等的发展机会。

(2)民主管理

民主管理中很重要的一部分就是让员工参与管理决策。管理者做出决策前，应广泛听取员工的意见，使员工了解决策内涵及其与饭店经营活动的关系，这不仅有益于提高决策的正确性，还能提高员工的归属感，使员工更容易接受，决策更易于被贯彻执行。除此之外，授权也是体现民主管理的有效方法。授权是管理者自信的体现，也是对员工信任的体现。通过授权，给员工一定的施展空间，能够有效激发员工的责任感，充分发挥其主观能动性，有利于提高工作效率和培养人才。通过民主的管理方式，企业可以与员工形成共同的价值观和行为规范，从而不再是管理与被管理、支配与被支配的关系，而是建立起富有意义的伙伴关系。

(3)职业生涯管理

员工在饭店企业工作，除了谋生之外，学习职业技能、获得职业发展也是他们重要的利益诉求。饭店现实工作的需要、长远发展的需要和为员工负责的理念都要求饭店要重视对员工的培训工作，把教育培训工作作为饭店的软实力投资。饭店应当根据不同的岗位要求和员工的自身条件与特点，有针对性地制订培训计划，对员工进行礼貌礼仪、操作技能、协调沟通能力、管理水平等多方面培养，提高员工队伍素质和饭店整体实力。同时，应根据员工能力和个性特点，为他们提供发展空间，设计、规划职业发展道路，使员工能够真正地实现自身价值。

(4)情感管理

情感管理主要是指关注员工的内心世界，根据情感的可塑性、倾向性和稳定性等特征进行管理，激发积极情绪，消除消极情绪。情感管理与制度化管理的结合，也体现了刚柔并济的管理之道。情感管理更多地体现在从生活上多关心员工，为员工提供各种便利，解除员工的后顾之忧，例如宿舍、餐厅、业余生活，等等。此外，应加强与员工的沟通、交流与对话，避免员工产生被遗弃、不被重视的感觉和由此而产生的孤独感，使员工能够真正把企业当作家来看待。

5.2.2 绿色饭店建设

20 世纪 90 年代中期，国外“绿色饭店”的观念传入我国，北京、上海、广州等一些大城市的外资、合资饭店和一些国外管理集团管理的饭店率先开始实施“绿色行动”。2001 年 9 月 12 日，浙江省旅游协会、浙江省质量技术监督局共同发布浙江省地方标准《绿色饭店》(DB33/T326—2001)。2006 年 3 月 23 日，国家旅游局正式颁布《绿色旅游饭店》行业标准，标准规定了绿色旅游饭店的定义：“绿色饭店是指以可持续发展为理念，坚持清洁生产，倡导绿色消费，保护生态环境和合理使用资源的饭店”，并将绿色旅游饭店分为金叶和银叶两个等级。自此，我国绿色饭店的建设事业进入全新的发展阶段。2010 年 3 月 21 日，国家旅游局局长邵琪伟在 2010 博鳌国际旅游论坛大会上的演讲透露，5 年内将中国的星级饭店、A 级景区用水用电量降低 20%。[①]全球绿色运动的持续升温、政策与舆论的推动与压力以及对长远经济效益的考虑，使得建设绿色饭店成为饭店未来发展的重要趋势，也成为饭店行业企业社会责任体现的鲜明标志。

(1)绿色生产

饭店的绿色生产主要是指在生产过程中，注重资源的减量消耗与循环利用，通过新技术、新工艺的运用，改进设备和生产工艺，从而节能减排。如通过运用废热、余热的回收技术，利用中央空调系统制冷机组热端产生的热量来生产生活用热水；运用凝结水、中水回收技术，将饭店运营过程中产生的冷凝水、洗澡水以及雨水，经过中水回收系统处理后用于浇灌绿地、洗车、降温等；运用智能化照明管理技术以及楼宇控制系统等，实现饭店温度、湿度、亮度的节能控制；运用太阳能热水系统替代或部分替代燃油锅炉；一次性客用品力求体积小、重量轻、包装简单；在客房放置节能卡，引导客人对各类用品反复使用；对生产经营活动废弃物分类回收处理，实现再加工和再利用；在饭店内部使用局域网，实现无纸化办公，等等。

(2)绿色文化

观念的转变对于绿色饭店建设至关重要。饭店企业虽然不同于工业企业，但作为综合性消费娱乐场所，同样占用和消耗着大量资源，制造着大量生活垃圾，存在不同程度的资源浪费和环境污染。因此，饭店在经营发展过程中，应当主动转变经营思想，自觉地把节约资

---

① http://info.hotel.hc360.com/2010/03/221056184407.shtml

源、保护环境放在突出位置，把绿色饭店建设贯彻到饭店经营管理的各个环节和发展的各个阶段，通过各种活动、各种奖惩措施培育和贯彻绿色文化，真正把“绿色”作为企业文化的一部分，努力寻求经济效益与环境效益的最大化，实现饭店的可持续发展。

（3）绿色营销

绿色营销是以环保为主题的新型营销观念，它是在绿色消费的驱动下产生的。各类环保运动对消费者的消费观念也产生了巨大冲击，消费者逐渐形成的对绿色的偏好，对饭店既是市场压力，也是市场卖点。饭店企业应当根据顾客的绿色需求，将“节约资源、保护环境”的观念融入产品的定价、促销、市场调研等活动中，通过广告宣传、优惠吸引等方式引导消费者采取绿色消费行为，尽可能减少资源的消耗，使他们在消费过程中积极主动地参与环保工作，培养新型旅游消费者。同时，根据目标市场的消费能力以及求新、求异、崇尚自然的消费心理，制定绿色产品消费价格，也可以形成一定程度的溢价。随着绿色需求成为饭店消费的主流特征，饭店的节能环保行为也将有力提升饭店品牌形象。

5.2.3 服务管理

为顾客提供安全、优质的产品，是每个企业都应当履行的社会责任。但由于饭店服务产品的无形性和不可试用性，造成了一定程度的信息不对称，顾客在选择服务产品时处于相对被动的地位。因此，饭店企业从经营活动的各个方面强化服务管理，主动为顾客提供优质、超值服务，是非常重要的社会责任体现。

（1）服务流程

饭店服务的整个流程都应当体现“人性化”特点，应在了解客人的基础上为客人服务，同时根据不同顾客的需求弹性优化服务流程。首先，应保证服务的完整性。顾客在饭店的活动基本可以分为抵店前、抵店时、住店间和离店四个阶段，不同阶段对应的服务种类不同，四个阶段有机衔接构成饭店的整个服务过程，缺一不可，应保持服务的始终一致，而不是虎头蛇尾。其次，保证服务的效率。效率是对速度和效果的并列要求，有效率的服务要求饭店为顾客提供快速而准确的服务，主要是指及时回应、积极处理顾客的合理要求，采用正确的服务方法和技术、把握合适的服务时机、掌握适度的服务热情为顾客提供服务。再次，体现服务的细致入微。饭店对顾客来说，是一个陌生的生活环境，为减少顾客的距离感，饭店应当设身处地地为顾客着想，注重与顾客的情感交流，通过细微服务为顾客营造家的感觉，提供精神支持。

（2）服务产品

随着社会发展，饭店顾客的消费需求不断朝多样化、复杂化方向发展，对饭店服务产品的种类、方式等提出了更高的要求，饭店不仅要保质保量地提供传统的、常规的服务，还更要注重服务的延伸，根据客人的喜好提供超常规、超值服务。首先，应通过细致观察和建立客史档案来了解客人的个性化需求；在这个基础上，打破传统饭店服务产品和服务项目的条条框框，综合运用新知识、新技术，不断推进服务创新。现代社会生活的丰富多彩，使人们越来越追求新奇和差异，将饭店各种服务产品赋予丰富的主题和文化内涵，突出产品鲜明的个性和特性，使产品呈现多样化、差异化特点，会为顾客带来难忘的体验和感受，提升顾客满意度，实现饭店的超值服务。

6 结论与展望

6.1 研究结论

本文通过对企业社会责任以及饭店企业社会责任的已有研究进行回顾,结合利益相关者理论,以利益相关者为视角,以企业社会责任理论为基础,主要采用质性研究方法,对饭店企业社会责任展开研究。

在理论研究过程中,通过对利益相关者理论、企业社会责任理论以及饭店行业特征的有机结合,将饭店企业利益相关者分为核心利益相关者和非核心利益相关者两类。其中核心利益相关者为业主和员工(包括管理团队),非核心利益相关者包括顾客、政府、环境、社区、社会团体,等等。在此基础上,对饭店企业利益相关者的内涵以及基于饭店利益相关者的企业社会责任的主要内容进行了分析。

在质性研究过程中,先后对四十多位我国饭店企业以及饭店管理公司、集团和业主的中高层管理者进行了深度访谈,采用扎根理论方法对访谈资料进行了编码分析,包括开放性编码、主轴编码和选择性编码,由下而上地构建出了“饭店基于企业利益相关者差异性的社会责任不同层次体现”的理论模型。饭店企业社会责任的体现过程可以概括为面向不同利益相关者的不同层次的实现,饭店企业社会责任首先面向饭店企业的核心利益相关者,实现核心利益相关者的主要利益诉求,维持饭店企业连续性正常经营;在此基础上,饭店企业或主动或被动地面向更多的利益相关者,即非核心利益相关者,体现自己的社会责任。整个过程体现出由主及次、由下而上的特点。

最后,结合所得模型与饭店行业发展特点,对我国饭店企业社会责任的提升提出管理建议。从企业外部宏观层面来说,主要是加强政府的监管与引导力度,加强舆论的导向与约束作用;从企业内部微观层面来说,主要研究了能够体现饭店行业特点的管理对策,如优化员工管理、建设绿色饭店、强化服务管理等。

6.2 研究局限性

在论文的写作过程中,从研究框架的搭建到研究方法的选择再到数据的收集、整理、分析以及最终研究结果的形成,都力求做到严谨科学,分析透彻。但是由于时间和个人能力所限,论文仍存在一些不足,主要有以下两点:

(1)研究样本的局限:由于时间和精力的限制,本研究所选取的访谈对象大部分来自于一线城市以及东南沿海发达地区,中西部地区覆盖较少;同时出于保证访谈质量的考虑,本次研究没有对普通员工进行深度访谈,从而在一定程度上,影响了研究结果的代表性。部分访谈借助大型会议便利完成,由于时间和场所的限制,访谈资料的丰度受到了一定程度的影响,后期通过增加样本量的方式进一步进行了补充,但在一定程度上仍可能对研究结果产生影响。

(2)研究方法的局限:本研究主要采用扎根理论的方法对访谈资料进行整理分析,自上而下地构建起理论模型,揭示特定现象和内在联系。但对于各种动力因素、影响因素的作用程度、企业面向不同利益相关者履行社会责任的行为力度无法体现,还需要在今后的研究中借助其他方法加以补充和完善。

6.3 研究展望

由于本人理论水平和研究能力的局限，关于饭店企业社会责任的研究将来还有待深入研究之处：

(1)饭店企业社会责任驱动因素与影响因素的研究。饭店企业存在于复杂的社会环境中，企业内外部的各种因素都会对企业社会责任产生影响，并且不同因素的影响力也有差别。对这些驱动因素与影响因素的研究，将有助于有针对性地提升饭店企业的社会责任。

(2)饭店企业社会责任评价体系的研究。目前国际上通行的企业社会责任认证体系 SA 8000 最初由发达国家提出，也在发达国家得到了广泛应用。但由于经济发展水平和社会形态的差异，SA 8000 在我国推进难度较大，具体到饭店业，目前也还没有适用的企业社会责任标准或者评价体系。在今后的研究中，可以现有的理论框架和模型为基础，结合定量研究的方法，构建可操作性较强的我国饭店企业社会责任评价体系。

参考文献

[1]阿奇·B. 卡罗尔. 企业与社会——伦理与利益相关者管理[M]. 北京:机械工业出版社,2004.
[2]安文. 长三角旅游服务微小企业信用发展思考[J]. 商场现代化,2005(9):174.
[3]陈春琴. 绿色营销与饭店业可持续发展探析[J]. 生态经济,2003(10):96-98.
[4]陈琦. 绿色饭店与饭店绿色认证体系的探讨[J]. 商场现代化,2007(11):151-152.
[5]陈雪琼. 影响饭店承担社会责任的因素与消除途径[J]. 饭店现代化,2006(7):50-53.
[6]单忠东. 中国企业社会责任调查报告[M]. 北京:经济科学出版社,2007.
[7]汪建新. 企业社会责任研究——基于利益相关者角度[D]. 南开大学博士学位论文,2009.
[8]高建芳. 旅游企业社会责任评价指标体系研究[D]. 北京林业大学硕士学位论文,2007.
[9]龚友国. 试论我国饭店业的绿色营销[J]. 财贸研究,2001(2):38-40.
[10]韩笑. 绿色饭店及其营销策略[J]. 特区经济,2007(9):301-302.
[11]环境与发展研究所. 企业社会责任在中国[M]. 北京:经济科学出版社,2004.
[12]黄梅. 绿色饭店的探讨[J]. 求实,2006(Ⅰ):148-149.
[13]凯西·卡麦兹. 建构扎根理论:质性研究实践指南[M]. 边国英,译. 重庆:重庆大学出版社,2009.
[14]李键,肖萍. 对我国饭店业绿色营销策略的研究[J]. 江苏商论,2006(5):82-83.
[15]李立清,李燕凌. 企业社会责任研究[M]. 北京:人民出版社,2005.
[16]林刚. 刍议饭店业的绿色管理[J]. 生态经济,2001(12):104-106.
[17]卢代富. 企业社会责任的经济学与法学分析[M]. 北京:法律出版社,2002.
[18]卢岚. 中国企业社会责任标准实施指南[M]. 北京:化学工业出版社,2007.
[19]陆朋,马洪霞. 关于加快发展我国绿色饭店的思考[J]. 安徽农业科学,2007,35(31).
[20]马明. 基于利益相关者的旅游企业的伦理构建[J]. 财经界,2007(7):33-36.
[21]诺曼·K. 邓津,伊冯娜·S. 林肯. 定性研究:经验资料收集与分析的方法[M]. 风笑天,等,译. 重庆:重庆大学出版社,2007.
[22]饶雪梅. 论绿色饭店及其在我国的发展[J]. 江西社会科学,2003(6):124-125.
[23]上海社会科学院. 中国旅游饭店发展蓝皮书 1979—2000[M]. 北京:中国旅游出版社,2002.
[24]沈国斐. 饭店企业实施绿色营销的分析及对策[J]. 商业经济荟萃,2006(3):67-69.
[25]沈洪涛,沈艺峰. 公司社会责任思想起源与演变[M]. 上海:世纪出版社,2007.

[26]石长波,陈洪坛,赵炎.绿色饭店——我国饭店业发展的趋势[J].商业研究,2003(10):155-156.

[27]谭春华.试论旅游企业的伦理道德问题及对策[J].商场现代化,2006(11):170-171.

[28]王建.关于我国旅游企业不正当竞争行为的伦理与法律思考[J].南开商业评论,1999(1):47-49.

[29]王素珍.我国旅游饭店实施绿色营销策略探讨[J].商业研究,2003(4):138-139.

[30]王欣.从利益相关者视角看饭店业和谐发展[J].商业时代,2007(32):94-95.

[31]吴慧,吴建宏.基于SA 8000标准的酒店员工责任管理探讨[J].饭店现代化,2007(11):144-145.

[32]吴亚芳.提升企业社会责任的路径探析[D].河北农业大学硕士学位论文,2007.

[33]吴芸廷."绿色饭店"理念及其在中国的运用[J].商场现代化,2005(3):48-49.

[34]奚晏平.世界著名酒店集团比较研究[M].北京:中国旅游出版社,2003.

[35]夏赞才.利益相关者理论及旅行社利益相关者基本图谱[J].湖南师范大学社会科学学报,2003,32(3):72-77.

[36]谢礼珊.旅游企业伦理规范的有效沟通[J].桂林旅游高等专科学校学报,2001,12(4):71-73.

[37]谢泽氡.旅游企业伦理探析[J].绵阳师范学院学报,2007,26(3):97-99.

[38]熊伟,吴必虎.星级酒店利益相关者结构及其影响分析——以广州为例[J].旅游学刊,2007,22(4):91-96.

[39]许建.饭店实施绿色管理存在的问题与对策[J].商场现代化,2007(19):171.

[40]杨小霞.旅游企业信用探析[J].西南师范大学学报(人文社科版),2004,30(2):82-85.

[41]杨跃之,邬爱其.绿色饭店的界定标准与运作机理分析[J].商业研究,2004(20):115-117.

[42]俞霞,郑向敏.从利益相关者角度谈饭店激励机制构建[J].饭店现代化,2006(8):58-60.

[43]袁国宏.论我国饭店实施绿色营销的现状、任务和发展趋势[J].旅游学刊,1999(5):31-35.

[44]张爱萍.旅游企业的信用问题及其治理对策[J].旅游科学,2003(2):25-27.

[45]中国企业家调查系统.企业家看社会责任[M].北京:机械工业出版社,2007.

[46] Antonio C, Tomás M B. Green Marketing Philosophy: A study of Spanish firms with ecolabels[J]. Corporate Social Responsibility and Environmental Management, 2006(13):11-24.

[47]Ataur R B. Stakeholder Accountability or Stakeholder Management: A review of UK firms'social and ethical accounting, auditing and reporting (seaar) practices[J]. Corporate Social Responsibility and Environmental Management, 2002(9):8-25.

[48]Brown M. Environmental policy in the hotel sector: green strategy or stratagem[J]. International Journal of Contemporary Hospitality Management,1996,8(3): 18-23.

[49]Buckley R. Tourism ecolabels[J]. Annals of Tourism Research, 2002,29(1): 183-208.

[50]Constantina B. Corporate socially responsible (csr) practices in the context of Greek industry[J]. Corporate Social Responsibility and Environmental Management, 2003(10):12-24.

[51]David C, Nathan L and David P. An exploration of corporate attitudes to the significance of environmental information for stakeholders[J]. Corporate Social Responsibility and Environmental Management, 2003(10): 199-211.

[52]Emil M, Sarah B and Kelly F. Scoring corporate environmental and sustainability reports using Gri2000, ISO14031 and other criteria[J]. Corporate Social Responsibility and Environmental Management, 2002(9):215-233.

[53]Esteban F, Beatriz J and Monica O. Managers' profile in environmental strategy: a review of the literature[J]. Corporate Social Responsibility and Environmental Management, 2006(13):261-274.

[54]Forsyth T. Business attitudes to sustainable tourism: self-regulation in the UK outgoing tourism industry[J]. Journal of Sustainable Tourism,1995,3(4): 210-231.

[55]Francesco C, Pierpaolo P, and Barbara S. Investigating corporate social responsibility in supply chains:a SME perspective[J]. Journal of Cleaner Production,2008(16):1579 - 1588.

[56]Francisco J. Relation between social-environmental responsibility and performance in hotel firms[J]. International Journal of Hospitality Management, 2007(26):824 - 839.

[57] Frank F. Value-based environmental management—from environmental shareholder value to environmental option value [J]. Corporate Social Responsibility and Environmental Management, 2005 (12): 19 - 30.

[58]Graham M. The development of indicators for sustainable tourism: results of a delphi survey of tourism researches[J]. Tourism Management, 2001,22(4):351 - 362.

[59]Gray R H,Owen D L, and Maunders K T. Corporate social reporting: emerging trends in accountability and the social contract[J]. Accounting, Auditing and Accountability Journal,1988,1(1): 6 - 20.

[60]Gerard J L. Uncertainty and equivocality in the commercial and natural environments: the implications for organizational design [J]. Corporate Social Responsibility and Environmental Management, 2004 (11): 167 - 177.

[61]Howard K,Elaine. The cement sustainability initiative-implementing change across a global industry[J]. Corporate Social Responsibility and Environmental Management, 2004(1):114 - 120.

[62]Hsien H K,Kay C T. Using the Australian business excellence framework to achieve sustainable business excellence[J]. Corporate Social Responsibility and Environmental Management, 2002(9):196 - 205.

[63]Joan C H. Corporate social responsibility and tourism:hotel companies in Phuket, Thailand, after the Indian Ocean Tsunami[J]. Hospitality Management, 2007(26): 228 - 239.

[64]Jacqueline C. From financial to sustainable profit[J]. Corporate Social Responsibility and Environmental Management, 2002(9):99 - 106.

[65]John S, Balancing P. Accountability and equity in stakeholder relationships: towards more socially responsible HR practice [J]. Corporate Social Responsibility and Environmental Management, 2003 (10): 129 - 140.

[66]Jouni K. Should we measure corporate social responsibility [J]. Corporate Social Responsibility and Environmental Management, 2003(10):25 - 39.

[67]Jouni K. The dominant economics paradigm and corporate social responsibility[J]. Corporate Social Responsibility and Environmental Management, 2002(9):67 - 80.

[68]Kyung Ho Kang,Seoki Lee, Chang Huh. Impacts of positive and negative corporate social responsibility activities on company performance in the hospitality industry[J]. International Journal of Hospitality Management, 2009(2):120.

[79]Marcus W, Nguyen V P and Walter W. The relationship between the environmental and economic performance of firms: an empirical analysis of the european paper industry[J]. Corporate Social Responsibility and Environmental Management, 2002(9):133 - 146.

[70]Michael R J and Glynn S. Socially responsible investment in the UK—criteria that are used to evaluate suitability[J]. Corporate Social Responsibility and Environmental Management, 2003(10):1 - 11.

[71]Mirja M. Observing corporate social performance empirically through the acceptability concept: a global study[J]. Corporate Social Responsibility and Environmental Management, 2005(12):183 - 196.

[72] Pavel C, Michaela A B. How can SMEs effectively implement the CSR agenda a UK case study perspective[J]. Corporate Social Responsibility and Environmental Management, 2004(11):140 - 149.

[73]Peter A. S. Managing ISO 14001 implementation in the United Kingdom Continental Shelf (UKCS)[J]. Corporate Social Responsibility and Environmental Management, 2003(10):50 - 63.

[74]Peter J. How should corporations deal with environmental skepticism [J]. Corporate Social Responsibility and Environmental Management,2006(13):25 – 36.

[75]Reinhard Steurer, Astrid Konrad. Business—society relations in central-eastern and Western Europe: how those who lead in sustainability reporting bridge the gap in corporate (social) responsibility[J]. Scandinavian Journal of Management,2009(25): 23 – 36.

[76]Sara E,Olof H. Development of the use of standardized environmental management systems (EMSs) in local authorities[J]. Corporate Social Responsibility and Environmental Management, 2005(12):144 – 156.

[77]Shrivastava P. The role of corporation in achieving ecological sustainability[J]. Academy of Management Review,1995(20): 936 – 960.

[78] Simon B, Martha M. A grim contradiction: the practice and consequences of corporate social responsibility by British American tobacco in Malaysia[J]. Social Science & Medicine, 2008(66): 1784 – 1796.

[79]Tobias H,Mandy S. Approaches to corporate sustainability among german companies[J]. Corporate Social Responsibility and Environmental Management, 2006(13):150 – 165.

[80]Tony M. Factors influencing the publication of social performance information: an australian case study[J]. Corporate Social Responsibility and Environmental Management, 2005(12):29 – 143.

[81]Urˇsa Golob,Jennifer L B. Communicating about corporate social responsibility: a comparative study of CSR reporting in Australia and Slovenia[J]. Public Relations Review,2007(33):1 – 9.

（指导教师　谷慧敏）

金融危机背景下饭店员工流失问题对策研究:以北京市京伦饭店为例

胡景娜

摘 要:2008年开始,国际金融危机对我国旅游行业和酒店业产生了严重影响,给原本竞争激烈的饭店行业雪上加霜。作为服务行业,拥有优秀的员工队伍是饭店获胜的根本,而大量的员工流失会造成服务质量下降、丧失客源等一系列的负面连锁问题。本文通过研究员工流失的相关理论,以京伦饭店为主要案例,采用实地调查、问卷调查、访谈的研究方法,旨在探讨饭店员工流失的主要原因,并提出相关的对策和建议。

本文分为五章内容,第一章为绪论,分析研究背景,阐明本文的研究问题及研究的目的和意义,即在金融危机的背景下,正视人员流失问题的严重性,以求饭店能够规避人员短缺的风险,做到防患于未然,保障北京市饭店业的健康发展。第二章为理论基础部分,对国内外关于员工流失的相关理论和员工流失的研究现状进行系统的归纳与阐述,评述其特点与不足。第三章,界定饭店员工流失的概念、内涵,按不同类别分析饭店员工流失的影响因素,归纳出个人影响因素的关键因素,即薪酬与激励体制、个人价值的体现、人际关系三项关键因素,并对这三项关键因素进行掌控分析。第四章,阐述饭店员工流失的现状,以及员工流失对饭店经营带来的影响。第五章,针对京伦饭店的员工流失状况进行实证研究,即以京伦饭店为研究案例,了解酒店员工流失的原因,并且就京伦饭店为解决员工高流失问题采取的措施进行分析,明确其应对措施的有效性。第六章,归纳并阐明研究结论,揭示在金融危机背景下,饭店业员工流失的严峻形势、严重后果,并根据结论提出相应的对策和建议。

关键词:金融危机;饭店;员工流失

Investigation on the Issue of Hotel Staff Turnover in the Context of Financial Crisis and Its Countermeasures ——the Case of Jing Lun Hotel as the Example

Hu Jingna

Abstract: Since the start of the year 2008, the international financial crisis has been exerting negative impacts on China's tourism and hospitality industry, worsening the fierce competition in

作者简介:胡景娜,女,北京第二外国语学院旅游管理学院2007级在职研究生,主要研究方向为旅游企业管理。

this field. Efficient and dedicated staff members can lay a solid foundation for hotel's survival and win-out, while the massive loss of them will inevitably result in a chain of negative consequence varying from decline of service quality to forfeit of client resource. Aiming to probe into the major cause of staff turnover, the paper takes the case of Jinglun Hotel and adopts the research approaches of on-site investigation, questionnaire survey and face-to-face interview with a view to lodge corresponding resolution and suggestions.

The paper consists of five chapters: the first chapter is an introduction, introducing the research background and illustrating the target and its significance. the second chapter functions as the fundamental basis of all the related theory, summarizing and stating systematically both the frame of reference and current research progress of staff turnover. Chapter III begins to study the present staff turnover issue and its influence on hotel management summering up the universal resolutions to be adopted in the filed. Chapter IV, engages in the demonstrational investigation of staff turnover in Jinglun Hotel. Chapter V, as the last one in the paper, summarizes and explains the research findings, suggesting any important influential factors in the context of financial crisis. This chapter also brings forward countermeasures and suggestions; meanwhile, it also acknowledges the paper's research limitations accordingly.

Key words: Financial crisis; Hotels; Staff Turnover

1 绪论

1.1 研究背景

2008年9月14日，美国银行与华尔街第三大投资银行美林集团达成协议，以每股29美元的价格，约440亿美元的换股方式收购美林。2008年9月15日，华尔街第四大投资银行雷曼兄弟公司宣布将申请破产保护。此外，保险巨头美国国际集团(A IG)大规模出售资产。美国第四大投资银行雷曼兄弟的破产和美林银行被收购，将次贷危机推向了又一个高潮。银行、保险、证券业的混乱，冲击着国际金融市场，使国际金融市场动荡不安，对整个全球经济体系产生了负面的影响。随着金融危机的进一步深化，其影响不断从金融界蔓延到实业和服务业等行业，引发全球性金融危机。2008年11月13日联合国世界旅游组织发布的全球旅游业景气报告称，其中亚太地区更是从3月就出现下滑，8月甚至出现负增长①。

全球性金融海啸引发的经济危机，对中国实体经济的影响日渐扩大。2008年10月，北京某家管理顾问有限公司在全国范围内展开了题为《经济危机形势下的人力资源管理》的市场调查，共有5省近200家年营业额超过1亿元的企业参与了此次调查。调查结果显示，超过80%的企业正在或者准备裁员或者降薪，没有类似计划的企业也将陆续采取直接削减人力资源管理费用的行动。地区性裁员中，浙江为37%、山东为26%、河南为21%、湖北为

---

① 宋瑞.国际金融危机下旅游业的发展机遇[J].中国社会科学院旅游研究中心,2008(12):4-5.

29%①。在竞争激烈的市场环境之中，企业的核心竞争力越来越集中地体现在人才的竞争上。任何组织的人才的流动管理，如形成、吸纳和留用，都离不开和谐的氛围、稳定的员工关系以及对员工长期稳定的投入。中国企业受到全球性金融危机的大范围影响，纷纷缩减控制各项成本。人才是现代企业最核心的人力资源，人才的过度流动无疑会给企业带来巨大的影响，更是在金融风暴下各个企业关注的重要问题②。

2009 年，在全球经济遭遇衰退的情况下，全球十大国际会计及管理顾问公司浩华国际公布的《全球及中国酒店市场景气调查报告》显示，全球各地酒店业者都表现出相对悲观的态度，全球整体酒店市场的景气指数仅为 -34.2（景气指数范围最低为 -150，最高为 +150）。与 2008 年比较，2009 年美国酒店的整体房价下降幅度为 3.2%；结合美国与全球酒店情况来看，2009 年酒店房价的平均下降幅度为 4.31%。

同样，国际金融危机也对我国旅游行业和酒店业产生了严重影响。我国国家旅游局的统计数字显示，中国旅游业自 2008 年 6 月开始增速明显放缓，2008 年全年，我国入境旅游人数为 13 003 万人次，比上年下降 1.4%。其中外国人 2433 万人次，比上年下降 6.8%；入境过夜旅游者 5305 万人次，比上年下降 3.1%；国际旅游（外汇）收入 408 亿美元，比上年下降 2.6%。

改革开放以来，我国旅游业保持持续快速发展，成为我国服务业发展的重要动力因素。作为旅游业的一个重要组成部分，我国旅游酒店业经过三十年的快速发展，产业规模进一步扩大，产业结构进一步完善，产业地位、产出水平进一步提高。根据《2008 年中国星级饭店统计公报》数据显示，截止到 2008 年年底，全国共有星级饭店 14 099 家；拥有客房 159.14 万间；拥有床位 293.48 万张，星级饭店从业人员已经达到了 166.92 万人③。2008 年，星级饭店受金融危机影响较为严重。2008 年，我国五星级饭店市场的每间客房平均经营毛利水平下降幅度高达 15%，四星级饭店市场的每间客房平均经营毛利亦下降了 14%，减少至 5.8 万元人民币，三星级饭店市场则下降了 11%，每间客房平摊经营毛利仅为 2.4 万元，全国星级饭店的市场住宿需求均受到较大程度的抑制和减弱④。

北京市的酒店业是随着旅游业的迅速发展而不断壮大的。北京是我国的首都，是政治、文化和国内、国际交往中心，是世界历史文化名城和古都之一。北京市共有等级景区 176 个，其中 5A 级景区 4 个。截止到 2008 年底，北京市有星级酒店 836 家，客房数达到 13.14 万余间。836 家星级酒店中五星 56 家，四星 133 家，三星 265 家，二星 330 家，一星 52 家。截止到 2008 年底，56 家五星级酒店中 23 家属于新建酒店，新建酒店的增长速度达到 41%，四星级酒店新建 16 家，增长 11 %。北京市星级饭店员工数量为 14.09 万人⑤。随着北京市酒店业的蓬勃发展，竞争也进一步加剧。同时，酒店业人力资源的频繁流动问题日益凸显。尤其是在金融危机的背景下，酒店面临的市场形势严峻，经营收入受到威胁，争抢客源、留住客源成为酒店经营的首要任务。在此期间，如果员工流失率过高，会造成服务质量下降、丧失客源等一系列的负面连锁问题。因此，如何降低员工流失率，留住员工便成为酒店管理者亟待解决的重要难题。

---

① 侯美娇. 金融危机下企业的人力资源管理[J]. 中国集体经济，2008(8)：9 - 11.

② 马建明. 对当前金融危机影响下企业裁员问题的思考[J]. 企业活力，2009(02)：12 - 87.

③ 数据来源：2008 年中国星级饭店统计公报，2009(3)：1 - 3.

④ 数据来源：中国旅游统计年鉴，2009：3.

⑤ 数据来源：北京市旅游统计年鉴，2009：2.

1.2 研究的目的与意义

伴随着酒店人才争夺战的日益激烈,酒店业人力资源的频繁流动问题日益凸显,员工的高流失率,特别是一线员工的高流失率成为困扰酒店管理者的首要难题。一般企业的人员流动率在5% ~10%,酒店业最适合的流动率应在8%左右[①]。然而,中国旅游协会人力资源开发培训中心对国内23个城市33家二至五星级酒店人力资源部门进行的调查表明,2000至2004年,酒店业员工流动率分别为25.64%,23.92%,24.2%,22.56%和23.41%,平均流动率为23.95%;2005至2007年,酒店业员工流动率分别为25.64%,23.92%和24.2%,2008年流动率高达24.59%。可见酒店人员的流动率是适合流动率的3倍以上,并且呈逐步上升趋势。

作为劳动密集型的服务行业,酒店主要是通过酒店员工的服务性劳动将酒店的产品提供给需求者。美国服务管理专家斯蒂文·阿布里奇认为,"只有服务顾客,才能赢得顾客,才能留住顾客"。可以说,服务质量是饭店的生命线。提高宾客满意度的重要途径就是保证并提高服务质量。因此,对从业人员,特别是服务人员的有效管理是酒店服务质量的重要保证,也是酒店保持竞争优势的主要源泉。然而,从流失率的偏高可以看出,星级酒店员工流失严重,会直接造成服务质量下降,导致宾客流失率增高,从而影响饭店经营效益。因此,怎样留住员工,实现酒店人力资源的最佳配置与使用效率最大化,是每个酒店企业获得竞争优势,得以持续、健康发展的关键。

随着金融风暴席卷全球,酒店员工流失现象普遍,正视并深入研究酒店员工流失问题,已经成为酒店业所面临的现实问题,也是帮助酒店业解决由于员工流失所带来的一系列连锁问题的必要途径。

本人通过以北京京伦饭店为研究案例,了解酒店员工流失的原因,揭示员工流失对北京市酒店业的影响,并且在针对京伦饭店为解决员工高流失问题所采取的措施进行阐述的同时,分析了应对措施的有效性。在金融危机的背景下,本人希望京伦饭店的应对措施能够为饭店行业应对员工高流失率提供参考,使酒店能够规避人员短缺的风险,做到防患于未然,以有利于促进北京市饭店的健康发展,并希望能将理论方法应用于实践。

1.3 研究的方法与论文结构

1.3.1 研究的方法

本文在研究过程中,综合采用理论分析与文献研究法、实地调查法、统计分析法、图表分析法等多种研究方法,从不同的角度分析研究问题。

(1)理论分析与文献研究法:学习总结国内外有关员工流失、工作满意、双因素理论、激励理论、目标一致等理论及组织行为学等相关学术著作,并查阅国内外各种研究员工工作满意度及员工离职分析的学术期刊文献,较全面了解了员工工作满意度的研究现状,以及员工流失原因的研究情况。

(2)实地调查法:针对本论文研究内容及研究目的的需要,本人得益于在京伦饭店任职的条件,对京伦饭店的人员流失情况进行了为期一年的实地专项调研。在调研过程中对北

---

① 王飞.浅谈旅游饭店人才流失的原因与对策[J].浙江旅游职业学院学报,2007,01:16-18.

京京伦饭店离职员工的相关资料《辞职申请》表进行了实地的查阅,充分了解研究员工的离职倾向,分析导致员工离职的原因,从而获知员工在做出离职决定时最重视的因素。

(3)访谈法。笔者还与多位不同酒店、相关部门管理人员进行访谈,从而得出本研究所需要的实证数据。

(4)统计分析法:本文采用统计分析的方法,对京伦饭店的员工流失情况进行分类统计,从而为提出降低酒店人员流失率的建议提供必要的数据支持。

(5)问卷调查法:本人通过问卷调查的方法,对在职员工的满意度进行了调查,以分析京伦饭店采取的留住员工的方法是否有效。

(6)图表分析法:运用图表分析法,增强论据的可视性、可信度和可对比性,以便有助于对北京市星级酒店员工流失现象进行深入探讨。

1.3.2 论文结构

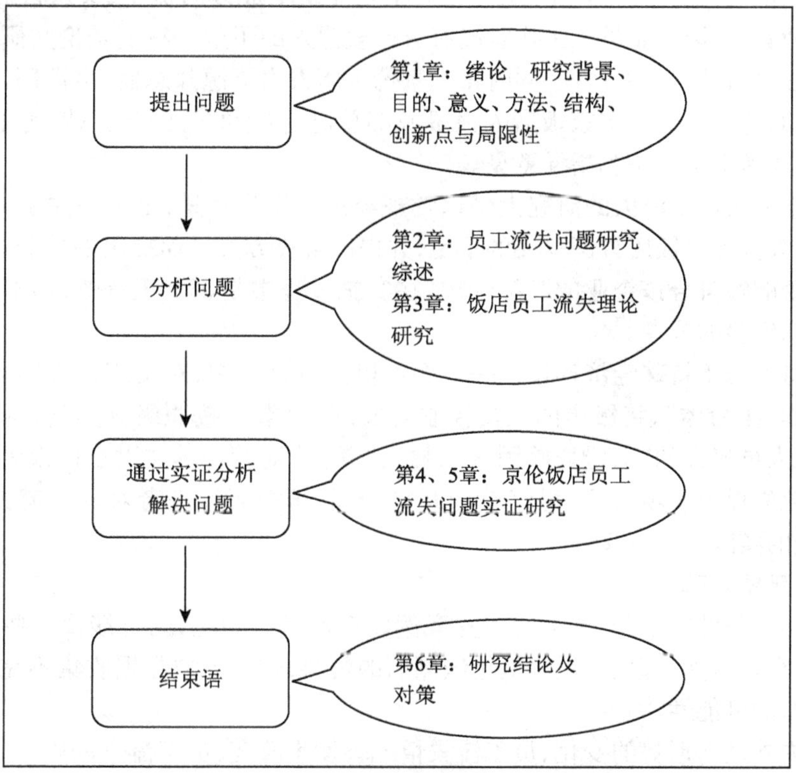

图 1.1 论文研究框架

资料来源:作者绘制

本文按照提出问题、分析问题、通过实证分析解决问题的研究思路展开。具体章节安排如下:

第 1 章:结论。研究的背景、目的、意义、方法以及论文结构。首先,简要介绍研究背景,并提出问题;其次,指出本研究的目的、意义和使用的研究方法;最后说明研究的构想,即论文的结构。

第 2 章:国内外研究状况及相关理论综述。综述国内、国外前人对员工流失的研究状况,列举了国外学者所建立的经典理论模型;概述了国内学者对员工流失研究的相关理论,提出本文的理论基础，指出员工流失的内涵、分类以及特点。

第3章：分析北京市星级酒店员工流失的现状及原因。通过查阅权威资料，了解北京市星级酒店员工流失现状，通过实地与部分星级酒店人力资源部负责人的访谈，分析员工流失对星级酒店的影响。

第4、5章：实证分析。以北京市京伦饭店为案例，首先介绍了京伦饭店的概况，然后对其员工结构、工资结构等方面进行分析。对近五年京伦饭店员工流失情况进行分析，通过实地调查的方法，指出京伦饭店员工流失的原因，列举该饭店所采取的相应应对措施，并分析这些应对措施的有效性。

第6章：解决问题并得出结论。基于以上分析研究，得出本文的结论，并指出一些问题还有待于进一步研究。

1.3.3 研究创新点

本人在京伦饭店工作近10年，从一名大学毕业生变成饭店员工，又从饭店员工成长为一名中层管理者，对饭店业员工工作状况有着比较深入的了解。特别是论文研究期间，针对研究课题与各部门员工开展访谈，同时得到京伦饭店人力资源部总监、培训部经理及相关工作人员的协助，得到了业内多家饭店人力资源部总监、主管的帮助与支持，为本研究提供了丰富的资料，并提出了思路和指导意见。

以往关于饭店员工流失的研究大多以常规经济环境为背景，更多关注于分析员工高流失率的原因，大多提出饭店方面存在的不足，并提出解决方案。而提出的控制员工流失的对策或建议是否能够符合该企业的实际情况，在实施过程中是否真正有效，却不能得到证明，不能提供成功经验的分享。

本论文将致力于特殊经济环境——金融危机经济背景中，对员工流失问题的研究。本文将饭店看作“生命体”，将饭店的人员控制看成是“手掌”，按职级分类剖析员工流失影响因素，归纳出人员流失的“关键影响因素”，提出“掌控”对策。本文以京伦饭店为成功案例，对控制员工流失提出多项对策，思路较为开阔，有利于饭店管理者对员工流失的管理与控制，具有较强的实践指导意义。

1.3.4 研究局限性

由于时间及条件的限制，本文的研究案例以京伦饭店为主，同时涉及一些四星、五星的酒店，没有获得其他如三星、二星等低星级酒店的资料，这会导致数据收集不完善，研究结果存在一定偏差的可能性。

随着国内外经济形势的变化，员工流失情况会发生改变，员工流失的影响因素将呈现动态的变化，不同时期影响因素不同，员工成长的不同阶段，影响因素也不同。对于这一课题，本人认为还会有更大的研究空间，有待进一步挖掘。

2 员工流失问题研究综述

2.1 国外相关研究综述

国外关于员工流失的研究历史起源于20世纪初，最早涉足这一研究领域的是经济学家，他们主要从经济学的角度来考察工资、员工培训、劳动力市场结构以及就业机会等因素对雇员离职的影响。之后,心理学、组织行为学的学者们参与到员工流失问题中来,并逐渐成为主导。

具有代表性的有,美国著名心理学家勒温(Lewin)在《社会科学中的场论》①一书中提出,个人能力和个人条件与他所处的环境直接影响个人的工作绩效,个人绩效与个人能力、条件、环境之间存在着一种类似物理学中的场强的函数关系。由此他提出了如下的个人与环境关系的公式:

$B = f(p, e)$

式中,B:个人的绩效;

p:个人的能力和条件;

e:所处环境。

该函数式表示,一个人所能创造的绩效不仅与他的能力和素质有关,而且与其所处的环境(也就是他的"场")有密切关系。如果一个人处于一个不利的环境之中(如专业不对口、人际关系恶劣、心情不舒畅、工资待遇不公平、领导作风专断、不尊重知识和人才等),则很难发挥其聪明才智,也很难取得应有的成绩。一般而言,个人对环境往往无能为力,改变的方法是离开这个环境,转到一个更适宜的环境去工作,这就是员工流动。

组织行为学者也陆续建立了一些经典理论模型,使员工流失的理论分析更加系统成熟。例如,员工流失理论模型、马奇和西蒙模型、普莱斯模型、莫布雷中介链模型和扩展的莫布雷模型。

员工流失理论模型②:主要是在对员工流失影响因素研究基础上,注重影响因素之间的相互作用和动态过程所形成的模型,包括结构模型、决策过程模型以及效用评价模型。

马奇和西蒙模型(March & Simon)③:即"参与者决定模型",他们最早尝试将劳动力市场和个体行为融合一体来考察和研究员工流失。他们的模型实际上是由两个模型共同构成的。一个模型分析的是感觉到的从企业中流出的合理性,一个模型分析的是感觉到的从企业中流出的容易性。

员工感觉到的从企业中流出的合理性的两个最重要的决定因素是,员工对工作的满意程度及其对企业间流动的可能性的估计。

员工感觉到的流出的容易程度的决定因素中,最重要的是:员工所能够看到的企业的数量、他们胜任的职位的可获得性以及他们愿意接受这些职位的程度。

普莱斯模型(Price)④:其积极贡献在于,它尝试将企业变量和个人变量结合起来探讨员工流出问题。从个体心理学角度讲,这一模型有一大缺陷,那就是它不能明确回答个人是怎样认知和估计流出影响因素和改变工作机会的。这一模型是建立在假设员工能够相应地衡量各种决定因素的后果的基础上的,忽略了个体价值观、知觉及衡量过程的差异性。

---

① 勒温(Lewin).社会科学中的场论[J].Field Theory in Social Science,1951:18-23.

② 孙晓华,威振东,段兴民.国外雇员流失理论研究评述[J].科学与科学技术管理,2006,08:21-24.

③ March J G,Simon H A. Organization[M].NewYork:Wiley,1958:5-6.

④ Price J. The Study of Turtmer[M]. Iowa: Iowa State University Press,1977:5-28.

莫布雷中介链模型[①]:强调将流出作为一个选择过程,并对把工作满意度与流出的关系直接作为员工流出的先兆的观点提出了质疑。该模型不能完全解释员工流失行为。现有的研究不能有效地评价这些关于员工流出的解释。在员工流出决策过程中,员工角色选择、员工流动的难易程度,以及工作机会的多寡等因素的作用还需要进一步研究证明。

扩展的莫布雷模型[②]:将前面几种模型结合起来,试图尽可能全面地捕捉到影响员工流出的各类复杂因素。对于这样一个非常复杂的模型,不可能有哪一方面的专门研究成果能百分之百地给予全面的论证和支持。这一模型的意义在于运用图形来较为全面和直观地描述出员工流动的行为过程。

2.2 国内研究现状

我国学者对员工流失问题的研究是从 20 世纪 90 年代开始的,随着市场经济的不断发展和完善,"跳槽"现象日益普遍,我国学者开始分析研究企业员工流失的原因,探讨国外有关员工流失的模型并进行实证分析。特别是 90 年代后期,随着旅游业的迅速发展,旅游饭店已经成为旅游业吃住行游购娱六大要素中的重要组成部分,员工流失现象已不是个别地区的问题,而是整个行业的普遍现象,成为酒店行业的重大难症之一。员工的高流失率一直是困扰酒店管理的难题。

丁秀玲(2002) 在《论知识型员工的流动与留用》一文中[③],阐明影响知识型员工主动离职的主导性因素是组织本身和个人期望的不一致。

符益群,凌文栓,方俐洛(2002)在《企业职工离职意向的影响因素》一文中[④]将员工流失的影响因素从宏观、中观、微观三个层面进行划分并进行了研究。

张德,张勉(2003)在《企业雇员离职影响因素研究》[⑤]中认为,离职一般性的影响因素包括:薪酬待遇,管理问题(沟通、认同感、职业发展),个人因素(家庭因素、继续深造、思想是否成熟)。另外,他们的研究特别提到了特质性的传统文化因素对主动离职存在影响,其中包括:对权威的尊重、面子与和谐、集体主义。

王淼和孙小丽(2004)在《关于企业员工流动问题的探讨》[⑥]一文中指出,员工流动受年龄的影响较大。处于 20 ~ 30 岁的员工更多重视工作的兴趣和新颖以及工作经验的积累;30 ~ 45 岁的员工多半是由于待遇与事业发展的进取性;至于 45 ~ 55 岁的员工流动多半是为了开拓第二事业的博弈性。

曾明(2004)在《知识型员工流动影响因素分析》[⑦]中,对于知识型员工流失影响因素的研究主要从三个方面进行:①外部因素:员工追求就业能力、知识更新周期缩短、人才需求增加;②内部因素:对于工作的满意程度、对工作的期望、物质补充、业绩和提升机会、工作的复

---

① Mobley W. Intermediate linkages in the relationship between job satisfaction and employee turnover[J]. Journal of Applied Psychology,1977:45.

② Mobley W,Grifeth R,Hand H. A review and conceptual analysis of the employee turnover process[J]. Psychological Bulletin,1979:23.

③ 丁秀玲. 论知识型员工的流动与留用[J]. 南京经济学院学报,2002(5):12 - 15.

④ 符益群,凌文栓,方俐洛. 企业职工离职意向的影响因素[J]. 企业人力资源管理,2002(7):33 - 36.

⑤ 张德,张勉. 企业雇员离职影响因素研究[J]. 中国软科学,2003(5):13 - 15.

⑥ 王淼,孙小丽. 关于企业员工流动问题的探讨[J]. 商业研究,2004(2):23 - 24.

⑦ 曾明. 知识型员工流动影响因素分析[J]. 市场论坛,2004(9):3 - 5.

杂程度、企业的激励措施、交流、企业文化、行业性质、公平性、组织领导风格；③个体因素：年龄、性别、教育水平、婚姻状况和任期。

李群（2006）在《企业员工流失分析及对策研究》①一文中，通过企业员工流失过程模型、影响因素分析等工具，对员工流失现象进行了系统规范的描述和分析，从而建立了一套行之有效的企业员工流失预警和控制的方法，为国有企业提供了解决企业员工流失问题的实践性思路和办法。

此外，国内学者对员工流失模型也进行了研究并取得了一定成果。

王玉芹（2000）②详细论述了高科技企业员工离职模型，建立了员工离职内因模型和外因模型。

凌文栓和张治灿等（2002）③对中国企业职工的组织承诺进行了研究，对组织结构提出了新的"五因素模型"。按照"五因素模型"的结果，雇员之所以会留在组织中，是因为感情承诺、经济承诺、理想承诺、机会承诺和规范承诺五个因素的作用所形成的。简单地说，雇员之所以留在组织中是因为他们对组织有心理上的依附感、经济上离不开、组织某些方面能够满足他们的期望、缺少相应的机会和他们觉得应该留在组织中。

冯友宣、戴良铁（2005）④建立了由离职影响因素以及调节因素构成的员工离职模型。

2.3 文献评述

国外的心理学、组织行为学的学者们在员工流失问题上建立了各式的模型，详细地描述了员工流失的整个过程，分析了影响员工流失的外部、内部原因，以及相互之间的作用，但是忽略了员工的个体价值观的因素，缺少了对员工流失控制方法的研究。

国内学者更为注重员工流失影响因素的研究，分析了在中国文化背景下员工流失的影响因素，并提出了控制方法。

当前国内外学者的研究具有以下三方面不足：

（1）当前的研究是在常规经济环境下对员工流失进行的研究，对危机状态下，特别是金融危机环境下，员工流失情况及其对策的研究还有所欠缺。

（2）当前对员工流失影响因素的研究，仅限于整体性的综合研究，没有分类别进行研究。由于员工流失影响因素因人而异，不同职位的员工有着不同的影响因素，因此这方面的分类别研究存在不足。

（3）缺乏实证案例分析，特别是缺少成功案例分析。当前一些控制员工流失率的案例研究，多为分析某企业存在的员工高流失率的问题，以提出建议为目的，而提出的建议或对策是否能够符合该企业的实际情况，在实施过程中是否真正有效，却不能得到证明，不能提供成功经验的分享。

基于以上情况，本论文将致力于特殊经济环境——金融危机经济背景中，按职级分类剖析员工流失影响因素，并以京伦饭店的成功案例为实证研究对象，证明京伦饭店员工流失应对措施的有效性，为饭店员工流失率的有效控制提供有价值的参考。

---

① 李群. 企业员工流失分析及对策研究[D]. 2006：16－18.

② 王玉芹，叶仁荪. 高科技企业员工离职模型[J]. 中国人力资源开发，2001(10)：19－21.

③ 凌文栓，张治灿. 员工产生离职意向的原因分析[J]. 四川教育学院学报，2009(1)：12－14.

④ 冯友宣，戴良铁. 影响企业员工离职的原因分析及管理对策[J]. 商业研究，2005(5)：16－18.

3 饭店员工流失理论研究

3.1 饭店员工流失的内涵

要了解饭店员工流失的内涵，首先需了解员工流动的内涵。国外学者，对员工流失(Employee Turnover)的定义较多。安・德维尔和马宏[1]认为，员工流动是指人们被一个组织雇用或者离开这个组织的行为。皮扎姆和宋伯格指出，员工流动包括自愿流动和非自愿流动，其中非自愿流动的原因大多是被企业解雇或被迫辞职，而自愿流动则是出自员工个人的原因。

中国国内学者赵曙明对于企业员工流失给出明确定义[2]，即企业员工流失是企业的人力资源由可控资源转变为不可控资源的过程，这个过程一般是通过辞职、解雇等程序，使劳动契约解除的正式过程；也可以是由于特殊原因，使得企业在长时期内实际上已经丧失掌握该员工的人力资源的过程，如在职失业、消极怠工等。

对于本文来讲，员工的自愿流出是本文研究的重点。饭店员工流失是指饭店的人力资源自愿流出饭店，而与饭店彻底脱离工资关系或脱离任何法律承认的契约关系的过程。

3.2 饭店员工流失的分类

按员工流出饭店的意愿来划分，员工流出分为自愿流出(如辞职、停薪留职、第二职业等)、被动流出(解聘、开除和结构性裁员等)和自然流出(如退休、伤残、死亡等的流出)。员工流出分类情况如图3.1所示。

- 员工流出
  - 自愿流出
    - 与组织解除契约关系（如辞职、自动离职）
    - 未与组织解除契约关系（如第二职业）
  - 被动流出
    - 与组织解除契约关系（如解聘、开除、结构性裁员）
    - 未与组织解除契约关系（如被动型在职失业）
  - 自然流出（如退休、工伤、死亡等）

图3.1 员工流失分类图

由于自然流失属自然或意外因素所至，其影响因素具有偶然性，本文不对此进行研究。本文只研究员工自愿流出饭店的情况，因为自愿流失不论对社会、饭店还是流失者个人来说都是至关重要的，它不仅是个人动机或行为的具体体现，而且通过个人的动机或行为过程间

---

① Denvir A & McMahon F. Labor turnover in london hotels and the cost effectiveness of preventative measures[J]. International Journal of Hospitality Management,1992(2):3-5.

② 赵曙明. 人力资源管理研究[M]. 北京：中国人民大学出版社，2001:23-28.

接地反映出饭店内部或外部诸因素对其个人行为过程所产生的影响,并反过来对社会、饭店及个人都会带来一定的后果。虽然,被迫流出对饭店近期的影响和后果不十分明显,但从长远看,不论对个人、饭店及社会都会有其积极和消极两方面的后果。另外,了解和掌握促成流动的多方面因素及流动产生的后果,有助于个人做流动决定时更加理智①。

3.3 饭店员工流失的特点及现状

(1)饭店员工流失频率大、流失人数多

作为劳动密集型企业,一般企业的人员流动率在5% ~10%,酒店业最适合的流动率应在8%左右②。然而,中国旅游协会人力资源开发培训中心对国内23个城市33家二至五星级酒店人力资源部门进行的调查表明,2000至2004年,酒店业员工流动率分别为25.64%,23.92%,24.2%,22.56%和23.41%,平均流动率为23.95%;2005至2007年,酒店业员工流动率分别为25.64%,23.92%和24.2%,2008年平均流动率高达24.59%。可见酒店人员的流动率是适合流动率的3倍以上,并且呈逐步上升趋势。

(2)饭店员工集体流失现象严重

饭店常出现某位高层人员调到其他饭店,会带走一批中层管理者和业务骨干的现象。某些关键岗位的人员集体跳槽的现象也屡屡发生。例如,兆龙饭店销售部总监辞职,大部分销售人员集体出走,这就意味着带走了大批重要客户,导致原饭店在较长时期内都处于瘫痪状态;再如,京伦饭店铁板烧餐厅经理辞职,带走多名餐厅骨干员工,严重影响餐厅服务质量。一方面,诸多新开业的饭店非常欢迎集体跳槽者,因为他们一般都有较丰富的经历和从业经验,新饭店通过他们在较短时间内就可以招收到具备较高素质和技能的"正规军",既缩短了招聘周期、简化了招聘程序,还可节约培训费用、招聘成本;另一方面,这样的集体流失却加剧了饭店行业竞争的无序,为流失员工的饭店带来巨大损失。

(3)饭店大学以上学历人员流失现象突出

根据本人对北京某高校旅游管理专业97届学生的调查,该届学生毕业后进入饭店工作的有28人,截止到2008年初,只有5人继续留在饭店里面工作,流失率高达80%以上。饭店竞争从低层次来说是质量竞争,从高层次来说则是文化竞争,因而饭店是非常需要高素质员工的。

(4)饭店员工向行业外流失现象严重

饭店员工向行业外流失可以分为两个方向:一部分离开饭店,到其他旅游企业工作,比如到旅游网站、旅游公司;另一部分脱离旅游行业,到其他的公司工作,比如与饭店业务相近的物业管理行业,或是和饭店不相关的内资公司或外企公司。据本人了解,更多的员工希望选择饭店行业以外的工作。本人认为,这与饭店高学历员工的流失有着密切关系。相比竞争者,在饭店工作过的高学历员工往往外语水平高,形象好,气质佳,待人接物有一定风度,非常受外企公司的欢迎。

---

① 赵西萍.旅游企业人力资源[M].天津:南开大学出版社,2001:20-25.

② 王飞.浅谈旅游饭店人才流失的原因与对策[J].浙江旅游职业学院学报,2007(1):16-18.

3.4 饭店员工流失的相关理论

3.4.1 相互忠诚模式理论①

忠诚意识是一个人的头脑对客观物质世界产生反映，从而自觉自愿产生尽心尽力的行为。忠诚是双向的，是一种相互行为，即饭店与员工相互忠诚才能使二者关系存在并发展。忠诚一般有以下两个方面：

一是员工忠诚于饭店，表现为由低到高的层次：①以饭店能满足员工自身发展为基础；②以某位或某些管理人员为基础；③以饭店行业为基础。

二是饭店忠诚于员工，也表现为由低到高：①以员工的身体条件为基础；②以员工能带来的物质利益为基础；③以员工的技能等综合素质为基础。

在这两种忠诚的层次中，都是以第一层为最不稳定，第三层为最稳定。因此，忠诚有如下的特点：

（1）具有层次性，即都是从低层次向高层次发展，但高层次的出现不一定以低层次的全部满足为前提；

（2）具有对等性，即忠诚会随着对方忠诚度的变化而发生变化；

（3）是人需求的需要，无论是低层次的安全、社交需求还是高层次的尊重、自我实现需求，都需要有个忠诚的环境；

（4）是人的心理行为，饭店有权命令员工按标准完成任务，却无法命令员工忠诚于饭店。

员工对饭店忠诚意味着员工与饭店的目标取向一致，价值观一致，因此，忠诚不仅是对饭店的忠诚，同时也是对自己事业的忠诚。如果要求员工对饭店忠诚，饭店首先要对员工忠诚。一些饭店总是把忠诚看成是对员工的单方面要求，很少考虑饭店也应该忠诚于自己的员工。其实忠诚作为相互性行为，在实践中却需要以饭店对员工的忠诚为先导，这是因为：

（1）饭店对员工的忠诚更具主动性，员工进入饭店后，饭店人力资源开发与管理的方针、政策、制度等已向员工表明了它对员工忠诚与否的态度，这种态度将直接影响员工对它的忠诚度；

（2）相对于饭店来说，员工是弱势群体，饭店应把员工当作必须依靠、互助互利的伙伴，要对员工工作和生活及未来真诚负责，如保护员工的就业稳定、给予合理的薪资和福利、提供增长才干的机会，帮助和促进员工个人发展等。这样，员工定会感激饭店的知遇之恩，尽心尽力为饭店的发展奉献自己。

相互忠诚模式下，饭店与优秀员工互为忠诚顾客。优秀员工向饭店出售其劳动力而饭店方面向优秀员工“出售”管理等方面的“服务”。饭店方面采取各种措施不断满足优秀员工的不同需要，使优秀员工认为只有在本饭店才能最好地实现自我价值，取得事业成功。优秀员工不断提高其服务技能，增强服务意识，使饭店认为只有留下这批优秀员工才能保证服务质量的提高，保持营业收入的增长与赢利水平的不断上升。双方均应认识到建立相互忠诚关系是共同的需要。饭店对员工的忠诚是先导，更为重要。只有饭店首先对优秀员工忠

---

① 黄蔚艳. 基于忠诚度的饭店员工管理[J]. 商业周刊，2006(7)：10－13.

诚，才能使优秀员工对饭店忠诚，反之，即使优秀员工对饭店忠诚，也会由于饭店方面的原因而使得忠诚度衰减，最终导致优秀员工的流失。建立相互忠诚关系，提升员工对饭店的忠诚度，可有效降低员工流失率，让员工认为自己是饭店整体的一部分，凭着强烈的绝对的认同感与饭店的目标达成一致，从而保证饭店的可持续发展。

3.4.2 饭店管理中的“能本管理理论”①

饭店“能本管理”是以能力为本的管理，是人本管理发展的新阶段。它是通过采取有效的方法，最大限度地发挥每个员工的积极性和创造性，它把有效使用员工的能力作为管理工作的出发点，最大限度地发挥人的能力，从而实现能力价值最大化。它把能力作为最重要的人力资源，作为组织发展的推动力量，来实现组织发展的目标以及组织创新，是有效控制并降低员工流失的重要手段。

对员工能力的使用，就是对其能力进行优化配置和组合的过程，是尊重能力和充分正确发挥能力的过程。饭店对员工能力的配置与使用，主要有以下五个方面：

(1)能级与职级相配置，使“能者有其位”。能级制要求在饭店中建立起管理人员和技术专业人员设置和两个相对独立平等系列的晋级升迁制度，建立起与管理职务阶梯相对应的业务能力阶梯，使他们分别全力投入到各自的工作中去；同时要求在二者之间形成一定关联桥梁，使组织内部的职级和能级相称，反之亦然。只有这样，才能更好地胜任或完成组织目标，树立其权力，从而才能调动各自的积极性。

(2)能级与岗位的配置，使“能者有其岗”。能级制要求根据员工的能力将其安排在相应的岗位上，因人定岗，按能配岗；根据岗位所要求的能级安排相应的员工，因岗选人；要用人之长，避其之短；将具有特殊能力的员工安排在相应的特殊岗位上，将最具挑战性的工作和组织的目标任务由能级最高的人来承担；在每个岗位上，力求形成一种最佳的能级结构。这实际上是能力和岗位的结合，是饭店管理中人和事的结合。

这既为员工提高能力指明了方向，引导员工根据饭店的需要提高其能力，同时又能够实现科学的管理，实现按能配岗、按岗选人的人岗配置和使用模式。在能级与岗位配置过程中，会遇到不仅同一类型的岗位不同能力的员工都在干，而且会出现职务高能级低、职务低能级高的现象。对这样的问题，首先应在承担组织的目标任务和责任上予以区别对待，其次要想尽一切有效办法提高能级低的员工的能力水平，实在提高不了的，由饭店另行安排，而对职务低能级高的人，饭店应将其作为重点使用对象，一旦有职位和机会，就要大胆使用。

(3)能级与资级配置，使“能者有其资”。能级制要求不同的能级有不同的津贴。对能级津贴的设定，应注意：一是各级能级津贴之间必须设定一个“临界点”，用以处理不宜参加或不宜完全参加能级评定的人员；二是在“临界”点之后各级的能级津贴要比其前的能级津贴适当拉开差距，这样才有刺激力、感召力和挑战性，以达到激励人去充分发挥其能力之目的。

(4)能级与待遇的配置，使“能者有其享”。即不同能级的员工享受与其相应的行政官级所具有的待遇。

(5)不同能级的员工互相配置，力图形成一种最佳的能力结构，以达到“能力优化组

① 张恒洲. 饭店管理的现代化[M]. 北京：机械工业出版社，2003.

合”。能级制要求通过合理的分工制度,在同一类岗位和同一岗位中,力图达到能级互补、能别互补和优缺点互补,安排互补型人才搭配,从而保证组织中能力合力的最大化。

3.5 员工流失其他相关理论

3.5.1 双因素理论

双因素理论又称激励——保健因素理论①,是20世纪50年代末期由美国心理学家赫兹伯格提出的。赫兹伯格在企业调查中发现,员工感到不满意的因素大多与工作环境或工作关系有关,这类因素的改善可以预防或消除员工的不满,但不能直接起到激励的作用,故称为保健因素。属于保健因素的有:公司政策与管理、监督、工作条件、人际关系、薪金、地位、工作安定等。与此相反,使员工感到满意的因素主要与工作内容或工作成果有关,这类因素的改善可以使员工获得满足感,产生强大而持久的激励作用,所以称为激励因素。属于激励因素的有:工作成就、提升、任务性质、个人发展的可能性、职务上的责任感等。

赫茨伯格认为传统的激励假设,如工资刺激、人际关系的改善、提供良好的工作条件等,都不会产生更大的激励;它们能消除不满意,防止产生问题,但这些传统的“激励因素”即使达到最佳程度,也不会产生积极的激励。他发现,由于调查对象和条件的不同,各种因素的归属有些差别,但总的来看,激励因素基本上都是属于工作本身或工作内容的,保健因素基本都是属于工作环境和工作关系的。同时,赫茨伯格注意到,激励因素和保健因素都有若干重叠现象,如赏识属于激励因素,基本上起积极作用;但当没有受到赏识时,又可能起消极作用,这时又表现为保健因素。工资是保健因素,但有时也能产生使职工满意的结果。满意和不满意并非共存于单一的连续体中,而是截然分开的,这种双重的连续体意味着一个人可以同时感到满意和不满意,它还暗示着工作条件和薪金等保健因素并不能影响人们对工作的满意程度,而只能影响对工作的不满意的程度。

3.5.2 激励理论

期望理论(Expectancy Theory),又称“效价—手段—期望理论”,是美国著名心理学家、行为科学家维克托·弗鲁姆(Victor H. Vroom)于1964年在《工作与激励》中提出的激励理论。

弗鲁姆认为,人总是渴求满足一定的需要并设法达到一定的目标。这个目标在尚未实现时,表现为一种期望,这时目标反过来对个人的动机又是一种激发的力量,而这个激发力量的大小,取决于目标价值(效价)和期望概率(期望值)的乘积。

怎样使激发力量达到最好值,弗鲁姆提出了人的期望模式:

个人努力→个人成绩(绩效)→组织奖励(报酬)→个人需要

这个期望模式中的四个因素,需要兼顾几个方面的关系。

(1)努力和绩效的关系。这两者的关系取决于个体对目标的期望值。期望值又取决于目标是否合适个人的认识、态度、信仰等个性倾向,及个人的社会地位,别人对他的期望等社会因素。即由目标本身和个人的主客观条件决定。

(2)绩效与奖励的关系。人们总是期望在达到预期成绩后,能够得到适当的合理奖励,如奖金、晋升、提级、表扬等。组织的目标,如果没有相应的有效的物质和精神奖励来强化,

---

① MBA 智库百科. www. wiki. mbalib. com.

时间一长,积极性就会消失。

(3)奖励和个人需要的关系。奖励什么要适合各种人的不同需要,要考虑效价。要采取多种形式的奖励,满足各种需要,最大限度地挖掘人的潜力,最有效地提高工作效率。

(4)需要的满足与新的行为动力之间的关系。当一个人的需要得到满足之后,他会产生新的需要和追求新的期望目标。需要得到满足的心理会促使他产生新的行为动力,并对实现新的期望目标产生更高的热情。

人们基于对环境的认识,进而产生了价值感和目标感,导致需要,而需要又引起动机。但动机是否必定产生相应的行为,则还取决于行为导致预期目标可能性有多大①。

3.5.3 目标一致理论

日本学者中松义郎的目标一致理论较好地解释了员工流动的成因和必然性。当个人目标与组织目标完全一致时,个人的潜能得到充分发挥。当二者不一致时,个人的潜能受到抑制。解决这一问题有两个途径:①个人目标主动向组织目标靠拢,引导自己的志向和兴趣向组织和群体方向转移,并努力趋于一致。这样做往往碰到困难,或者由于价值观上的差异(对知识的尊重,对金钱的追求,对事业的忠诚)难于弥合;或者由于人际关系上的问题(认人唯亲、排除异己、忌才妒能)难以克服;或者由于业务努力方向上难于一致(如专业不对口,一改专业就有可能丧失业务上的优势)。总之一句话,个人目标与组织目标之间的差距难于短期内解决,则这条路变得不可靠。②进行员工流动,流到与个人目标比较一致的新单位上。个人的努力方向与组织的期望比较一致,如鱼得水,个人的积极性、创造性得到充分发挥,个人的行为容易受到组织的认同和肯定,形成良性循环。

中松义郎在《人际关系方程式》一书中指出②,处于群体中的个人,只有在个体方向与群体方向一致的时候,个体的能力才会得到充分发挥,群体的整体功能水平也才会最大化。如果个体在缺乏外界条件或者心情抑郁的压制状态下,就很难在工作中充分展现才华和发挥潜能,个体的发展途径也不会得到群体的认可和激励,特别是在个人方向与群体方向不一致的时候,整体工作效率必然要蒙受损失,群体功能水平势必下降。

3.6 影响饭店员工流失的因素

关于影响员工流失的因素,许多学者从不同角度进行了研究,且著述很多。国外学者McFillin, Riegel, Enz(1986)进行关于饭店员工主动流失的研究后发现,下列因素是造成员工高流失率的原因:①上级对待下级的方法;②工作量;③工作压力;④工作日程安排;⑤培训;⑥固定薪金以外的福利;⑦别处有更好的机会;⑧劳动强度。

Wood & Macaulay (1989)调查六家连锁饭店及六家餐厅员工所知觉的流失因素,包括外在原因和内在原因,外在原因为失业率(Unemployment Rate)、新的工作机会(New Job Opportunities);内在原因为薪资(Pay)、福利(Benefit)、领导方式(Quality Supervision)、工作条件(Working Conditions)、同事品质(Quality of Co-workers)及整体的工作满意度(Overall Job Satisfaction)等。

---

① 揭莉群,唐晓云.基于期望理论的酒店员工流失分析及管理改进[J].科技信息,2008:25-27.

② 中松义郎.人际关系方程式[M].桂林:漓江出版社,1990.

Wolff(1997)对饭店管家部(Housekeeping)研究,提出训练、授权及激励员工是留住员工的关键因素。Gartner(2000)认为,薪酬、同事支持、工作符合、角色冲突、工作例行化、升迁机会等影响饭店员工的流失倾向。

Lam et al. (2001)以香港五家饭店为研究对象,并以200位现有员工和200位流失员工为样本,进行员工工作满意度状况调查,采用工作描述分类(Job Descriptive Index,JDI)方法发现,薪资(pay)和升迁(Promotion)是员工衡量工作满意的重要指标,会影响员工对流失的决策。

国内黄远水、李亦梅(1997)在《旅游饭店员工流失问题研究》一文中对我国旅游饭店员工流失的现状和原因进行了研究分析。文章认为引起人员流失的原因多种多样,归纳起来,可以分为社会因素、个人因素和饭店因素三大方面。李菊霞和林翔(2001)认为寻求更高的报酬、寻求更好的发展机会、寻求更优的工作环境、人们的观念问题是导致饭店员工主动流失的原因,但是总体而言,国内该命题的研究缺乏相应的定量研究。

通过国内外学者的研究可以看出,饭店员工流失影响因素主要包括宏观社会因素、饭店因素、个人因素三个方面。

3.6.1 宏观社会因素

1958年美国经济学家马奇(March)和西蒙(Simon)对员工离职现象进行了研究。March和Simon从宏观劳动力市场角度出发,根据大量的统计资料分析了就业机会与员工离职的关系,认为,“在其他条件不变的情况下,员工离职的最准确的预测指标是国家的经济状况。当工作充裕时,员工自愿离职的比例就高,当工作稀缺时,自愿离职的比例就低。”在March和Simon的研究基础上,莫布雷等人进一步提出,由于不同类型的劳动力所面对的劳动力市场不同,他们对劳动力市场的认识也不同,因而劳动力市场对其离职的影响就不同。Proctor等(1976)在研究中指出,劳动力市场状况是影响年轻管理者离职的重要原因之一。Wayne等(1997)用美国劳动力市场接收活跃期(1984—1988年)的227家企业和不活跃期(1988—1993年)的218家企业为样本,对这些企业的历年数据进行整理分析,结果发现企业主席、CEO、高层管理者的离职大多发生在劳动力市场的接收活跃期,并且发现劳动力接收市场的活跃还影响到企业管理制度的强度。在David等(1999)提出的离职复合模型中,劳动力市场流动状况在绩效对离职的影响过程中起到了中介作用。另一影响离职的社会经济因素是失业率。Charles(1999)通过对美国25个州的66个城市的456名销售人员进行问卷调查,发现失业率与员工离职率呈负相关;并指出失业比其他任何变量对员工离职有更直接的作用。这一结果与March和Simon的结论相一致,即当就业机会少,失业率高时,人们很珍视已得到的工作,所以很少会自愿离职。经济繁荣时期,就业岗位相对较多,失业率低,找工作相对容易,这时员工自愿离职的可能性就比较大①。

国内学者李银从宏观经济因素上对离职问题加以研究②,提出了劳动力市场维度这个概念,并以此分析行业生命周期、劳动力市场与离职率之间的关系,指出不同的劳动力市场类型和行业周期下的离职率是不同的。

---

① 马淑婕,陈景秋,王垒.员工离职原因研究[J].中国人力资源开发,2003(9):23-28.

② 李银.中国人才资源流动实证研究[D].江苏:南京农业大学,2004:15-19.

3.6.2 饭店因素分析

3.6.2.1 饭店集团层面因素

一个饭店集团可能会拥有多家自有、共有或代理品牌连锁饭店，遍布于各地，那么将会派出外派经理或骨干人员，负责相应的管理工作。饭店集团异地经营成功很大程度上要依赖于有才能的饭店外派经理。外派失败会给饭店集团造成很大的损失。这就决定了饭店集团存在着如下特性，会导致员工流失。

（1）工作异地性

外地饭店从建立到发展，是一个比较曲折的过程。外派人员到外地创业，在新环境、新情况下，将面临重重困难，有一个熟悉的过程，再加上任务重，工作压力大，外派人员容易对饭店和个人的前途产生怀疑。

（2）长期性

在新环境下开展工作并取得成效，外派人员对于周围的人、事、物需要经历一个熟悉环境、适应工作、磨合关系、进入角色、取得话语权、做出成效的过程，这个过程需要一段较长时间，这就决定了在异地工作的长期性。长期的异地工作使外派人员很难照顾家人，节假日很少与家人团聚，将会给外派人员的家庭关系带来负面影响。

（3）跨文化性

异地的文化与本地存在差异，外派人员需要接受并与当地的文化融合，文化的融合表现在工作习惯、沟通方式、人际关系的处理等各方面，否则外派人员很有可能受到当地工作团队的排挤，无法开展工作。此外，作为饭店集团旗下企业，外派人员担负着文化引导责任，即引导异地饭店秉承饭店集团的治理模式与文化模式，即在集团文化的模式下保持地方特色，这对外派人员来讲也是一个挑战与压力。

因此，新环境的挑战、工作的压力、家庭关系的处理、跨文化的适应都将成为外派人员流失的影响因素。

3.6.2.2 饭店行业本身的特殊性

（1）纪律严明，要求严格

饭店是以提供服务为主的综合性服务企业，一方面，宾客是饭店服务的直接消费者，与其他消费品不同，服务——这个消费品不能库存，即使恶劣的服务也不能像其他商品那样退货或替换，也不能更改或维修①。当不能提供使宾客满意的服务时，就会出现失去客人的残酷事实。因此，几乎所有的饭店都制定了严格而具体的纪律和规范，要求饭店员工必须时时克制自己，不能随心所欲，即使在生活和工作中碰到各种困难和烦恼，也要求进入岗位就进入角色，努力忘却心中的忧愁和烦恼。饭店管理常常体现刚性制度，即要求员工不折不扣执行制度，如有违犯，必受处罚，可谓标准高、要求严。

（2）饭店行业工作时间长、强度大

饭店一般实行每周工作5天（有些饭店还实行6天工作制）、每天8小时工作制，一线员工根据岗位的不同实行“三班倒”或“两头班”。但根据饭店客流量的变化和业务经营的需要，往往要突破这一固定的时间界限，临时加班、节假日加班现象比较常见。这在过去物质匮乏的年代，节假日加班予以三倍工资的补偿也许是增加收入、改善生活的一种办法，但现

① ［日］高月璋介. 日本酒店业服务技能培训教材［M］. 沈阳：辽宁科学技术出版社，2004.

在则成了大部分员工的一大烦恼,给员工安排自己的生活带来了诸多不便。

为此,饭店管理者必须从工作需要和员工需求角度,实行富有人性化的工作时间与假期管理。一方面要合理安排员工工作时间,适度增加工作时间的灵活性,逐步推行弹性时间工作制,尽可能避免加班加点,以保证员工的休息时间;另一方面,应逐步推行灵活的休假制度,根据饭店业务特征,有计划地安排员工度假旅游,从而使员工体会工作的价值和生活的快乐。

(3)人际关系复杂

在有些饭店里,有些管理者自身素质不高、管理方法欠妥,特别是在员工的奖惩问题上,机械地执行员工守则上的奖惩条例。有的饭店员工反映,原来的饭店主管只会批评,只会对员工的过错罚款,却很少听到他对员工的表扬。员工未按照规定穿皮鞋上班,被罚100元;员工不小心打碎了杯子被罚款……员工缺乏归属感、关心和尊重;有些饭店,特别是内资饭店,存在着员工关系错综复杂、人际关系过于紧张的问题,一些员工因无法忍受这种压抑的工作环境而跳槽。

为解决这一问题,饭店应加强对各级管理人员进行有关塑造个人魅力、管理方式方法的培训,提升管理人员素质,强调"以人为本"的管理理念。

(4)饭店工作环境

①人文环境的影响

受少数客人的有意刁难甚至是人格侮辱,一些一线女性员工难以接受饭店的工作环境。这在整个社会的精神文明尚未达到一定高度、有些客人的素质确实不高的情况下,作为饭店的员工有着说不尽的委屈和苦衷,不公平感也往往油然而生。为此,饭店管理者必须深刻认识到,一线员工时常会面对来自宾客、组织和工作本身的多个冲突和压力。

②消费环境的影响

饭店员工长期处于高消费的环境之中,特别是在高星级酒店服务的普通员工,长期和消费能力非常强的宾客打交道,宾客的种种消费行为也会常常刺激员工,让他们不由自主地拿自己的收入和顾客的消费能力进行比较,心理落差比较大,对于收入的追求动机更加强烈。

③食宿环境的影响

饭店对员工提供的食宿条件较差,员工后勤区域简陋。而一线员工工作强度大,倒班、加班较为常见,有些饭店甚至不能提供员工临时休息室。多数饭店为节约成本,明知道这些工作环境有待提高,但不予改善。这就会让员工感到饭店对员工不负责,工作缺乏稳定性。

为了使员工适应饭店的工作环境,必须让员工转变角色,明确使命。

首先,在员工求职和入职培训时,必须让员工端正服务态度,明白其扮演的工作角色,明确这一角色的使命是帮助他人、服务他人、使他人愉悦,必然要求员工在适当的时候做出一些必要的"牺牲",要引入"我奉献、我快乐"的理念。

其次,还必须让员工意识到,服务角色的意义就是在服务工作中实现自己的价值。

再次,饭店的管理者也必须懂得尊重员工的人格,维护员工的尊严,保护员工的合法权益,加强关于自我保护意识的培训。比如,里兹·卡尔顿饭店提出的"我们是为淑女和绅士提供服务的淑女和绅士"的口号,万豪饭店集团的创始人马里奥特强调顾客、服务人员与雇主之间的"大家庭"气氛,就是一种明智的管理思想。

(5)饭店行业薪酬相对较低

从某种程度上讲，高薪就是对人才价值的肯定，如果饭店提供较高的薪酬，可以为优秀员工忠诚于饭店工作提供条件。许多员工把饭店支付给自己的报酬的高低看作衡量自身价值的标准，当员工的付出与所得到的回报严重不相匹配时，跳槽也就是他们的必然选择。

此外，饭店通过向员工提供较丰厚的薪酬，也能够提高员工跳槽的机会成本，有效地抑制员工流出本饭店。同时，高薪也能吸引外部优秀人才的加盟。

3.6.3 个人因素分析

国内一些学者，对员工年龄、性别、职位等个人因素角度进行了大量研究。例如，王淼和孙小丽(2004)认为员工流动受年龄的影响较大：处于20～30岁的员工更多重视工作的兴趣和新颖以及工作经验的积累；30～45岁的员工流动多半是由于待遇与事业发展的进取性，而45～55岁的员工流动多半是为了开拓第二事业的博弈性。忻依娅和梁巧(2004)从组织的性别构成角度出发①，通过对300多位员工调研分析得出，高层管理人员男女比率和低层管理人员男女比率对两性离职表现出显著的正影响；中层管理人员男女比率对两性离职表现出显著的负影响；整体男女比率对女性离职存在正影响；领导性别仅对男性离职有负影响。姚绍汉(2006)认为②，员工流动主要和员工的个体特征、员工对企业的满意度及其家庭和生活方式有关。

本人认为，不同层次和不同岗位的管理者，在饭店运行中扮演着不同的角色，职位角色的不同，其流失影响因素也不同。高层管理者最重要的角色是决策角色，确定饭店经营的方针、发展方向和规划，制定公司规章制度以及进行重要的人事组织及其变动等。中层管理者是企业的中坚力量，承担着决策、战略执行及基层管理与高层管理的沟通作用。基层管理者则主要是调动下属员工进行团队合作，组织员工努力完成预算指标和工作任务。

本人与首旅集团人力资源部主管就有关首旅旗下30家直属酒店中、高层管理人员流失情况及影响因素的问题进行了访谈，了解到首旅旗下30家直属酒店的高层管理者队伍比较稳定，2008年流失率仅为3%；各饭店中层管理人员流失率范围在10%之内。再加上本人在饭店工作十年的经历中，对人员流失影响因素的了解，归纳如下：

3.6.3.1 饭店高管人员流失影响因素

(1) 以业绩来体现自身的成就与价值。国内学者朱红军研究发现，饭店集团决策部门利用饭店绩效作为衡量总经理能力的主要指标，当饭店绩效连续下滑且低于行业平均水平时将其更换(朱红军，2002)。业绩相关理论认为，如果决策部门将饭店绩效也作为衡量高管能力的主要指标，饭店绩效差意味着高管能力差，饭店在更换总经理的同时有可能做出更换高管的决策(Hermalin 和 Weisbach，1998)。饭店绩效越差，高管离职和更换的联系越紧密，而绩效好时这种联系可能较弱。

(2) 高管团队的融合度的影响。对于饭店的经营管理来讲，高管团队的有效运作非常重要，如果总经理与其他高管之间存在信任、合作与沟通上的困难，将对高管团队自身的工作绩效、职业发展等都会产生不利影响。这样，其他高管势必会投入时间和精力来促进与总经理之间的交流沟通，产生有利于与总经理配合默契的特殊知识，这种特殊知识是在与总经

① 忻依娅，梁巧．性别构成对两性离职影响的实证研究[J]．人口与经济，2004：7－8．

② 姚绍汉．员工流失的分析及防范初探[J]．经济师，2006(8)：34－35．

理共事过程中产生,并且仅适用于特定的总经理的。如果高管团队之间融合度低,缺少沟通与交流,发生问题互相推诿,管理过程中勾心斗角,相互制造障碍,那么必将导致业绩的下降,为高管离职埋下隐患。

(3)高管任命形式的影响。就国有饭店而言,高层管理团队采用行政干部任命式。这种形式决定了高管的去留取决于其上一级领导的风格。

(4)薪酬与激励机制。高管人员具备极其丰富的管理经验,社交范围广,社会关系多,容易被其他企业的高薪所吸引。

3.6.3.2 饭店中层管理人员流失影响因素

饭店中层管理人员起着承上启下的重要作用,承担着传递经营理念、实施经营计划、引领职工队伍的繁重工作,又是饭店微观层面上的核心,是实现企业目标的原动力。分析中层管理人员流失的影响因素,有以下几点:

(1)纵向沟通与横向沟通的压力

纵向沟通,即实际工作中,中层管理者一方面要执行高层管理者的决策,组织带领下级完成各项任务;另一方面将执行决策过程中出现的问题、取得的成绩上报给高层管理者,为高层管理者制定下一步饭店战略提供依据,即“上情下达、下情上报”。但一些中层管理者认为,由于饭店高层领导缺乏对中层管理者这一作用的认识,在工作中存在“架空”中层管理者的问题,使自身的“桥梁纽带”作用大打折扣;有的中层管理者因不能适应高层管理者的领导方式,使其在与高层管理者的沟通中存在障碍;还有一些管理者,因自身领导方式的问题,无法引导下属。

基于以上原因,一些中层管理者没能起到良好的沟通桥梁的作用,使政策的制定者和实施者之间缺乏良好的衔接,使饭店的沟通渠道不够畅通,使企业的战略制定和具体实施这两项工作发生脱节,进而产生沟通方面的压力。

横向沟通,即部门与部门之间的沟通。为完成一项服务接待工作任务,通常需要几个部门信息共享,共同配合。事先的准备、事中的协作、事后的成果经验分享无不需要沟通与理解。

不论是横向沟通还是纵向沟通,只要有一个环节出现问题都会导致服务失效,因此沟通的压力困扰着较多中层管理者。

(2)所辖部门业绩成果因素

在饭店战略执行过程中,常常会出现执行方案标准渐渐降低,与原标准发生偏离,或者不能在有效时间内完成必要的经营指标,或者造成饭店制定的一些政策在执行过程中,力度越来越小,没有成效等问题。特别是经营部门的中层管理者对业绩完成这一因素就更为敏感,因为各部门的经营指标完成情况直接影响到饭店总体业绩,致使中层管理人员威信下降,难以开展工作,最终导致该中层管理人员流失。

(3)薪酬体制与激励机制因素

首旅集团旗下饭店中,高管人员实行年薪制,而对中层管理人员的分配却没有统一的规定。而高管人员很可能因上级没有明确的说法而难对中层管理人员制定合理的薪酬标准,饭店高层和中层的薪酬标准相差3~5倍。国有饭店中层管理人员的薪酬体制难与外资高档饭店相比,利益的巨大落差诱使国有饭店中层管理人员跳槽。

此外,对于中层管理人员,饭店除了以月度、年度完成经营预算情况作为考核奖惩方式之外,缺乏和企业的长期目标及可持续发展相结合的激励措施。因此,建立科学合理的激励机制是十分必要的,例如长短期相结合的绩效考评与评比等激励措施、长期培训等。

(4) 实现自身价值因素

中层管理人员多是从饭店经营一线成长起来的优秀人才,具有丰富的实践经验和较高的业务水平。有些中层管理人员并不满足于较高薪水,他们对工作环境、成就感和个人进一步向上发展的需求较高。当这些中层不能适应上一级高层管理人员的管理方式,或沟通发生障碍,其价值体现受到抑制时,他们将凭借自身能力向其他能够体现其自身价值的企业流动。有些中层认为,职位能够向上一级提升才能体现自身的价值,而国有饭店的高层管理人员采用行政干部任命式。当中层管理人员不具备足够的"人脉"关系,便难以单纯凭借自身实干的成绩向高层管理人员发展,这种情况下,寻求职位进一步提升的中层将选择其他能够实现职位提升的企业。

3.6.3.3 基层管理人员流失影响因素

(1) 技能的丰富以及成长的机会

基层管理人员,已能够熟练地掌握某一项业务技能并能够带领其他员工共同完成任务。此时,这些基层管理人员更希望掌握其他更多的技能与管理知识,为自己的成长做好技能与知识的储备。

(2) 人际关系

基层管理人员要想带领其他员工圆满完成任务,必须具备良好的人际关系,具备良好的群众基础,必须为所在部门的员工所认同。同时,自己的工作需要上级管理人员的认可,需要与上级管理人员保持良好的人际关系。人际关系的好坏直接影响到任务完成的质量,也是基层管理者较为重视的因素。

(3) 福利待遇

基层管理者中,年少者需要成家立业,年长者需要养家糊口,生活负担普遍较重,工作之余有许多家庭琐事,经济收入的高低成为其非常看重的一部分。

因此,饭店应当注重基层管理人员所起作用的变化,适当应用激励机制使基层管理人员对企业使命和企业宗旨产生强烈的认同感。在此,建议引入团队精神和企业文化建设作为激励因子,增强对基层管理人员工作的认同,合理发挥强化理论中正强化和负强化的作用。

3.6.3.4 基层员工流失影响因素

(1) 自身技能与综合素质

在星级饭店中,服务技能及外语水平要求较高。又因为饭店是一个服务性行业,要以客为尊,特别是要求一线服务人员具备礼仪礼貌、行为举止、语言表达、应变能力等方面较高的综合素质。在这种压力之下,一些员工难以适应。

为此,饭店应加强入职培训,帮助员工做好服务心态的转变。

(2) 个人年龄与发展

饭店中有大量的低技能、不需要经验的工作岗位,这些岗位的在职员工一般都将这个岗位当作是过渡性的,并没有把它看作是长期的职业。饭店业的技能很容易渗透到其他服务行业,所以员工很容易跳到其他服务性行业。在我国还存在着一种观点:干饭店工作吃的是青春饭。在这种传统思想的支配下,一些年龄较大的员工就会考虑跳槽。而这部分员工往往有较长的工龄,对饭店业务的运作流程和工作环境也很熟悉。因此,该部分员工的流失会对企业的服务质量产生很大的影响。

(3) 工作内容

相当多的流失员工认为工作难以给自己带来成就感,自己所做的工作机械、简单重复,用员工自己的话说:“我会干的别人都会干”,而且在工作中受到饭店各项严格的规则程序的限制,也体会不到工作的快乐,对工作没有兴趣。当员工来自于工作的乐趣比较少的时候,就会更加寄托于在物质上的回报,所以对于收入低会相当敏感,从而积极寻找增加收入的机会。

(4) 福利待遇

福利待遇是员工基本生活保障,不论是什么情况下,饭店都不应把员工的福利待遇作为减项来压缩成本费用。

3.6.3.5 “80后”饭店员工特征及流失影响因素

饭店员工年轻化趋势显著,“80后”员工逐渐成为主力军。因此,本人特将“80后”员工作为一个特殊群体,单独分析其流失影响因素。“80后”这个概念由少年作家恭小兵提出,是文坛对1980—1989年出生的年轻作家的称呼,后借指整个20世纪80年代出生的年轻人。按年龄推算,1980年出生的“80后”已30岁,最年轻的1989年生人,也已21岁。他们当中,有些人成为饭店一线人员,有些已经成为骨干员工,甚至基层管理人员。如何控制“80后”员工流失已经成为今后饭店管理者面对的重要课题。“80后”饭店员工有以下特征及其流失影响因素:

(1)受教育程度高,具有较好的专业知识。根据教育部的数据,“80后”的义务教育普及率达到91.8%,高中阶段的毛入学率为43.8%①。以京伦饭店为例,“80后”员工有95%都具备高中以上学历。这说明,这些员工专业知识丰富,学习能力、分析能力、接受能力较强。

(2)“80后”员工崇尚个性与自由。这些员工大多为独生子女,在家庭生活中,以自我为中心,在工作中喜欢按自我愿望行事,重视在工作的同时体现自我的个性,寻找工作的乐趣,并且工作中易受个人情绪的影响,而他们大多不懂得如何控制情绪,自我心理调节与情绪控制能力不强。因此,与其他员工的人际关系处理更值得“80后”员工关注。

(3)追求成就,崇尚自我实现。“80后”员工成长背景优越,具备较强的专业知识,因此,最基本的生活保障、物质奖励已不被他们所看重,他们更希望有展示个人才智的机会,利用创造性思维去完成更具挑战性的工作,收获工作成果,希望自己对企业有所贡献,追求自我实现。如果员工自我感觉个人价值得不到充分实现,工作成果得不到认可,毫无成就感,就会使员工缺乏工作的积极性。

(4)初入社会时,自我定位过高。一些毕业后刚刚进入饭店工作的“80后”员工,好高骛远,眼高手低,自我定位甚高,对饭店工作的严谨管理无法适应。同时,他们的生活开支毫无计划性,开销太大,需要寻求更高的薪酬。与其他企业相比,饭店的工资水平大大低于外企公司。因此,这也导致一部分“80后”员工跳槽。

基于以上特征,饭店针对“80后”员工应:①以精神奖励为主,物质奖励为辅;②为他们

---

① 佚名.“80后”占据国内十分之一群体. http://www.my8090.com/a/80hou/80wx/20100422/221.html.

做好职业规划,让他们感到在饭店中有发展空间;③饭店在实行高效的规范化管理的同时,绝不能忽视对员工的人性化管理,要认可他们的工作成果,尊重他们,注重饭店制度的人性化设计和工作的科学设计,在可能的情况下给员工以灵活的空间,让他们体会到工作的乐趣;④注重员工的心理管理,科学调节员工的情绪,注重利用企业文化引导他们,丰富员工的业余生活,让他们享受生活,享受工作。

3.6.3.6 员工流失个人关键因素的"掌控"分析

上述员工流失个人影响因素,归结起来,如同人们的"手掌",其中"手指"、"关节"、"掌纹"各有其不同的指代及含义:

手指——各个不同的职级犹如"手指",拇指:高层管理人员;"食指":中层管理人员;"中指":基层管理人员;"无名指":基层员工;"小指":"80后"员工(虽然基层员工、基层管理人员中的一部分是"80后"员工,但因"80后"员工有其特有的性格特征,因此单独归为一类进行分析);

关节——"手指"的每个"关节"代表个人流失的影响因素,个人的流失因素是多样的,每一个"关节"出现偏差,可能导致整个"手指"的失灵。

高管流失影响因素:①自身成就与价值体现;②高管团队的融合度;③高管任命形式;④薪酬与激励;

中层管理人员流失影响因素:①沟通的压力;②所辖部门的业绩;③薪酬与激励机制;④实现自身价值;

基层管理人员流失影响因素:①技能与成长机会;②人际关系;③福利待遇;

基层员工的流失影响因素:①自身技能与素质;②个人年龄与发展;③工作内容;④福利待遇;

"80后"员工流失的影响因素:①自由与个性发展;②人际关系;③追求自我实现;④福利待遇。

掌纹——对比并归纳各职级类别的流失因素,可知,有三个流失因素为各职级所共有,那就是:

(1)薪酬与激励(包括福利待遇因素在内):可比喻为掌纹中的"生命线",因为它是各级员工最基本的需求,是其他影响因素的基本线。

(2)自我价值体现(包括个人的发展与成长机会因素在内):可比喻为"智慧线";

(3)人际关系(包括与人沟通、相互的融合度):可比喻为"感情线"。

以上三个因素为各职级人员所共同,可看作是做好人员流失控制的"关键因素",正如一个人的"掌纹",是命运的象征符号。

"掌控"——饭店的人员控制可以看成是一个手掌,分为不同的职级。只有了解手指、关节与掌纹代表的意义,才是做好人员流失"掌控"的基础。要明确饭店内影响各职级流失的不同因素,把握共同因素,解决"关键因素",同时对于不同的影响因素采取不同的对策,这样一个"手掌"握起来才成为"拳头",才具备拼搏与竞争的能量。如图3.2所示。

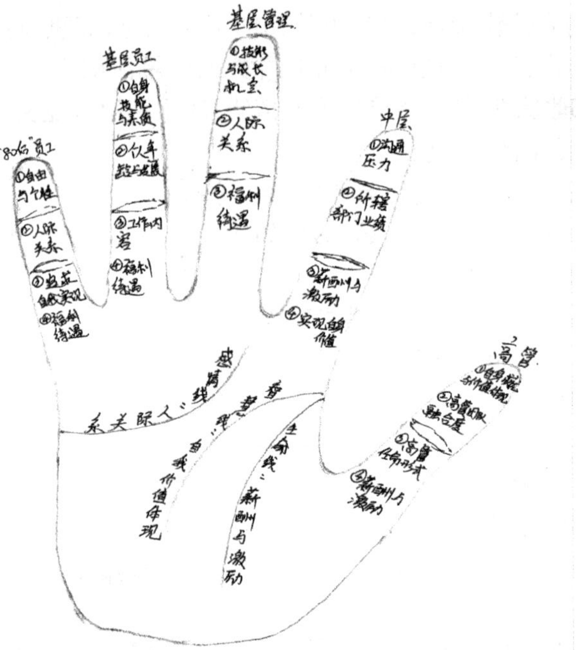

图 3.2　人员"掌控"图

资料来源:作者绘制

4　饭店员工流失现状分析与影响

4.1　饭店员工流失现状分析

伴随着日益激烈的酒店人才争夺战的白热化,酒店业人力资源的频繁流动问题日益凸显,人才的高流失率也成为困扰酒店管理者的首要难题。任何一个行业为了保持它的行业活力,都需要有一定的员工流动,然而人员的流失需要控制在一个正常的范围内,否则便会对企业产生负面影响。根据杨亚芹、王文君等人的研究①,饭店员工流动率的正常范围应在6% ~25% 。如果低于6% ,饭店呈现死水一潭,不利于创新和发展;而高于25% ,则缺乏稳定性,影响饭店服务质量。

中国旅游协会人力资源开发培训中心对国内23 个城市33 家二至五星级酒店人力资源进行调查表明,旅游饭店业最适合的员工流动率为8% ,2000 至2004 年酒店业员工流动率分别为25.64% , 23.92% , 24.2% , 22.56% 和23.41% ,平均流动率为23.95% ;2005 至2007 年酒店业员工流动率分别为25.64% ,23.92% 和24.2% ,平均流动率高达24.59% ,最高的饭店员工流动率高达40% 。可见,酒店人员的流动率已大大超过适合流动率,人才流失严重,并且呈逐步上升趋势②。

① 杨亚芹,王文君. 基于公平性理论的饭店员工流动分析[J]. 商业经济,2007(12):36 -38.

② 王思平. 探讨我国酒店员工流失原因及对策[J]. 广东科技,2009(2):12 -14.

酒店员工流动属于企业的正常现象，但过高的员工流动率会造成饭店服务质量下降，员工替换成本提高，最终导致宾客满意度下降，客源流失，盈利水平下降。因此，饭店员工高流失率所带来的一系列连锁问题，以及对饭店经营产生的消极影响应引起业界的高度重视。

员工流失是最难控制的管理环节，是饭店业面临的一个最严峻、最紧迫、最具有现实意义的问题。北京市星级酒店员工的高流失率，已经成为一个妨碍北京市星级酒店及旅游产业发展的不可回避的严峻问题，同时也严重影响北京市星级酒店核心竞争能力的培育，如何有效防范和控制酒店员工流失问题已成为企业管理者不容忽视的重要问题。

4.2 饭店员工流失的影响

合理的流失会促进酒店员工的新陈代谢，有利于酒店的长期发展，但如果离职率过高，超过了合理的限度，则会给酒店带来以下负面影响。

4.2.1 导致成本增加

酒店员工流失成本主要包括以下几个方面，一是取得员工成本，它包括招募、选拔、雇用和就职的成本；二是培训成本，主要是指为培训员工达到酒店所要求的岗位或者提高其岗位技能而花费的成本，包括酒店员工因岗位培训、脱产培训等各种培训所产生的费用；三是离职成本，主要是指员工离开酒店，酒店所付出的成本，主要包括员工在离职前低效率成本、员工流失后替代人员尚未到位时发生的职位空缺成本，以及招聘新员工所需要的替代成本。酒店员工流失率越高，酒店经营成本也会相应越多，从而使酒店的经营利润下降。

4.2.2 影响酒店的凝聚力

根据美国著名的心理学家勒温(Lewin)的观点，个人能力和个人条件与他所处的环境直接影响个人的工作绩效，个人能力、条件、环境之间存在着一种“场”的关系，人的观念、意识、情绪是受周围环境影响的。如果酒店一部分员工流失，会对其他在岗人员的情绪产生比较大的“波及效应”，影响到整体员工的士气，部分员工尤其是核心员工的流失对其他在岗人员的情绪及工作态度产生不利的影响，特别是离职的员工得到了更好的发展机遇或因流出而获得更好的待遇时，会导致其他员工工作积极性和效率受到影响，出现一个人辞职，带动一批人辞职的现象，从而影响到酒店的整体凝聚力。

4.2.3 导致酒店服务质量的下降

首先，员工离职需要一个过程，在这一过程当中，员工不会如没有离职动机时那样尽心尽力地服务，服务质量会有所下降。其次，员工离职后，离职员工与新入店员工之间会出现时间差，岗位会出现人手短缺现象，可能会造成服务质量的下降；再次，刚刚上岗的新员工，其服务技能与老员工之间存在一定的差距，也会直接影响到酒店的服务质量。

4.2.4 导致客源流失

酒店服务质量的不稳定会导致客人满意度下降，引发客人投诉，从而影响酒店整体形象，这会导致酒店部分客源流失。另外，酒店营销人员、销售人员离职会直接导致酒店客源流失，这部分员工如果在竞争对手酒店任职，不仅会带走大批客户，还会严重影响到酒店的市场份额和经济效益，给酒店带来很大的损失。

4.2.5 信息技术的流失

酒店员工流失，尤其是中高层员工的流失会给酒店带来较为严重的后果。他们掌握着酒店最核心的技术与信息，他们的流动必然引起信息的流失。例如，酒店的中高层管理人员跳槽以后，有可能带走酒店的商业秘密，如原酒店的发展战略、管理经验、资料、特色菜品等，使商业秘密外泄；酒店的业务精英，如餐饮部的厨师长、工程部的技术主管等这些掌握关键技术的人才流失后，会使酒店的技术优势丧失，而且他们还把优秀的下属带走，从而使酒店的忠实顾客随之而去；精通市场的人才如酒店的优秀营销人员流失后，会使酒店的好多固定客源流失，使市场份额下降。

5 京伦饭店员工流失问题实证研究

5.1 京伦饭店情况介绍

5.1.1 京伦饭店基本情况

北京京伦饭店是由北京首都旅游股份有限公司、中国东方资产管理公司、北京首都旅游集团有限责任公司、北京假期有限公司4家股东于1982年9月兴建的，1984年9月22日开业，总投资3500万美元（当时汇率为1美元兑换2.82人民币），总建筑面积42392平方米，是由世界著名酒店管理集团日航饭店总公司协助管理的一家四星级商务酒店。京伦饭店地理位置优越，位于北京市中心大街——长安街东长延线上。距北京火车站、天安门3千米、距离奥林匹克体育中心15千米、距离首都国际机场25千米，区位优势明显，交通十分便利。京伦饭店地处北京CBD商圈的中心，与国贸、北京电视台、中央电视台新址、建外SOHO、赛特、世贸天街等媒体和多家大型购物中心毗邻，周边有地铁一号线、十号线，购物、交通十分便利，地理位置得天独厚。

饭店于2006年对主楼进行装修改造，饭店分主楼、附属楼两部分区域。主楼高12层，地下2层，属经营区，用于接待宾客，有客房642间，可接待1000人住宿，餐饮有咖啡厅、桃李中餐厅、樱花日餐厅、御园铁板烧、四合轩北京小吃餐厅、大堂酒吧、中型宴会厅。有商场、商务楼层、商务中心、3个小型会议室、3个中型会议室；有美容美发、健身房、游泳池、桑拿；附属楼高3层，属后勤区，设有办公室、员工活动室、员工餐厅、更衣室、浴室。

在饭店周围半径1千米范围内有大型商业企业12家。饭店东侧有国贸购物中心、华贸精品购物中心、新光天地购物中心，南侧有海文洋华堂商城、SOHO商城，西侧有贵友大厦购物中心、世界知名的秀水购物城、北京友谊商店、赛特购物中心、晨曦百货，北侧有秀水2号商城。北京最高档的购物消费区较多集中在此区域。除高档消费集中之外，媒体机构也集中在这一区域。东侧有新投入使用的北京电视台，西侧有北京人民广播电台、北广传媒，北侧是中央电视台。

京伦饭店的地理位置和环境决定饭店客源是以商务、旅游为主体的饭店。2008年京伦饭店接待公司散客占总客源的41.58%，接待旅行社散客和团队占总客源的28.4%，散客客房收入占总收入55%。

5.1.2 京伦饭店人力资源构成状况

京伦饭店2008年底员工总数共有673人，包括外籍员工5人。

在京伦饭店673名员工中，共存在4种劳动关系，其中固定期劳动合同281人，占42%；无固定期合同159人，占24%；劳务公司派遣180人，占27%；实习生53人，占7%。

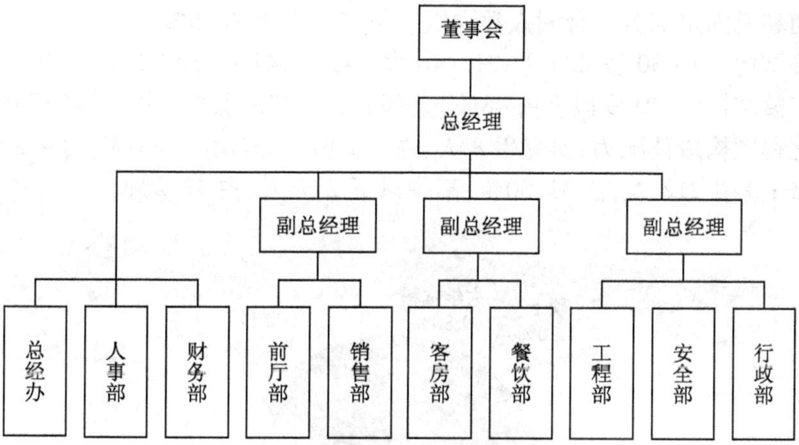

图 5.1　京伦饭店组织架构图

资料来源:作者根据调研资料整理

员工与客房比 1.05:1,饭店行业国际标准为 1.25:1,低于国际标准。

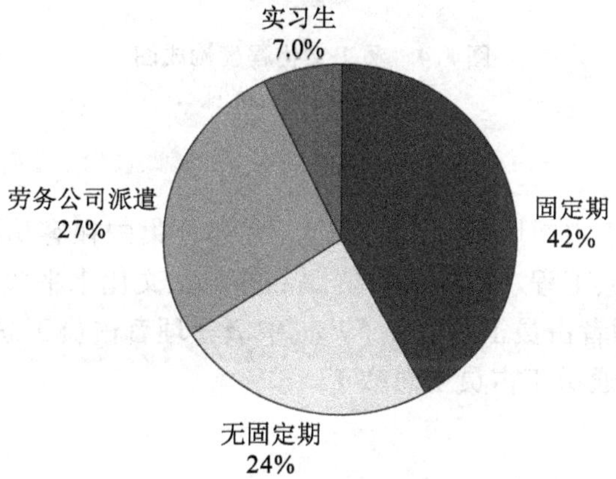

图 5.2　京伦饭店员工劳动关系比例图

资料来源:作者绘制

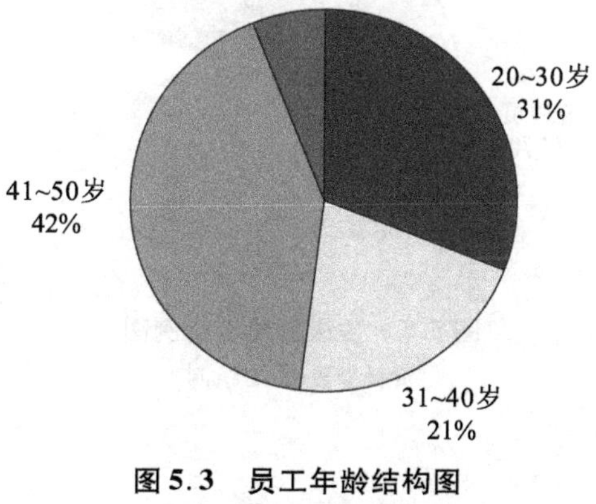

图 5.3　员工年龄结构图

资料来源:作者绘制

有固定期和无固定期劳动合同人数占饭店员工总人数的66%。

员工年龄结构:20~30岁205人;31~40岁143人;41~50岁282人;50岁以上43人。

在员工年龄结构中,40岁以上占48%,大部分是在客房服务后勤、餐饮后勤岗位工作。

员工文化程度构成情况为:研究生8人,占1.20%;大学本科66人,占9.80%;专科110人,占16.30%;高中212人,占31.50%;高中以下277人,占41.20%。

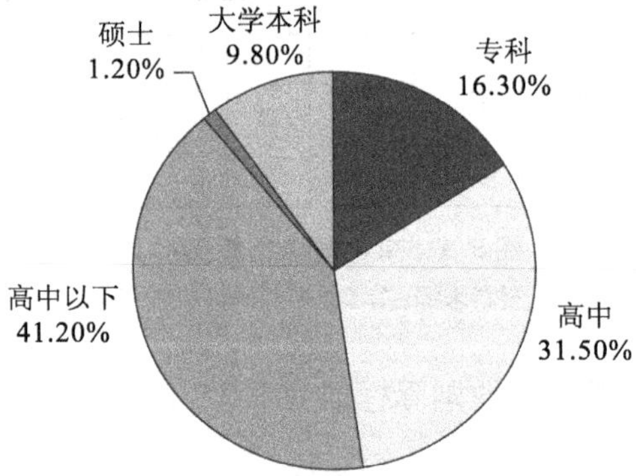

图5.4　员工文化程度构成图

资料来源:作者绘制

文化水平较低的员工占饭店员工40%以上,大部分集中在客房服务、后勤、餐饮后勤范围,而管理者、前厅、销售、工程、财务、人力资源部的员工文化水平较高。

在员工中,高级管理者占员工总数0.59%;中级管理者占员工总数3.40%;初级管理者占员工总数18.31%;普通员工占员工总数77.70%。

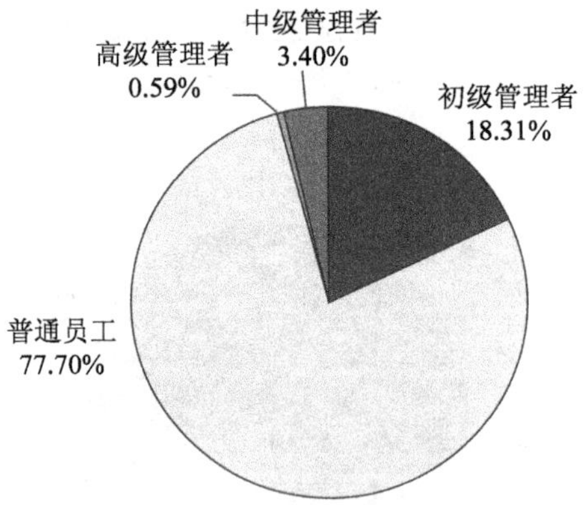

图5.5　各级管理者比例图

资料来源:作者绘制

5.1.3 工资结构

京伦饭店采用4种劳动关系,主要目的是降低工资成本。固定工按饭店工资结构标准,劳务公司派遣员工按日工资制,大部分是失业和下岗工人。实习生发生活补贴。

京伦饭店员工工资由以下几项构成:

①基本工资——按不同级别划定,最低不低于北京市最低工资标准;

②岗位工资——按不同级别划定,以行业同星级饭店作为参考依据设定;

③工龄工资——员工工龄满一年,增加10元,以工龄每年度满1年计算,最多20年(以日历年度作为调整日期);

④津贴——包括外语津贴、技术津贴、特级工种津贴、特别津贴,标准参考技能、工龄2种相应级别。

⑤奖金——根据饭店部门经济效益完成情况,区别贡献大小,标准参考同期业绩和以前发放标准。

⑥员工促销奖金——为增加营业收入,饭店开展员工促销活动,除专职销售人员外,其他员工均可以推销饭店产品,并按收入的5%提取奖金。年底,饭店对前十名的全员促销人员予以奖励。

工资中分基本工资和岗位工资,主要是规定除容许范围内(病假、事假、婚假、丧家)以外休假者,不享受岗位工资,如长期病假、产假等。

工龄工资是鼓励员工留在饭店的一种激励手段。

津贴是辅助性工资,鼓励员工学习外语,学习技能,为饭店多做贡献。一般由中层管理者推荐,高层管理者评定。

奖金是董事会下达指标后,由店方确定任务书下达部门,根据部门完成情况按任务书中的奖惩标准实施。

以上工资、津贴、奖金的设定,充分体现了弗鲁姆提出的人的期望模式:

个人努力→个人成绩(绩效)→组织奖励(报酬)→个人需要

同时,也兼顾到各因素之间的关系,比如:①绩效与奖励关系:人们总是期望在达到预期成绩后,能够得到适当的合理奖励,如奖金、晋升、提级、表扬等;②奖励和个人需要关系:奖励什么要适合各种人的不同需要,要考虑效价。要采取多种形式的奖励,满足各种需要。京伦饭店对最佳员工、全员促销前十名员工、优秀服务员、各项技能比赛中取得优异成绩的员工,按照不同的需求,分别采取不同的奖励方式,如发放奖金、奖励国内或国外旅游、发放购物卡、发放奖品等,以最大限度地挖掘人的潜力,最有效地提高工作效率。

京伦饭店员工工资是阶梯状,随着级别变化,级差逐渐按比例上升,级别越高,级差工资距离越大。饭店员工平均工资2500元左右,其中餐饮、客房部门员工平均工资2200元左右,前台、行政楼层员工平均工资2900元左右。酒店90%以上的员工有两年以上酒店行业从业经验。饭店员工岗位工资标准分为10级22档,设立22档主要是控制“一步到位”,有更大的选择和激励的空间。体现出需要的满足与新的行为动力之间的关系,即当一个人的需要得到满足之后,他会产生新的需要和追求新的期望目标。需要得到满足的心理会促使他产生新的行为动力,并对实现新的期望目标产生更高的热情。管理人员通过适当为优秀的员工晋级工资,可以让员工不断有新的动力。

5.2 京伦饭店员工流失情况及原因

5.2.1 员工流失情况

从图5.6可以看出，京伦饭店自2005年起，员工流失率不断升高，2007年达到最高点，也是转折点。但是，自2008年起至2009年，在金融危机的大背景下，京伦饭店的员工流失率呈下降趋势。下面，以2007年为分界点，对2007年之前员工流失率的升高原因，以及2007年之后员工流失率的下降原因进行分析：

2007年初有员工662人，2007年底有员工670人，流失97人，员工流失率为14.6%。

本人对京伦饭店2007年人力资源部档案中的97份《辞职申请表》中的离职原因栏目进行实地查阅，并认真进行归纳分析，总结出员工离职的原因：

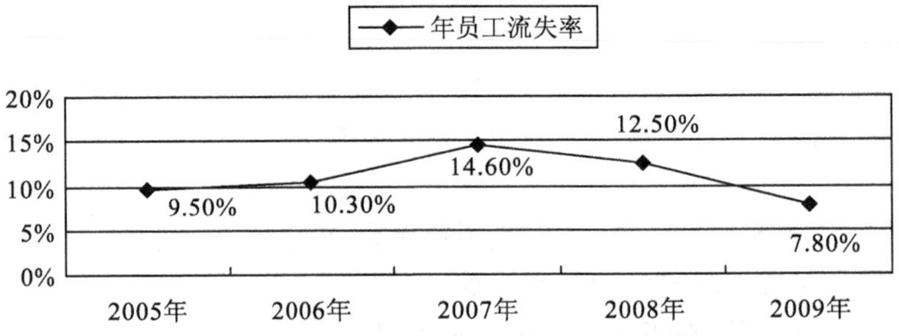

图5.6 京伦饭店近5年员工流失率情况

资料来源：作者绘制

表5.1 京伦饭店2007年员工离职原因统计表

项目归类	提及的离职原因	提及次数	归类合计数
薪酬福利方面	工资福利低	51	51
工作内容方面	工作内容枯燥不感兴趣	37	112
	工作强度大/辛苦	22	
	倒班、加班过多	38	
	专业不对口，找到其他符合自己专业的工作	15	
工作/休息环境方面	工作环境差	4	16
	员工伙食质量欠佳	6	
	员工休息环境欠佳	6	
人际关系沟通方面	所属上级对员工关心指导不够	37	169
	所属上级管理过于严格	49	
	缺少真诚合作	44	
	员工之间关系复杂，工作不愉快	39	

续表

项目归类	提及的离职原因	提及次数	归类合计数
发展前景方面	饭店发展前景不明朗	10	73
	个人没有提升机会	33	
	个人技能无法进一步提升,希望拥有多方面的发展	30	

资料来源:作者整理

从2008年至2009年,在金融危机的大背景下,京伦饭店共流失员工102人。具体流失情况分析如下:

表5.2 京伦饭店2008年至2009年人员流失分析表

各部门员工流失情况			级别变动分析			学历分析			工作年限分析			年龄分析		
离职岗位	流失人数	流失率%	职务级别	流失人数	流失率%	学历类别	流失人数	流失率%	工作年限	流失人数	流失率%	年龄段	流失人数	流失率%
前厅部	31	21	中层管理人员	1	4	研究生	0	0	三年以上(含三年)	35	12	20至30岁	64	31
餐饮部	41	15	基层管理人员	13	3.2	本科	18	27	一至两年(含一年)	37	22	30至40岁	30	21
客房部	3	5	一般员工	88	19.2	大专	44	40	一年以下	30	7	40至50岁	6	2
营业部	1	4				高中/中专/职高	40	8				50岁以上	2	4
行政部门	26	6												

资料来源:作者整理

从表5.2可以进一步分析京伦饭店在金融危机背景下,员工流失的特点是:

(1)一线服务骨干流失严重。在离职总人数102人之中,所属前厅部、餐饮部、客房部、营业部等一线服务部门人员就有76人之多,占离职总人数的74%。工作年限在一年以上,也就是可以熟练掌握相关业务、服务技能的员工流失率为22%;工作三年以上的员工流失率为12%,这部分员工具备较为丰富的服务经验,在服务岗位上能够发挥一定的带动作用,是相关业务及服务的骨干力量。

(2)学历相对较高的员工流失严重。两年间,本科学历员工流失率为27%,大专学历员工流失率为40%。取得研究生学历的人员均为中层以上管理人员,这部分人员较为稳定。

5.2.2 员工流失原因

2008年员工流失率为12.5%,2009年员工流失率为7.8%,与2007年相比,分别下降了

2.1 个百分点、6.8 个百分点。分析原因,有以下几点:

5.2.2.1 经济环境因素

2008 年奥运会之前,北京新开了 10 余家五星级酒店,一些没来得及在奥运会之前开业的酒店,也陆续于 2008 年 9、10 月开业,京城的五星级酒店骤增近 20 家(《商旅周刊》(2009 年 2 月))。金融风暴的不期而至,再加上甲型 H1N1 流感的冲击,让北京饭店业雪上加霜。新开业的高星级酒店停止了大规模的招聘活动,部分高星级酒店采取裁员、降低工资、缩减培训费用等作法。

Proctor 等(1976)在研究中指出,劳动力市场状况是影响年轻管理者离职的重要原因之一。Wayne 等(1997)用美国劳动力市场接收活跃期(1984—1988 年)的 227 家企业和不活跃期(1988—1993 年)的 218 家企业为样本,对这些企业的历年数据进行整理分析,结果发现企业主席、CEO、高层管理者的离职大多发生在劳动力市场的接收活跃期,并且发现劳动力接收市场的活跃还影响到企业管理制度的强度。

各企业受金融危机的影响而停止招聘,这也是饭店员工流失率下降的一个原因。可见,受金融危机影响阶段,劳动力市场处于非接收活跃期,京伦饭店中高层管理人员队伍保持相对稳定,这与以上理论完全一致。

5.2.2.2 饭店自身因素

京伦饭店在应对金融危机中没有采取裁员或降薪的做法,而是向全体员工承诺:“保证工资待遇保持在原有水平不变”,并且提倡“外拓客源、苦练内功、强化培训、提升软件服务水平”。

(1) 建立人员评价制度

传统上,大多数员工一旦被录用,除非某岗位缺少员工才会考虑调动,管理者不会主动了解员工的心理状态及工作兴趣,员工也不会主动向管理者说明,缺少有效沟通。2008 年开始,京伦饭店在基层员工、基层管理者中贯彻日航饭店系统提出的人员评价制度,从而改变了以往对员工的评价缺少有利的书面凭证,完全靠上级领导印象的做法。

①对于基层员工的评价

每年 12 月,由人力资源部组织各部门为员工填写《年度人事调查表》,对每位员工进行本年度的工作评价,评定每位员工的工作能力及业绩,这便成为员工升薪、升职、人事变动、能力开发,定向培养的主要依据。

《年度人事调查表》分为员工本人填写栏及所属部门经理填写栏两大部分。员工填写本人在此一年中对自身工作的综合评价,以及取得了何种学历、职业资格和参加的外语培训记录等。还要填写当前所做工作是否与自己的性格、能力相符合,即自我评估。如果自己认为存在问题,要在下面五种选项中注明理由:a. 知识经验不足;b. 业务量过多;c. 对业务没有兴趣;d. 工作与自己性格不符;e. 其他原因。(具体内容见附录)

此外,还要注明是否希望变动岗位、希望变动的时间(尽快变动或 1 ~ 2 年内变动)以及喜欢并希望的工作岗位。而后,由该员工所属上级对其进行情意、能力、业绩三方面的评分。若员工有变动岗位的要求,还要对其能力进行测试,以判断能否胜任新的工作。一般情况下,员工通过测试,均能按己所愿,到自己喜欢的工作岗位上工作。这样,管理人员能及时掌握员工对工作的态度兴趣。这样就便于“以员工的兴趣为本”进行职业生涯的规划。为了让客人满意,首先让员工获得满意,而员工的满意来自于自我工作热情的发现。只有对自己工作真正产生兴趣的员工，才能进一步给客人提供高质量的服务。一年一度的人事调查表，拉近了员工与管理者尽关系，员工愿意把自己的工作状况、工作兴趣、愿望告诉管理者。管理者尽最大可能满足员工的愿望，二者真诚相待，建立起紧密的依赖关系。在调查表中，员工还可以写明自己对饭店有何期望和意见，为饭店进一步完善制度、优化管理提供有利条件。

②对基层管理人员的评价

每年12月，中层管理人员要对基层管理人员进行评价，并填写《年度人事考核表》，即进行十项内容的考核评分，包括专业知识、创意改善、企划立案、应对能力、积极性、正确性、理解判断、组织协调性、责任感、指导统率力的评分。根据评分，员工将获得不同金额档次的年终奖金，评分也成为该员工晋升、涨工资的主要参考依据。

《年度人事调查表》及《年度人事考察表》的项目设计，主要参照了以下理论：Hatton 等(1993)提出，员工个人目标与组织目标很好地契合可以成功地减少员工离开组织的可能性；Jones 等(1996)指出员工对领导者的满意与否直接影响其对整个工作的满意度，进而影响了员工的离职倾向和实际离职行为；迪瑞(Margaret A. Deery，1997)则提出，管理人员与员工之间的交流也是影响员工流动的重要原因；崔喜(Tracey，2000)认为，员工之所以跳槽，首先是企业对他们不信任，他们对自己做的工作没有自主权；其次是工作条件差，而工作要求又很高；最后是报酬低；Johnston 等指出：员工能否晋升以及对管理者的满意度对其流动有着显著影响。

(2)推行“Origin 8”——8 项准则运动

为降低员工流失率，京伦饭店于2008年开始始终坚持日航饭店倡导的“Origin 8”——8项准则运动。“Origin 8”运动是由日航饭店总公司经过长期研究与开发而形成的培训，它改变了从前单次、分散的培训形式，是在全球日航饭店连锁实施的一种以强大的理论体系为支持的“运动”。

①“Origin 8”运动中八项行为准则的内容

• 微笑：作为“快乐伙伴”，我们每天都要用诚恳的微笑来问候每一位客人。服务是心与心的交流。微笑有种神奇的力量能够让我们从情感上贴近客人。

• 洞察：我们千方百计地从客人表情、手势、行为和环境来揣测客人的需求，我们尽最大努力去为客人提供最好的服务。我们要让客人露出满意的微笑。

• 快乐工作：我们必须在工作中寻找快乐，这样才能提供令客人满意的服务，品味有机会服务客人的喜悦，体验每秒钟都有新事物和向下一步挑战的快乐——我们的“快乐精神”会感染到客人。

• 沟通：服务像一条“链”。当每个个体作为一个“环”，所有的个体彼此相互连接时，酒店就成为一个大的“服务环”。相信你的同事，分享目标，密切交流沟通并随时负责任地完成自己的任务。

• 信息运用：我们服务起源于信息，信息来源于客人。我们要将客人的喜好和建议记录下来，并在之后的工作中多加注意。要广泛地收集信息，每天为客人收集信息，并确保客人随时能够获得这些信息。信息是提高客人满意程度的基础。

• 检查：安全和热情是服务工作的基本要求。应经常检查5个方面的问题：损坏、无序、污渍、低效、危险、并应经常维护设施、设备及客用品，确保其处在最佳的使用状态。充分发挥创造力，随时为进一步提高客人的满意度提出创新建议。

• 卫生:卫生知识和意识对酒店业的员工来讲至关重要。工作开始之前,应严格检查卫生情况,若需要,采取相应的行动及措施(洗手、漱口、清理垃圾),并且,要全面地对工作场所进行清洁及消毒。严格控制细菌或无关物品经由本人或他人携进酒店。我们每个人都应自觉地成为卫生的标兵。

• 安全:保障客人的安全是我们的使命。我们随时准备应对各种突发事件。每日工作前都须检查工作程序。如遇突发事件,应迅速采取有效行动。采取行动的目的就是为了保护客人。

②"Origin 8"运动的理论背景

"8 项准则"以服务利润链、服务式领导等理论为背景,强调组织理念与文化,为员工确立正确的服务动机并指导其行为方向。它由日本大学提出,日航酒店已与日本大学进行 3 年的合作。实践表明,此理论在确保收益和服务水平的管理上均取得了巨大的成效。如图 5.7 所示。

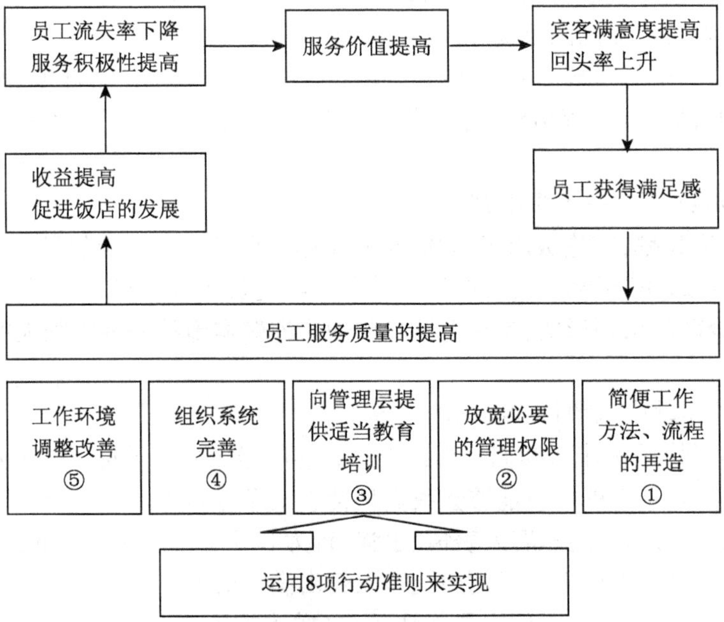

图 5.7 "8 项准则"运动原理图

资料来源:作者根据调研资料整理

日航饭店认为,作为管理者,经理大体上负担两个任务和责任。一是增加收益、提高酒店的经营业绩,这是经理始终不变的任务。但是,经理还有一个重要的任务,那就是提高员工的满意度(ES)。提高员工的满意度的方法之一就是提高"组织内部的服务质量"。所谓提高"组织内部的服务质量",指的是致力于给员工提供舒适、满意的工作环境。包括:a. 设计出轻松的工作方法和流程;b. 移交必要充分的权利;c. 提供适当的培训机会;d. 营造良好的工作现场氛围;e. 完善基础设施。

这些具体的提高员工满意度的方法中充分体现了以人为本的管理理念。可见,Origin 8 运动可使一线员工以主人翁的姿态致力于改善每天的服务和解决各种各样工作现场的问题。为此,日航饭店提出有必要做到:a. 要使一线员工能动地工作,给予他们适当的授权;b. 给他们提供教育培训以使他们掌握必要的技能;c. 要使他们进行新的创造,要促进员工间互相启发智慧,建立激发灵感的平台;d. 经理也要参加到运动当中,进行必要的支持。

经理在服务的瞬间是无能为力的。如果想让客人感到满意的话,就需要从心底想着爱护员工,让员工们感到幸福,让员工们能够带着自豪感从事每天的工作,因此 Origin 8 运动中提倡“仆人式领导”,即管理人员是部下的仆人。管理人员的任务是,竭尽全力为部下服务,充分为一线与顾客接触的员工考虑,支持他们做出理想的成绩。因此,日航酒店的管理人员绝不是不问青红皂白地责骂、以强权居高临下的姿态控制属下,而是像仆人式领导那样,始终抱着“能为部下做点什么”的姿态。

③日航饭店“Origin 8”培训运动与京伦文化的契合

自 1989 年开始,京伦饭店聘请日航饭店管理公司协助管理,至今已合作 20 年。在这过程当中,渐渐形成了共同的价值观,“以人为本”的管理思想深入人心,“宾客至上,员工第一”的管理理念根深蒂固。“Origin 8”培训运动在实施过程中,能够与京伦的文化相契合。

A. 从“Origin 8”运动的目标看,它与京伦文化有着基本文化契合点——以人为本

“Origin 8”运动的目标就是通过培训过程使员工在工作现场能够实践日航饭店倡导的价值,即提供“放心”和“创新”的服务——“放心”是日航酒店集团在“安全”这一理念上,再加上舒适感而形成的,是从宾客的需求出发,贴心地满足日航饭店宾客的最重要的精神需求。另外,“创新”理念就是“先行一步”、“比其他酒店更进一步”、“尝试一些挑战性的工作”。做到“给顾客提供新的商品和服务,带给顾客想象不到的惊奇和感动”,从而实现日航饭店的品牌价值,体现“以宾客为本”的管理理念。

在达到这一目标的过程中,通过培训让员工在服务中遵循八项行为准则,以主人翁的姿态改善服务和解决问题;让一线管理者明白如何在日常工作中努力激发一线员工的干劲和积极性,并进行支持,可见这一培训运动是以“以员工为本”的管理理念为主线的。

因此,“Origin 8” 运动是以“以人为本”的管理理念为基础的,这与京伦文化底蕴完全相符。

B. 从“Origin 8”运动的活动内容构成看其与京伦文化的融合

“Origin 8”运动由两大部分构成,即“每天的活动”及“定期的小组活动”。如图 5. 8 所示。

管理人员是文化管理的主体,在推进企业文化建设的过程中起主要作用,是企业文化的积极倡导者。

全体员工是饭店文化建设的实践者,是企业文化不断创新发展的动力。在实施 Origin 8 运动过程中,要使员工认识到,实施这一运动不只是领导的事,而是与饭店发展、自身发展息息相关的事。通过每天的活动、定期的小组活动,带领全体员工参与到此次运动中来,相当于鼓励他们参与到饭店文化建设中来,并发挥其作用,从而提高他们的积极性,激发他们的创造力,为企业文化建设注入活力。

为提升员工满意度,“Origin 8”运动提倡改善员工工作环境、举办丰富多彩的各种文体活动、积极参加社会活动、注重企业文化建设,这与京伦原有企业文化建设相一致,为“Origin 8”运动起到积极作用奠定良好基础。

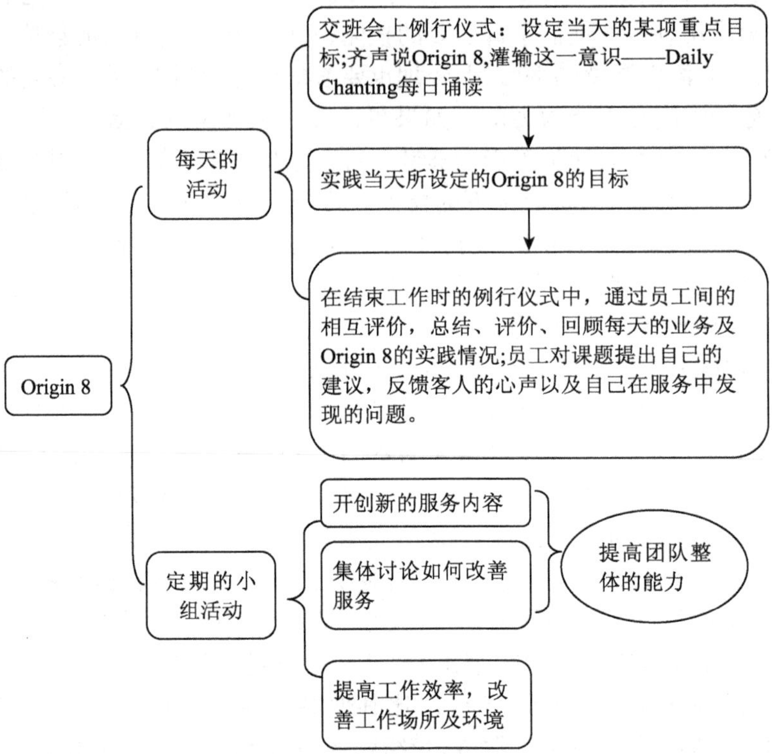

图 5.8 "8 项准则"运动活动内容

资料来源:作者根据调研资料整理

C. 从"Origin 8"运动店内普及方式以及实施程序看其与京伦文化的契合

- 浸透方式:自上而下

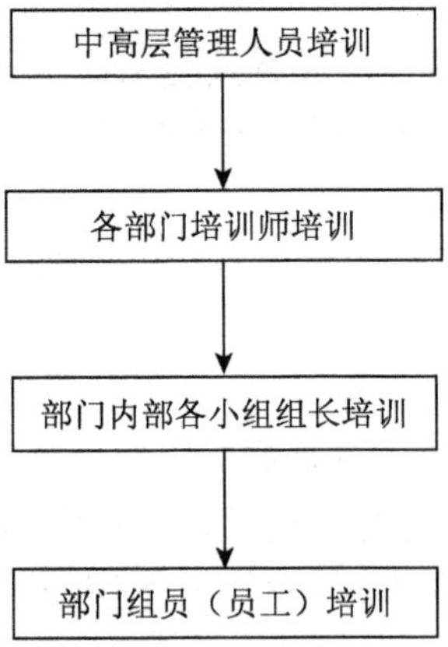

图 5.9 "8 项准则"运动浸透方式

资料来源:作者根据调研资料整理

"8 项准则" 运动在饭店内部的开展,首先从对中高层管理人员的培训开始。由日方总经理及培训部经理作为“8 项准则”的传递者共同向中高层管理人员、各部门培训师、各小组组长、员工逐级讲解该运动的理论背景、内容、实施过程、意义，以及进行“8 项准则”运动的重要性。

- 实施框架及程序，如图 5.10。

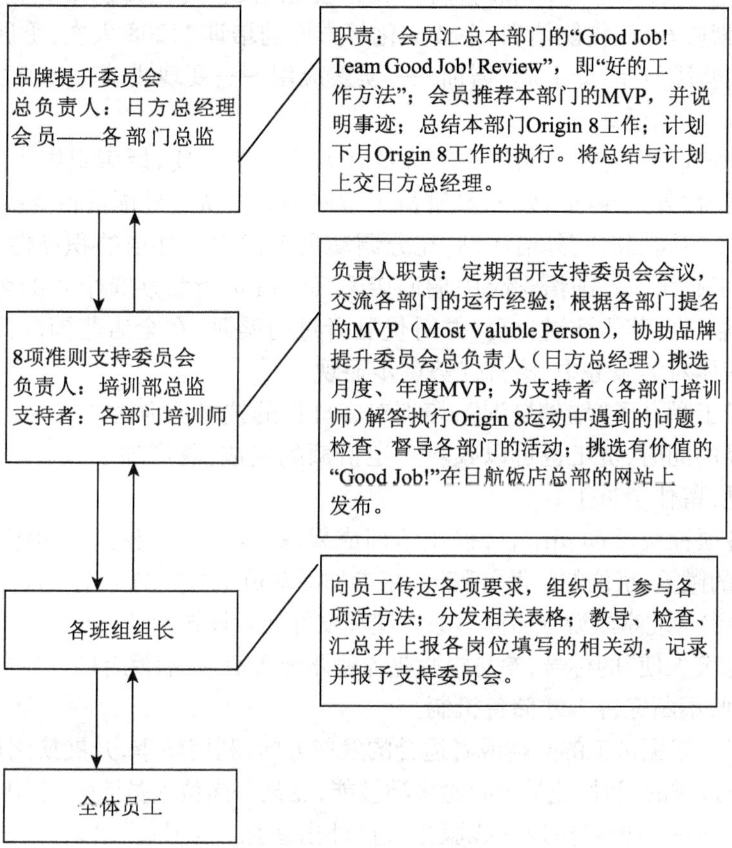

图 5.10 “8 项准则”实施框架及程序

资料来源：作者根据调研资料整理

④从“Origin 8”运动的宣传媒介看其与京伦文化的契合

为适应饭店内部劳动力来自不同国家、呈多源文化的特征，适应不同学历背景、不同年龄段员工的存在，以及方便日本本土以外大量海外连锁酒店的学习与应用，日航饭店将“Origin 8”运动与本国的“漫画文化”相结合，编制成《Origin 8 故事》一书，将服务管理理念、员工应遵守的服务行为准则、开展这项培训运动的方式及理论，编为一个个发生在酒店服务中的小故事，以漫画的形式表现出来，描述了主人公和一线经理的成长历程，从而能让员工在服务中遵循八项行为准则，以主人翁的姿态改善服务和解决问题；让一线管理者明白如何在日常工作中努力激发一线员工的干劲和积极性，并进行支持。

(3)强化常规培训，提高技能，储备人才

在金融危机背景下，为节约成本，饭店虽然缩减了培训费用预算，但发动部门中高管人员开展“每人一课”的活动，由中层、高管人员每人为员工们讲一课，这样既节约了外聘老师的费用，又调动了中高管人员的培训积极性，增强了中高管人员与员工的交流，同时保证了培训内容的实际应用性，使员工在稳定的企业环境下，提升自身技能与素质。

①饭店成立了以培训部为指导，各部门为单位的培训小组。各培训小组树立责任意识，本着“精心组织、周密部署、讲究实效”的原则，组织协调，使常规培训与专项培训相结合，组织了新员工入店培训、安全知识培训、岗位服务技能培训、礼仪知识培训、外语培训。2008年，饭店共进行素质教育、技能培训、企业文化等方面的培训11208人次，受训18226小时。

②建立培训奖励机制，即形成“培训——实践应用——展现成绩——物质奖励——升华成果——带动他人”的模式。

在常规英语培训的基础上，为满足对日本客人服务的需要，饭店组织了“日语培训”，并在工资明细中新增“外语津贴”项目，鼓励员工考取国家承认的外语资格等级证书，按不同等级，饭店每月给予不同档次的外语津贴，充分调动员工们学习外语的积极性。2009年初，饭店精选30名员工赴第二外国语学院中瑞酒店管理学院进行为期3个月的全封闭式英语培训。培训后，饭店举办英语演讲比赛，并对优胜者进行奖励，在全店范围内掀起学习英语的高潮。在饭店整体对客服务中，语言优势逐步显现。

针对前台员工举办了“增销培训”，培训对客推销的技能及沟通方式，在工作中对客人积极推销饭店产品的同时，员工也可以收获一定份额的提成，既增加了饭店收入，又激发了员工的服务积极性，留住了员工。

③培训与各项社会活动相结合，强化培训成果，提升饭店形象。饭店组织“仪容仪表培训”，开展“你我的微笑，京伦的骄傲”活动。将参加活动员工微笑的工作照张贴起来，由员工们投票选出前三名参加北京旅游饭店业形象大使和友好使者评选活动，分别荣获了“形象大使”、“友好使者”、“微笑大使”的称号；参与旅游业各项评选活动，展示饭店良好社会形象。

④通过培训，不断完善人才储备机制。

换岗培训——根据员工的兴趣或者适合的发展方向，利用淡季，开展换岗培训。在提高员工的业务和职业素质的同时，让员工熟悉多项技能，在某一岗位人员流失较多时，可随时补充。

指定品牌培训——饭店挑选一线服务人员外出参加“金钥匙”培训，并成为“金钥匙”会员。当前，京伦饭店有8名金钥匙，称之为“服务全能手”，他们将“金钥匙”服务理念带回饭店，感染着宾客，带动着员工。饭店为留住这些服务精英，特为他们增设“服务补贴”，有效减少了一线员工的流失。

国外培训——饭店先后组织选派员工赴美国迪斯尼主题乐园培训；挑选骨干力量，赴日本日航饭店、香港日航饭店培训，回国后将先进的服务理念带回饭店，并在一线岗位上发挥着服务带动作用。

饭店的培训工作为提高饭店员工的素质，增加企业的后劲力量做出了突出贡献，经过这些培训的员工，都在关键岗位上发挥着重要的作用。通过培训，各级员工均有机会承担更具挑战性的工作任务，具备能自主施展才华的岗位，发展的机会和空间，让他们满意于自己的工作本身，并享受由此带来的非物质报酬。

外埠招聘——饭店赴外埠旅游学院校招聘实习生，对实习生进行岗位培训以及饭店文化理念的培训后上岗。在工作岗位上，管理人员会对实习生进行有意识的观察培训，对于技能高、外语好、能够融入饭店文化的实习生转正留用。在做好人员储备的同时，节约人工成本。

（4）加强企业文化建设

旅游饭店是服务类产品，是社会的消费场所。饭店的一切工作是围绕着“人”来进行的。京伦饭店企业理念是“业绩为先、创新为源、团队至上、以人为本。”饭店的宗旨是“高标准、严要求、创佳绩、争上游”。

饭店在经营过程中，不断学习和借鉴其他现代饭店先进的管理思想、管理理念、管理模式、管理方法，不断地调整和改革饭店各项工作的流程和标准，使饭店不断保持在饭店行业内同星级饭店中占有较高的位置。

京伦饭店制定了《管理者自则》和《管理者座右铭》来要求、约束和评价管理者，管理者在员工面前是模范、导师、教练、督导者。饭店提倡管理者与员工的明确关系，即上班时是上下级、是同事；下班是朋友、是兄弟姐妹。让员工感受到，上班工作中就是要服从上级督导。管理者与员工既是领导者与被领导者，又是同事和朋友，大家要相互尊重，相互帮助，管理者要用自己的言行带动员工、说服员工、感动员工，形成一个团结、友爱、积极向上、富有激情和战斗力的团队。

图 5.11　管理者自则

图 5.12　管理者座右铭

资料来源：以上两图都是调研所得

员工是饭店重要的生产要素，是饭店重要的服务载体。员工的文化和道德素养影响着服务水平的提升。京伦饭店把对员工的要求和教育始终放到饭店管理的重要位置。饭店针对员工制定出《员工座右铭》和《员工品德经》，确定了员工的做人标准和道德理念。

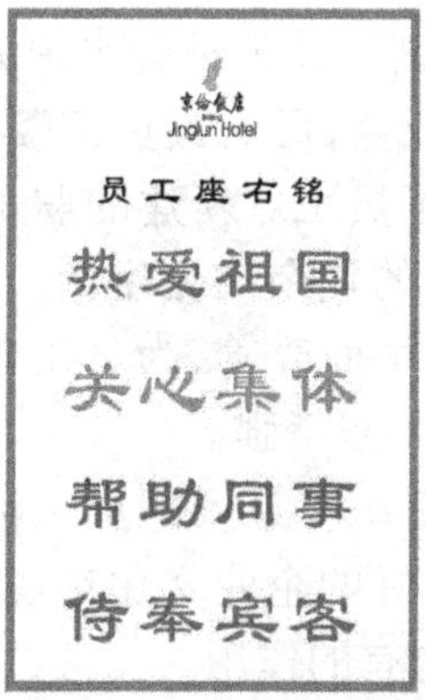

图 5.13　员工座右铭

图 5.14　员工品德经

资料来源：以上两图都是调研所得

饭店为加强企业文化宣传，充实和活跃员工生活，专门设置出版饭店内部报纸《京伦之窗》、饭店内部电视台《京伦影视》两个岗位，每月各一期，及时反映饭店经营情况、重大事件、员工工作和生活情况，让员工更加了解饭店，融入饭店，参与饭店经营管理和举办的各项活动，增近员工与饭店的感情。

京伦饭店每年要定期举办几项饭店全体员工参加的大型活动，如新年举办以“送温暖，献爱心，调剂物品，帮助同事”为主题的《京伦饭店员工家庭闲置物品交易会》，员工将自己家庭闲置的生活用品、服装、鞋帽、书籍、音像制品、家用电器等物品拿到饭店，以象征性价格卖给其他员工。春节前举办大型员工联欢会，举办春季或秋季员工运动会，优秀员工奖励旅游，举办店庆活动等。通过定期举办活动，大大增强企业员工的向心力和凝聚力，培养员工增加爱饭店、爱集体、关心同事、帮助同事的热情。

(5)以人为本，营造和谐氛围，关爱员工

饭店在创建团结、协作、平等、民主、奋发向上，人尽其才的良好工作环境的同时，还本着“以人为本，关爱员工，建设和谐企业”的管理理念，关爱员工，为员工解决实际困难。饭店圆满解决了员工合住房以及“按揭房”还贷的两项历史遗留问题，既解除员工后顾之忧，又节省了资金，取得了良好社会效益，激励了员工为企业贡献的热情。

注重维护女工合法权益，每逢“三八”妇女节饭店向所有女员工发放总价值三万余元的慰问品；为一名患癌症女工积极办理保险理赔，并发放了困难补助。暑期慰问高温作业员工，将防暑降温用品送到一线员工手中。为职工投保互助医疗保险，充分发挥工会帮扶职能。先后有 5 名员工获益。每逢“六一”，为子女在 14 岁以下的员工发放补助。

2008 年 5 月，饭店召开了第五届第一次职工代表大会。会议表决通过了根据 2008 年新《劳动合同法》修订的《员工手册草案》及《员工劳动合同草案》。新《员工手册》及《员工劳动合同》将更好地为维护员工和饭店的共同权益提供保障，并对双方的义务进行监督，使企业的凝聚力得到进一步的加强。职工代表还对中层、高层管理人员进行综合素质民主测评。

饭店以《京伦之窗》店报与 2007 年 12 月成立的京伦影视工作室为内部宣传两大媒介，播报饭店内部信息，营造和谐向上的氛围，增强团队协调能力，增强企业凝聚力。通过电视节目将饭店战略目标和决策知会给各层员工，让他们了解所肩负的重任，明确饭店未来的发展趋势和良好前景，营造了良好的和谐氛围。

饭店本着“为员工办实事”的方针，对员工区域进行了装修改造。新的员工餐厅用餐采取自取形式，增加了主菜、冷菜、西点，营养配置更加均衡。员工进餐也由原来的收饭票制改为使用智能 IC 卡，并每月在员工的 IC 卡里注入一定资金，可购买员工餐厅小卖部物品，增加了员工福利。此卡集考勤、用餐、洗浴于一身，方便了员工。新建的职工之家增添了液晶显示屏电脑、职工读书室和阅览室，进一步丰富了员工的业余文化生活。通过调整，员工更衣、洗浴、住宿、用餐、休息、娱乐集中于员工区域，环境全面改善，为员工营造了整洁、舒适、崭新的生活环境，使员工更加爱岗敬业，企业凝聚力进一步增强。

饭店组织各种文体活动，丰富员工生活。饭店将组织一系列的员工活动纳入到企业文化建设的大框架中，既增强了活动的效果，又建立了良好的企业文化环境，使企业文化建设更加丰富多彩，为增强企业的凝聚力和向心力发挥了应有的作用。

每年春节饭店都要举办由员工自编自演的文艺联欢会，员工们关爱和参与的热情绝不亚于中央电视台的春节联欢会。例如，员工们自编自演的“阿姨版《千手观音》”、日方总经理与员工同台表演的现代舞《Dangerous》、"双簧版《Nobody》"在北京电视台播放,员工反响强烈。

台球比赛、羽毛球比赛、乒乓球比赛、游泳比赛、足球比赛等是每年体育健身的重点活动。这些文化娱乐活动使饭店有着很强的凝聚力,京伦人在丰富多彩的活动中得到了欢乐,感受到了京伦大家庭的温暖,同时更激发了员工的工作热情、奋发向上的精神和强烈的主人翁责任感,为创造良好的企业文化,为京伦饭店的品牌效应增加了色彩。

中松义郎在《人际关系方程式》一书中指出,如果个体在缺乏外界条件或者心情抑郁的压制状态下,就很难在工作中充分展现才华,发挥潜能,个体的发展途径也不会得到群体的认可和激励,特别是在个人方向与群体方向不一致的时候,整体工作效率必然要蒙受损失,群体功能水平势必下降。

饭店开展以上文体活动,充分证明了中松义郎的理论,让员工的各项才华得以充分展示,发挥了他们的潜能,在活动中体现个体价值,受到他人的尊重,放松了紧张的工作情绪,调节心情,得到群体的认可和赞许。

饭店以宽容待人,欢迎员工回流。对于酒店来讲,员工是一笔宝贵的财富。他们既是服务的提供者,也是酒店潜在客户,并且很可能是酒店的忠诚客户。虽然有几名员工在赴国外培训之后,提出辞职,流向外企或其他公司,但京伦饭店始终没有停止向员工提供国外培训的机会。管理人员向员工坦诚表示,愿意为员工提供难得的机会去提高自己,并且希望他们回到饭店继续工作,即使辞职后发现新的工作不适合自己,还欢迎他们回到京伦饭店,京伦饭店永远是员工的家!

5.3 京伦饭店应对措施的有效性研究

首先,从员工流失率的变化来看。2008 年员工流失率为 12.5%,与 2007 年相比,下降了 2.1 个百分点。2009 年,京伦饭店继续延续以上措施,员工流失率为 7.8%,比 2007 年下降了 6.8 个百分点。

其次,从员工满意度来看。在京伦饭店 2009 年半年工作总结会上,饭店对参加大会的 95 名员工进行了员工满意度调查,员工于大会结束后,在会场上实地填写《满意度测评表》,所发出 95 份《满意度测评表》全部收回。本人对 95 份《满意度测评表》各项目的满意程度进行了统计,核算出员工满意度。现对员工满意度测评分析如下:

表 5.3 京伦饭店 2009 年员工满意度综合测评表

	评价 项目	满意	比较满意	不满意	满意度%
1	在现有工作岗位上能够承担的业务量评价	31	45	19	80
2	对自身目前工作业绩评价	34	50	11	88
3	能够发挥自身技能,适合当前工作岗位	26	48	21	78
4	在饭店组织的培训中获得收益程度评价	17	59	19	80
5	所属上级具有亲和力,关心员工,以人为本,有威信,值得信赖	15	67	13	86
6	与团队其他成员和谐共事,所在团队氛围很好	22	56	17	82
7	对当前工资水平的评价	0	23	72	24

续表

	项目 \ 评价	满意	比较满意	不满意	满意度%
8	对当前其他福利待遇的评价	0	79	16	83
9	对现有工作环境的评价	29	43	23	76
10	员工之家休息环境舒适度	39	51	5	95
11	员工娱乐设施项目的评价	31	40	24	75
12	员工餐厅就餐环境评价	36	51	8	92
13	员工膳食搭配及口味评价	30	55	10	89
14	员工宿舍环境评价	0	54	11	88
15	员工更衣、洗浴条件评价	17	68	10	89

注:满意度 =(选择满意项人数 + 选择比较满意项人数)/参加测评总人数

资料来源:作者整理

经过对以上15项测评内容的统计,员工满意度最高的项目是“员工之家休息环境舒适度”评价,满意度为95%。分析原因为:饭店于2008年底对员工之家(员工活动室)进行调整,将以前的阅览室、乒乓球室合并为“员工之家”,在阅览室增设电脑上网,布置了乒乓球台、台球室、健身房,休息室内增设液晶电视,极大提高了员工休息环境的舒适度。

满意度最低的项目为“工资水平”,满意度仅为24%。京伦饭店的工资水平已经有10年没有调整,特别在当前金融危机形势下饭店没有向上调整意向,但饭店向员工保证工资福利待遇不降低。

京伦饭店没有采取减薪、降低福利待遇的方法去应对金融危机,而是向员工保证工资福利不降低,并且履行了这一保证,这在金融危机的影响下是十分必要的。根据双因素理论,薪金属于保障因素,虽然不能直接起到激励的作用,但是可以预防或消除职工的不满。

饭店努力营造企业文化,以“以人为本”的理念为指导思想,关爱员工,尊重员工,为员工办实事;重视员工工作、生活环境。通过满意度调查表的归纳情况来看,对工作环境、食宿环境的满意率在85%以上。

根据以上分析,可以看出京伦饭店的以上做法对于在金融危机中保持员工队伍的稳定性是起到积极有效的作用的。

由管理双因素理论可知,工资、奖金、福利等物质性报酬只能消除员工的不满意,并不会明显增强员工的满意度,只有注重与工作本身相关的非物质报酬,才会增加员工的工作满意度。根据目标一致理论可知,个体方向与群体方向一致的时候,个体的能力才会得到充分发挥,群体的整体功能水平也才会最大化。因此,针对2007年员工流失问题,饭店在保证员工得到合理物质报酬的基础上,以增加他们的非物质报酬为目的,注重企业文化塑造,加强员工培训,努力使个体方向与群体方向一致或更为接近。

6 研究结论

6.1 研究结论

本论文对饭店员工流失的内涵、分类及特点进行了相关理论分析，并通过实地访谈的形式了解实际情况，联系金融危机的宏观背景，分析员工流失影响因素，并从各角度对饭店员工流失影响因素进行分类探讨，归结出涉及各层级人员流失的共同影响因素。本文还通过对京伦饭店员工流失情况进行实地调查，归纳京伦饭店员工流失的原因，进一步分析金融危机背景下员工流失特点，并分析饭店为降低员工流失率采取的相应措施。通过研究分析，本人得出以下结论：

6.1.1 饭店业员工流失问题日趋严重

当前饭店业员工流失问题已经极大威胁到饭店的正常运作，特别是受金融危机的影响，饭店员工流失率偏高，饭店员工流失严重，将直接造成服务质量下降，导致宾客流失率增高，从而影响饭店经营效益。留住员工，实现饭店人力资源的最佳配置与使用效率最大化，是每个饭店企业获得竞争优势，得以持续、健康发展的关键。因此，正视并深入研究饭店员工流失问题，已经成为饭店业所面临的现实问题。

6.1.2 饭店员工流失存在关键影响因素

从饭店集团层面上来看，工作的异地性、长期性、跨文化性是饭店员工流失的主要因素；从饭店行业角度看，纪律严明、工作时间长强度大、人际关系复杂、工作环境影响、薪酬相对较低是饭店员工流失的主要因素；从个人角度看，不同职级的人员流失影响因素不尽相同，但归集后发现其共同点，在于薪酬与激励的影响、自我价值体现的影响、人际关系的影响三个关键因素。因此，要对这三个关键因素予以“掌控”。

6.1.3 饭店员工严重流失的后果

在饭店业竞争激烈的背景下，员工的流失如果超出正常范围，将对饭店核心能力的建设产生重大影响，给饭店带来成本升高、饭店凝聚力下降、导致饭店服务质量下降、客源流失、信息技术流失等一系列的负面影响，极不利于饭店核心能力的构建，不利于饭店的长远发展。

6.1.4 京伦饭店实证分析研究结论

京伦饭店自2005年起，员工流失率不断升高，2007年达到最高点，也是转折点。自2008年起至2009年，在金融危机的大背景下，京伦饭店的员工流失率呈下降趋势。

经过实地查询《京伦饭店辞职申请表》档案记录，本人归纳出2007年流失率升高的原因涉及薪酬福利低、工作内容不满意、工作及休息环境较差、人际沟通关系复杂、发展前景不明确五个方面。

2008年、2009年员工流失率与2007年相比，分别下降了2.1个百分点和6.8个百分点。这既有外部金融危机经济环境的影响，也有饭店自身采取了相应的应对措施的原因，包括建立人员评价制度、加强培训工作、完善企业文化建设、营造和谐氛围等方面。通过调查问卷的形式，对员工进行了满意度调查，证明了京伦饭店降低流失率措施是有效的，在金融危机中，对保持员工队伍的稳定性起到了积极作用：建立合理的人员评价制度能够起到积极的激励作用；适合的培训机制，为员工提供培训与发展的机会，使员工技能与素质在工作中不断增长,是员工的重要需求,这一需求的满足有助于降低员工流失率;实施以人为本的管理,工作中创造良好的工作氛围,能够降低员工的流失率;良好的企业文化更有可能产生较高的员工忠诚度;在金融危机的威胁下,员工的物质利益是基础,是体现个人价值的物质条件;在满足这一基础的同时,员工还有精神上的追求,如果员工能够将个人价值的实现与企业的发展相融合,那么将有助于忠诚度的提升和流失率的降低。

鉴于以上结论,本人向饭店管理者提出以下参考建议,以期能够为饭店管理者提供思路与方法,将员工的流失率控制在合理的范围之内。

6.2 饭店员工流失对策

6.2.1 以人为本,增强团队融合度

拿破仑曾说:"战争中,军队的精神状态足以保障四分之三的胜利,世界上只有两种力量——剑和精神。从长远来说,精神总是能征服利剑。"由此可以看出精神的重要性。而对于一支团队,团队精神尤为重要。团队精神可以凝聚团队员工的合力,使其有强烈的归属感和一体感,并且由衷地把自己的命运与团队的前途联系在一起,愿意为团队的利益与目标尽心尽力。一个企业、一个部门、一个班组,都应塑造团队精神,有了这种精神才有战斗力。

塑造团队精神的基础就是以人为本,因为员工是有着丰富情感和思想的人,要凝聚企业,首先要凝聚人心。要以人为本,感化员工,带动员工,让员工积极主动地参与到团队精神的建设中来。这样才能塑造企业团队精神,使企业团队精神变得厚重、坚实,提高企业团队的整体业务水平。

团队的融合也需要借助于某一平台来实现,以保证饭店管理层和员工之间有良好的沟通渠道。良好的沟通可以有效控制预期,使员工专注于工作,减轻恐惧和忧虑。正如"Origin 8"运动中的小组活动一样,让具有不同智慧的成员聚集在一起,以"论坛"形式产生新的服务灵感,获得各种问题解决方案。员工们还可以相互了解,强化相互之间的依赖,形成"人的网络"。管理者也可以通过这一"论坛"与各种不同背景和不同观点的员工敞开心扉地对话,倾听员工的意见和建议,不断为员工创造良好的工作环境。

6.2.2 营造和谐企业文化气氛

饭店文化①是饭店在长期实践中形成的价值观念、道德规范、行为准则、传统作风、群体意识以及员工素质,是饭店在经营管理过程中呈现出来的饭店员工群体的心理水平状态、行为规范和管理行为习惯的总和。可以说,饭店文化是饭店的灵魂,决定着饭店的命运。

塑造团队精神,需要良好的企业文化氛围。不同的员工,其修养、素质、观念各自不同。如果要达成基本统一的价值取向,塑造优质的团队精神,就需要领导者加强对全体员工的培训与教育,形成良好的企业文化氛围。这种良好的文化氛围又会反过来改变人的素养、素质、观念,形成良好的行为习惯和工作氛围,为塑造良好的团队精神提供保障。营造和谐文化氛围同样应"以人为本",但在调查中,发现星级饭店业存在一些问题,会影响饭店和谐的文化氛围。

例如,"和谐"、"以人为本"有名无实。饭店管理上虽然是提倡"以人为本",但是在很多饭店中规章制度仍然是饭店的"法律",员工做错了就会受到扣除部分工资的惩罚。例如餐厅员工不小心摔碎了杯子要赔偿;房间跑了酒水,客房员工要赔偿,前台员工结账出错要扣

---

① 林泽炎.企业文化建设与高效管理[M].广州:广东经济出版社,2002.

工资等。员工的大部分行为，要凭基础管理人员习俗中的观念去规范，因此，无法真正培植“以和为贵”的工作氛围。

对于成功的管理者而言，开发员工的智力、挖掘员工的潜能、提高人的素质，使员工经常在轻松愉快的氛围下工作，才可以充分开发和运用员工的潜力，充分尊重他们的劳动，为他们建立良好的员工人际关系，增强他们的自信心，激发他们的工作热情，提高他们对酒店的满意度和忠诚度。因此，对员工的工作要及时肯定与鼓励，不要让员工心理负担过重。要努力营造宽松且融洽的文化氛围，调动每个员工的积极性。

良好的企业文化更有可能产生较高的员工忠诚度。因此，营造一个充分沟通、知识信息共享、宽容正大、倡导创新、真诚高尚、充满亲情的工作环境对凝聚酒店员工十分重要。酒店企业在长期的发展过程中逐步形成和发展起来的日趋稳定的独特的价值观，以及以此为核心而形成的行为规范、道德标准、群体意识、风俗习惯等，可为酒店员工努力工作提供良好的氛围。这样不仅可以规范员工的行为，更可增加员工与企业之间的相互信任，使其产生强烈的归属感，并愿意为酒店的发展贡献自己的力量。

6.2.3 建立以育人为核心的人员培训系统

培育适合饭店发展的员工，这是培训的核心思想。目前，各家星级饭店均在人力资源部设有专门岗位，负责有关的培训工作。但是，大多数饭店虽设有培训师、培训课程，但不成系统，主要是缺少对培训效果的追踪与评价。

关于培训效果评估理论，有不少学者对其进行了研究。一个完整的培训效果评估包括对学习过程和运用过程的评估，美国著名学者 D. L. 柯克帕特里克教授（D. L. Kirkpatrick）①提出了四层次框架体系理论。该体系主要是检验培训的效果是否显著，对培训的成效进行检查与评价，然后把评估结果反馈给相关部门，作为下一步培训计划与培训需求分析的依据之一，进而达到不断完善培训计划的目的。其培训效果测定可分为四层次：第一层次测评，即测定受训者对培训项目的反应。第二层次测评，即测定受训者对所学内容掌握的程度。第三层次测评，即测定受训者在参训后，与工作相关的行为发生哪些变化，以了解培训是否有效。第四层次测评，即有多少与成本有关的行为后果，通过评价企业业绩提高程度，评测培训的影响力。有效性分析不能分析培训方案在经济上是否可行，即在整个培训期及受益期内是否收益大于支出。而培训效果效益性评估则弥补了这一不足。投资回报率则是一个重要的培训效果量化指标，主要采取成本—收益分析方法，即通过财务会计方法决定培训项目的经济收益。了解培训收益，可以指导培训计划，把有限的培训费用投到为企业创造经济效益的培训课程。因此，培训是手段而不是目的，将学习成果应用到实际工作才是关键。有效性和效益性两种分析方法为企业提供了较为全面的培训效果评估，从企业目标与培训目标的角度来看，培训效果的评估比培训过程本身有着更重要的意义。

除此之外，培训不是仅仅限于上培训课，而是应与饭店文化紧密相连。例如，京伦饭店的“8 项行动准则”培训已经发展成为一种文化理念的运动，贯穿于员工思想意识、实际操作、班组会议、小组活动、绩效考评等各方面。通过培训，使员工的凝聚力进一步增强，并将员工的积极性引导到企业的发展目标上来，使更多的员工认同饭店的文化，与饭店的文化相融合。借助于培训工作，管理者应有意识地引导员工提升需求层次，引导员工从职业需求过渡

---

① Kirkpatrick D L. Evaluation[J]. The ASTD Training and Development Handbook McGraw-Hill，1996：33－56.

到事业需求,引导员工基于企业的平台去实现人生的价值。只有这样,在危机来临时,员工才不会只顾及当前物质利益背弃企业,而是与企业形成一股强大的合力,与企业携手渡过危机。

6.2.4 建立以用人为核心的人员配置系统

一是注重对员工价值观的考察。员工的价值取向以及同酒店价值观的认同程度对员工离职意向和行为实施具有重大影响。因此,酒店在招聘过程中不仅要看求职者的相关专业技能,还要了解求职者的个人品质、价值观、与酒店价值观的差异程度以及可塑程度等。酒店与员工的价值观的一致性可以确保员工的工作热情和满意程度,不仅可以减少员工离职,同时也能推进员工同酒店一起发展。二是重视员工性格及心态特点。酒店员工性格完全可以影响到他们对待离职的态度,影响离职意向的产生以及是否实施离职行为。

目前,许多外资酒店在人员招聘过程中,采取“雇用态度、培训技能”的策略,在确信应聘者具有潜质的基础上,以降低应聘者的专业知识和经验的要求为代价,获取他们的性格与酒店的和谐。据此,酒店在进行员工选拔时应该对职位进行具体的分析,按照其不同特点来选拔符合其要求的员工,将适合的员工放在适合的岗位上。

在此基础之上,聘用那些快乐的员工、友善的员工。那些充满激情的、能够心甘情愿进行服务,能够以帮助他人、为他人服务为乐的员工才是最佳的选择。即使他们没有任何酒店工作经历,但只要拥有积极向上的性格特征,就会给酒店企业带来不竭的动力。

6.2.5 建立以留人为目的的激励系统

一是物质激励。酒店员工的工资福利待遇应建立有竞争力的薪酬体系。福利待遇是酒店为员工所提供的各种工资或奖金形式的利益和优惠待遇。良好的福利待遇对调动员工积极性,保证服务质量,提高酒店经济效益,减少人员流动起着积极的作用,是酒店管理的一种有效手段。

二是非物质激励。除了物质激励外,对于员工而言,个人的发展与个人价值的实现尤为重要,特别体现在高学历员工身上。在调查中,在这方面采取措施的只有贵宾楼饭店。该饭店实施了员工职业生涯规划,但仅是刚刚开始实施,处于起步期。

职业生涯管理是将员工个人发展与企业发展相结合,对决定员工个人职业生涯的主客观因素进行测定、分析和总结,并通过设计、规划、执行、评估和反馈的过程,使每个员工的职业生涯目标与企业发展的战略目标相一致,使员工的发展与企业的发展相吻合。职业生涯管理是现代企业人力资源管理的重要内容之一,它是组织开展和提供的用于帮助和促进组织内正从事某类职业活动的员工,实现其职业发展目标的行为过程,包括职业生涯设计、规划、开发评估、反馈和修正等一系列综合性的活动与过程①。职业生涯管理是一个竭力满足管理者、员工、企业需要的动态过程。员工的职业生涯管理是企业通过组织目标的设定,有组织、有意识、有目的地运用企业文化,使员工通过对组织目标、企业环境和价值观的认同,自觉地使个人的职业计划和事业目标融入企业组织,并与企业发展保持高度一致的过程②。

可以说,职业生涯发展是一个战略过程,要努力通过为员工构建职业发展通道,帮助员工进行个人发展规划等一系列与职业生涯相关的活动,最大限度地开发个人的潜能,并充分发挥其潜力,使之与企业职业需求相匹配、相协调、相融合,使企业与个人的需求达到最佳的

---

① 张再生.职业生涯管理[M].北京:北京经济管理出版社,2002.

② 刘记红.进行职业生涯规划促成个人和组织双赢[J].职业技术教育,2002(10):51-87.

结合,最后达到满足个人与企业发展需要的目标。

6.2.6 建立人员储备库

当前,酒店员工来源,包括社会招聘、职高大专院校招聘、中介公司推荐、跳槽入店、与职高大专院校签约录用实习生等形式。饭店应提早建立人员储备机制,与多家单位建立联系,一旦危机来临,在在职员工人数不足的情况下,可确保后备人员的补充。例如,人员不足时,可录用服务专业的在校学生定期实习,经过培训后上岗,既节约人力成本又保证人员数量,同时在实习过程中可挑选优秀的实习生留用。

附录

辞职报告
NOTICE OF RESIGNATION

至:人力资源部
TO:H R DEPARTMENT

由员工填写
TO: BE COMPLETED BY EMPLOYEE:

员工姓名 部门
EMPLOYEE NAME:________________ DEPT:________________

职位 级别
POSITION:________________ GRADE:________________

合同期 从 至
THE CONTRACT PERIOD:FROM ____________ TO ________________

是否接受过饭店提供的培训? 是 否
IF HAS ACCEPTED THE TRAINING PROVIDED BY HOTEL?
YES ______ NO ______

如果是,何时何地? IF YES. WHEN & WHERE?

我辞职的原因是:
MY REASONS FOR LEAVING ARE:

员工签字: 日期:
EMPLOYEE SIGNATURE:____________ DATE:____________

由部门总监填写
TO BE COMPLETED BY THE DEPT DIR.

部门总监意见:
DEPT DIR. COMMENTS:

员工的最后工作日期是：
THE EMPLOYEE' S LAST WORKING DAY WILL BE：________________________________

部门总监： DEPARTMENT DIR.：________________________	日期： DATE：____________________________
人力资源部总监： H. R. DEPARTMENT DIR.：_________________	日期： DATE：____________________________
总经理： GENERAL MANAGER：______________________	日期： DATE：____________________________

年度人事调查表

○粗线内请员工本人填写、其他部分由所属上级填写。　　年　月　日　记录

<table>
<tr><td rowspan="12">本人填写</td><td rowspan="8">自身情况及当前业务状况</td><td>所属部门</td><td></td><td>姓名</td><td></td><td>职级</td><td></td></tr>
<tr><td colspan="2">出生　年　月　日</td><td colspan="4">年　月　日</td></tr>
<tr><td colspan="2">进店　年　月　日</td><td colspan="4">年　月　日</td></tr>
<tr><td colspan="2">技能资格
（国家资格等）</td><td colspan="4"></td></tr>
<tr><td colspan="2">特长 · 兴趣</td><td colspan="4"></td></tr>
<tr><td colspan="6">所负责的业务（具体）
--</td></tr>
<tr><td colspan="3">当前业务与自身的性格、能力</td><td colspan="3">若前项选择“C 存在问题”，请填写下栏</td></tr>
<tr><td colspan="3">a□很适合
b□一般
c□存在问题</td><td colspan="3">a□由于知识经验不足　　b□业务量过多
c□对业务无兴趣　　d□与性格不相符
e□其他（　　　）</td></tr>
<tr><td rowspan="4">关于调动</td><td colspan="3">调动</td><td colspan="3">希望调动的理由（若前项选择 a 或 b，请填写下栏）</td></tr>
<tr><td colspan="3">a□立即调动
b□近期（1～2 年内）调动
c□继续现在的工作</td><td colspan="3">a□对其他的业务有经验　　b□担任现在的业务时间过长
c□现在的业务不适合　　d□身体健康原因
e□其他原因（　　　）</td></tr>
<tr><td colspan="6">自己喜欢、希望的工作岗位：
（　　　　　　）</td></tr>
<tr><td colspan="6">关于变动工作岗位如有特殊说明请写在下面：

--</td></tr>
</table>

续表

<table>
<tr><td rowspan="2">本人填写</td><td>关于教育</td><td colspan="2">关于这一年期间的教育及研修记录(实际已接受的、现在正在进行当中的教育及研修)
1. 教育研修
2. 自学技能(语言、通信教育、其他)</td></tr>
<tr><td>自愿填写</td><td colspan="2">对于饭店有何希望、意见请写在下面：</td></tr>
<tr><td rowspan="4">所属上级填写栏</td><td rowspan="3">关于调动</td><td>调动计划</td><td>调动理由(若前项选b,请在下栏中选择理由)</td></tr>
<tr><td>a□希望继续现在的工作
b□希望调动此员工的工作</td><td>a□希望获得其他岗位的经验　b□不适合现在的岗位
c□本人非常希望调动　d□身体健康的原因
e□其他(　　　　)</td></tr>
<tr><td colspan="2">调动的岗位</td></tr>
<tr><td>特殊事项</td><td colspan="2"></td></tr>
</table>

年度人事考核表

<table>
<tr><td>本人填写栏</td><td>I ◇自己评价：评价自己在过去的一年中对工作的努力程度、实际业绩及不足之处。请具体填写：

◇ 语言能力：请评价自己的语言能力。(具体填写语言种类、级别等)</td></tr>
</table>

续表

<table>
<tr><td rowspan="10">所属上级填写栏</td><td colspan="8">II 情商、能力、业绩评价</td></tr>
<tr><td colspan="2">评价项目</td><td>评价分数
（ ）内是分数</td><td>一次评定</td><td>二次评定</td><td>最终评定</td><td>*调整</td><td>评定理由
（给分为 5 分、1 分时，请具体说明理由）</td></tr>
<tr><td>1</td><td>专门知识</td><td>·业务专门知识很过硬 (5)
·业务专门知识大体满意 (3)
·专门知识很初级，有时会遇到障碍 (1)</td><td></td><td></td><td></td><td></td><td></td></tr>
<tr><td>2</td><td>创意改善</td><td>·积极创新改进且效果很好 (5)
·对现状满意，努力创新改进 (3)
·创新改进意识欠缺 (1)</td><td></td><td></td><td></td><td></td><td></td></tr>
<tr><td>3</td><td>企划立案</td><td>·能够按照企业的经营目的建立并实施工作方案 (5)
·顺利建立实施日常工作的计划方案 (3)
·工作无计划性，执行计划有困难 (1)</td><td></td><td></td><td></td><td></td><td></td></tr>
<tr><td>4</td><td>应对能力</td><td>·以亲切的态度对待所有人并使对方满意 (5)
·顺利从事自己的工作，没有障碍 (3)
·经常给别人不愉快的感觉，工作中会有碍 (1)</td><td></td><td></td><td></td><td></td><td></td></tr>
<tr><td>5</td><td>积极性</td><td>·不怕失败及困难，积极工作并取得成功 (5)
·对自己工作中遇到的障碍，能够努力排除 (3)
·经常消极对待工作 (1)</td><td></td><td></td><td></td><td></td><td></td></tr>
<tr><td>6</td><td>正确性</td><td>·工作处理过程快速、结果正确，很满意 (5)
·工作中大体上没有错误 (3)
·工作迟缓、错误多，不适合当前工作 (1)</td><td></td><td></td><td></td><td></td><td></td></tr>
<tr><td>7</td><td>理解判断</td><td>·对于复杂的问题能给予客观、正确的判断 (5)
·对于自己担当的业务理解、判断大体正确 (3)
·对问题的理解较为主观，欠缺客观性 (1)</td><td></td><td></td><td></td><td></td><td></td></tr>
<tr><td>8</td><td>组织协调性</td><td>·能够与其他部门很好协调完成工作 (5)
·与其他部门的协调会存在一些障碍 (3)
·不能协调，对工作的处理结果存在隐患 (1)</td><td></td><td></td><td></td><td></td><td></td></tr>
</table>

续表

所属上级填写栏	9	责任感	·不论什么情况都能承担起责任 (5) ·出现问题后，对处理结果责任感不强 (3) ·责任感懈怠 (1)					
	10	指导统率力（领班以上人员填写）	·全身心投入指导统率工作中，实际业绩显著 (5) ·对部下的指导统率结果大体使人满意 (3) ·指导统率不适当，部下的不满较多 (1)					

参考文献

[1] Denvir A, McMahon F. Labor turnover in london hotels and the cost effectiveness of preventative measures[J]. International Journal of Hospitality Management,1992(2):3－5.

[2] Kennedy D J, Fulford M D. Intermediate linkage in the relationship between job satisfaction and employee turnover [J]. Journal of Applied Psychology,2000:8－12.

[3] Kirkpatrick D L. Evaluation[J]. The ASTD Training and Development Handbook McGraw-Hill,1996: 33－56.

[4] Ham & Griffeth. The nature and consequences of job satisfaction [J]. Industry and Organizational Psychology,1995(3):27.

[5] Jean Mari Hiltrop. The quest for the best: human resource practices to attract and retain tallent [J]. European Management Journal,1999:53－55.

[6] March J G, Simon H A. Organization[M]. NewYork: Wiley,1958.

[7] James Price. The Study of Turnover[M]. Iowa: Iowa State University Press,1977:5－28.

[8] Decry M A. An exploratory analysis of turnover culture in the hotel industry in Australia[J]. International Journal of Hospitality Management,1997:107－119.

[9] Timothy R H and Tracey J B. The cost of turnover[J]. Cornell Hotel and Restaurant Administration Quarterly, 2000:132.

[10] Mobley W, Grifeth R, Hand H. A review and conceptual analysis of the employee turnover process[J]. Psychological Bulletin,1979:23.

[11] 丁秀玲. 论知识型员工的流动与留用[J]. 南京经济学院学报,2002(5):12－15.

[12] 侯美娇. 金融危机下企业的人力资源管理[J]. 中国集体经济, 2008(8):9－11.

[13] 黄蔚艳. 基于忠诚度的饭店员工管理[J]. 商业周刊，浙江海洋学院,2006(7):10－13.

[14] 冯友宣，戴良铁. 影响企业员工离职的原因分析及管理对策[J]. 商业研究,2005(5):16－18.

[15] 符益群，凌文栓，方俐洛. 企业职工离职意向的影响因素 [J]. 企业人力资源管理,2002(7): 33－36.

[16] [日]高月璋介. 日本酒店业服务技能培训教材[M]. 沈阳：辽宁科学技术出版社,2004(4): 46－126.

[17] 揭莉群，唐晓云. 基于期望理论的酒店员工流失分析及管理改进[J]. 科技信息,2008:25－27.

[18]凌文栓,张治灿.员工产生离职意向的原因分析[J].四川教育学院学报,2009(1):12-14.
[19]李银.中国人才资源流动实证研究[D].江苏:南京农业大学,2004:15-19.
[20]林泽炎.企业文化建设与高效管理[M].广州:广东经济出版社,2002(10):37-133.
[21]刘记红.进行职业生涯规划促成个人和组织双赢[J].职业技术教育,2002(10):51-87.
[22]马建明.对当前金融危机影响下企业裁员问题的思考[J].企业活力,2009(2):12-87.
[23]马淑婕,陈景秋,王垒.员工离职原因研究[J].中国人力资源开发,2003(9):23-28.
[24]宋瑞.国际金融危机下旅游业的发展机遇[J].旅游研究,2008(12):4-5.
[25]孙晓华,威振东,段兴民.国外雇员流失理论研究评述[J].科学与科学技术,2002(9):21-24.
[26]邵春玲.中小企业人才流动的因素分析[J].商业研究,2006(4):5-6.
[27]王淼,孙小丽.关于企业员工流动问题的探讨[J].商业研究,2004(2):23-24.
[28]王玉芹,叶仁荪.高科技企业员工离职模型[J].中国人力资源开发,2001(10):19-21.
[29]王忠民,陈继祥,续洁丽.影响员工离职的九大组织因素[J].人才开发,2002(2):34-36.
[30]王思平.探讨我国酒店员工流失原因及对策[J].广东科技,2009(2):12-14.
[31]王虹,程剑辉,吴莆.员工流失分析与研究[J].商业经济与管理,2001(5):20-22.
[32]王飞.浅谈旅游饭店人才流失的原因与对策[J].浙江旅游职业学院学报,2007(1):16-18.
[33]忻依娅,梁巧.性别构成对两性离职影响的实证研究[J].人口与经济;2004:7-8.
[34]姚绍汉.员工流失的分析及防范初探[J].经济师,2006(8):34-35.
[35]杨亚芹,王文君.基于公平性理论的饭店员工流动分析[J].商业经济,2007(12):36-38.
[36]曾坤生,徐旭晖.高新技术企业人才流动的主要因素及模型分析[J].广西社会科学,2004(3):32-34.
[37]曾明.知识型员工流动影响因素分析 [J].市场论坛,2004(9):3-5.
[38]赵曙明.人力资源管理研究[M].北京:中国人民大学出版社,2001:6-189.
[39]赵西萍.旅游企业人力资源[M].天津:南开大学出版社,2001:20-25.
[40]中松义郎.人际关系方程式[M].桂林:漓江出版社,1990(1):3-76.
[41]张德,张勉.企业雇员离职影响因素研究[J].中国软科学,2003(5):13-15.
[42]张恒洲.饭店管理的现代化[M].北京:机械工业出版社,2003(6):25-53.
[43]张再生.职业生涯管理[M].北京:北京经济管理出版社,2002:25-59.
[44]MBA 智库百科. www.wiki.mbalib.com.
[45]2008 年中国星级饭店统计公报[R].2009(3):1-3.
[46]中国旅游统计年鉴[R].2009:3.
[47]北京市旅游统计年鉴[R].2009:2.

(指导教师　谷慧敏)

高星级酒店员工的情绪智力对工作绩效的影响

蔡洁艳

摘　要：员工的工作绩效提高一直是酒店业最为关心的问题。以往许多学者长期致力于研究员工的人格特征、传统智力等因素对其工作绩效的影响，但在现实生活和管理实践中我们常常发现，具有相同学历背景、相同技能的员工，其绩效却有很大的差异，这表明有传统认知智力以外的因素影响着员工的工作绩效。

情绪智力是近年来国外管理心理学界和企业界普遍关注的问题。情绪智力弥补传统认知能力对成就差异的解释不足，与工作绩效的关系研究一直是各相关领域的热点课题。本文试图从这一视角出发，考量中国本土背景下，酒店业的员工情绪智力对其工作绩效的影响，以填补此项研究空白，并为国内酒店业界提高员工绩效水平提供新的方法。

本研究以高星级酒店员工情绪智力对其工作绩效的影响为主线，通过阅读相关的文献，结合访谈结果，首先对基本变量：情绪智力和工作绩效进行了界定和维度划分，分析了酒店员工情绪智力对绩效的影响机理和途径，提出了本文的模型构思和研究假设。在此基础上，通过问卷调查收集实证研究数据，进而使用 SPSS 统计分析软件，应用信度分析、描述性分析、独立样本 T 检验、单因素方差分析、相关分析和回归分析，对各变量及其间的关系进行了分析，根据分析结果验证假设，修正模型。

本研究发现：

(1)高星级酒店员工的情绪智力水平普遍较高，其中对情绪的调节能力最强；员工的工作绩效也呈现较高的数值，并且其中关系绩效比任务绩效的水平要高。

(2)高星级酒店员工的性别和年龄对其情绪智力和工作绩效没有显著影响；学历、职位和所在部门对其情绪智力和工作绩效部分维度具有不规律性显著影响；工龄则对其情绪智力和工作绩效的大部分维度都有显著的正向影响。

(3)高星级酒店员工的情绪智力对其工作绩效有显著的正向影响，除了情绪的运用能力影响不显著外，其他各维度都对工作绩效的整体水平及两个分维度具有显著的正向影响；其中对自身情绪的评价表达能力影响作用最为明显。

根据以上研究结果，对酒店业提出管理建议：将情绪智力纳入招聘和选拔指标，选择具有符合岗位要求的情绪智力水平的员工；开发和完善员工的培训体制，开展有针对性的情绪

作者简介：蔡洁艳，女，北京第二外国语学院旅游管理学院 2008 级在职研究生，主要研究方向为旅游企业管理。

智力培训，提高员工的情绪智力水平，从而实现工作绩效的提高。

关键词：酒店员工；情绪智力；工作绩效

The Role of the High Star-rated Hotel Employees'Emotional Intelligence on Their Job Performance

Cai Jieyan

Abstract: To improve employees'job performance has been kept the central concern of hotel industry. Some previous researches have been focused on the influence of such factors as personality, intelligence, etc. on employees'job performance. However, in the current society, it is often found that employees with the same educational background and working skills show different levels of job performance, which indicates that other factors besides intelligence may affect employees' job performance significantly as well.

Emotional intelligence is a subject which has caught attention from some foreign psychologists in the fields of business management in recent years. It makes up the insufficient explanation on achievement differences for the traditional intelligence. The relationship between emotional intelligence and performance is the hot issue of related fields. This article attempts, from this perspective, to examine the role of the hotel employees'emotional intelligence on their job performance in the Chinese local background so as to fill the gap of correlative research and provide a new method for domestic hotel industry to improve employees'performance level.

The role of the high star-rated hotel employees'emotional intelligence on their job performance is supposed to be the key part of this study. Through reading related document, combined with case interviews, the author first defines and divides dimensions of the basic variable: emotional intelligence and job performance, then analyzes the mechanism and way of how hotel employees'emotional intelligence influences their job performance, and then puts forward the model conception and research hypotheses. On this basis, empirical studies data is collected through questionnaire surveys. Furthermore, by using SPSS statistical analysis software, the variables and their relationship are examined through the analyses of reliability, description, independent sample t-tests, single factor, variance, correlation and regression. Hypothesis is verified and model is corrected according to the analyzed results.

This research has found:

(1) The emotional intelligence levels of the high star-rated hotel employees are generally higher, and their ability to regulate emotion is the strongest. Also, their performance presents the higher value, and the contextual performance has higher level than the task performance does.

(2) The gender and age of high star-rated hotel employees have no significant influence on their emotional intelligence and job performance. Education, position and department of employees have irregularly significant influence on part dimensions of their emotional intelligence and job performance. Seniority has significantly positive influence on most of dimensions of their emotional intelligence and job performance.

(3) The emotional intelligence of the high star-rated hotel employees has significantly positive effects on their job performance. All dimensions of emotional intelligence except for the ability relating to use of emotion, have significantly positive effects on the two dimensions of job performance and its overall level. Among them, the ability relating to self-appraisal and expression of emotion has the most obvious effects.

According to the research results, some suggestions are recommended to management in hotel industry: Emotional intelligence should be adopted as one of the standards for recruitment and promotion. Choose the right employees with proper emotional intelligence level conforming to the post requirement. Develop and perfect the staff's training system, developing targeted emotional intelligence training, improve employees'emotional intelligence level, so as to realize the job performance improvement.

Key words: Hotel employees; Emotional intelligence; Job performance

1 绪论

1.1 研究背景

1.1.1 员工的工作绩效提高一直是酒店业最为关心的问题

21 世纪是知识经济时代——社会转型、科技进步、环境变化。组织也在发生着巨大的变化,更加强调灵活性和可持续发展。但在变化中,始终不变的是:对于绩效的追求永远是组织的最高目标之一。

酒店业是典型的技术含量不高的资本与劳动密集型产业。在国内,由于酒店业进入壁垒较低,导致酒店数量过多、集中度较低、结构趋同,很难达到合理的经济规模。1998 年至今,国内酒店业经营状况处于回升阶段,但是行业的微利和市场的过度竞争仍然是不争的事实。目前,酒店业总体处于多元化经营的状态,企业的经营环境表现出动态化、国际化和竞争白热化的特点,酒店业获取竞争优势变得更加困难。

酒店业的鼻祖斯塔特勒多次强调,酒店出售的产品只有一种,那就是热情周到的服务。服务要通过人这个特殊的载体才能顺利地提供给顾客,从而对酒店员工工作态度、服务意识的要求远远大于其他行业。因此,提高员工的绩效水平,提供高质量的服务,成为业界最后的竞争突破口。

自 20 世纪 80 年代以来,国内外形成了几种关于员工绩效影响因素的研究路径,多以个体的知识、经验、认知能力、个性特征等角度入手,选取的个体影响因素与员工绩效相关性较小,信度较低。因此业界提升员工绩效水平需要新视角和新方法。

1.1.2 情绪智力的研究是近年来新的研究方向

自 1990 年美国心理学家 Mayer & Salovey 在《想象、认知与人格》杂志上发表了《情绪智力》一文,“情绪智力”这一术语便正式登上了学术研究的舞台。之后 Goleman 出版的《情绪智力》一书,更使得这个概念在全球范围内普及开来。从目前国内外的相关文献来看,情绪智力这一为传统智力所长期忽视的对情绪的感知、处理能力范畴也逐渐被主流心理学所接纳,尤其是当代智力研究领域的著名学者 Sternberg (2001)、Gardner (1993)等都给予情绪智力理论以充分的肯定。

然而,到目前为止,对情绪智力的界定、测量、效度及现实生活环境中的应用等问题还存在很多争议。情绪智力作为一种未成熟理论,尚处于假设检验和初步发展阶段(张辉华,李爱梅,凌文辁,徐波,2009)。

情绪智力的产生原因之一即是为了弥补认知能力对成就差异的解释不足,因此情绪智力对个人成就、工作绩效究竟有无影响,以及有多少影响这个问题一直受到研究者们极大的关注。国外的心理学、教育学、组织行为学等领域竞相对此展开研究。近几年,很多学者认为情绪智力是区分高绩效工作者的重要参考指标(Daus, 2005; Weinberger, 2002; Fernandes-Araoz, 2001)。

1.2 研究意义

1.2.1 克服文化差异,开展中国本土化的情绪智力对绩效的影响研究

在国内,情绪智力这一新兴的心理学范畴还处于理论的引用和摸索阶段,对其影响还没有很深的认识,相关的理论研究仍比较缺乏,实证研究则更少。

同时,对于情绪智力的研究和应用不可能离开具体的社会文化背景。各国的社会文化在历史沿革、文化传统、社会结构、价值观和生活习惯等许多方面均有诸多不同,与此相联系,东西方文化下的情绪表达、理解和反应无疑也会存在差异。

那么,在我国的背景下应用西方的情绪智力理论对情绪智力与工作绩效的关系进行研究时,有些基本的理论和测量方法问题必须考虑。如,在不同的文化传统中,情绪智力是否还具有同样的结构是否还包含其他的成分以及是否能预测同样的结果。

因此从中国本土化研究的思路出发,考量情绪智力对绩效的影响,具有重大的理论和应用意义。

1.2.2 填补酒店业员工情绪智力对工作绩效影响的实证研究空白

情绪智力在多大程度上能够解释工作绩效,当前理论上存在很多预言,但缺乏足够的能够支撑以上预言的实证研究。Dulewicz & Higgs 指出:尽管情绪智力的概念是基于广泛的研究证据,但是情绪智力在组织上的应用仍然趋向于"引用"的论据之上,同时很大一部分是描述式的。总体而言,情绪智力与工作绩效间关系的实证证据还很不充分。

同时,不同的行业,会因职业性质、职业对象与职业内容的不同,而对员工情绪劳动方面的要求大相径庭,导致了员工的情绪智力对其绩效的影响作用会因行业而异(Charmine E. J. Hartel, Wilfred J. Zerbe, Neal M. Ashkanasy,2005)。因此,对二者关系的研究还需要按不同职业、不同群体分别进行实证证实。

纵观现有文献资料,酒店业的员工情绪智力对其绩效影响的实证研究尚属空白。而酒店业客我高度接触,情绪互动频繁,恰恰符合高情绪劳动需求的职业特征,根据 Hochschild (1983)和 Wong and Law (2002)的研究结论,此类工作的员工情绪智力与工作产出之间的关系会更强。据此,对我国酒店业员工的情绪智力与工作绩效关系进行实证研究,并且对两个变量进行细化维度分析,分别验证其相关方向与强度,探索其间的作用机制,为酒店业界运用情绪智力工具提高员工绩效做出尝试,具有理论和实践的双重意义。

1.3 研究框架

1.3.1 研究方法

(1)文献研究法:在本论文的写作之前和过程之中,作者查阅了大量的国内外相关文献,比较、甄别,批判、继承了各学派的理论研究成果,并向本研究领域内的学界前辈多次求教、印证、探讨研究方法和细节。最后选取本文的理论倾向并形成假设构思。

(2)访谈法:在以上理论文献研究的基础上,作者分别对北京 4 家高星级酒店的人事总监或总裁进行了实地及电话访谈,了解了高星级酒店管理实践中的绩效管理现状、用工问题,及对员工情绪智力的关注与考评、培训情况。通过访谈,初步验证了本研究的构思,并对原有假设进行适当的修正。同时访谈也为问卷的设计和完善提供参考,提升了问卷调查的数据可靠性和针对性。

(3)问卷调查法:通过文献研究以及访谈分析,作者对问卷进行设计,并根据论文涉及的变量维度数,在北京 5 家高星级酒店发放纸张版 300 份及电子版问卷。通过正式回收的问卷获得有用数据,采用社会科学统计软件包 (SPSS18.0)对问卷数据进行定量的分析。

1.3.2 内容框架

本论文从情绪智力这一新兴的心理学概念出发,以国外的情绪智力研究模型为基础,参考对一些酒店管理层的访谈结果,提出了本研究的模型构思和假设。通过对高星级酒店员工的样本进行实证分析,在中国国情下的酒店行业验证了员工情绪智力对工作绩效的正向影响,并提出对酒店业界的管理建议。

本文共分七章,各章节的构成安排如下:

第一章是绪论,简要交代了研究的背景,研究的理论与实践意义,以及本文的研究框架。

第二章是文献综述,主要介绍、评述和总结了关于情绪智力的研究综述,关于个体工作绩效的研究综述,以及情绪智力促进员工工作绩效的研究综述。

第三章是酒店员工情绪智力对工作绩效的影响分析。本章通过对情绪智力和工作绩效构成因素的分解,研究了情绪智力影响工作绩效的途径和机理,据此提出了相关理论模型构思,及本论文的基本假设。

第四章是研究设计,确定本文的具体研究与测量方法,介绍了本研究的量表选择、问卷设计,及数据的调查和统计分析方法。

第五章是研究结果,本文用 SPSS18.0 统计软件来分析收集到的问卷数据,并研究变量之间的关系,得出系列数据统计分析结果。

第六章是讨论和建议,通过前文的数据分析结果,本章分析和讨论了研究假设和理论模型的结论,提出对酒店业的管理建议。

第七章是研究不足与展望,指出本研究的不足,为后续的研究做出展望。

1.3.3　技术路线

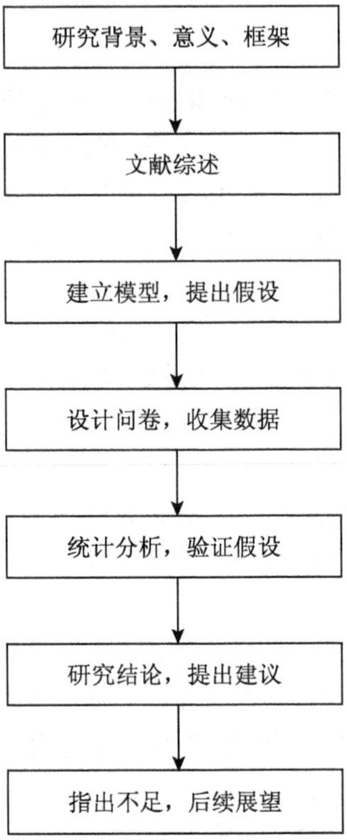

图 1.1　技术路线图

资料来源：作者绘制

2　文献综述

本论文的研究目的为：探索情绪智力对酒店员工工作绩效的影响，及其影响机理，以期填补该交集领域的实证研究空白；并为酒店业运用情绪智力工具提高员工绩效做出尝试。围绕此目的，作者首先进行相关学科的文献搜集与研究，分别综述如下：

2.1　情绪智力

情绪智力（EI，Emotional Intelligence）概念的提出源于人们对于传统分析性智力对个体成功预测力的不满，研究者试图发展多元智力来提高智力对成功的预测力。其中，Thorndike（1920）最早提出的智力多因素理论中的社会智力，以及 Gardner（1993）多元智力理论中的人际智力、自知智力都被视为情绪智力概念建构与发展的重要起源。

2.1.1　情绪智力的定义

1990 年，美国新罕布什尔大学的心理学家琼·梅耶（J. D. Mayer）和耶鲁大学的心理学家彼得·塞拉维（P. Salovey）首次提出了情绪智力的概念，他们认为，“情绪智力是社会智力的一部分，包括觉察自我和他人情感和情绪的能力；识别情绪并使用情绪信息引导思维和行

为的能力。"(Salovey & Mayer,1990)

1995 年,戈尔曼(Goleman)在《情绪智力》一书中采用 Mayer & Salovey 的定义,并认为情绪智力包括自我意识、管理情绪、自我激励、移情和处理人际关系五种能力。

经过早期的混乱和争论,不同学派的学者们对 EI 的定义尽管仍有不同,然而并非矛盾对立,而是互为补充(Ciarrochi, Chan and Caputi,2000)。

大体一致的科学定义已趋于形成:EI 是个体处理情绪的能力,包括对自身情绪的评价[SEA],对他人情绪的评价[OEA],对情绪的调节[ROE]和对情绪的运用[UOE]四个维度(Davies, Stankov, & Roberts, 1998; Law, Wong, & Song, 2004; Mayer, Caruso, & Salovey, 2000; Wong, Law, & Wong, 2004a;Wong, Wong,& Law,2007)。

2.1.2 情绪智力的结构模型

对 EI 不同的定义产生了不同的结构模型:以 Mayer 和 Salovey 为代表的学院派采取了能力模型取向,以 Goleman 和 Bar-On 为领导的实务派则采取混合模型取向。前者强调处理情绪信息的能力,对其结构模型的验证性研究体现的多是个体情绪智力的真实能力水平;而后者还包含了除情绪以外的其他非认知因素,如人格的一些方面,对其结构模型的验证性研究体现的多是个体对情绪智力的自我认知。

2.1.2.1 混合模型的代表

表 2.1 Bar-on 的情绪智力模型(1997)

情绪的和社会的智力				
个人内部成分	人际成分	压力管理成分	适应性成分	一般心境成分
情绪的自我意识	移情	问题解决	压力承受	幸福感
自信	人际关系	现实检验	冲动控制	乐观主义
自尊	社会职责	灵活性		
自我实现				
独立性				

资料来源:Bar-On R. Bar-On Emotional Quotient Inventory: A Measure of Emotional Intelligence[M]. Toronto, Canada: Multi-Health Systems,1997.

表 2.2 Goleman 的情绪智力模型(1998)

	5 种能力	各种能力所包含的具体方面
个人能力	自我意识	情绪自我意识、准确的自我评价、自信
	自我调节	自我控制、值得信赖、具有责任感、适应能力、创造能力
	自我激励	成就动机、敢于承诺、积极主动、乐观向上

续表

	5 种能力	各种能力所包含的具体方面
社会能力	移情能力	理解他人、培养他人、服务导向、平衡多样化、政治敏锐
	社交能力	影响能力、交流沟通、冲突管理、领导他人、促进变革、共事协作能力、建立关系的能力、团队合作能力

资料来源：Goleman D. What makes a leader? [J]. Harvard Business Review, 1998, 76(6):93 - 102.

由以上两表可以看出，混合模型的维度与人格维度有较多的重合，其外延范围过大，理论体系不严谨，因此而广受批评，为心理学界所普遍质疑。

2.1.2.2 能力模型的代表

Mayer 和 Salovey 在 1990 年首次提出情绪智力概念的同时，提出了情绪智力的三因素模型（见图 2.1）。

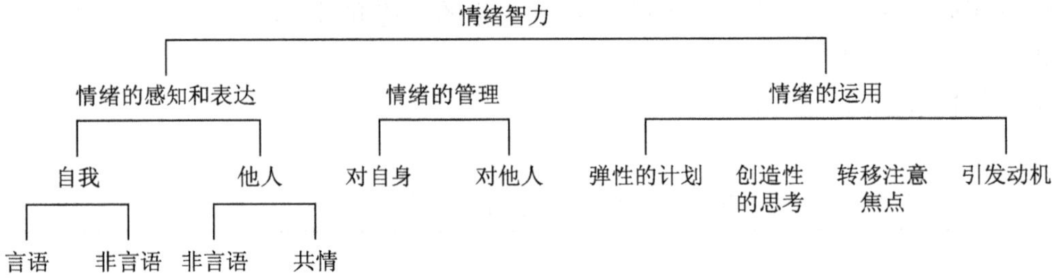

图 2.1 Salovey& Mayer(**1990**)的原始情绪智力理论架构(三因素模型)

资料来源：Salovey P, Mayer J D. Emotional intelligence[J]. Imagination, Cognition and Personality, 1990, 9(3): 185 - 211.

此模型在心理学界产生了广泛的影响，也引发了颇多争议。1997 年，他们修正了定义并将此 3 因素模型扩充，修正为 4 分支能力模型（见图 2.2）。

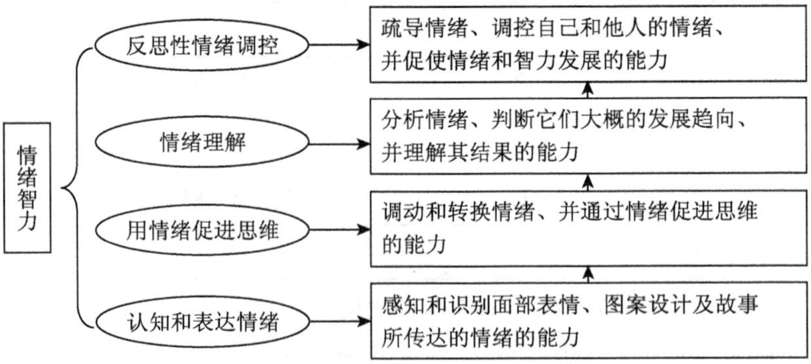

图 2.2 Mayer 和 Salovey(**1997**)的情绪智力四分支模型

资料来源：Mayer J D, Salovey P. What is emotional intelligence? // Salovey P, Sluyter D. Emotional development and emotional intelligence: educational implications[M]. New York: Basic Books, 1997.

该模型概括出了情绪智力所包括的四级能力,并且每个层级在前一级的基础上得到发展。此模型为之后的研究奠定了重要的理论基础。

由于能力模型强调 EI 具有抽象推理这一智力的本质特征,并从理论和实践的角度证实了 EI 满足智力的 3 大标准,是一种独立智力成分(Mayer, Caruso & Salovey, 2000);而且其他学者的实证结果也证实了作为能力模型的 EI 具有良好的预测效度和结构效度(Wong et al,2004a)因此,能力模型逐渐为越来越多的学者所接受和采用。

尤其值得注意的是,Davies, Stankov 和 Roberts 于 1998 年定性总结了 EI 的文献并形成了 EI 的四维结构:

(1)对自身情绪的评价和表达(对自身情绪的评价[SEA]):指个体理解自身深层的情绪并能自然表达的能力。在此方面具有较高能力者,会在多数人之前准确地感知、觉察到自身的情绪。

(2)对他人情绪的评价和辨识(对他人情绪的评价[OEA]):指个体对周围人们情绪的察觉和理解能力。在此方面具有较高能力者,会对他人的感觉和情绪更加敏感,而且能预测他人的情绪反应。

(3)对自身情绪的调节(对情绪的调节[ROE]):指个体调节自身情绪,更快地从情绪高潮和低谷中恢复正常的能力。在此方面具有较高能力者,能在极端情绪中控制自身行为,不太容易发脾气。

(4)运用情绪促进绩效(对情绪的运用[UOE]):指个体运用情绪指引自身达成建设性行为和个人绩效的能力。在此领域具有较高能力者,能持续地自我激励,能向积极的、建设性的方向引导自身情绪。

由于 Davies et al 的此结构模型对 EI 整体文献更具有代表性,与 Mayer & Salovey 的定义和结构十分近似,又能同 Ciarrochi et al. (2000)对 EI 四个基本领域的总结相匹配(Law, Wong & Song,2004),而拥有最大的融合性,使得研究者能够结束争论,集中精力于对 EI 的测量及应用等后续研究,本文亦倾向于此四维结构。

2.1.3 情绪智力的测量

2.1.3.1 自评量表

(1)情绪智力量表(EIS,Schutte et al. ,1998):是斯科特(Schutle)等人根据梅耶和萨拉维(1990)的情绪智力模型开发的一份自陈问卷。它共有 33 项,用于评估人们对自己以及他人情绪的感知、理解、表达、控制和管理利用的能力。

(2) 情绪能力问卷(ECI, Goleman. D,1998):测量丹尼尔·戈尔曼(1998)情绪智力模型修正版中提到的 4 个领域 20 种能力。

(3)情商问卷(EQI, Bar-On, 1997):巴昂(Bar-On)根据自己的专业经验,在世界范围内测试了 85000 多名被试,融合了其他学者在该领域中的研究而开发出这一自陈量表。它共有 5 个临床量表(其中包括 15 个分量表)和 2 个效度量表,共 133 个自陈项目。

(4)黄氏 & 罗氏情绪智力量表[WLEIS, Wong (黄炽森)& Law (罗胜强),2002]:黄炽森与罗胜强基于 Davies 等人的 EI 四维定义,遴选出 16 个项目(每个维度 4 个项目)编制而成的 7 点李克特量表,适合工作场所运用。

尽管很多研究者都尝试使用情绪智力的自评量表,但许多研究发现这种测量方法存在一定问题。其中,较有影响的是 Davies 等人(1998)所做的研究,该研究指出,早期自评量表法的主要问题在于:①一些量表的信度不佳;②信度较好的自评量表又与大五人格存在显著相关;③尽管情绪觉察和辨别分量表具有一定的区分效度,但缺乏令人满意的信度;④用自评方法测量出的情绪智力可能与乐观性和一般性积极情绪存在较多重合(Davies, Stankov, & Roberts, 1998)。尤其是依据混合模型理论开发的自评量表所预测的结果,与积极情绪所预测到的并没有什么差异(Mayer, Salovey,& Caruso,2001)。

WLEIS 虽然克服了早期自评量表并非基于 EI 四维定义而导致的以上缺陷,具备较好的结构效度和预测效度,却仍不能避免社会期望和作假因素对被试的影响(C. S. Wong,K. S. Law, & P. M. Wong,2004a)。

因此,用自评的方法测量情绪智力受到了研究者的质疑和批评,量表不应依赖于自评(K. S. Law,C. S. Wong, & L. J. Song,2004)。

2.1.3.2 能力测验

(1)多因素情绪智力量表(MEIS,Mayer et al. ,2000):Mayer 等人为了弥补早期 EI 量表的弱点,开发了一种客观的 EI 测量工具。该工具的答案有正确和错误之分,由多数人的意见决定正误;并以行为表现为基础去评估人们感知情绪、理解情绪和管理情绪的能力。该量表共分四个维度十二项任务。这四个维度分别是感知情绪(包括 4 项任务)、同化情绪(包括 2 项任务)、理解情绪(包括 4 项任务)和管理情绪(包括 2 项任务)。它有整体评分和专家评分 2 种评分方法。

(2)梅耶 - 萨拉维 - 卡卢索情绪智力量表(MSCEIT,Mayer et al. ,1997,2000)

MSCEIT 采用传统智力量表的形式,主要测量 Mayer & Salovey 1997 情绪智力能力模型中的 4 个分支。它是一个基础能力量表,共设 8 项任务,141 个项目,适用于 17 岁以上的人群。MSCEIT 旨在测量人们执行任务、解决情绪问题的质量和程度,而不是依赖个人对自己情绪技能的主观评估来计分。

后来在 MSCEIT 的基础上修订和完善,开发出了 MSCEIT V2.0,进一步扩充了整体和专家的范围,很大程度降低了偏见和争议程度。

(3)黄氏情绪智能量表【WEIS,Wong(黄炽森),2004】:是黄炽森等人基于 Davies et al. 的 EI 四维定义,遵循与 WLEIS 协同等两套 6 条标准,根据管理业界的实践经验编写提炼而成的选项式测验。测验分为情境项目 20 题,要求被试圈选每个情境下最可能的行为反应;和能力组项目(一项关于 EI,另一项关于其他智力维度)20 题,要求被试圈选每对能力组中相对较强的一项。每个代表较高水平 EI 的选择可得 1 分,40 题最高得分为 40 分,普通成人 30 分钟内能完成此测验。

以上 EI 测验均具有正确答案,与其他能力测验答案的区别在于,它的正确与否取决于与大多数人看法的符合程度。这一关键问题的解决,使情绪智力以能力测验的形式进行测量成为可能,并且,从实证上证明了情绪智力的确属于智力概念的范畴(彭正敏等,2004)。由于自评测量存在的问题较多(Davies et al,1998),自评的智力水平与其实际的智力水平无关(Paulhus D L, Lysy D C, & Yik M S M,1998),越来越多的研究者倾向于使用能力测验。

尽管 Mayer & Salovey(1997)开发出以上能力测验形式的 EI 量表,然而由于文化模式对人群的情绪表达和调节习惯、对社会期望等的影响,会导致不同群体、专家提供的正确答案因跨文化而迥然不同;不同文化背景的被试对情境测试中的正确答案有不同选择。种种差异,使得其西方文化背景下的 EI 量表不适合为亚洲的研究者所采用(C. S. Wong,K. S. Law,

& P. M. Wong,2004a),并且,黄炽森等人将 MSCEIT 施用于中国人样本,其实证结果确实并不理想。

鉴于此,其信、效度及适用性已经由中国香港和大陆样本验证过的(Wong, et al,2004b,2007),本土化的黄氏情绪智能量表则是亚洲尤其中国研究者的首选。尤其值得一提的是,此量表中的能力配伍项目,即是由中国香港一家大酒店的人力资源顾问和经理根据酒店业的实务分别编写而成,并经 470 名酒店员工作为被试,测试、筛选、提炼出最合乎标准的 20 个能力组项目。本文的研究对象恰与此量表的形成样本为同一行业,相同工作环境,故此,将该量表为本文所用毋庸置疑具有极强的适用性。

2.2 个体工作绩效

绩效按实施对象不同分为个体绩效与组织绩效,个体绩效通指具有差异性的员工个体在组织中的贡献。本文研究的酒店员工绩效属个体绩效范畴。

2.2.1 个体绩效的定义

国外的人力资源管理学者于 20 世纪 70 年代即开始研究绩效,随着绩效管理的不断实践,人们对绩效的认识也在不断发展。时至今日,基于不同的研究角度和不同的观察、测量层面,学术界对于个体绩效的定义一直存有分歧,其中影响较大的主要有如下三种学说:

(1)绩效结果说

Bernardin(1984)明确定义称,个体绩效是在特定时间范围,在特定工作职能、活动或行为上生产出的结果记录。

国内学者李宝元(2002)认为,绩效即员工个人的工作表现和成绩,如个人的生产率、生产质量、工作效率和服务质量等。

这种定义便于理解,具有比较强的可操作性;但因只重结果的片面性而广遭质疑:

影响工作结果的往往还有与个体无关的其他因素,如不排除那些非个体所能控制的因素所产生的影响,则有失公平。况且单纯地追求结果,很可能导致员工的一些不当行为,如追求短期利益行为,同事之间恶性竞争,等等。

(2)绩效行为说

Murphy(1989)将绩效看做是行为的同义词,它是人们实际做的一套与组织目标相关的行为。

CamPbell(1990)认为员工绩效是指“个人作为一个组织成员为完成组织所期望、规定或正式化的角色需求所表现的行为”。

张德(2004)将绩效界定为人们所做的同组织目标相关的、可观测的、具有可评价要素的行为。

此种定义的支撑论据有三:第一,绩效具有多因性,工作结果并不一定是个体行为所致,可能会受到其他因素的影响,如环境、机会等。第二,过分强调结果可能会导致员工的短视行为。第三,管理实践中,没有一个组织对员工的绩效考评是以员工的产出或结果作为唯一的衡量尺度。

因此绩效行为说日益为人们所重视和认可;但是随之而来的问题是,如何界定“绩效行为”?

(3)绩效综合说

Michael Armstrong(1998)等人认为,绩效指行为和结果。行为不仅仅是结果的工具,其本身也是为完成工作任务所付出劳动的结果，并且能与结果分开进行判断。

方振邦(2003)指出“员工绩效是指员工在某一时期内的工作结果、工作行为和工作态度的总和。”

综合上述定义，可得出如下结论：

(1)组织背景不同，组织发展阶段不同，绩效考评对象不同，则绩效也具有不同的含义。结果说、行为说、综合说各有其一定的适用对象。

(2)从管理实践看，人们对个体绩效的认识也在不断深入和发展：从单纯强调数量到强调质量再到强调客户需要；从重视现在的绩效发展到重视将来的绩效；从要求结果到要求过程；从注意单维性到注意多维性。

(3)基于酒店行业员工的工作特征和本研究的需要，作者选用绩效综合说的定义作为研究的前提：酒店员工的工作绩效是指考评期内，员工所有与酒店目标有关的工作结果、工作行为和工作态度的总和。

2.2.2 个体绩效的维度

W. C. Borman 和 S. J. Motowidlo (1993) 在研究 Campbell 等人员工绩效结构的基础上，提出了著名的“任务绩效—关系绩效”二维模型，把员工绩效分为任务绩效 (Task Performance)和关系绩效 (Contextual Performance，也称周边绩效、背景绩效)。

任务绩效是角色内行为，是与直接工作任务效率有关的行为，是直接产品生产和技术维持活动，其主要成分是工作效率。任务绩效是绩效考评的最基本的组成部分。

而关系绩效是与工作任务间接相关的行为，是对组织、社会和心理环境的额外工作，更多表现为随意性、自发性的角色外行为。其内容包括自愿承担分外的工作任务、在工作中始终保持热情、经常帮助别人并与别人合作共事、严格遵守组织制度与程序、支持和维护组织目标。因此，关系绩效可以概括成两个子维度：人际促进与工作奉献。

在中国文化情景下，国内学者王辉、李晓轩和罗胜强(2003)验证了任务绩效和关系绩效在结构上的差异。他们的研究结果表明，任务绩效和关系绩效在结构上是可以区分的。

任务绩效—关系绩效模型是目前研究普遍采用的模型，它对理解绩效概念和因果关系具有重要意义(陈学军，王重鸣，2001)。特别是在我国的情境下，现有的有关任务绩效和关系绩效的理论研究多于相关的实证研究。所以，利用任务绩效和关系绩效的维度划分方法来开展员工绩效的实证研究也有很大的代表性。

本文采用 W. C. Borman & S. J. Motowidlo(1993)的研究成果，在后续实证分析中，将个体绩效分为任务绩效和关系绩效两个维度。

2.3 情绪智力促进员工个体的工作绩效

情绪智力的产生原因之一即是为了弥补认知能力对成就差异的解释不足，因此关于情绪智力对个人成就、工作绩效究竟有没有影响，以及有多少影响，一直是组织行为学等各研究领域中的热点问题。

研究者们一般依据自身的研究目的和理论偏好来选择情绪智力理论模型，在此基础上探索二者之间的关系。研究结果基本一致地认为，情绪智力促进个体水平的工作绩效。

2.3.1 员工自身的情绪智力水平或某些方面会显著促进其工作绩效

Lam 和 Kirby(2002)应用 MEIS 测试了被试情绪感知、情绪理解、情绪调节三种情绪推理能力，结果发现全面的情绪智力、情绪感知和情绪调节对个体的基于认知的绩效贡献超过了一般智力的贡献水平。

孙丽璐(2005)在情绪觉知力、情绪评价力、情绪适应力、情绪控制力和情绪表现力这五个维度上对青年销售人员的情绪智力进行了考察，同时，她通过销售业绩、销售网络、销售成本和规章制度执行这四个指标获得了绩效数据。该研究表明，情绪智力对销售人员的工作绩效有显著影响。

近期的更多实证研究都进一步证实了这种正向作用：

Rozell Pettijohn 和 StephenParker(2006)对 103 名销售员进行调查研究，发现他们的情绪智力与他们的销售业绩呈正相关；

Carmeli 和 Josman(2006)也证实了员工的情绪智力与他们的任务绩效以及组织公民行为之间的正向关系；

Law 等人(2008)运用 WLEIS 和 MSCEIT 两套 EI 量表，通过对北京某计算机企业的研究实验室工作人员的调查发现，情绪智力对工作绩效的预测作用超过了一般心理能力对工作绩效的影响，是一个重要的预测因素，并且在中国背景下开发的 WLEIS 量表对工作绩效的预测效果优于在美国开发的 MSCEIT 量表；

张剑，唐中正，岳红(2008)采用许远理情绪智力三维结构和温志毅工作绩效四因素模型，对国内 480 名随机被试的研究结果表明：企业员工的情绪智力与其工作绩效整体，及工作绩效的各个维度都有显著的相关关系，并且情绪智力对员工的适应绩效和努力绩效的影响大于对任务绩效的影响；

童佳瑾，王垒，解雪(2008)将员工情绪智力结构划分为情绪识别、情绪利用、情绪功能和情绪理解，对 287 名企业员工的情绪智力、情绪劳动、工作绩效的测量分析表明，在控制了人口统计学变量和工作任务的情绪劳动水平之后，情绪理解、情绪功能对员工的工作绩效有显著的影响；

白延国(2010)，王润甜(2010)也分别从不同角度调研并证实了员工情绪智力对其任务绩效和关系绩效都有显著的正向影响。

2.3.2 管理者的情绪智力也会对下属的工作绩效产生积极影响

Pesuric 等(1996)在对一家制造业的管理者的研究中发现，管理人员进行情绪智力培训(如怎样更好地倾听、帮助员工自己解决问题等)后，员工低效率事件下降了 50%，工作绩效也远远超出了既定目标。另一家制造业的管理者也参加了相似的培训，绩效增加了 17%，而没有参加者的绩效没有增加。

Wong & Law (2002) 运用 WLEIS 等相关量表，通过自评和他评的方式，得到了领导者和下属的情绪智力、下属的情绪劳动水平以及下属的工作绩效等方面的结果。他们的研究在发现个体的情绪智力与其任务绩效之间存在正向相关关系的同时，也发现领导者的情绪智力虽然不会对下属的任务绩效产生影响，但是与下属的关系绩效相关。

余琼，袁登华(2008)采用 WLEIS 对 30 家企业进行了管理者与其下属员工的配对调查。结果发现，员工及其管理者的情绪智力对员工的工作绩效都有显著正向影响，领导—部属交换在管理者情绪智力对员工关系绩效的影响中起部分中介作用，领导—部属交换在管理者情绪智力对员工任务绩效的影响中起着微弱的部分中介作用。

3 酒店员工情绪智力对工作绩效的影响分析

3.1 本研究涉及的基本变量及维度分解

3.1.1 情绪智力

本研究将情绪智力作为自变量,采用 Davies 等人的定义,将情绪智力界定为:个体处理情绪的能力;并将其分解为四个维度:①对自身情绪的评价[SEA];②对他人情绪的评价[OEA];③对情绪的调节[ROE];④对情绪的运用[UOE](Davies, Stankov, & Roberts, 1998; Law, Wong, & Song, 2004; Mayer, Caruso, & Salovey, 2000; Wong, Law, & Wong, 2004a;Wong, Wong,& Law,2007)。

3.1.2 工作绩效

本研究将工作绩效作为因变量,将酒店员工的工作绩效界定为:考评期内,员工所有与酒店目标有关的工作结果、工作行为和工作态度的总和;采用 W. C. Borman&S. J. Motowidlo(1993)的研究成果,将个体绩效分解为任务绩效和关系绩效两个维度。其中,任务绩效是指工作所规定的行为(角色内行为),而关系绩效是指工作中的自发行为(角色外行为)。

3.2 酒店员工情绪智力对工作绩效的影响机理和途径

酒店服务业作为服务与“助人”行业的典型代表,客我高度接触,24 小时无间歇,其服务产品的体验性强,顾客对饭店服务整体的评价与其情绪感受密切相关。

酒店行业的劳动力密集,员工既包括前台岗位的总台接待、收银、餐饮接待、客房清扫、客房服务等人员,也包括后台的财务、人力资源以及行政岗位的人员等。其中前台员工直接参与酒店服务生产过程,向顾客提供面对面的服务,而后台员工则主要以前台员工为服务对象。同时酒店业大部分员工属于非知识型员工,学历普遍偏低。

从以上酒店业的行业、工作性质与员工的特征可见,在影响酒店员工绩效的各项内外因素中,情绪智力占据了很大成分。

3.2.1 酒店员工的情绪智力总体水平对工作绩效总体水平的影响

情绪智力高的员工能够更准确地感知来自顾客与酒店内部同事和领导的情绪,理解他人的行事方式,体会他人行为所表达的意思,从而对别人和自己所从事的工作角色做出准确判断,进而采取符合顾客和酒店要求的行为。

情绪智力高也有利于实现顾客满意这一工作绩效评价的重要标准。无论是直接面对顾客的销售人员、接待人员,还是为内部员工提供支持的财务人员、人力资源顾问,客户满意度都是组织绩效考评的重要指标,情绪智力高的员工可以感同身受地理解内部或外部客户真正的需求,站在客户的角度考虑问题,为客户解决难题,不会因为控制不住自己的情绪等问题与客户发生冲突。当他们碰到来自客户的投诉、挑战和压力时,能控制自己的情绪,保持积极情绪面对困难,比起情绪智力低的员工,更容易赢得客户满意并保有客户的信任。

情绪智力高的员工会善于与他人交流、建立友谊,更容易与他人建立良好的人际关系,在合作中受到他人的支持,更容易获得高绩效。

因此,酒店员工的情绪智力对其工作绩效会产生正向影响。

3.2.2 酒店员工的情绪智力各维度对工作绩效各维度的影响

高情绪智力的员工,能够正确理解和分析自己和他人情绪表达的意义,准确地区分语言所表达的内容与情绪本身的内容是否具有一致性,就可以避免与顾客及上级、下级或同事之间产生的误解,以免产生不必要的矛盾和冲突,有助于效率的提高。

而如何调节自身的情绪,将消极的情绪转化为积极良好的情绪状态,并且以积极向上的情绪投身到自身的工作中去,则是实现自身高绩效的保证。

对于工作说明书内规定的职责和作业范围,即任务绩效,员工的情绪智力越高,他越能清楚自己的情绪状态,并且不断地调节,加强正情绪带来的正面效应,降低负情绪带来的负面效应,以最佳的精神状态投入到日常的工作中。此外,高情绪智力的员工,能够清晰地感知来自同事和领导的情绪,理解他人的行事方式,体会他人行为所表达的意思,这使得他更善于与他人交流、建立友谊、发展人际关系,广泛的人际合作使他们能从和谐的人际关系中受益,在合作中得到他人的支持从而维持自身的高绩效。

而对于一些角色外行为或员工自发的,但对组织有益的行为,即关系绩效,高情绪智力的员工对自己和他人的积极情绪有较好感知能力,并善于调控他人的消极情绪,因此更易协调关系,主动为顾客、同事提供适当的帮助。员工的情绪智力越高,越能展现对酒店工作中非正式行为期望的高度敏感性,正因为他们对环境的敏感度,他们在工作中会超常规地努力,主动解决工作中的问题,而这些行为却不是在他们的工作说明书中写明了的。同时,他们更容易适应变化的酒店环境,并愿意持续学习,表现出更多的创新行为,在困难面前表现出坚持性,最终有效应对困难。

3.3 本研究模型构思与假设

3.3.1 模型构思

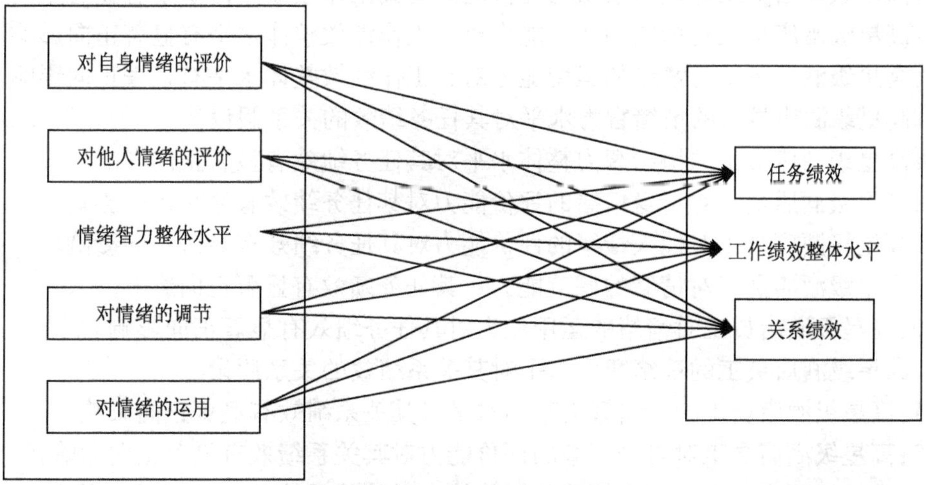

图 3.1 高星级酒店员工的情绪智力对工作绩效影响模型构思

资料来源:作者绘制

如图3.1所示,高星级酒店员工的情绪智力整体水平及各维度分别对工作绩效整体水平及各维度产生影响。

3.3.2 提出假设

员工的情绪智力对其工作绩效产生影响的基础是,通过调整员工的状态使其更加理性地投入工作。高情绪智力的员工,善于控制自己的情绪并进行自我激励,相对于低情绪智力的员工,他们更少地将不愉快的情绪带入工作中,在遭遇挫折时,有更强的心理承受能力,并且能鼓励自己将工作做得更好。

但是从实证研究结果看,有些研究表明它们之间存在正相关(Wong & Law,2002;Law,Wong & Song,2004等),尤其是对情绪要求比较高的情绪性工作,员工被要求以组织所期望的方式表达和调节情绪,由于这些工作对管理自己与他人的情绪的能力要求都比较高,因而在研究中发现情绪智力的高低与其工作绩效正相关,并且在很大程度上,这些关系都超过了大五人格和智力对工作绩效的影响。

有些研究没有发现它们之间的正相关(Bryant,2005)。造成以上结果的原因可能是由于测量工具(有些研究采用MSCEIT,还有些选用别的情绪智力量表,如Schutte等的量表、Jordan等的量表)选用导致的,也有可能是样本导致的(有些为学生样本,有些为普通职员,有些为销售人员),也有可能是情绪智力确实不能预测绩效,或者说情绪智力只能预测绩效的某些方面,还有就是它们之间的关系可能受到其他中间因素的影响,但是研究中未能考虑,从而导致不能得到预期的结果。

而具体到酒店业,此方面的实证研究尚属空白,根据上述分析,我们提出以下假设:

(1)高星级酒店员工的情绪智力水平对其工作绩效整体水平的关系假设

H1:高星级酒店员工的情绪智力整体水平对其工作绩效整体水平有显著正向影响。

H2:高星级酒店员工对自身情绪的评价能力对其工作绩效整体水平有显著正向影响。

H3:高星级酒店员工对他人情绪的评价能力对其工作绩效整体水平有显著正向影响。

H4:高星级酒店员工对情绪的调节能力对其工作绩效整体水平有显著正向影响。

H5:高星级酒店员工对情绪的运用能力对其工作绩效整体水平有显著正向影响。

(2)高星级酒店员工的情绪智力水平对其任务绩效的关系假设

H6:高星级酒店员工的情绪智力整体水平对其任务绩效有显著正向影响。

H7:高星级酒店员工对自身情绪的评价能力对其任务绩效有显著正向影响。

H8:高星级酒店员工对他人情绪的评价能力对其任务绩效有显著正向影响。

H9:高星级酒店员工对情绪的调节能力对其任务绩效有显著正向影响。

H10:高星级酒店员工对情绪的运用能力对其任务绩效有显著正向影响。

(3)高星级酒店员工的情绪智力水平对其关系绩效的关系假设

H11:高星级酒店员工的情绪智力整体水平对其关系绩效有显著正向影响。

H12:高星级酒店员工对自身情绪的评价能力对其关系绩效有显著正向影响。

H13:高星级酒店员工对他人情绪的评价能力对其关系绩效有显著正向影响。

H14:高星级酒店员工对情绪的调节能力对其关系绩效有显著正向影响。

H15:高星级酒店员工对情绪的运用能力对其关系绩效有显著正向影响。

4 研究设计

本章在前文的文献综述和假设构思基础上，通过选取相应的量表、实施问卷调查、回收问卷以及录入数据等一系列步骤，获取员工的情绪智力及其工作绩效方面的量化数据，利用统计分析方法对提出的理论假设进行检验，并对统计结果进行相应的分析，得出研究结论并提出管理建议。

4.1 问卷设计

4.1.1 情绪智力量表

本文选取了2个不同形式的量表分别测量酒店员工的情绪智力水平：

(1)WLEIS(黄氏 & 罗氏情绪智力量表)【Wong & Law(黄炽森 & 罗胜强)，2002】：包括16个条目，分为四个维度：对自身情绪的评价和表达、评价和识别他人的情绪、对情绪的调节、对情绪的利用。Wong和Law(2002)在中国背景下用学生样本和工作人员样本发现这四个维度的α系数大多数在0.8以上，并验证了该量表在大五人格上具有增量效度，以及有良好的效标关联效度和结构效度。该量表在国际上比较有影响，国外一些研究者也倾向于用它作为测量工具(Hartsfield，2003；Sy等，2006)。

本部分量表采用Likert(李克特)7点计分法。从1到7分别代表：完全反对、比较反对、有点反对、不能确定、有点同意、比较同意和完全同意，全部采用正向记分的形式。

尽管此量表具有良好的信效度和本土适用性，却仍不能避免社会期望和作假因素对被试的影响。同时，为顺应情绪智力的客观测量的新潮流，本研究同时选用了下述能力测验量表以作为对本量表的补充和验证。

(2)WEIS(黄氏情绪智能量表)【Wong(黄炽森)，2004】：由Wong等人于2004年开发，为强迫式选择的能力测验量表，包括两部分，第一部分测量的是能力的相对强度，第二部分是人们对不同情境的反应，每部分各20道题，共40道题。每题都有正确答案，答对得1分，答错不得分。该量表的a系数为0.83，并且与WLEIS有很好的会聚度($r=0.55$，$p<0.01$)。Wong等人通过实证证明，在中国背景下，用此量表测量情绪智力比使用MSCEIT量表能够更好地预测中国员工的工作绩效(Wong et al，2007)，尤其值得一提的是，此量表第一部分能力项目的形成样本是香港一家大酒店的人力资源管理者与470名酒店员工，恰与本文被试为相同行业人群。

根据该量表开发者黄炽森先生的建议，此量表尚不成熟，用于本文不必再区分维度，以总分计量作为WLEIS的补充和验证即可。

4.1.2 工作绩效量表

Borman和Motowidlo (1993)提出了著名的“任务绩效—关系绩效”二维模型，把员工绩效分为任务绩效和关系绩效。任务绩效—关系绩效模型是目前研究普遍采用的模型，它对理解绩效概念和因果关系具有重要意义(陈学军，王重鸣，2001)。特别是在我国的情境下，现有的有关任务绩效和关系绩效的理论研究多于相关的实证研究。所以，利用任务绩效和关系绩效的维度划分方法来开展员工绩效的实证研究也有很大的代表性。

因此，本文在研究工作绩效时也将其分为任务绩效和关系绩效。任务绩效量表主要参考谢金山（2001）的毕业论文，由五个项目组成；关系绩效量表主要参考姚丽霞（2002）的毕业论文，由四个项目组成。最终形成工作绩效量表，包含任务绩效和关系绩效两个维度。采用 Likert（李克特）5 点计分法。从 1 到 5 分别代表：极不同意、不太同意、基本同意、比较同意和完全同意，全部采用正向记分的形式。该量表近年被陈栋（2008）、彭巍（2009）、张芳（2010）等人所广泛使用。

4.1.3 人口统计学变量

问卷的最后，设定了可能对酒店员工的情绪智力和工作绩效水平产生影响的人口统计学变量，分别是：性别、学历、职位、年龄、工龄、酒店星级、所在部门。

4.2 调研设计

4.2.1 调研对象

本次调研对象为四星及以上的高星级酒店员工，北京、上海、广州、深圳、天津为国内高星级酒店的五大代表城市，其中北京综合排名第一，代表性最强；同时因经费、时间、与酒店配合意愿等各种条件限制，作者仅选取了北京的 5 家高星级酒店作为代表，通过酒店的总经理或人事经理以无记名形式组织其各部门员工填答问卷。

4.2.2 样本

本次调研实际发放问卷 300 份，回收 237 份，回收率为 79%；剔除无效问卷，有效问卷为 217 份，回收有效率为 92 %。被试样本的基本情况如表 4.1 所示。

表 4.1 被试样本的基本情况表

	被试情况	样本数	百分比
性别	男	102	47.0 %
	女	115	53.0 %
学历	高中或以下	17	7.8 %
	中专	41	18.9 %
	大专	102	47.0 %
	本科或以上	57	26.3 %
职位	一线员工	113	52.1 %
	领班或主管	64	29.5 %
	部门经理或总监	37	17.1 %
	（副）总经理	3	1.4 %
年龄	20 岁以下	7	3.2 %
	20～29 岁	139	64.1 %
	30～39 岁	54	24.9 %
	40 岁及以上	17	7.8 %

续表

	被试情况	样本数	百分比
工龄	一年以内	33	15.2 %
	一年至三年	84	38.7 %
	三年至五年	38	17.5 %
	五年以上	62	28.6 %
酒店星级	五星级	71	32.7 %
	四星级	146	67.3 %
工作部门	前厅部	35	16.1 %
	客房部	28	12.9 %
	餐饮部	26	12.0 %
	销售部	32	14.7 %
	人事部	21	9.7 %
	财务部	19	8.8 %
	工程部	14	6.5 %
	安保部	11	5.1 %
	采购部	7	3.2 %
	康乐部	7	3.2 %
	洗衣(布草)房	7	3.2 %
	保洁部或其他	10	4.6 %

资料来源:作者整理

由表 4.1 可见,被试样本的性别差异比例为 6%,女性占据了较大部分,男性略少;样本的学历程度偏低,本科或以上人数仅占总样本量的 26.3%,大专人数权重最大,达到47.0%;职位以一线员工为主,占到 52.1%;年龄大多在 20~29 岁,有 64.1%之多;工龄则普遍偏低,五年以上人数仅有 28.6%,这也反映出酒店行业用工高流失率的现状;酒店星级差异比例为 34.6%,四星级酒店的样本居多,超过五星级酒店样本的 2 倍;样本所在的工作部门则呈不均匀分布态势,这与酒店内各部门的用工人数不同相符。

4.2.3 数据处理与分析方法

本文采用统计分析软件 SPSS 18.0 对问卷调研的所得数据进行分析处理。具体使用的统计分析方法有:①信度分析;②描述性分析;③独立样本 T 检验;④单因素方差分析;⑤相关分析;⑥回归分析。

(1)信度分析

所有研究设计的量表,必须首先测量量表本身的可靠程度。信度分析是一种测度综合评价体系是否具有一定的稳定性和可靠性的有效分析方法。内在信度分析主要是考察一组评估项目是否测量的是同一个特征,这些项目之间是否具有高度的内在一致性。内在信度越高意味着相应的评估项目越有意义。Cronbach's α 系数就是用来测量内在一致性的系数。

Cuieford(1965)、Nunnally(1978)和罗伯特·F. 德威利斯(2004)认为量表信度测量经常采用的标准是:Cronbach's α 大于 0.7 为高信度,低于 0.35 为低信度。0.5 为最低可接受的信度水平。

本文将依次对情绪智力量表和工作绩效量表进行内部一致性分析。

(2)描述性分析

描述性分析是对用问卷进行研究常用的统计分析方法,主要用于数字型变量的数据汇总,可统计出变量的均值、方差、标准差等各种统计量。这些统计量反应变量的标准分并检验数据的真实性。如可以利用均值反映的各变量的平均水平,初步分析各变量的重要程度;而标准差反映的是单个样本值与所有样本均值的偏离程度,如果数值过大,则这个样本值属于异常,应剔除后再进行其他的数据分析。

在本文中,以描述性统计分析来分析样本的基本资料特性,包括被试的人口统计变量的频次分布状况与百分比的分布情形;另外也利用情绪智力和工作绩效各个基本变量的平均数、标准差来了解样本在各构面上的反映情况。

(3)独立样本 T 检验

独立样本 T 检验用于检验两个独立样本是否来自具有相同均值的总体,即检验两个独立正态总体的均值是否相等。当且仅当两个样本的平均数有显著差异时,才能确定两个样本的分数不同。

在本文中,两独立样本 T 检验主要用于检验性别对高星级酒店员工情绪智力和工作绩效的影响。

(4)单因素方差分析

单因素方差分析采用统计推断的方法,用于测试某一个控制变量的不同水平是否给指标变量造成了显著差异和变动,即检验两个以上样本均数的差别。

本文应用单因素方差分析来探讨高星级酒店员工是否会因学历、职位、年龄、工龄、所在部门的不同而在情绪智力和工作绩效上有所差异。

(5)相关分析

相关分析是用来分析客观事物之间关系的数据分析方法,它主要是用来判断事物之间统计关系的强弱程度,说明事物之间有无相关性。和回归分析不同的是,相关分析不能明确谁是自变量,谁是因变量。但是,它是回归分析的前提。

本文分别对情绪智力各维度与其整体水平、工作绩效各维度与其整体水平都进行了相关分析。

(6)回归分析

回归分析是研究一个自变量或多个自变量与一个因变量之间是否存在某种线性关系的一种统计学分析方法。

本文以情绪智力整体水平及四个维度为自变量,分别以工作绩效整体水平及其两个维度(任务绩效、关系绩效)为因变量,逐项进行线性回归分析。

4.3 研究方法的亮点

以往情绪智力和绩效的相关研究大都考察的是情绪智力与工作绩效整体水平之间的关系,或考察情绪智力与任务绩效之间的关系;本文则分别细致考察了情绪智力整体水平及各维度对工作绩效整体水平、对其任务绩效维度、对其关系绩效维度的各种影响。

本研究尝试定性与定量方法相结合,除了使用问卷调查、统计分析的定量方法,还结合使用了访谈方式,在调研之前和过程之中对5个样本酒店的管理层就绩效考评模式、绩效的影响因素、员工流失问题、员工情绪智力差异与考量等高星级酒店的管理现状进行了交流和开放式的探讨,并根据访谈结果印证了本文的假设,修正了问卷的部分测量项目,确定了具体的调研方式。

对于员工情绪智力的测量,除使用传统的广为使用的自评式量表,还同时使用了较新的能力测验形式的迫选式量表,通过主客观2种不同的测量方式互相验证,保证效度。

5 研究结果

5.1 量表的检验

5.1.1 量表的信度分析

5.1.1.1 情绪智力量表信度分析

(1)WLEIS(黄氏 & 罗氏情绪智力量表)的信度分析

通过检验,情绪智力整体的 Cronbach's α 系数值为 0.899 大于 0.7,每个维度的 Cronbach's α 系数都大于0.7,表明该量表具有较高的信度,如表5.1所示。

表5.1 WLEIS(黄氏 & 罗氏情绪智力量表)信度检验

情绪智力的维度	测量题项	Cronbach's α 系数
情绪智力整体	一.1.1－一.4.16	.899
EI1 对自身情绪的评价	一.1.1－一.1.4	.790
EI2 对他人情绪的评价	一.2.5－一.2.8	.731
EI3 对情绪的调节	一.3.9－一.3.12	.701
EI4 对情绪的运用	一.4.13－一.4.16	.772

资料来源:作者整理

(2)WEIS(黄氏情绪智能量表)的信度分析

对该新型的情绪智力测试量表的检验表明,其情绪智力整体的 Cronbach's α 系数值为 0.608,属于可接受的信度水平,但低于上述 WLEIS 的信度水平。如表5.2所示。故此,本量表仅用于对 WLEIS 的补充和验证,不用做后续的回归分析。

表 5.2 WEIS(黄氏情绪智能量表)信度检验

情绪智力的维度	测量题项	Cronbach's α 系数
情绪智力整体	二.1 - 三.20	.608

资料来源:作者整理

5.1.1.2 工作绩效量表信度分析

对工作绩效做信度分析,其整体的 Cronbach's α 系数值为 0.820,两个维度的 Cronbach's α 系数值分别达到 0.751 和 0.614,说明该量表的信度水平可以接受。如表 5.3 所示。

表 5.3 工作绩效量表信度分析

工作绩效的维度	测量题项	Cronbach's α 系数
工作绩效整体	五.1.1 - 五.2.9	.820
任务绩效	五.1.1 - 五.1.5	.751
关系绩效	五.2.6 - 五.2.9	.614

资料来源:作者整理

5.1.2 量表的效度分析

效度是指测验或其他测量工具确能测得其所欲测量的特质的程度。所以,当效度越高时,越说明一种测验能有效测得欲测量特质。

美国学者 Uma Sekaran 认为"当使用已具有较高效度的量表时,则没有必要在每一次研究中都重新计算其效度"(转引自祝道松和林家五翻译的《企业研究方法》,2005)。由于本文选取的黄氏 & 罗氏情绪智力量表(WLEIS),情绪劳动量表和工作绩效的量表都已经很成熟,在国内外进行过反复的验证,所以本文不再对量表的效度进行分析。

5.2 描述性分析

对有效回收问卷的各基本变量进行整体的描述性统计分析,分别得到情绪智力和工作绩效的极大值、极小值、均值和标准差,统计结果如表 5.4 所示。

表 5.4 各基本变量的描述性统计结果

变量名称	极小值	极大值	均值	标准差
情绪智力整体水平	3.19	7.00	5.3039	.79492
对自身情绪的评价	1.50	7.00	5.4101	1.01920
对他人情绪的评价	2.00	7.00	5.1832	.92773
对情绪的调节	2.75	7.00	5.4551	.86502
对情绪的运用	2.50	7.00	5.1671	1.00607

续表

变量名称	极小值	极大值	均值	标准差
情绪智力测验分数	.30	.88	.5607	.12163
工作绩效整体水平	2.03	5.00	3.7641	.57526
任务绩效	1.80	5.00	3.7309	.63699
关系绩效	2.25	5.00	3.7972	.61597

资料来源:作者整理

由表5.4可见,高星级酒店员工的情绪智力水平较高,尤其是其中的情绪调节能力均值达到了5.4551分,均在中点以上,这与酒店工作对员工情绪方面的较高要求相符;工作绩效也呈现较高的数值,其整体水平与两个维度的均值都超过了中点,并且关系绩效比任务绩效的水平要高,说明在高星级酒店,员工实施角色外行为的频率和效果对其工作绩效水平提升做出了更大的贡献。

5.3 人口统计学变量的影响分析

人口统计学变量分析主要采用独立样本T检验和单因素方差分析的方法。由于性别特征分组变量只有2个,所以在对情绪智力和工作绩效在性别上的差异分析中使用独立样本T检验;其他人口统计学变量上的差异分析均采用单因素方差分析。

5.3.1 性别对酒店员工情绪智力和工作绩效的影响

性别为定类变量,比较高星级酒店员工的情绪智力和工作绩效的描述性统计指标差异性,如表5.5所示。

表5.5 情绪智力和工作绩效在性别上的独立样本T检验

	性别	N	均值	标准差	P值
对自身情绪的评价	男	102	5.3603	1.06855	.499
	女	115	5.4543	.97591	
对他人情绪的评价	男	102	5.1936	.98623	.876
	女	115	5.1739	.87683	
对情绪的调节	男	102	5.4632	.91899	.896
	女	115	5.4478	.81817	
对情绪的运用	男	102	5.1495	1.05613	.810
	女	115	5.1826	.96389	
情绪智力整体水平	男	102	5.2917	.84822	.832
	女	115	5.3147	.74808	

续表

	性别	N	均值	标准差	P值
EI测验分数	男	102	.5483	.11727	.157
	女	115	.5717	.12485	
任务绩效	男	102	3.6667	.60580	.162
	女	115	3.7878	.66083	
关系绩效	男	102	3.7696	.60186	.535
	女	115	3.8217	.62982	
工作绩效整体水平	男	102	3.7181	.55107	.269
	女	115	3.8048	.59531	

资料来源:作者整理

由表5.5可知,在显著性水平为0.05的情况下,T统计量的概率P值均大于0.05,因此男员工和女员工的情绪智力、工作绩效得分不存在显著差异,即高星级酒店员工的性别对情绪智力、工作绩效没有影响。

5.3.2 其他人口统计变量对酒店员工情绪智力和工作绩效的影响

本部分探讨高星级酒店员工是否会因学历、职位、年龄、工龄、所在部门的不同而在情绪智力和工作绩效上有所差异。

(1)学历对酒店员工情绪智力和工作绩效的影响(见表5.6)

表5.6 情绪智力和工作绩效在学历上的方差分析结果

		平方和	df	均方	F	显著性
对自身情绪的评价	组间	9.112	3	3.037	3.006	.031
	组内	215.260	213	1.011		
	总数	224.373	216			
对他人情绪的评价	组间	.374	3	.125	.143	.934
	组内	185.533	213	.871		
	总数	185.906	216			
对情绪的调节	组间	2.006	3	.669	.892	.446
	组内	159.618	213	.749		
	总数	161.624	216			

续表

		平方和	df	均方	F	显著性
对情绪的运用	组间	1.643	3	.548	.538	.657
	组内	216.989	213	1.019		
	总数	218.632	216			
情绪智力整体水平	组间	1.195	3	.398	.627	.598
	组内	135.296	213	.635		
	总数	136.492	216			
EI 测验分数	组间	.340	3	.113	8.452	.000
	组内	2.856	213	.013		
	总数	3.196	216			
任务绩效	组间	6.799	3	2.266	5.971	.001
	组内	80.845	213	.380		
	总数	87.643	216			
关系绩效	组间	7.170	3	2.390	6.808	.000
	组内	74.783	213	.351		
	总数	81.953	216			
工作绩效整体水平	组间	6.955	3	2.318	7.654	.000
	组内	64.523	213	.303		
	总数	71.478	216			

资料来源:作者整理

由表5.6可见,不同学历的酒店员工,在对自身情绪的评价、情绪智力测验分值和工作绩效的各维度与总体水平上均具有显著差异。具体差异分析见表5.7。

表5.7 学历差异的描述分析结果

学历		N	均值	极小值	极大值
对自身情绪的评价	高中或以下	17	5.2059	1.50	6.75
	中专	41	5.0305	3.50	7.00
	大专	102	5.5025	3.00	7.00
	本科或以上	57	5.5789	2.50	7.00
	总数	217	5.4101	1.50	7.00

续表

学历		N	均值	极小值	极大值
EI 测验分数	高中或以下	17	.6603	.45	.85
	中专	41	.4982	.38	.78
	大专	102	.5615	.30	.88
	本科或以上	57	.5746	.33	.85
	总数	217	.5607	.30	.88
工作绩效整体水平	高中或以下	17	3.6338	3.00	4.80
	中专	41	3.4640	2.42	4.80
	大专	102	3.7792	2.03	5.00
	本科或以上	57	3.9917	2.75	5.00
	总数	217	3.7641	2.03	5.00
任务绩效	高中或以下	17	3.6353	2.60	4.60
	中专	41	3.4341	2.60	4.80
	大专	102	3.7373	1.80	5.00
	本科或以上	57	3.9614	2.80	5.00
	总数	217	3.7309	1.80	5.00
关系绩效	高中或以下	17	3.6324	2.75	5.00
	中专	41	3.4939	2.25	5.00
	大专	102	3.8211	2.25	5.00
	本科或以上	57	4.0219	2.50	5.00
	总数	217	3.7972	2.25	5.00

资料来源:作者整理

由表5.7可见,本科或以上学历的高星级酒店员工,对自身情绪的评价、工作绩效整体水平及任务绩效、关系绩效均表现出最高水平,情绪智力测验分数排名第二;而中专学历的高星级酒店员工在上述各变量或维度上则呈现出最低水平;高中或以下学历的高星级酒店员工,在上述变量或维度上都并非最低水平,特别在情绪智力测验分数上甚至超过本科或以上学历的员工而排名第一。这说明尽管不同学历员工的上述变量或维度有显著差异,却并非递增的单向差异;特别是情绪智力的客观测量结果显示,学历不造成有规律的显著差异。

(2)职位对酒店员工情绪智力和工作绩效的影响(见表5.8)

表 5.8 情绪智力和工作绩效在职位上的方差分析结果

		平方和	df	均方	F	显著性
对自身情绪的评价	组间	1.353	3	.451	.431	.731
	组内	223.020	213	1.047		
	总数	224.373	216			
对他人情绪的评价	组间	2.265	3	.755	.876	.455
	组内	183.641	213	.862		
	总数	185.906	216			
对情绪的调节	组间	.449	3	.150	.198	.898
	组内	161.176	213	.757		
	总数	161.624	216			
对情绪的运用	组间	2.471	3	.824	.812	.489
	组内	216.161	213	1.015		
	总数	218.632	216			
情绪智力整体水平	组间	.371	3	.124	.193	.901
	组内	136.121	213	.639		
	总数	136.492	216			
EI 测验分数	组间	.127	3	.042	2.945	.034
	组内	3.068	213	.014		
	总数	3.196	216			
任务绩效	组间	2.973	3	.991	2.493	.061
	组内	84.670	213	.398		
	总数	87.643	216			
关系绩效	组间	3.740	3	1.247	3.396	.019
	组内	78.213	213	.367		
	总数	81.953	216			
工作绩效整体水平	组间	2.872	3	.957	2.972	.033
	组内	68.606	213	.322		
	总数	71.478	216			

资料来源:作者整理

由表5.8可知，不同职位的酒店员工其情绪智力测验分数和关系绩效、工作绩效整体水平具有显著差异。具体差异分析见表5.9。

表5.9 职位差异的描述分析结果

职位		N	均值	极小值	极大值
EI测验分数	一线员工	113	.5542	.33	.88
	领班或主管	64	.5430	.30	.85
	部门经理或总监	37	.6020	.40	.85
	(副)总经理	3	.6750	.50	.78
	总数	217	.5607	.30	.88
工作绩效整体水平	一线员工	113	3.6584	2.03	5.00
	领班或主管	64	3.9141	2.75	5.00
	部门经理或总监	37	3.8142	2.45	4.80
	(副)总经理	3	3.9250	3.18	5.00
	总数	217	3.7641	2.03	5.00
关系绩效	一线员工	113	3.6814	2.25	5.00
	领班或主管	64	3.9688	2.50	5.00
	部门经理或总监	37	3.8716	2.50	5.00
	(副)总经理	3	3.5833	2.75	5.00
	总数	217	3.7972	2.25	5.00

资料来源：作者整理

由表5.9可见，尽管不同职位的高星级酒店员工在情绪智力测验分数、工作绩效整体水平和关系绩效上有显著差异，却并非递增的单向差异。

(3)年龄对酒店员工情绪智力和工作绩效的影响(见表5.10)

表5.10 情绪智力和工作绩效在年龄上的方差分析结果

		平方和	df	均方	F	显著性
对自身情绪的评价	组间	3.154	3	1.051	1.012	.388
	组内	221.219	213	1.039		
	总数	224.373	216			
对他人情绪的评价	组间	2.083	3	.694	.804	.493
	组内	183.823	213	.863		
	总数	185.906	216			

续表

		平方和	df	均方	F	显著性
对情绪的调节	组间	1.990	3	.663	.885	.450
	组内	159.634	213	.749		
	总数	161.624	216			
对情绪的运用	组间	4.978	3	1.659	1.654	.178
	组内	213.654	213	1.003		
	总数	218.632	216			
情绪智力整体水平	组间	1.645	3	.548	.866	.459
	组内	134.846	213	.633		
	总数	136.492	216			
EI 测验分数	组间	.097	3	.032	2.234	.085
	组内	3.098	213	.015		
	总数	3.196	216			
任务绩效	组间	.442	3	.147	.360	.782
	组内	87.201	213	.409		
	总数	87.643	216			
关系绩效	组间	.167	3	.056	.145	.933
	组内	81.786	213	.384		
	总数	81.953	216			
工作绩效整体水平	组间	.287	3	.096	.286	.835
	组内	71.191	213	.334		
	总数	71.478	216			

资料来源:作者整理

由表5.10可见,不同年龄的酒店员工,在情绪智力、工作绩效等变量维度均无显著性差异。

(4)工龄对酒店员工情绪智力和工作绩效的影响(见表5.11)

表 5.11 情绪智力和工作绩效在工龄上的方差分析结果

		平方和	df	均方	F	显著性
情绪智力整体水平	组间	4.546	3	1.515	2.446	.065
	组内	131.945	213	.619		
	总数	136.491	216			
对自身情绪的评价	组间	9.113	3	3.038	3.006	.031
	组内	215.260	213	1.011		
	总数	224.373	216			
对他人情绪的评价	组间	3.643	3	1.214	1.419	.238
	组内	182.263	213	.856		
	总数	185.906	216			
对情绪的调节	组间	6.122	3	2.041	2.795	.041
	组内	155.503	213	.730		
	总数	161.625	216			
对情绪的运用	组间	3.247	3	1.082	1.070	.363
	组内	215.385	213	1.011		
	总数	218.632	216			
EI 测验分数	组间	.367	3	.122	9.200	.000
	组内	2.829	213	.013		
	总数	3.196	216			
工作绩效整体水平	组间	7.655	3	2.552	8.516	.000
	组内	63.823	213	.300		
	总数	71.478	216			
任务绩效	组间	8.709	3	2.903	7.833	.000
	组内	78.934	213	.371		
	总数	87.643	216			
关系绩效	组间	6.815	3	2.272	6.440	.000
	组内	75.138	213	.353		
	总数	81.953	216			

资料来源：作者整理

由表 5.11 可见,不同工龄的高星级酒店员工其情绪智力的对自身情绪评价维度、对情绪的调节维度、情绪智力测验分数、工作绩效整体水平及其两个维度均具有显著差异。具体差异分析见表 5.12。

表 5.12　工龄差异的描述分析结果

	工龄	N	均值	极小值	极大值
对自身情绪的评价	一年以内	33	5.1136	1.50	7.00
	一年至三年	84	5.3304	3.50	7.00
	三年至五年	38	5.3553	2.50	7.00
	五年以上	62	5.7097	3.00	7.00
	总数	217	5.4101	1.50	7.00
对情绪的调节	一年以内	33	5.2879	3.75	6.00
	一年至三年	84	5.3125	2.75	7.00
	三年至五年	38	5.5461	3.00	7.00
	五年以上	62	5.6815	3.50	7.00
	总数	217	5.4551	2.75	7.00
EI 测验分数	一年以内	33	.5311	.38	.75
	一年至三年	84	.5238	.30	.88
	三年至五年	38	.5711	.40	.85
	五年以上	62	.6202	.38	.85
	总数	217	.5607	.30	.88
工作绩效整体水平	一年以内	33	3.4023	2.80	4.40
	一年至三年	84	3.7119	2.03	4.88
	三年至五年	38	3.8421	2.45	4.88
	五年以上	62	3.9794	2.75	5.00
	总数	217	3.7641	2.03	5.00
任务绩效	一年以内	33	3.3273	2.60	4.80
	一年至三年	84	3.6976	1.80	5.00
	三年至五年	38	3.7895	2.40	5.00
	五年以上	62	3.9548	2.40	5.00
	总数	217	3.7309	1.80	5.00

续表

	工龄	N	均值	极小值	极大值
关系绩效	一年以内	33	3.4773	2.50	4.50
	一年至三年	84	3.7262	2.25	5.00
	三年至五年	38	3.8947	2.50	5.00
	五年以上	62	4.0040	2.50	5.00
	总数	217	3.7972	2.25	5.00

资料来源:作者整理

由表5.12可知,在对自身情绪评价维度、对情绪的调节维度、情绪智力测验分数、工作绩效整体水平及其两个维度上,得分依次按照五年以上、三年至五年、一年至三年和一年以内顺序排名,这说明工龄对以上各变量和维度的显著影响是规律性的正向影响,即工龄越大,上述情绪智力和工作绩效的维度水平越高。

(5)工作部门对酒店员工情绪智力和工作绩效的影响(见表5.13)

表5.13　情绪智力和工作绩效在工作部门上的方差分析结果

		平方和	df	均方	F	显著性
对自身情绪的评价	组间	6.709	11	.610	.574	.848
	组内	217.664	205	1.062		
	总数	224.373	216			
对他人情绪的评价	组间	9.787	11	.890	1.036	.416
	组内	176.119	205	.859		
	总数	185.906	216			
对情绪的调节	组间	10.336	11	.940	1.273	.242
	组内	151.288	205	.738		
	总数	161.624	216			
对情绪的运用	组间	8.380	11	.762	.743	.697
	组内	210.252	205	1.026		
	总数	218.632	216			
情绪智力整体水平	组间	6.480	11	.589	.929	.514
	组内	130.012	205	.634		
	总数	136.492	216			

续表

		平方和	df	均方	F	显著性
EI 测验分数	组间	.413	11	.038	2.763	.002
	组内	2.783	205	.014		
	总数	3.196	216			
任务绩效	组间	5.190	11	.472	1.173	.308
	组内	82.454	205	.402		
	总数	87.643	216			
关系绩效	组间	8.654	11	.787	2.200	.016
	组内	73.299	205	.358		
	总数	81.953	216			
工作绩效整体水平	组间	5.589	11	.508	1.581	.106
	组内	65.890	205	.321		
	总数	71.478	216			

资料来源:作者整理

由表 5.13 可知,酒店不同部门的员工,其情绪智力测验分数、关系绩效水平具有显著差异。具体差异分析见表 5.14。

表 5.14　工作部门差异的描述分析结果

	所在部门	N	均值	极小值	极大值
EI 测验分数	A 前厅部	35	.5793	.40	.88
	B 客房部	28	.5384	.30	.78
	C 餐饮部	26	.5327	.38	.78
	D 销售部	32	.6125	.40	.78
	E 人事部	21	.5655	.40	.85
	F 财务部	19	.5842	.38	.85
	G 工程部	14	.5607	.33	.78
	H 保安部	11	.5068	.40	.78
	I 采购部	7	.4857	.40	.63
	J 康乐部	7	.4821	.40	.60
	K 洗衣(布草)房	7	.4571	.35	.55
	L. 保洁部或其他	10	.6500	.50	.85
	总数	217	.5607	.30	.88

续表

	所在部门	N	均值	极小值	极大值
关系绩效	A 前厅部	35	3.8643	2.25	5.00
	B 客房部	28	3.6250	3.00	4.75
	C 餐饮部	26	3.6827	2.50	5.00
	D 销售部	32	4.0391	2.50	5.00
	E 人事部	21	4.0595	3.50	5.00
	F 财务部	19	3.9737	2.50	5.00
	G 工程部	14	3.7143	2.25	4.50
	H 保安部	11	3.5000	2.50	4.00
	I 采购部	7	3.8571	3.25	5.00
	J 康乐部	7	3.3571	3.00	4.25
	K 洗衣(布草)房	7	3.5714	2.75	4.25
	L. 保洁部或其他	10	3.5500	2.75	4.75
	总数	217	3.7972	2.25	5.00

资料来源:作者整理

由表5.14可见,情绪智力测验分数排名靠前的员工所在部门,依次是保洁部或其他、销售部、财务部,排名靠后的员工所在部门,依次是洗衣(布草)房、康乐部、采购部;关系绩效水平排在前列的员工所在部门,依次是人事部、销售部、财务部,排在后面的员工所在部门,依次是康乐部、保安部和保洁部或其他。

5.4 相关分析

本文首先对各基本变量进行相关分析,为下一步确定是否进行回归分析做准备。按照高星级酒店员工的情绪智力变量及各维度分别与工作绩效整体水平、与任务绩效和与关系绩效逐项做以下相关分析:

5.4.1 酒店员工的情绪智力变量及各维度与工作绩效整体水平的相关分析

表5.15 情绪智力变量及各维度与工作绩效整体水平间的相关分析

		对自身情绪的评价	对他人情绪的评价	对情绪的调节	对情绪的运用	情绪智力整体水平	EI 测验分数	工作绩效整体水平
对自身情绪的评价	Pearson 相关性	1	.581**	.682**	.494**	.832**	.355**	.624**
	显著性(双侧)		.000	.000	.000	.000	.000	.000
	N	217	217	217	217	217	217	217

续表

		对自身情绪的评价	对他人情绪的评价	对情绪的调节	对情绪的运用	情绪智力整体水平	EI 测验分数	工作绩效整体水平
对他人情绪的评价	Pearson 相关性	.581**	1	.597**	.561**	.818**	.192**	.514**
	显著性(双侧)	.000		.000	.000	.000	.004	.000
	N	217	217	217	217	217	217	217
对情绪的调节	Pearson 相关性	.682**	.597**	1	.650**	.870**	.315**	.562**
	显著性(双侧)	.000	.000		.000	.000	.000	.000
	N	217	217	217	217	217	217	217
对情绪的运用	Pearson 相关性	.494**	.561**	.650**	1	.815**	.242**	.434**
	显著性(双侧)	.000	.000	.000		.000	.000	.000
	N	217	217	217	217	217	217	217
情绪智力整体水平	Pearson 相关性	.832**	.818**	.870**	.815**	1	.332**	.640**
	显著性(双侧)	.000	.000	.000	.000		.000	.000
	N	217	217	217	217	217	217	217
EI 测验分数	Pearson 相关性	.355**	.192**	.315**	.242**	.332**	1	.300**
	显著性(双侧)	.000	.004	.000	.000	.000		.000
	N	217	217	217	217	217	217	217
工作绩效整体水平	Pearson 相关性	.624**	.514**	.562**	.434**	.640**	.300**	1
	显著性(双侧)	.000	.000	.000	.000	.000	.000	
	N	217	217	217	217	217	217	217

**. 在.01 水平(双侧)上显著相关。

资料来源:作者整理

由表5.15可见,高星级酒店员工的工作绩效整体水平与情绪智力整体水平及各维度均呈现显著正相关关系,尤其是与情绪智力整体水平的相关系数 r 值高达 0.640;与情绪智力测验分数亦呈现显著正相关,其相关系数 r 值为 0.300,低于与情绪智力整体水平的相关程度。

但由于情绪智力测验分数和情绪智力整体水平具有显著正相关(r = 0.332)关系,并且情绪智力测验是一种客观的能力测验,可以避免社会期望和作假因素对被试的影响,符合情绪智力及心理学测量领域的研究趋势,因此,本研究同时选用了此种较新的测量形式以作为对传统自评量表所得情绪智力结果的补充和验证。

5.4.2 酒店员工的情绪智力变量及各维度与任务绩效的相关分析

表 5.16 情绪智力变量及各维度与任务绩效间的相关分析

		对自身情绪的评价	对他人情绪的评价	对情绪的调节	对情绪的运用	情绪智力整体水平	EI 测验分数	任务绩效
对自身情绪的评价	Pearson 相关性	1	.581**	.682**	.494**	.832**	.355**	.623**
	显著性(双侧)		.000	.000	.000	.000	.000	.000
	N	217	217	217	217	217	217	217
对他人情绪的评价	Pearson 相关性	.581**	1	.597**	.561**	.818**	.192**	.481**
	显著性(双侧)	.000		.000	.000	.000	.004	.000
	N	217	217	217	217	217	217	217
对情绪的调节	Pearson 相关性	.682**	.597**	1	.650**	.870**	.315**	.533**
	显著性(双侧)	.000	.000		.000	.000	.000	.000
	N	217	217	217	217	217	217	217
对情绪的运用	Pearson 相关性	.494**	.561**	.650**	1	.815**	.242**	.405**
	显著性(双侧)	.000	.000	.000		.000	.000	.000
	N	217	217	217	217	217	217	217
情绪智力整体水平	Pearson 相关性	.832**	.818**	.870**	.815**	1	.332**	.613**
	显著性(双侧)	.000	.000	.000	.000		.000	.000
	N	217	217	217	217	217	217	217
EI 测验分数	Pearson 相关性	.355**	.192**	.315**	.242**	.332**	1	.273**
	显著性(双侧)	.000	.004	.000	.000	.000		.000
	N	217	217	217	217	217	217	217
任务绩效	Pearson 相关性	.623**	.481**	.533**	.405**	.613**	.273**	1
	显著性(双侧)	.000	.000	.000	.000	.000	.000	
	N	217	217	217	217	217	217	217

**. 在.01 水平(双侧)上显著相关。

资料来源:作者整理

由表 5.16 可见,高星级酒店员工的任务绩效与情绪智力整体水平及各维度均呈现显著的正相关关系,尤其是与对自身情绪的评价维度相关系数 r 值高达 0.623;与情绪智力测验分数亦呈现显著正相关,但其相关系数 r 值为 0.273,低于与情绪智力整体水平的相关程度($r=0.613$)。

5.4.3 酒店员工的情绪智力变量及各维度与关系绩效的相关分析

表 5.17 情绪智力变量及各维度与关系绩效间的相关分析

		对自身情绪的评价	对他人情绪的评价	对情绪的调节	对情绪的运用	情绪智力整体水平	EI 测验分数	关系绩效
对自身情绪的评价	Pearson 相关性	1	.581**	.682**	.494**	.832**	.355**	.521**
	显著性(双侧)		.000	.000	.000	.000	.000	.000
	N	217	217	217	217	217	217	217
对他人情绪的评价	Pearson 相关性	.581**	1	.597**	.561**	.818**	.192**	.462**
	显著性(双侧)	.000		.000	.000	.000	.004	.000
	N	217	217	217	217	217	217	217
对情绪的调节	Pearson 相关性	.682**	.597**	1	.650**	.870**	.315**	.498**
	显著性(双侧)	.000	.000		.000	.000	.000	.000
	N	217	217	217	217	217	217	217
对情绪的运用	Pearson 相关性	.494**	.561**	.650**	1	.815**	.242**	.391**
	显著性(双侧)	.000	.000	.000		.000	.000	.000
	N	217	217	217	217	217	217	217
情绪智力整体水平	Pearson 相关性	.832**	.818**	.870**	.815**	1	.332**	.561**
	显著性(双侧)	.000	.000	.000	.000		.000	.000
	N	217	217	217	217	217	217	217
EI 测验分数	Pearson 相关性	.355**	.192**	.315**	.242**	.332**	1	.279**
	显著性(双侧)	.000	.004	.000	.000	.000		.000
	N	217	217	217	217	217	217	217
关系绩效	Pearson 相关性	.521**	.462**	.498**	.391**	.561**	.279**	1
	显著性(双侧)	.000	.000	.000	.000	.000	.000	
	N	217	217	217	217	217	217	217

**. 在.01 水平(双侧)上显著相关

资料来源:作者整理

由表5.17可见,高星级酒店员工的关系绩效与情绪智力整体水平及各维度均呈现显著的正相关关系,其中与情绪智力整体水平的相关系数r值最高,达0.561;与情绪智力测验分数亦呈现显著正相关,但其相关系数r值为0.279,低于与情绪智力整体水平的相关程度(r=0.561)。

5.4.4 相关分析结果

高星级酒店员工的情绪智力变量及各维度分别与工作绩效整体水平、与任务绩效和与关系绩效呈现出显著的正相关关系。

5.5 回归分析

由以上 Pearson 的分析结果可知，高星级酒店员工的情绪智力整体水平及各维度与工作绩效整体水平及各维度皆具有显著的正相关关系，这表示以上变量之间有正向关联，但是否具有因果关系，还必须通过回归分析来检验。本部分以高星级酒店员工的情绪智力整体水平及各维度为自变量，分别以其工作绩效的整体水平和两个维度（任务绩效、关系绩效）为因变量，进行回归分析，其结果如下所示。

5.5.1 情绪智力整体水平及各维度为自变量，工作绩效整体水平为因变量

（1）情绪智力整体水平为自变量，工作绩效整体水平为因变量

表 5.18 酒店员工情绪智力整体水平对工作绩效整体水平的回归分析

系数[a]

模型		非标准化系数		标准系数	t	Sig.
		B	标准误差	Beta		
1	（常量）	1.308	.203		6.430	.000
	情绪智力整体水平	.463	.038	.640	12.214	.000

a. 因变量：工作绩效整体水平

资料来源：作者整理

由表 5.18 可见，情绪智力整体水平对工作绩效整体水平的显著性 P 值为 0.000，小于 0.001，说明高星级酒店员工的情绪智力整体水平对工作绩效整体水平有非常显著的影响；同时回归系数 Beta 值为 0.640，大于 0，因此高星级酒店员工的情绪智力整体水平对工作绩效整体水平有非常显著的正向影响，即假设 H1 成立。

（2）情绪智力 4 个维度为自变量，工作绩效整体水平为因变量

表 5.19 酒店员工情绪智力 4 维度对工作绩效整体水平的逐步回归分析

系数[a]

模型		非标准化系数		标准系数	t	Sig.
		B	标准误差	Beta		
1	（常量）	1.858	.166		11.224	.000
	对自身情绪的评价	.352	.030	.624	11.712	.000
2	（常量）	1.465	.195		7.517	.000
	对自身情绪的评价	.254	.040	.451	6.353	.000
	对情绪的调节	.169	.047	.254	3.587	.000

续表

模型		非标准化系数		标准系数	t	Sig.
		B	标准误差	Beta		
3	(常量)	1.318	.201		6.565	.000
	对自身情绪的评价	.223	.041	.395	5.393	.000
	对情绪的调节	.126	.049	.190	2.555	.011
	对他人情绪的评价	.106	.041	.171	2.554	.011

a. 因变量：工作绩效整体水平

资料来源：作者整理

由表5.19可见，以工作绩效整体水平为因变量进行逐步回归，显著变量有3个：对自身情绪的评价、对情绪的调节、对他人情绪的评价，其显著性P值分别为0.000，0.011，0.011，说明高星级酒店员工情绪智力的这3个维度对工作绩效整体水平都有显著影响，尤其对自身情绪的评价显著性P值小于0.001而达到非常显著的程度；同时情绪智力这3个维度的回归系数Beta值分别为0.395，0.190，0.171，均为正值，因此高星级酒店员工对自身情绪的评价、对情绪的调节、对他人情绪的评价分别对工作绩效整体水平具有显著正向影响，即假设H2、H3、H4成立。

而对情绪的运用则被排除在显著变量以外，说明高星级酒店员工对情绪的运用对工作绩效整体水平的影响并不显著，即假设H5不成立。

5.5.2 情绪智力整体水平及各维度为自变量，任务绩效为因变量

(1)情绪智力整体水平为自变量，任务绩效为因变量

表5.20 酒店员工情绪智力整体水平对任务绩效的回归分析

系数[a]

模型		非标准化系数		标准系数	t	Sig.
		B	标准误差	Beta		
1	(常量)	1.124	.231		4.855	.000
	情绪智力整体水平	.492	.043	.613	11.390	.000

a. 因变量：任务绩效

资料来源：作者整理

由表5.20可见，情绪智力整体水平对任务绩效的显著性P值为0.000，小于0.001，说明高星级酒店员工的情绪智力整体水平对任务绩效有非常显著的影响；同时回归系数Beta值为0.613，大于0，因此高星级酒店员工的情绪智力整体水平对任务绩效有非常显著的正向影响，即假设H6成立。

(2)情绪智力4个维度为自变量,任务绩效为因变量

表5.21 酒店员工情绪智力4个维度对任务绩效的逐步回归分析

系数[a]

模型		非标准化系数		标准系数	t	Sig.
		B	标准误差	Beta		
1	(常量)	1.623	.183		8.847	.000
	对自身情绪的评价	.390	.033	.623	11.687	.000
2	(常量)	1.277	.218		5.848	.000
	对自身情绪的评价	.303	.045	.485	6.761	.000
	对情绪的调节	.149	.053	.202	2.820	.005

a. 因变量:任务绩效

资料来源:作者整理

由表5.21可见,以任务绩效为因变量进行逐步回归,显著变量有2个:对自身情绪的评价、对情绪的调节,其显著性P值分别为0.000和0.005,说明高星级酒店员工情绪智力的这2个维度对任务绩效都有显著影响,尤其对自身情绪的评价显著性P值小于0.001而达到非常显著的程度;同时情绪智力这2个维度的回归系数Beta值分别为0.485和0.202,均为正值,因此高星级酒店员工对自身情绪的评价、对情绪的调节分别对任务绩效具有显著正向影响,即假设H7、H9成立。

而对他人情绪的评价和对情绪的运用则被排除在显著变量以外,说明高星级酒店员工对他人情绪的评价和对情绪的运用这2个维度对任务绩效的影响并不显著,即假设H8、H10不成立。

5.5.3 情绪智力整体水平及各维度为自变量,关系绩效为因变量

(1)情绪智力整体水平为自变量,关系绩效为因变量

表5.22 酒店员工情绪智力整体水平对关系绩效的回归分析

系数[a]

模型		非标准化系数		标准系数	t	Sig.
		B	标准误差	Beta		
1	(常量)	1.491	.235		6.357	.000
	情绪智力整体水平	.435	.044	.561	9.938	.000

a. 因变量:关系绩效

资料来源:作者整理

由表5.22可见,情绪智力整体水平与关系绩效的显著性P值为0.000,小于0.001,说

明高星级酒店员工的情绪智力整体水平对任务绩效有非常显著的影响;同时回归系数 Beta 值为 0.561,大于 0,因此高星级酒店员工的情绪智力整体水平对关系绩效有非常显著的正向影响,即假设 H11 成立。

(2)情绪智力 4 个维度为自变量,关系绩效为因变量

表 5.23 酒店员工情绪智力 4 个维度对关系绩效的逐步回归分析

系数 a

模型		非标准化系数		标准系数	t	Sig.
		B	标准误差	Beta		
1	(常量)	2.093	.194		10.809	.000
	对自身情绪的评价	.315	.035	.521	8.954	.000
2	(常量)	1.721	.217		7.918	.000
	对自身情绪的评价	.230	.042	.381	5.468	.000
	对他人情绪的评价	.160	.046	.241	3.455	.001
3	(常量)	1.487	.236		6.308	.000
	对自身情绪的评价	.170	.049	.281	3.501	.001
	对他人情绪的评价	.120	.049	.181	2.468	.014
	对情绪的调节	.141	.058	.198	2.425	.016

a. 因变量: 关系绩效

资料来源:作者整理

由表 5.23 可见,以关系绩效为因变量进行逐步回归,显著变量有 3 个:对自身情绪的评价、对他人情绪的评价和对情绪的调节,其显著性 P 值分别为 0.001,0.014 和 0.016,说明高星级酒店员工情绪智力的这 3 个维度对关系绩效都有显著影响,尤其对自身情绪的评价显著性 P 值小于 0.01 而达到比较显著的程度;同时情绪智力这 3 个维度的回归系数 Beta 值分别为 0.281, 0.181 和 0.198,均为正值,因此高星级酒店员工对自身情绪的评价、对他人情绪的评价和对情绪的调节分别对关系绩效具有显著正向影响,即假设 H12、H13 和 H14 成立。

而对情绪的运用则被排除在显著变量以外,说明高星级酒店员工对情绪的运用对关系绩效的影响并不显著,即假设 H15 不成立。

5.5.4 回归分析结果图

根据以上情绪智力对工作绩效的回归分析,按照从总到分的思路,得出结果图如下所示:

(1)

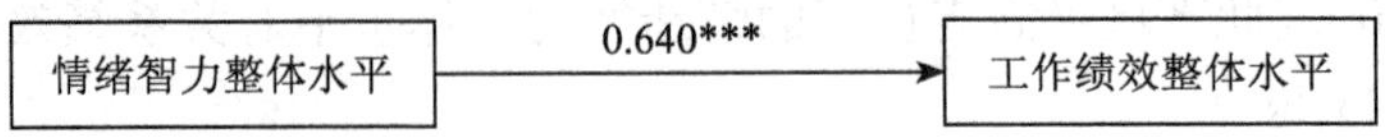

图 5.1　情绪智力整体水平对工作绩效整体水平回归分析结果图

资料来源:作者绘制

(2)

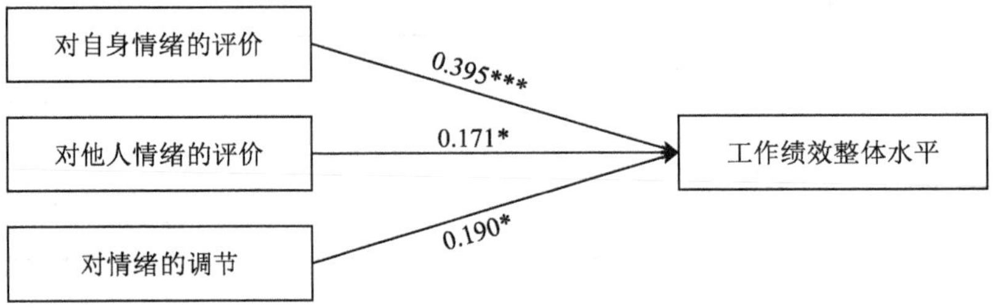

图 5.2　情绪智力各维度对工作绩效整体水平回归分析结果图

资料来源:作者绘制

(3)

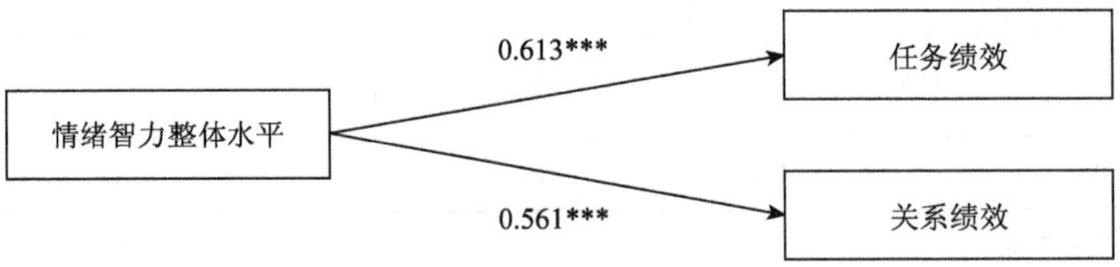

图 5.3　情绪智力整体水平对工作绩效各维度回归分析结果图

资料来源:作者绘制

(4)

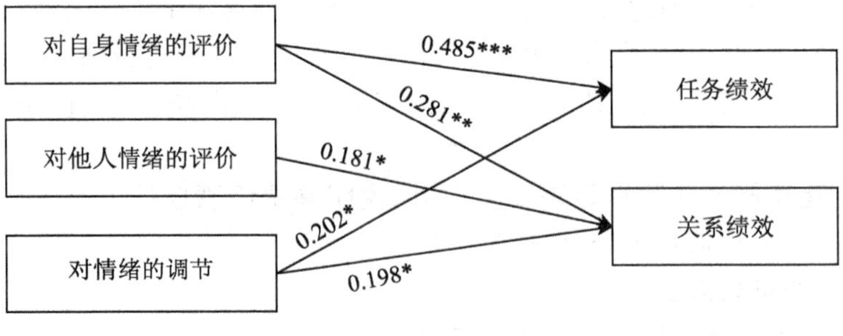

图 5.4　情绪智力各维度对工作绩效各维度回归分析结果图

资料来源:作者绘制

6 讨论与建议

6.1 研究结果与讨论

6.1.1 研究结果

通过第五章的实证分析研究，包括信度分析、描述性分析、独立样本 T 检验、单因素方差分析、相关分析和回归分析，本文的研究假设基本得到支持，如表 6.1 所示。

表 6.1 假设的检验结果汇总

假设编号	假 设	检验结果
高星级酒店员工的情绪智力水平对其工作绩效整体水平的关系假设		
H1	高星级酒店员工的情绪智力整体水平对其工作绩效整体水平有显著正向影响	成立
H2	高星级酒店员工对自身情绪的评价能力对其工作绩效整体水平有显著正向影响	成立
H3	高星级酒店员工对他人情绪的评价能力对其工作绩效整体水平有显著正向影响	成立
H4	高星级酒店员工对情绪的调节能力对其工作绩效整体水平有显著正向影响	成立
H5	高星级酒店员工对情绪的运用能力对其工作绩效整体水平有显著正向影响	不成立
高星级酒店员工的情绪智力水平对其任务绩效的关系假设		
H6	高星级酒店员工的情绪智力整体水平对其任务绩效有显著正向影响	成立
H7	高星级酒店员工对自身情绪的评价能力对其任务绩效有显著正向影响	成立
H8	高星级酒店员工对他人情绪的评价能力对其任务绩效有显著正向影响	不成立
H9	高星级酒店员工对情绪的调节能力对其任务绩效有显著正向影响	成立
H10	高星级酒店员工对情绪的运用能力对其任务绩效有显著正向影响	不成立
高星级酒店员工的情绪智力水平对其关系绩效的关系假设		
H11	高星级酒店员工的情绪智力整体水平对其关系绩效有显著正向影响	成立
H12	高星级酒店员工对自身情绪的评价能力对其关系绩效有显著正向影响	成立
H13	高星级酒店员工对他人情绪的评价能力对其关系绩效有显著正向影响	成立
H14	高星级酒店员工对情绪的调节能力对其关系绩效有显著正向影响	成立
H15	高星级酒店员工对情绪的运用能力对其关系绩效有显著正向影响	不成立

资料来源：作者整理

根据研究结果,作者对最初的假设模型进行了修正,如图 6.1 所示。

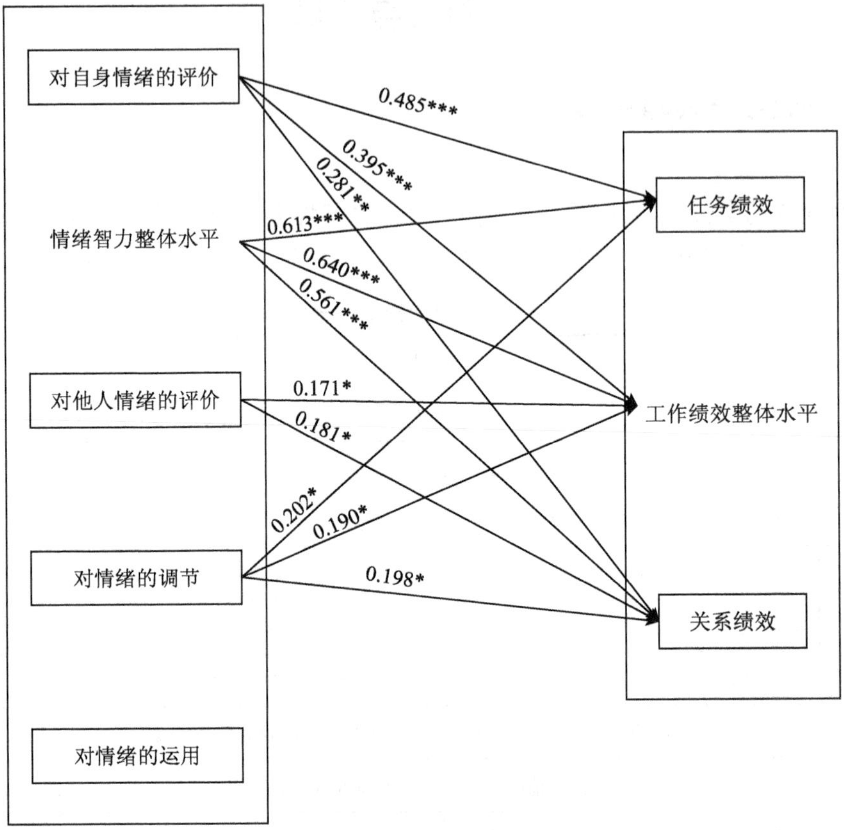

图 6.1　高星级酒店员工的情绪智力对工作绩效影响模型

资料来源:作者绘制

6.1.2　研究讨论

本文通过对北京 5 家高星级酒店的员工进行问卷调查及访谈,采得 217 份有效样本进行统计分析和研究,概括而言,主要结论是:

(1)通过对高星级酒店员工的情绪智力和工作绩效进行测量,本文发现,员工的情绪智力水平较高,其中对情绪的调节能力最强,然后依次是对自身情绪的评价、对他人情绪的评价和对情绪的运用,这一方面反映出酒店工作对员工情绪方面的要求较高,另一方面也表明员工情绪智力各维度的水平并不均衡。

员工的工作绩效也呈现较高的数值,并且关系绩效比任务绩效的水平要高,说明在高星级酒店,员工的角色外行为对其工作绩效水平做出了更大的贡献。

(2)通过对员工的人口统计学变量进行独立样本 T 检验和方差分析,本文发现,高星级酒店员工的性别和年龄对其情绪智力和工作绩效没有显著影响;学历、职位和所在部门对情绪智力和工作绩效的部分维度具有不规律性显著影响。

工龄则在对自身情绪评价、对情绪的调节、情绪智力测验总分数、工作绩效整体水平及其两个维度上,呈现出规律性的显著正向影响,即工龄越大,上述情绪智力和工作绩效的维度水平越高。这说明在高星级酒店,员工的情绪智力水平及工作绩效会随着工作年限和工作经验的增长而提高。

(3)通过对员工的情绪智力和工作绩效进行相关分析和回归分析,本文发现,高星级酒店员工的情绪智力对其工作绩效有显著的正向影响,除了情绪的运用能力维度影响不显著外,其他各维度都对工作绩效的整体水平及两个分维度具有显著的正向影响;其中对自身情绪的评价表达能力维度的影响作用最为明显。

这样,在中国酒店业,员工的情绪智力对工作绩效的促进作用基本被证实,并且实证数据表明,员工理解自身深层的情绪并能自然表达的能力,对其实现酒店管理目标,采取适当的工作行为和工作态度,得到高质工作结果的作用最为巨大。

6.2 管理启示与建议

本研究在中国文化背景下,对高星级酒店员工的情绪智力和工作绩效细分维度进行了研究,发现了其情绪智力各维度对工作绩效各维度的显著正向影响,验证了采用 WLEIS 量表测量情绪智力能够很好地预测中国酒店业员工的工作绩效,建立了高星级酒店员工的情绪智力和工作绩效的因果关系模型。

根据本研究,对酒店业的人力资源管理实践提出如下建议:

(1)将情绪智力纳入招聘和选拔指标

由于情绪智力对酒店业员工的工作绩效会产生显著的影响,因此酒店在招聘员工或从内部选拔核心员工时,不能再仅以他们的学历的高低、技能水平的差异、或某种人格类型作为参考指标,还需要将情绪智力作为人员选拔的标准之一。从某种意义上讲,在酒店员工的情绪智力方面,精准的招聘和选拔相对高成本的培训而言可能更具价值。

尤其对于直接向顾客提供服务的岗位,其工作职责本身就要求任职者需具备较高的素质,因为他们的综合素质将直接影响酒店在顾客心中的良好形象,因此对于这些岗位必须将情绪智力这一标准纳入到任职资格条件之中,要求从事该岗位的员工须具备较强的情绪感知与情绪调控能力。

酒店可采用量表、面试提问和无领导小组讨论等方式作为人员选拔时情绪智力测试的手段,对了解候选人员的情绪智力均能取得较好的效果。

(2)开展情绪智力培训

酒店员工的情绪智力会随着工龄的增长而发展,是可以通过后天培养而提高的,因此酒店应当开发和完善员工的培训体制,加强对员工情绪智力的培训,提高员工的情绪智力水平,从而帮助他们感知、表达和调节情绪,最终实现工作绩效的提高。

不同的部门和岗位,应设计不同重点的情绪智力培训:对任务绩效要求更高的岗位,可以设计提高自信、加强自我激励等方面的活动或课程,从而帮助他们更好地达成任务绩效;而对于关系绩效要求更高的岗位,可以设计快速提高自我觉察和觉察他人情绪的能力及情绪控制能力的培训项目,将他们自身的情绪调节问题变被动为主动。

通过有针对性的培训,可以使员工在日常工作中有效感知、体验和表达积极情绪,增进调节和控制消极情绪的能力,为自身及顾客与其他员工创造出更为和谐的工作气氛,实现工作绩效的提高,达成酒店目标。

7 研究不足与展望

7.1 研究不足

本文对我国高星级酒店员工的情绪智力对工作绩效的影响进行了探索性研究，得到了上述发现和启示，但由于时间和经验不足，以及受到客观条件、个人能力的限制和研究资源的约束等，本研究还存在着许多不足之处。具体而言主要有三个方面：

(1)样本选取上，由于条件所限，仅选取了北京一个城市的5家高星级酒店，没有采取随机抽样的方式，而是一个便利样本，数据能否具有普遍性尚有待更多的实证验证。

(2) 测量方法上，对员工情绪智力的测量尽管选取了主、客观两种量表互相验证和补充，避免了社会期望和作弊的影响，但因时间和资源限制，为降低酒店方填写问卷的难度，其中的主观量表未能使用他评方式，而只采用了员工自评方式；对工作绩效的测量，也由于相同原因未能采用上级和同事的他评方式，仅由员工自评，这可能会导致不客观的测量结果，带来误差。

(3)研究内容上，本文只对酒店员工自身的情绪智力与其工作绩效的直接关系进行了探索，并没有完全了解其间的作用机制。人力资源管理和组织行为学的相关理论和实证研究证明，工作绩效会受到多种因素的影响，这些因素中既有不同类型和层次的个体因素，也包括复杂多变的组织和环境因素。因此，情绪智力与工作绩效之间的关系也许远非简单的线性关系，可能受到各种调节变量甚至中介变量的影响，并且影响的路径可能不同(王益明，孙晓龙，2010)。

如员工的工作绩效不仅受其自身情绪智力的影响，还可能受其领导情绪智力的影响，余琼和袁登华(2008)证明了管理者的情绪智力对员工的任务绩效和关系绩效有显著的影响；再如情绪劳动可能在员工的情绪智力对工作绩效的影响关系中起调节作用，Wong&Law (2002) 在情绪智力对员工绩效影响的探索性研究中，测试出情绪劳动会显著调节情绪智力—任务绩效的正向关系。

7.2 后续展望

根据以上所述不足，我们可以对未来的研究做出如下展望：

(1)样本选取：可以扩大到其他代表城市的高星级酒店，以及低星级酒店和经济型酒店，以更具行业代表性；样本选取方式采取随机抽样的方式，避免同源误差。

(2)测量方法：除了由员工自评，可以采取顾客、上级、同事、下级他评的方式，以及客观的绩效成绩、指标，各种评定方式相结合，避免主观偏见的影响，保证数据的准确性。

(3)研究内容：考虑其他因素对工作绩效的影响作用，研究情绪智力与其他个体因素之间的交互作用、影响情绪智力发挥作用的条件或权变因素等，采取系统的观点全面考察在情绪智力与工作绩效关系中产生影响作用的预测因素、调节因素、中介因素。

附录

调查问卷

尊敬的先生/女士：

您好！本次问卷调查是酒店管理研究课题的一部分，不针对单位或个人，答案无所谓对错，调查结果将进行整体统计分析，仅用于学术研究，完全保密，并采取无记名形式，请放心填写。您的意见对本研究至关重要，敬请不要漏答任何一题。对您的支持深表谢意！

一、本部分是对您个人特征的情况描述。请根据您对以下各项描述的同意程度，在其后相应的数字上打"√"，1 代表完全反对，2 代表比较反对，3 代表有点反对，4 代表不能确定，5 代表有点同意，6 代表比较同意，7 代表完全同意。

同意程度

完全反对	比较反对	有点反对	不能确定	有点同意	比较同意	完全同意

(1)很多时候我能清晰意识到为什么我有某种情感 …………………………… 1 2 3 4 5 6 7
(2)我很了解自己的情绪 ………………………………………………………… 1 2 3 4 5 6 7
(3)我真的能明白自己的感受 …………………………………………………… 1 2 3 4 5 6 7
(4)我常常知道自己是否快乐 …………………………………………………… 1 2 3 4 5 6 7
(5)我通常能从朋友们的行为中了解到他们的情绪 …………………………… 1 2 3 4 5 6 7
(6)我观察他人情绪的能力很强 ………………………………………………… 1 2 3 4 5 6 7
(7)我能很敏锐地洞悉别人的感受和情绪 ……………………………………… 1 2 3 4 5 6 7
(8)我能了解我身边人的情绪 …………………………………………………… 1 2 3 4 5 6 7
(9)我经常为自己设立目标并尽全力去达成 …………………………………… 1 2 3 4 5 6 7
(10)我经常告诉自己我是一个有能力的人 ……………………………………… 1 2 3 4 5 6 7
(11)我是一个会自我激励的人 …………………………………………………… 1 2 3 4 5 6 7
(12)我经常鼓励自己要做得最好 ………………………………………………… 1 2 3 4 5 6 7
(13)我能控制我的脾气因此我能理性地解决困难 ……………………………… 1 2 3 4 5 6 7
(14)我很能控制自己的情绪 ……………………………………………………… 1 2 3 4 5 6 7
(15)当我愤怒时，我总是能很快冷静下来 ………………………………………… 1 2 3 4 5 6 7
(16)我对自己的情绪有很强的控制能力 ………………………………………… 1 2 3 4 5 6 7

二、本部分是二十对关于人不同方面能力的形容，请您评估自己这些方面的能力，在每一对能力中，请圈选您自己较强的一项(即 a 或 b)。(请注意，就算您觉得自己两方面的能力均不错，您仍需圈选对您来说相对较强的一项。)

1	(a) 掌握自己高兴或不高兴原因的能力。	(b) 学习修理一部新的家庭电器的能力。
2	(a) 心算的能力。	(b) 控制自己情绪的能力。
3	(a) 学唱一首新歌的能力。	(b) 专注于完成自己目标的能力。
4	(a) 从别人行为猜到他们真实感受的能力。	(b) 体能上比别人更能忍受身体痛苦的能力。
5	(a) 掌握自己情绪变化的能力。	(b) 学习跳新舞步的能力。

续表

6	(a) 比别人跑得快的能力。	(b) 愤怒时比别人更快冷静下来的能力。
7	(a) 在不如意时鼓励自己努力面对困难的能力。	(b) 学习画图画的能力。
8	(a) 观察事物细节的能力。	(b) 观察别人情绪的能力。
9	(a) 比别人更有运动方面的能力。	(b) 比别人更能明白自己感受的能力。
10	(a) 使用机械工具的能力。	(b) 控制自己脾气的能力。
11	(a) 掌握一首歌的旋律的能力。	(b) 为自己订下的目标而努力不懈的能力。
12	(a) 从别人的言行中了解他们情绪的能力。	(b) 体能上比别人更能持久运动的能力。
13	(a) 比别人的手脚更灵活。	(b) 比别人更清楚自己情绪的能力。
14	(a) 需要时,很快记忆电话号码的能力。	(b) 愤怒时,控制自己不发脾气的能力。
15	(a) 积极鼓励自己面对挫折的能力。	(b) 学习制作美术作品(如陶瓷、扫描画)的能力。
16	(a) 掌握事情始末的能力。	(b) 了解别人情绪的能力。
17	(a) 检讨自己为什么闹情绪的能力。	(b) 分辨别人唱歌水平高低的能力。
18	(a) 面对厌恶的人或事时保持情绪平静的能力。	(b) 能记得陌生人名字的能力。
19	(a) 鼓励自己要做到最好的能力。	(b) 学习一种运动项目(如球类运动)的能力。
20	(a) 敏锐地洞悉别人情绪的能力。	(b) 欣赏戏剧或电影创作的能力。

三、本部分含20个不同的情况,在每一个情况下,请选择您会采取的行动(即圈选a或b):

1	当你情绪很低落时,你会:
	(a) 尝试找一些事来做使自己觉得好一点。
	(b) 不加理会,因为你知道自己的情绪会自然恢复正常。
2	当你心绪烦乱时,你会:
	(a) 向一些和你亲密的人倾诉感受。
	(b) 把精神集中在一些事情(如工作、学习或嗜好)上,藉以使自己离开不好的感受。
3	你的上司指定你做一件超越你工作范围的任务,而你又对这件额外工作毫无兴趣,你会:
	(a) 说服自己这任务其实不是太差,并加以完成。
	(b) 告诉你上司此任务超越你的工作范围,并要求他找另外适当的人选去负责此任务。

续表

4	李学明前一份工作是在某公司的热线电话部门，负责回答及处理顾客的投诉。他不喜欢此工作，所以便找了现在的工作，现时他任职一间零售店，职责是招待到零售店购物的顾客。但是，他又发觉自己在处理无理顾客时感到非常厌恶。如果你是李学明，你会：
	(a) 向一些对顾客服务有经验的人倾诉，并寻求他们的意见。
	(b) 尝试接受多一些关于顾客服务技巧的训练及教育。
5	你是某一公司的部门主管，公司有两个互相竞争及关系恶劣的副总裁，他们都想控制你的部门，因此你做人经常左右为难，而且这情况导致公司的一些规定含混不清，使你的部门很难正常运作。面对这样的情形，你会：
	(a) 假装不知道两个副总裁的斗争(因为办公室政治是无可避免的)，让他们争斗，而你跟从最后定案的规定。
	(b) 尽你所能使规定清晰，借以让你的部门可正常运作。
6	假设你赢取了一个很重要的奖项，你会：
	(a) 告诉每一个人并与他们分享你的快乐。
	(b) 只告诉你的家人及最亲近的朋友，并与他们庆祝获奖。
7	当你要做一些你不喜欢的事情时，你会：
	(a) 尝试从中找出一些有趣的地方。
	(b) 尝试尽快做完，然后忘记它。
8	你的男/女朋友很喜欢某一流行音乐明星。你花了两小时排队买了这位明星音乐会的门票。你约了男/女朋友在晚上七时半见面，但到八时半他/她还没有出现，你便自己进场。音乐会后你找到他/她，在你开口前，他/她便很严厉地不断责备你。你会：
	(a) 让他/她继续，等他/她责备完后，告诉他/她你在进场前已等了他/她一个小时。
	(b) 立刻制止他/她，并告诉他/她在责备别人前应先考虑自己的迟到。
9	今天你去上班。当离开地铁时才发觉钱包不见了；一踏入办公室，你的上司便投诉你的工作；刚开始工作时，你的计算机又坏了。很明显今天对你来说并不幸运而且你对此并不愉快。你会：
	(a) 不要紧，尝试找另外一部计算机并开始工作。
	(b) 在工作前，先向一位同事或朋友倾诉，借以宣泄不愉快的情绪。
10	彼得是你的同事，他很聪明并且见多识广，可以很有效及得体地与位高权重的人沟通。你的上司指定你和彼得一起处理一个计划。彼得有很多突如其来的意念，但他都把困难和费时的工作推给你。你会：
	(a) 与彼得讨论及坚持他应分担你的工作。
	(b) 告诉你的上司，希望他/她能做出忠告或帮忙。

续表

11	当你面对学业或事业上的问题时，你会：
	(a) 与朋友讨论并寻求建议。
	(b) 自己处理问题，因为每个人都应面对自己的生活。
12	假设你正在求职。你很喜欢某份工作，但能够成功受聘的机会很微小。你会：
	(a) 仍然申请并尽力为此准备得最好。
	(b) 把精力集中在申请其他你较有机会得到聘用的工作上。
13	有一天你代表公司欢迎两名来自俄罗斯的重要投资者。根据俄罗斯的习俗，他们会亲吻首次见面的人，而你对于要亲吻陌生人感到很不自在，尤其是他们和你是同性的人。你会：
	(a)在见面时立即主动与他们握手，藉以避免亲吻。
	(b)亲吻他们以表示尊重。
14	某一个夏天的星期日，你与男/女朋友驾车到海滩去享受阳光，但在途中发生小意外，你的车门受损，估计需一点钱去修理。你会：
	(a) 把车开到相熟的修车店，然后乘坐公交车(巴士)到海滩。
	(b) 继续照计划开车到海滩，迟些才修理车门。
15	明天你要参加一个重要的考试，因此你在房里努力温习。你的家人正在收看一个你也很喜欢的电视节目，由于你家的房子比较小，所以电视的声音干扰了你的温习。你会：
	(a) 要求家人关掉电视，但以录像机把节目录下，然后明天晚上与家人一起观看。
	(b) 虽然有点不太舒服，但你会戴上耳机(借以减低电视的声音)然后专心温习。
16	当一个朋友因为不开心来找你时，你会：
	(a) 与他/她分担他/她的感受。
	(b) 带他/她做一些他/她喜欢的事情。
17	当某人一直与你争辩一些无关痛痒的事情时，你会：
	(a) 不作响应及等待他/她停止。
	(b) 假装同意他/她的看法，然后转而讨论其他事情。
18	你的一名朋友脾气欠佳，因此他/她与其男/女朋友的关系并不和谐。当这名朋友向你倾诉此不和谐的关系时，你会：
	(a) 假装同意他/她认为其男/女朋友不够好的观点是正确的。
	(b) 指出这是你朋友自己的错误，并希望他/她会改善。

续表

19	余彩诗是一名独女，她与父母非常亲密。她是一个很有责任心的人，工作表现极好，同事们也很喜欢她。最近她妈妈因遇到很严重的交通意外而陷入昏迷状态，至今仍未苏醒。虽然余彩诗很担心，但她没有请假而且尽其所能把工作做到最好。如果你是余彩诗的上司，你会：
	(a) 让她如常工作，因为工作或可使她有所寄托而减少担心。
	(b) 指派少一点工作给她，使她能更弹性地来往医院。
20	你的一名下属在生下第一名女婴后回来上班已一个月。你知道她婴儿的健康情况并不太好，因此她在这一个月里经常请假及在工作上犯了很多不小心的错误。在请产假前她的工作表现是良好的，但你肯定不满意她过去一个月的工作表现。你会：
	(a) 直接告诉她你对其工作表现不满意，与她讨论如何改善。
	(b) 指派少一点工作给她，或把她调往工作量较轻的岗位。

四、本部分各个问题是关于您工作情况的描述，请根据自己的实际情况，对这些问项的说法做出判断选择，在相应的选项上打“√”。

	极不同意	不太同意	基本同意	比较同意	非常同意
1. 我能够准确地完成自己的工作目标	1	2	3	4	5
2. 我总是在规定的时间内完成工作任务	1	2	3	4	5
3. 我的工作质量保持了很高的水准	1	2	3	4	5
4. 我在工作时间的利用率上较高	1	2	3	4	5
5. 我能有效地完成上级下达的任务	1	2	3	4	5
6. 我非常愿意留在本部门继续工作	1	2	3	4	5
7. 我非常愿意尽自己最大的努力做好工作	1	2	3	4	5
8. 我经常帮助本单位的其他人完成他们的工作	1	2	3	4	5
9. 我经常主动承担本职以外的其他工作	1	2	3	4	5

五、请您如实填写您的个人基本资料：

1. 您的性别：A. 男　　B. 女
2. 您的学历：A. 高中或以下　　B. 中专　　C. 大专　　D. 本科或以上
3. 您的职位：A. 一线员工　　B. 领班或主管　　C. 部门经理或总监　　D. (副)总经理
4. 您的年龄：A. 20 岁以下　　B. 20～29 岁　　C. 30～39 岁　　D. 40 岁及以上
5. 您的工龄：A. 1 年以内　　B. 1～3 年　　C. 3～5 年　　D. 5 年以上
6. 您所在酒店的星级：
   A. 超五星级　　B. 五星级　　C. 四星级　　D. 三星级及以下

7. 您所在的部门：

A. 前厅部　B. 客房部　C. 餐饮部　D. 销售部
E. 人事部　F. 财务部　G. 工程部　H. 保安部
I. 采购部　J. 康乐部　K. 洗衣房(或布草房)
L. 保洁部或其他

本问卷到此结束，请您检查是否全部填写完毕，避免漏答任何一题，不胜感激！

参考文献

[1]白延国. 企业员工情绪智力对工作绩效的影响研究[D]. 东北师范大学硕士学位论文,2010.

[2]陈栋. 服务业员工情绪劳动及其与工作满意度、工作绩效关系研究[D]. 山东大学硕士学位论文,2008.

[3]陈秋萍. 我国饭店情绪劳动管理研究[J]. 北京第二外国语学院学报(旅游版),2007(5):40－44.

[4]陈学军,王重鸣. 绩效模型的最新研究进展[J]. 心理科学,2001,24(6):737－738.

[5]陈赟喆. 情绪劳动、情绪智力与工作倦怠的关系研究[D]. 华东师范大学研究生硕士学位论文,2009.

[6]方振邦. 绩效管理[M]. 北京:中国人民大学出版社,2003.

[7]付宏琳,张继勋. 员工绩效影响因素的实验研究综述[J]. 生产力研究,2009,21:241－243.

[8]何小蕾. 情绪智力问卷的开发及其应用研究[D]. 华东师范大学硕士学位论文,2004.

[9]李宝元. 战略性激励——现代企业人力资源管理精要[M]. 北京:经济科学出版社,2002.

[10]李国瑞,何小蕾. 情绪智力研究的现状及发展趋势[J]. 心理科学,2003,26(5):917－918.

[11]李纪红. 对旅游饭店绩效评价的从"心"认识[J]. 当代经理人,2006,12:24－25.

[12]李永壮. 基于个体的绩效管理体系研究[D]. 天津大学博士学位论文,2006.

[13]吕勤. 饭店服务人员共情问卷的编制及其共情能力与服务绩效的关系[J]. 北京第二外国语学院学报(旅游版),2007,5(145):32－35.

[14]倪青玲. 基于关键绩效指标的饭店绩效管理研究[D]. 西南交通大学研究生学位论文,2010.

[15]彭巍. 员工情绪智力与工作绩效关系研究[D]. 中南大学硕士学位论文,2009.

[16]彭正敏,林绚晖,张继明,车宏生,等. 情绪智力的能力模型[J]. 心理科学进展,2004,12(6):817－823.

[17]彭正敏. 情绪智力、情绪劳动与耗竭的关系及其内部机制的研究[D]. 北京师范大学硕士学位论文,2005.

[18]潘明军,李玉辉. 反观情绪智力理论与评测[J]. 山西高等学校社会科学学报,2010,22(11):32－35.

[19]覃成菊. 企业员工绩效影响因素:一个新的研究框架[J]. 河南大学学报(社会科学版),2007,47(5):40－45.

[20]孙静. 现代饭店建立科学绩效管理体系的研究[J]. 北京第二外国语学院学报,2004,5(123):64－68.

[21]孙俊才,乔建中. 情绪性工作的研究现状[J]. 心理科学进展,2005,13(1):85－90.

[22]孙丽璐. 重庆大型民营制造业青年销售人员绩效与一般智力和情感智力的相关研究[D]. 西南师范大学发展与教育心理学专业硕士学位论文, 2005.

[23]唐春勇. 大五个性和工作态度对关联绩效影响的实证研究[D]. 西南交通大学研究生学位论

文,2006.

[24]童佳瑾,王垒,解雪,等.情绪智力对工作绩效的影响[J].中国人力资源开发,2008(2):90-94.

[25]王登峰,崔红.工作绩效的结构及其与评定者的关系[J].心理学探新,2006,26(2):78-83.

[26]王辉,李晓轩,罗胜强,等.任务绩效与情境绩效二因素绩效模型的验证[J].中国管理科学,11(4):79-84.

[27]王璐,汤超颖,弓少云,等.服务业员工情绪智力、动机与情绪劳动的关系[J].经济管理,2009,1(457):86-90.

[28]王润甜.企业员工情绪智力对其工作绩效的影响研究[D].湖南大学硕士学位论文,2010.

[29]王晓钧.情绪智力理论结构的实证研究[J].心理科学,2000,23(1):24-27.

[30]王晓钧.情绪智商(EQ)——当前我国情绪和情感研究中的谬误[J].中国社会科学,2000(3):115-123.

[31]王益明,孙晓龙.情绪智力与工作绩效关系的研究综述[J].华东经济管理,2010,24(8):139-142.

[32]温忠麟,侯杰泰,张雷,等.调节效应与中介效应的比较和应用[J].心理学报,2005,37(2):268-274.

[33]伍燕.酒店基层员工工作倦怠、组织承诺与工作绩效的关系[D].湖南师范大学硕士研究生论文,2009.

[34]许远理.论情商理论产生的历史背景[J].信阳师范学院学报(哲学社会科学版),1999,19(1):67-69.

[35]许远理.情绪智力与非智力因素的本质区别[J].信阳师范学院学报(哲学社会科学版),2007,27(5):15-19.

[36]许远理.情绪智力组合理论的建构及实证研究[D].首都师范大学博士学位论文,2004.

[37]余琼.员工及其管理者的情绪智力对员工工作绩效的影响研究[D].江西师范大学硕士学位论文,2007.

[38]余琼,袁登华.员工及其管理者的情绪智力对员工工作绩效的影响[J].心理学报,2008,40(1):74-83.

[39]余瑶.基于员工层面的心理契约与个体绩效的关系研究——以重庆市饭店业为例[D].西南大学高校教师硕士学位论文,2009.

[40]岳红,张剑.情绪智力及其与工作绩效的关系[J].科学学研究,2006(24):536-539.

[41]曾晖,赵黎明.酒店服务行业员工敬业度特征与绩效研究[J].北京工商大学学报(社会科学版),2009,24(4):96-100.

[42]翟晓磊.心理契约对员工绩效的影响因素的研究[D].吉林大学硕士学位论文,2010.

[43]张德.人力资源开发与管理[M].北京:清华大学出版社,2004.

[44]张芳.基层管理者情绪劳动与工作绩效实证研究[D].兰州大学硕士学位论文,2010.

[45]张辉华.管理者的情绪智力及其与工作绩效的关系研究[D].暨南大学博士学位论文,2006.

[46]张辉华,凌文辁,方俐洛,等."情绪工作"研究概况[J].心理科学进展,2006,14(1):111-119.

[47]张辉华,李爱梅,凌文辁,徐波.管理者情绪智力与绩效的关系、直接和中介效应研究[J].南开管理评论,2009,12(3):104-116.

[48]张辉华,王辉.个体情绪智力与工作场所绩效关系的元分析[J].心理学报,2011,43(2):188-202.

[49]张剑,唐中正,岳红,等.企业员工的情绪智力对其工作绩效的影响[J].数理统计与管理,2008,27(4):579-586.

[50]张琪,董瑞.我国酒店业员工绩效管理存在的问题及解决措施[J].科技情报开发与经济,2010,20

(12):183 - 194,198.

[51]祝道松,林家五.企业研究方法[M].北京:清华大学出版社,2005.

[52]Bar-On R. Bar-On Emotional Quotient Inventory: A Measure of Emotional Intelligence[M]. Toronto, Canada: Multi-Health Systems,1997.

[53]Bernardin H, Beatty R W. Performance Appraisal, Assessing Human Behavior at Work[M]. Boston: Kent Publish, 1984.

[54] Borman W C, Motowidlo S J, Expanding the criterion domain to include elements of contextual performance [A] //Schmitt N, Borman W C. Personnel selection in organizations. San Francisco: Jossey-Bass.

[55] Bryant D. The components of emotional intelligence and the relationship to sales performance[D]. Doctoral Dissertation from the George Washington University, 2005.

[56]Campbell J P. Modeling the Performance Prediction Problem in Industrial and Organizational Psychology[A] // Alto P. Handbook of industrial and organizational psychology. CA: Consulting Psychologists Press, 1990.

[57] Carmeli A, Josman Z E. The relationship among emotional intelligence, task performance, and organizational citizenship behaviors[J]. Human Performance, 2006,19(4): 403 ~ 419.

[58]Charmine E J, Wilfred J Z, Neal M. Ashkanasy. Emotions In Organizational Behavior[M]. Lawrence erlbaum associates, 2005.

[59] Chi-Sum Wong, Kenneth S. Law. The effects of leader and follower emotional intelligence on performance and attitude:an exploratory study[J]. The Leadership Quarterly, 2002, 13:243 - 274.

[60]Chi-Sum Wong, Ping-Man Wong, Kenneth S. Law. Evidence of the practical utility of Wong's emotional intelligence scale in Hong Kong and mainland China[J]. Asia Pacific Manage, 2007, 24:43 - 60.

[61]Ciarrochi J V, Chan A Y C, Caputi P. A critical evaluation of the emotional intelligence construct[J]. Personality and Individual Differences, 2000, 28 (3):539 - 561.

[62] Daus C S, Ashkanasy N M. The case for the ability-based model of emotional intelligence in organizational behavior[J]. Journal of Organizational Behavior, 2005,26: 453 - 466.

[63]Davies M, Stankov L, Roberts R D. Emotional intelligence: in search of an elusive construct[J]. Journal of Personality and Social Psychology, 1998, 75 (4): 989 - 1015.

[64]Paulhus D L, Lysy D C, Yik M S M. Self-report measures of intelligence: are they useful as proxy IQ tests[J]. Journal of Personality, 1998(66):525 - 554.

[65]Frank W, Michael S C, Ronald H H. Emotional intelligence:Sine Qua Non of leadership or folderol[J]. The Academy of Management Perspectives, 2011, 25(1): 45 - 59.

[66]Gardner H. Multiple Intelligences: The Theory in Practice[M]. New York: Basic Books, 1993.

[67]Goleman D. Emotional intelligence[M]. New York: Bantam Books, 1995.

[68]Goleman D. What makes a leader[J]. Harvard Business Review, 1998, 76(6):93 - 102.

[69]Hochschild A R. The Managed Heart: Commercialization of Human Feeling[M]. Berkeley: University of California Press, 1983.

[70]Lam L T, Kirby S L. Is emotional intelligence an advantage an exploration of the impact of emotional and general intelligence on individual performance[J]. The Journal of Social Psychology, 2002, 142(1):133 - 143.

[71]Law K S, Wong C S, Song L. The construct and criterion validity of emotional intelligence and its potential utility for management studies[J]. Journal of Applied Psychology, 2004, 89: 483 - 496.

[72]Law K S, Wong C S, Huang G H, Li X X. The effects of emotional intelligence on job performance and life satisfaction for the research and development scientists in China[J]. Asia Pacific Journal of Management, 2008, 25(1):51 - 69.

[73] Mayer J D, Salovey P. What is Emotional Intelligence [M] // Salovey P, Sluyter D. Emotional

development and emotional intelligence: educational implications New York: Basic Books, 1997.

[74]Armstrong M, Baron A. Performance Management[M]. London:The Cromwell Press, 1998.

[75]Mayer J D, Salovey P, Caruso D R Emotional intelligence as a standard intelligence[J]. Emotion, 2001, 1(3): 232 -24.

[76]Murphy K R. Dimensions of Job Performance[M]//Dillon R F, Pelligrino J W. Testing: Theoretical and Applied Perspectives. New York: Praeger, 1989.

[77]Pesuric A, Byham W. The new look in behavior modeling [J]. Training and Development, 1996, 6 (1): 25 -33.

[78]Rozell E J, Pettijohn C E, Stephen P R. Emotional intelligence and dispositional affectivity as predictors of performance in salespeople[J]. Journal of Marketing Theory and Practice, 2006, 14(2): 113 ~ 124.

[79]Salovey P, Mayer J D. Emotional intelligence imagination[J]. Cognition and Personality, 1990, 9(3): 185 -211.

[80] Schutte N S, Malouff J M, Hall L E, Haggerty D J, Cooper J T, Golden C J, Dornheim L. Development and validation of a measure of emotional intelligence[J]. Personality and Individual Differences, 1998, 25: 167 - 177.

[81]Thorndike E L. Intelligence and its uses[J]. HarPer's Magazine, 1920(140):227 -23.

[82]Wong C S, Law K S, Wong P M. Development and validation of a forced choice emotional intelligence measure for Chinese respondents in Hong Kong[J]. Asia Pacific Journal of Management, 2004a, 21: 535 559.

[83]Wong C S, Wong P M, Law K S. The Interaction Effect of Emotional Intelligence and Emotional Iabor on Job Satisfaction: A Test of Holland's Classification of Occupations[M]// Hotel C E J, Zerbe W J, Ashkanasy N M. Emotions in Organizational Behavior. Mahwah, NJ: Lawrence Erlbaum, 2004b.

（指导教师　吕勤）

责任编辑：果凤双

图书在版编目（CIP）数据

酒店人力资源管理 / 吕勤主编．-- 北京 ：旅游教育出版社，2015. 9

（酒店管理研究）

ISBN 978-7-5637-3211-1

Ⅰ. ①酒… Ⅱ. ①吕… Ⅲ. ①饭店—人力资源管理—文集 Ⅳ. ①F719. 2-53

中国版本图书馆 CIP 数据核字（2015）第 182864 号

酒店管理研究

酒店人力资源管理

吕勤 主编

出版单位	旅游教育出版社
地　　址	北京市朝阳区定福庄南里 1 号
邮　　编	100024
发行电话	（010）65778403 65728372 65767462（传真）
本社网址	www. tepcb. com
E-mail	tepfx@ 163. com
排版单位	北京旅教文化传播有限公司
印刷单位	北京京华虎彩印刷有限公司
经销单位	新华书店
开　　本	787 毫米×1092 毫米　1/16
印　　张	20
字　　数	395 千字
版　　次	2015 年 9 月第 1 版
印　　次	2015 年 9 月第 1 次印刷
定　　价	49.00 元

（图书如有装订差错请与发行部联系）